四川省志

Sichuan Shengzhi

体育志

1986—2005

【第七十三卷】

四川省地方志编纂委员会 编

方志出版社
Publishing House of Local Records

图书在版编目（CIP）数据

四川省志. 体育志：1986—2005/四川省地方志编纂委员会编. — 北京：方志出版社，2018.6

ISBN 978-7-5144-1622-0

Ⅰ. ①四… Ⅱ. ①四… Ⅲ. ①四川省-地方志②体育事业-概况-四川省-1986~2005 Ⅳ. ①K297.1

中国版本图书馆 CIP 数据核字（2015）第 117627 号

四川省志·体育志(1986—2005)

编　　者:四川省地方志编纂委员会
责任编辑:陈　菁

出 版 人:冀祥德
出 版 者:方 志 出 版 社
地址　北京市朝阳区潘家园东里 9 号(国家方志馆 4 层)
邮编　100021
网址　http://www.fzph.org
发　　行:方志出版社发行中心
电话(010)67110500
经　　销:各地新华书店
印　　刷:彭州市盛发印务有限公司
设计制作:四川标点文化发展有限公司

彩插印张:3
开　　本:889×1194　1/16
印　　张:23.25
字　　数:656 千
版　　次:2018 年 6 月第 1 版　　2018 年 6 月第 1 次印刷
印　　数:0001~2000 册

ISBN 978-7-5144-1622-0　　　　定　　价　320.00 元

领导关怀 LINGDAO GUANHUAI

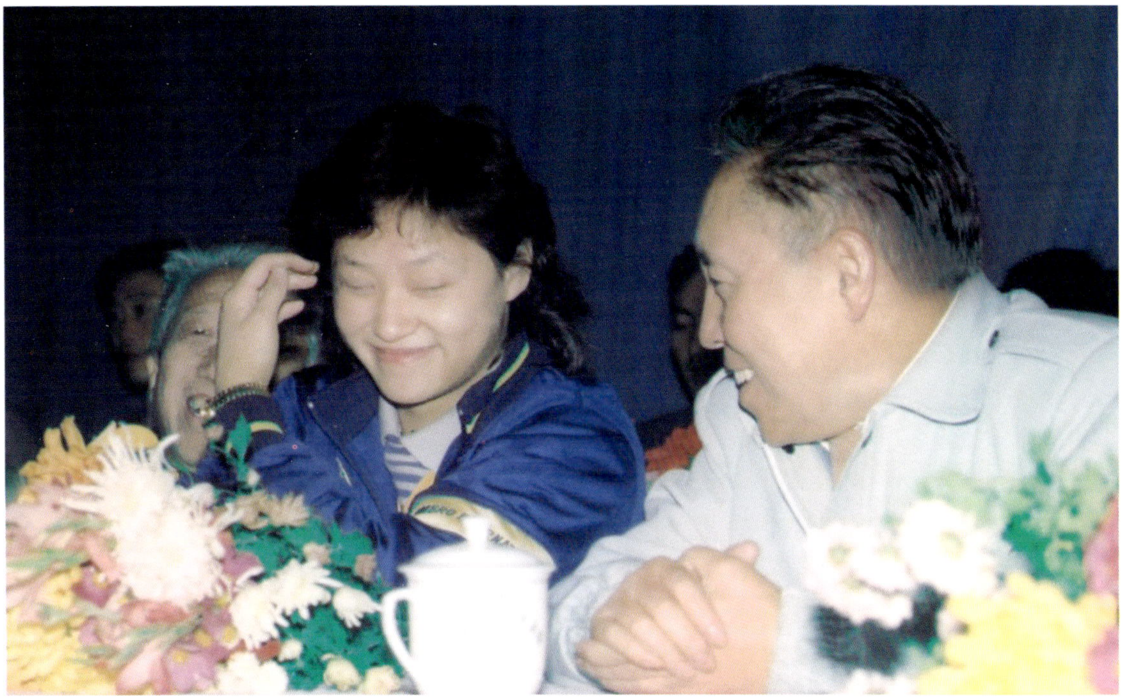

1988年10月23日，中共四川省委、省人民政府举行四川运动员参加第二十四届奥运会庆功大会，中共中央政治局委员、中共四川省委书记杨汝岱（右）与奥运会跳水冠军高敏（左）在主席台上亲切交谈

1989年10月，四川省人大常委会主任何郝炬（左一）观看四川体育四十年成就展

1989年12月，四川省政协副主席李培根（左二）为省乒乓球队、跳伞队、跳水队等年度先进运动队颁奖

1998年冬，中共四川省委书记谢世杰（右）看望冬训中的四川女篮运动员

2005年1月1日，中共四川省委书记、省人大常委会主任张学忠（左四）参加四川省暨成都市全民健身跑、成都市第三十六届元旦越野赛活动

2005年9月10日，四川省“第十届全运会火炬传递活动起跑仪式”在成都市体育中心举行，中共四川省委副书记、省长张中伟（右）将火炬传递给四川省体育局局长朱玲（左）

1989年5月，国家体委主任李梦华（左一）在四川省体委主任郭炎（右一）陪同下视察四川省航空运动学校

1998年11月1日，国家体委主任伍绍祖（左一）在四川省体委主任陈保明（右一）陪同下到四川省体育彩票中心视察并为中心题词

2001年4月1日，国家体育总局局长袁伟民（中）出席在成都召开的全国体育彩票工作会并讲话。中共四川省委副书记杨崇汇（右）、省人民政府副省长李进（左）出席会议

2005年4月1日，国家体育总局局长刘鹏（左二）、党组书记李志坚（左五）出席四川省体育发展大会。中共四川省委书记、省人大常委会主任张学忠（左三），省长张中伟（左四），省委副书记陶武先（左一），省委副书记、常务副省长蒋巨峰（左六）出席会议

社会体育 SHEHUI TIYU

1988年10月，四川省第三届群众体育先进集体、先进工作者代表会在自贡市举行

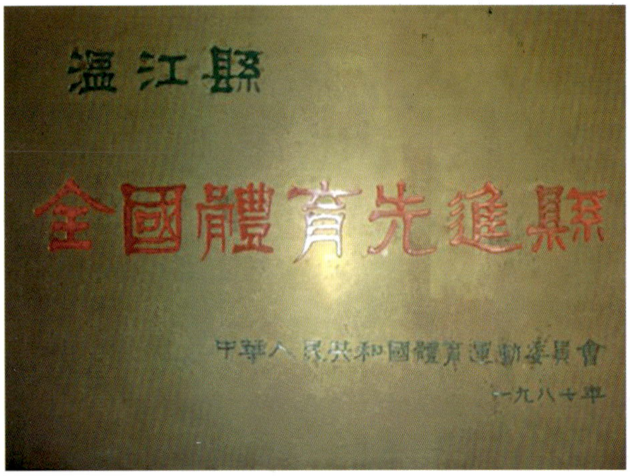

1989年，温江县获得国家体委授予的首批“全国体育先进县”称号

1996年6月10日“全民健身宣传周”活动期间，成都市少年儿童参加国际象棋比赛

1996年5月29日，泸州市幼儿园早操活动比赛现场

1996年6月，泸州市叙永县“全民健身宣传周”活动

1997年四川省暨成都市全民健身跑、成都市第二十八届元旦越野跑活动现场

20世纪90年代，西昌卷烟厂第五届职工篮球运动会比赛场景

拔河是广大农民群众喜爱的体育活动项目

2000年5月1日，乐山市举办“假日体育”活动

2000年6月，成都市国民体质监测中心工作人员在成都市体育中心为群众进行体质监测项目测试

2002年乐山市沐川县“全民健身活动周”街头宣传活动

2004年9月25日，阿坝州川主寺镇农民运动会开幕式

2005年6月10日，“德阳体育日”启动仪式现场

达州市正月初九“元九登高”群众登山活动

甘孜、阿坝等藏区民族传统体育项目——骑射

广元市举办“女儿划凤舟”迎端午民间传统体育活动

竞技体育 JINGJI TIYU

1991年12月，省体委召开冬训动员大会，强调向科学管理要成绩，向科学训练要金牌

1993年11月18日，省运动技术学院和成都全兴酒厂联合组建四川全兴足球俱乐部

2004年第二十八届奥运会四川参赛运动员载誉归来

高敏蝉联1988年第二十四届奥运会、1992年第二十五届奥运会跳水女子跳板冠军

陈龙灿获得1988年第二十四届奥运会乒乓球男子双打金牌

张山获得1992年第二十五届奥运会双向飞碟冠军，领奖时被第二、第三名的男选手共同托起以示祝贺

唐琳获得2000年第二十七届奥运会柔道女子78公斤级冠军

陈静获得2004年第二十八届奥运会女排冠军

1989年10月，在成都举行的第五届世界杯跳伞冠军赛上，赖晓莉获得女子个人定点和女子全能两枚金牌，成为四川省第一位跳伞世界冠军

1993年9月，刘稀蓉（左）获得世界赛艇锦标赛赛艇女子4人单桨金牌

高寒（右一）在1992年第六届田径世界杯女子4×100米接力赛中获得金牌

刘艳艳在1995年第三届世界武术锦标赛上获得女子刀术金牌，成为四川省第一位武术世界冠军。图为重庆市政府赠给刘艳艳母校重钢第八子弟校的纪念铜像

1995年5月，陈兴东获得第四届苏迪曼杯世界羽毛球混合团体锦标赛冠军

周义霖在1999年世界杯跳水赛上获得男子团体、男子1米板两枚金牌

马明宇（右）入选中国足球队担任队长参加2002年第十七届世界杯足球赛

2002年9月，陈朝霞（左图）、张海英（右图二）获得第十届世界女子曲棍球冠军杯金牌

谢中博（左）获得2005年羽毛球世界杯混合双打冠军

姚雅文获得1988年亚太地区射箭锦标赛冠军

吕斌（左）在1989年第一届亚洲击剑锦标赛上获得男子重剑团体金牌，成为四川省第一位击剑亚洲冠军

李涛获得1989年第八届亚洲田径锦标赛男子4X100米接力赛冠军

1994年第二十九届亚洲举重锦标赛上，张勇打破举重男子83公斤级挺举世界纪录并获得金牌，成为中国举重史上该级别第一位打破世界纪录的运动员

张翔、周建安、张利明、朱刚（从上到下、从左到右）获得1997年第九届亚洲男排锦标赛冠军、1998年第十三届亚运会男排冠军

黄晶获得2002年第十四届亚运会体操女子团体冠军

田径女子短跑运动员李雪梅获得多项亚洲比赛和全国比赛短跑金牌，被誉为“亚洲女飞人”

1988年9月全国技巧锦标赛上，杨巧萍、欧阳珊珊、廖蕾获得女子3人第一套金牌

殷谢飞获得1993年第七届全国运动会自行车男子一公里计时赛冠军

江洁（左二）、谭敏（右二）获得1993年第七届全运会花样游泳双人金牌

1995-1999年，四川男排创造“五连冠”成绩，1997年获得人事部和国家体委颁发的“全国体育系统先进集体”称号

迟蓉（左）、熊姿（右）获得1997年第八届全运会女子沙滩排球金牌

全国足球甲级队A组联赛1997年赛季四川全兴足球队主力阵容与主教练余东风（后排中）在赛场合影

陈星强（左）获得2001年第九届全运会摔跤男子130公斤级金牌

2001年第九届全运会四川女子足球队获得第三名，图为四川队战胜广东队进入四强后在比赛现场合影

2004年全国体操冠军赛男子自由体操金牌获得者邹凯在训练中

运动会 YUNDONG HUI

在1987年第六届全运会闭幕式上，四川省省长蒋民宽（左）代表第七届全运会举办地四川省接受广东省省长叶选平（右）移交的会旗

1988年10月7日，四川省第六届运动会在自贡市举行。本届运动会实行竞赛改革，以市（地、州）组团改为以行业、系统组团参赛

1993年8月14日，第七届全运会四川赛区会旗传递活动成都市交接仪式在成都市人民南路举行

1993年8月15日，第七届全运会四川赛区开幕式在四川省体育馆举行

1994年4月11日，'94万宝路全国足球甲级队A组联赛开幕式在成都市体育中心举行

1998年8月26日，四川省第四届青少年运动会开幕式在德阳市举行

2000年9月3日，第六届全国大学生运动会开幕式在成都市体育中心举行

2000年10月29日，第四届全国农民运动会在绵阳市南河体育中心开幕

2002年5月25日，第二届全国体育大会开幕式在绵阳市举行

2005年8月19日，四川省第十二届少数民族运动会开幕式在阿坝州体育场举行

体育产业 TIYU CHANYE

四川省体育馆进行场馆经营开发，图为1992年10月，在四川省体育馆内举办的全国物资交易会

1993年，第七届全运会四川赛区群众捐款活动现场

1994年国家体委批准四川省发行第二十二届世界跳伞锦标赛体育彩票

1995年2月，四川球迷包机赴泰国为参加“泰王杯”的四川全兴足球队助威，开中国球迷集体出国观赛先河

1998年9月26日，成都市青羊区组织的即开型中国体育彩票销售现场

1999年8月3日，四川省“电脑型中国体育彩票首发式”在成都市川信大厦举行

1999年10月20—23日，四川省首次承办的成都'99中国体育用品博览会在成都国际会展中心举行

20世纪90年代中后期，成都市体育中心被誉为全国职业足球联赛“金牌球市”

2003年2月，四川省体育局副局长朱玲（左二）考察体育用品生产企业成都大力士实业有限公司

西岭雪山滑雪场是西部地区最大的天然滑雪场。图为2003年12月27日西岭雪山滑雪场景

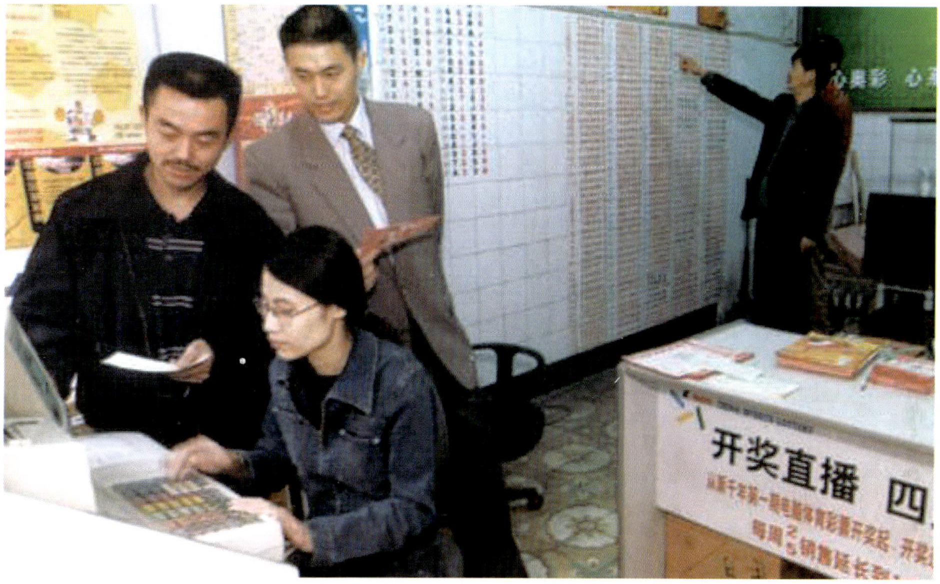

彩民在销售网点研究号码，购买彩票

成都后子门体育用品一条街的商店内景

1986年，美国田径短跑专家沃尔克（左一）在省田径队指导训练

1996-1998年，排球教练李秋江执教印度尼西亚国家男排，该男排获得1997年东南亚运动会冠军

1999年巴西教练塔瓦雷斯（左一）执教四川全兴足球俱乐部，获得甲级队A组联赛第三名。图为赛季结束时，塔瓦雷斯带领球员在主场展开一面中国国旗，感谢四川球迷

全国篮球甲A联赛1998—1999赛季，四川蓝剑男子篮球队引进的美国球员杰胜（右）在比赛中

媒体记者在成都市体育中心现场采访报道1996—1997赛季全国足球甲级队A组联赛

1993年第七届全运会四川赛区新闻中心

1993年8月14日，第七届全运会四川赛区会旗升旗仪式在成都市人民南路举行

1993年8月15日，第七届全运会四川赛区开幕式大型文艺表演《体育颂》

在一九八八年度四川省十佳运动员授奖大会上，四川省十佳运动员与参会领导合影

1990年12月4日 星期二 第四版 四川体育报

蹼坛女“飞鱼”——崔敏

今年8月在意大利罗马举行的第五届世界蹼泳锦标赛上，我省运动员崔敏同队友一起以2分54秒30的优异成绩打破女子蹼泳4×100米接力世界纪录并夺得金牌，成为我省第一个蹼泳世界冠军。

今年刚满18岁的崔敏来自泸州，从1980年开始接受游泳训练，虽然同许多队友一样，她是改行练上蹼泳，但这给她打下了良好的水感基础。

从1985年进省蹼泳队以来，崔敏一直专攻800米和1500米两个长距离项目，但成绩一直不尽人意。1988年开始，崔敏在聂双庆教练的指导下，改练短距离项目，成绩开始大幅度提高。第二年，她就在匈牙利举行的第一届世界青年蹼泳锦标赛上力挫群芳，在100米器泳和50米屏气潜泳两项比赛中夺冠。

脾气倔强的崔敏，在身体素质和技术上并非高人一筹，也无独到之处，但她自信，每次比赛从来心中有数。她不怕输，更不服输，因此越是重大比赛，她越是发挥得好。赛前，她总会一个人呆在寝室里，从不越雷池一步，她说，这叫养精蓄锐。

另外，她还有一个严厉的教练——聂双庆，当惰性袭来时，只要看聂教练一眼，或是听到聂教练喊声，她就把头脑中的一切杂念驱赶得无影无踪，毫不犹豫地跃入水中。

·小溪·

崔敏训练自觉又刻苦，图为她入水前瞬间。 薛源 摄

新星

1989年《四川体育报》复刊。图为该报报道崔敏1990年获得蹼泳世界冠军

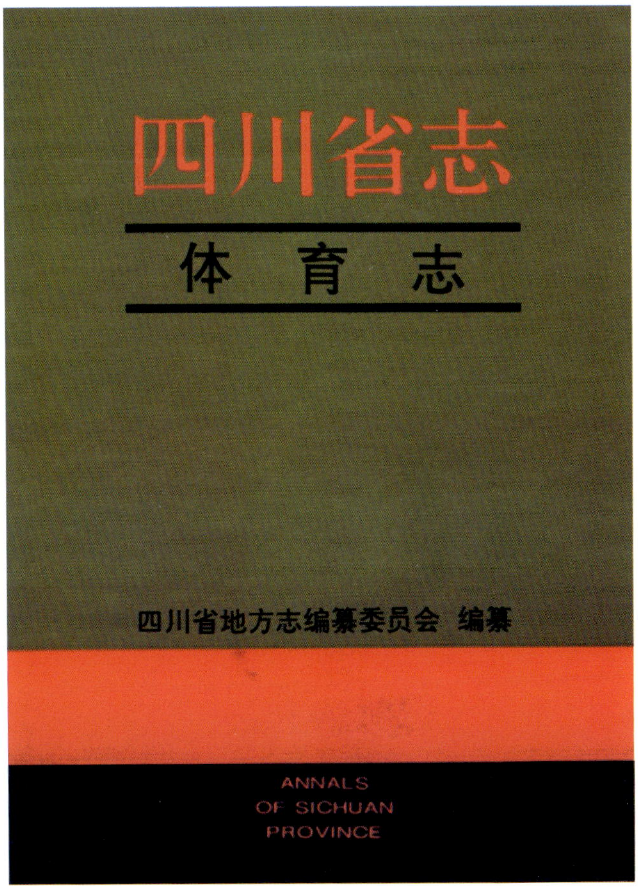

1998年，四川第一部体育志书《四川省志·体育志》公开出版，获四川省地方志优秀成果奖

1993年第七届全运会会徽、吉祥物

庞家夷、庞家俄创作的漫画作品《散·聚》获1997年中国第四届体育美展金奖，并被国际奥林匹克博物馆永久收藏

王瑞林创作的摄影作品“神兵天降”获得1999年中国体育摄影“飞天奖”

张建国创作的体育雕塑作品《枪韵》，入选2000年第二十七届奥运会“体育与艺术展”，并被国际奥林匹克博物馆永久收藏

管 理 GUANLI

四川省体育条例

1997年10月1日，四川省人大常委会颁布实施《四川省体育条例》，这是四川省第一部地方性体育法规

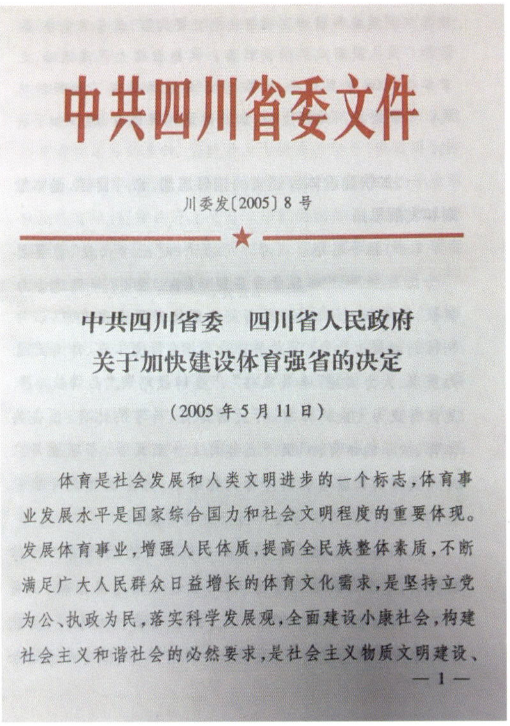
中共四川省委文件

川委发〔2005〕8号

中共四川省委　四川省人民政府
关于加快建设体育强省的决定
（2005年5月11日）

体育是社会发展和人类文明进步的一个标志，体育事业发展水平是国家综合国力和社会文明程度的重要体现。发展体育事业，增强人民体质，提高全民族整体素质，不断满足广大人民群众日益增长的体育文化需求，是坚持立党为公、执政为民，落实科学发展观，全面建设小康社会，构建社会主义和谐社会的必然要求，是社会主义物质文明建设、

—1—

2005年5月11日，中共四川省委、省人民政府印发《关于加快建设体育强省的决定》

2000年6月21日，省体育局举行“四川省体育运动委员会摘牌暨四川省体育局挂牌仪式”

2001年5月，四川省人大教科文卫委员会和省体育局在雅安市召开四川省体育法制建设工作会

2005年4月1-2日，中共四川省委、省人民政府主持召开四川省体育发展大会，确立加快建设体育强省的奋斗目标

1989年6月，四川省体育馆竣工，该馆是西南地区唯一的万人大型综合性体育馆

1991年12月，成都市体育中心竣工

1992年4月8日，省运动技术学院田径系举行塑胶田径场竣工剪彩仪式

省青少年体育活动中心2005年年初竣工，被列为“四川省十大精神文明建设工程”

四川省地方志编纂委员会成员

《四川省志（1986—2005）》
审核委员会成员

《四川省志（1986—2005）》
总编、副总编

总　　编　陈建春

副 总 编　赵　行　邓　瑜　陶利辉　熊　倩
　　　　　　张兆法　高伟明　朱艳林　牛　淼

《四川省志·体育志（1986—2005）》
责任总编、责任编辑

责任总编　何瑞明

责任编辑　邓肖亭

《四川省志·体育志（1986—2005）》编纂委员会成员

《四川省志·体育志(1986—2005)》编纂委员会成员

（2007年7月—2012年3月）

主　任	朱　玲			
副主任	方沛元	张容伟		
委　员	（按姓氏笔画为序）			
	王　力	王道勋	尤运生	邓　壮
	任曦林	刘太福	杨海谊	李以庆
	李玉龙	连　楠	吴映秋	沙　英
	陈大清	陈万鹏	陈　红	林　黎
	罗冬灵	罗维维	金　铭	周国清
	赵德辉	聂啸虎	郭波卡	唐海渔
	商　波	谢国辉	游海燕	裴爱民
	廖川江	戴大庆		

《四川省志·体育志(1986—2005)》
编纂委员会成员

(2006 年 2 月—2007 年 6 月)

主　　任　朱　玲

副 主 任　方沛元　苏全生

委　　员　(按姓氏笔画为序)

王　力	尤运生	任曦林	刘太福
杨海谊	李玉龙	连　楠	吴映秋
沙　英	张　平	陈大清	陈万鹏
陈　红	罗冬灵	周国清	赵德辉
姜　谊	聂啸虎	商　波	谢国辉
游海燕	裴爱民		

《四川省志·体育志(1986—2005)》初评审核小组成员

负 责 人　朱　玲（四川省体育局局长）

成　　员　郭　炎（原四川省体育运动委员会主任）

方沛元（四川省体育局副局长）

温　建（四川省体育局副局长）

田康锌（原四川省体育局巡视员）

张容伟（四川省体育局副局长、四川省运动技术学院院长）

任国钰（原四川省运动技术学院院长）

肖阳宗（原四川省运动技术学院院长）

张昌炎（原四川省运动技术学院院长）

邓　壮（四川省运动技术学院副书记、副院长）

张家齐（原四川省体育博物馆馆长）

安维胜（原四川省体育博物馆副馆长）

聂啸虎（原成都体育学院体育史研究所所长）

廖川江（四川省体育局办公室主任）

高亚翔（四川省体育局竞技体育处处长）

陈万鹏（四川省体育局社会体育处处长）

李以庆（四川省体育局青少年体育处处长）

刘　静（四川省体育局经济处处长）

程其敏（四川省体育局人事处处长）
赵德辉（四川省体育博物馆书记、馆长）
陈先刚（四川省陆上运动学校校长）
练雪松（四川省水上运动学校校长）
谭其伟（四川省体育科研所所长）
邓　华（四川省航空运动学校校长）
金　铭（四川省气功管理中心主任）
戴大庆（四川省运动技术学院办公室主任）
汪　红（四川省运动技术学院训练处副处长）

《四川省志·体育志（1986—2005）》
总编室

主　　编	赵德辉
副 主 编	秦　勤
终审修订	赵德辉　　秦　勤
编辑（撰稿）	（按姓氏笔画为序）
	刘　茜　　李仁凤　　李丹妮　　李江蓉
	张川康　　欧阳雪莲　胡　洁　　赵德辉
	秦　勤
编　　务	刘　茜　　李丹妮

《四川省志·体育志（1986—2005）》
总编室

（2010 年 4 月—2012 年 6 月）

主　　编	赵德辉
副 主 编	张　平　　秦　勤
编辑（撰稿）	（按姓氏笔画为序） 刘　茜　　李仁凤　　李丹妮　　张　平 张川康　　欧阳雪莲　胡　洁　　赵德辉 秦　勤
编　　务	刘　茜　　李丹妮

《四川省志·体育志（1986—2005）》
总编室

（2006 年 2 月—2010 年 3 月）

主　　编　赵德辉
副 主 编　安维胜　张　平　秦　勤
编辑（撰稿）　（按姓氏笔画为序）
邓　壮　刘　茜　安维胜　李丹妮
张　平　张川康　欧阳雪莲　胡　洁
胡　颖　赵德辉　秦　勤　龚　俐
蒋荣美
编　　务　刘　茜　李丹妮

《四川省志（1986—2005）》

凡　　例

一、本书编纂工作以马克思列宁主义、毛泽东思想、邓小平理论、“三个代表”重要思想、科学发展观、习近平新时代中国特色社会主义思想为指导，坚持辩证唯物主义和历史唯物主义的立场、观点和方法，全面客观地记述四川省行政区域内自然、政治、经济、文化和社会的历史与现状。

二、本书系中华人民共和国成立后首部《四川省志》续编，总名《四川省志（1986－2005）》，由总类、大事纪述、专志、人物、市（州）概况、附录共计93卷构成。各分卷名称为《四川省志·××志（1986－2005）》或《四川省志·××志》（后者为特色志志名），设中英文目录。

三、本书上限一般起自1986年，下限一般截至2005年。对前志未设之分卷或篇章从事物发端写起；对前志漏载、误载的某些事项进行补载、更正；对前志记载后变化不大的某些事项进行简要复载；升格详载具有地方特色的某些事项。

四、本书记述的地域范围以1986－2005年四川省行政区划为准。

五、本书采用述、记、志、传、图、表、录等体裁，以志为主。

六、本书总类卷设序言、凡例、总述、卷目等，为各卷之首，全书之纲。关于自然环境、建置沿革、经济与社会历史发展状况等基本省情在总述中作简要复载或反映。各专志（分卷）根据社会分工和学科分类的实际，按照“以类相从”或“突出地方特色”的原则设立，以篇、章、节横分类别，节、目以下纵述史实，立足反映四川省行政区域某一事物（事业、行业）断限期内历史与现状的全貌。人物志卷采用传、录、表诸种表述形式，坚持“生不立传”原则，在世人物的突出事迹以事系人载入相关分卷。人物传统一收入人物志。本书大事记以编年体为主，辅以纪事本末体。为完整记述一些重要事物，保存有价值史料，有些分卷设置了专记。

七、本书使用规范的现代语体文记述，行文严谨、朴实、简洁、流畅。使用规范汉字，用词概念准确，符合现代汉语语法规范。使用的标点符号、数字、计量单位等均按国家规定的统一标准书写。

八、本书使用公元纪年，各卷正文（除引文外）采用第三人称表述；行文涉及机构、会议、文件、职衔、地名等，均按当时称谓；除涉及人名、地名、纪年和简称等项采用括注外，其余采用页下脚注。

九、本书资料来源于文献、档案、报刊、书摘、口碑及实地调查等，所用资料均经各修志部门考证、核实。各分卷数据一般采用省统计局公布的数据，省统计局缺乏的，采用有关部门正式提供的数据。

十、各分卷图片分为前置图片和随文插图，随文插图和表格均以篇为单位依次排序编号；所用地图均以省测绘局审定者为准。

十一、各分卷需要特别说明的事项，均在各分卷的《编辑说明》中注明。

《四川省志·体育志（1986—2005）》
编辑说明

一、本志是对第一轮《四川省志·体育志（1840—1985）》的续修，上限起自1986年，下限断至2005年。因第一轮《四川省志·体育志》记述至1987年第六届全国运动会，故本志部分篇目记述的时限上限起自1988年。“体育产业”“科教文化与交流”等篇目，第一轮修志时未设立，为完整记述其发展历程，在记述时适当上溯。

二、本志记述的地域范围，1988—1997年以原四川省行政区域为限；1997年重庆市直辖后，以现四川省行政区域为限。

三、本志所涉及单位名称，首次出现时用全称，再次出现时，一般用简称，四川省体育运动委员会简称“省体委”，2000年6月改名为四川省体育局，简称“省体育局”；中华人民共和国运动会简称“全运会”，四川省排球代表队简称“省排球队”，类似名称简称用法同此，不一一列举。省级人民政府、省级体育管理机构与国家部委、局联合发文及相关活动时用全称；在外事活动中机构名称用全称。

四、本志使用的资料，主要来源于省档案馆、省体育局档案室，国家体育总局编印的《中国体育年鉴》《体育事业统计年鉴》，省政府主管主办的《四川年鉴》，省体育委（局）编印的《四川体育年鉴》，省体育局相关处室、省体育局直属单位、市（州）体育局和个人提供的资料，并参阅公开出版发行的有关书刊报纸资料。本志数据主要来自档案资料、统计报表、报刊资料和工作总结等。文献辑存按省委下发的文件、地方法规和行政规章的先后排列。前置彩页中的图片，均取自公开出版的报刊，不再注明出处、摄影者。

目　　录

Contents

概 述

1986—2005 年，四川体育战线坚持改革开放，坚持依法治体，努力适应社会主义市场经济体制变革，建立健全充满生机与活力的体育体制机制，在发展思路不断创新、发展目标不断提升的引领下，各项体育工作持续、稳定、协调地向前推进。群众体育进入全民健身新时代，竞技体育水平稳中有进，体育产业呈现勃勃生机，体育软实力不断提升，体育保障条件显著改善，在建设小康社会、构建和谐社会进程中，体育越来越明显地发挥出增强人民体质、激发广大人民群众爱国主义热情、促进人的全面发展和社会全面进步的独特作用，为四川省经济、政治、社会和文化的全面进步做出积极的贡献。

1993 年，第七届全国运动会由北京市承办、四川省协办，这是四川历史上承办的规模空前的综合性体育盛会。中国共产党四川省委员会（以下简称四川省委）、四川省人民政府（以下简称四川省政府）把做好第七届全国运动会四川赛区工作作为全省的一件大事，组织历时 45 天、21 个市（地、州）参与的“七运会四川赛区会旗传递活动”，新建改建 14 个体育场馆。第七届全国运动会四川赛区于 8 月 15 日开幕，24 日结束，共承担 15 个项目的决赛，5000 多名运动员参赛，100 多家新闻单位近千名记者前来采访，数十万人汇聚四川观看比赛和旅游观光，圆满实现省委、省政府提出的“办好、办出特色、办得各方面满意”的要求，展示四川改革开放成就，振奋全省人民精神，推动四川体育事业发展。1997 年 10 月，四川省第八届人大常委会颁布实施《四川省体育条例》，这是四川历史上第一部地方性体育法规，标志着四川体育事业进入依法治体新时期。2005 年 4 月 1—2 日，四川省委、省政府主持召开四川省体育发展大会，确立加快建设体育强省的奋斗目标；5 月 11 日，四川省委、省政府印发《关于加快建设体育强省的决定》，全面部署“群众体育实施全民战略”“竞技体育实施金牌战略”“体育产业实施品牌战略”，出台推进“全民健身计划”与“奥运争光计划”两大系统工程的政策措施，努力推进四川体育的跨越式发展，加快建设体育强省。

一

群众体育是体育事业全面发展的基础。1988 年国家颁布实施《学校体育工作条例》，进一步促进各级体育、教育部门齐抓共管学校体育的组织体系和管理格局；各级各类学校坚持实施《学生体育合格标准》，青少年学生身体素质和健康状况不断改善；青少年业余体育训练坚持“扩大初级，提高中级，加强高级，完善体系”的指导思想，积极推行优秀运动队、业余体育学校、体育传统项目学校“一条龙”训练体制。截至 2005 年年末，全省有国家级、省级体育传统项目学校 210 所，建立青少年体育俱乐部 119 个，参加业余训练人数 3 万多人。为抓好县级体育工作承上启下的平台作用，组织和带动群众体育广泛、深入地开展，1989 年省体委开始施行《四川省各县体育工作暂行规定》，每年度组织开展县（市、区）体育工作评比。1995年6月，国务院颁布实施《全民健身计划纲要》，群众体育进入新的发展时期。全省各级政府相继成立“实施全民健身计划指导委员会”，广泛开展“全民健身宣传周”和全民健身活动。2005年5月，四川省委、省政府决定：每年6月10日为“四川省全民健身日”，这是第一个的全省性体育健身日活动。各地认真贯彻实施全民健身“亲民、便民、利民”的原则，着力抓好“健身场地设施、健身组织、健身活动”3个环节，全面推进儿童、青少年、农民、职工、老年人、妇女、残疾人、少数民族等各类人群的体育健身活动，涌现出一批又一批农民健身活动先进乡镇和城市体育先进社区，形成一批具有地方特色、四川特色的群众体育传统项目，“奔小康、要健康”的体育健身理念广泛渗透社会各个阶层，自觉参加体育健身活动已逐步成为现代社会文明生活方式的一项重要内容。截至2005年年末，四川省经常参加体育锻炼人数已占全省总人口的35%，各级各类体育社团组织近2000个，各级青少年体育俱乐部会员200多万人，各级社会体育指导员2万余人；全省有24个县（市、区）被评选为“全国体育先进县”、76个县（市、区）被评选为“四川省体育先进县”。

二

继1987年第六届全运会四川竞技体育取得历史性突破后，在第七、第八、第九届全运会上，四川代表团总分分列全国第五、第七、第七位；金牌数分列全国第八、第十三、第十二位，奖牌数分列全国第五、第十一、第八位；在参赛项目数和组团规模上均位于全国前列，充分体现四川是一个体育大省的基本省情，突出确保竞技体育整体实力的指导思想。1986—1993年连续6年及1997年，四川省体委被国家体委表彰为“为体育事业做出突出贡献的单位”。1990年第十一届亚运会在北京举行，四川31名运动员参加18个项目的比赛，获得金牌22枚、银牌8枚和铜牌2枚，创造川籍体育健儿参加亚运会的最好成绩。1988年第二十四届、1992年第二十五届奥运会上，女子跳水运动员高敏成为中国第一位蝉联奥运会冠军者，陈龙灿、张山、唐琳、陈静分别获得奥运会第二十四届乒乓球男双冠军、第二十五届男女混合飞碟射击冠军、第二十七届女子柔道冠军和第二十八届女排冠军，为国家、为四川赢得荣誉。

从1984年开始，省体委对训练体制机制采取一系列改革举措。四川省运动技术学院成立后，将原省体工队主管的项目分为田径系、游泳系、体操系、重竞技系、大球系、小球系，加上原有的陆上运动学校、航空运动学校和新建的的新津水上运动学校、邛海水上运动学校，实行“以系校为实体，专业业余一条龙”的训练体制，系校实行系主任、校长责任制，运动队实行项目主（总）教练负责制，教练员实行聘任制，随着这些改革措施的不断深化和完善，突出重点，优化结构，从根本上促进四川竞技体育实力的整体提升。

1995年后，省体委认真贯彻实施国家《奥运争光计划纲要》，顺应社会主义市场经济体制的逐步建立，积极探索“依靠国家保重点项目，依靠社会办热点项目，依据市场攻难点项目”的竞技体育发展途径，重点发展与奥运会、全运会对口的重点布局项目，一批非奥运会项目逐步推向社会。四川省的足球、篮球、排球三大球项目率先进入体育职业化市场，1998年三大球男女6支队伍均出现在全国甲A赛场上；各运动队运用赞助、捐赠、冠名、建立俱乐部等多种形式，广泛与企业“联姻”，建立合作关系，增强运动队造血功能，扩大体育社会影响。

2005年，面对四川竞技体育“有项目优势、无优势项目”和“尖子不多、尖子不尖”的现象，面对四川对国家实施奥运争光计划的贡献不是十分显著等问题越来越突出的现象，省体育局果断调整四川竞技体育发展战略，确立“竞技体育要坚定不移地走精兵之路”，实施“奥运带全运、全运促奥运”的“金牌战略”，对优秀运动队建设和竞技体育发展推出一系列创新举措和配套政策，优化竞技体育的环境，强化“从严、从难、从实战出发和大运动量训练”的科学训练指导思想。在2005年第十届全运会上，四川代表团取得总分位居全国第七、奖牌数位居全国第八的优异成绩；总分、金牌、奖牌均居西部第一，四川代表团荣获体育道德风尚奖。2005年，省体育局再次被国家体育总局表彰为“为体育事业做出突出贡献的单位”。

三

伴随社会变革和体育发展，体育产业应运而生。四川体育产业的发展，在指导思想上经历从“多种经营，以副养体”转向“以体为主，全面发展”、在重点领域上经历从单一的场馆创收转向多元化发展、在工作阶段上经历从注重经营创收的微观层面逐步提升为转换体制和转变机制相结合的宏观层面，特别是国家批准发行体育彩票，为带动体育产业的发展起到重要的支撑作用。

1989年，省体委建立体育经营管理机构，启动体育产业的规划和管理工作。1996年，根据省政府颁发的《四川省体育经营活动管理办法》，省体委、省公安厅和省工商局印发《四川省体育经营合格证管理规定》，体育产业法规政策的相继出台，促进体育产业有序发展。100多个体育项目被纳入体育经营管理范围，1998年末各级体育行政部门依法登记注册体育经营企业2126家。1999年，四川首次承办中国体育用品博览会，带动四川体育用品生产经营的发展。1994年，即开型中国体育彩票开始在四川各地上市，社会各界踊跃购买的火爆场景，充分表达人民群众支持体育事业发展的热情。1999年8月，四川作为全国第一梯队首批迈进电脑型体育彩票市场，标志四川体育彩票发行进入一个新的发展阶段。1994—2005年，四川电脑型体育彩票累计销售70.69亿元，1600余个体育彩票销售点为社会提供3200多个就业岗位，中奖彩民累计缴纳个人偶然所得税3.71亿元。根据《体育彩票公益金管理暂行办法》，截至2005年年末，共筹集国家、省、地方三级公益资金22.981亿元，为促进经济建设和社会发展起到显著作用，有力地支撑四川体育战线深入推进《全民健身计划纲要》和《奥运争光计划纲要》的实施。

体育竞赛市场是四川体育产业发展的一块“高地”，从依托体育场馆办竞赛逐步发展形成“赛会经济”。自1984年开始，四川连续22年保持“全国最佳赛区”殊荣。1994年开始的中超足球职业联赛进一步推动体育竞赛市场的活跃，在“金牌球市”成都体育中心持续多年出现“一票难求，通宵排队”的景象，四川全兴足球队掀起的“黄色旋风”造就万人空巷的竞赛观赏盛况。四川相继承办2000年第六届全国大学生运动会、第四届全国农民运动会、2002年第二届全国体育大会和排球、乒乓球、跳伞等一批项目的世界高水平比赛。

得益于改革开放的丰硕成果，得益于国家发行体育彩票的特殊政策，1988—2005年，是四川体育物质条件和基础设施全面改善的一个时期。第五次全国体育场地普查统计，截至2005年年末，全省各类体育场地总数44899个，占地面积7906.54万平方米，建筑面积532.61万平方米，场地面积4537.66万平方米，其中标准体育场地54种26314个。四川省体育馆、成都体育中心、四川省犀浦田径训练基地、四川省新津水上运动场和四川省青少年体育活动中心等一批场馆相继投入使用。15个市（州）具备承办省级综合性运动会的场馆条件。体育场馆设施建设显现多元投资，省级体育彩票公益金的60%投入到群众体育健身基础设施，民营经济、港澳台经济和外商经济投资建设体育场馆和健身场所数量呈现逐年增多态势。

四

统筹各项体育工作协调发展，是全面推动四川体育进步的必要保障。为认真贯彻实施《中华人民共和国体育法》和《四川省体育条例》，体育法制建设着力体育配套立法、行政执法、监督检查、宣传教育等四个方面。2000年后，省体育行政执法检查组先后对15个市（州）贯彻实施体育法律法规情况进行检查；2001年5月，首次召开全省体育法制工作会议，并确定每年6月10日所在周为“体育法制宣传活动周”；四川省体育局荣获2001—2005年全国法制宣传教育先进单位。体育科学研究领域不断拓展，体育科技水平不断提升，训练——科研——医务监督一体化科学训练模式在各运动队普遍推行。2000年，四川省组织开展中华人民共和国成立后首次国民体质测试，对全省21个市（州）老、中、青8万多人进行随机测试，建立四川省普通人群体质状况数据库。体育队伍发展壮大。2005年全国体育人才资源调查统计：四川体育系统人才资源总量为4386人，其中体育管理人才占总数的54.99%；全省体育系统教练员有1128人，具有中级以上专业技术职称者超过70%；省优秀运动队教练员队伍中执教11年以上、50岁以下为主体，是一支年富力强的教练力量。体育宣传工作不断加强。1998年，全省有23家媒体的体育新闻从业人员200多人；省和部分市（州）主流媒体逐步实现“有机构、有人员、有固定版面（时段）、有特色栏目”；从1982年开始的“四川省十佳运动员评选活动”，至2003年已举办17次，167名优秀运动员荣获“十佳”称号；随着体育社会化和体育产业发展的推进，体育宣传工作正在由侧重竞技体育宣传转向体育各个领域的全面宣传。四川体育文化建设具有传统优势，走在全国前列。四川省体育博物馆于1984年在全国率先批准筹建，1998年编纂出版1949年以来第一部《四川省志·体育志》，获四川省地方志优秀成果奖。省体委参加1989年“四川省建国40周年经济社会发展成就展览”和1990年“第十一届北京亚运会体育展览”活动，均获表彰奖励。在第二届至第六届全国体育美术作品展览上，四川送展作品、获奖作品均列前茅；至2005年年末，四川体育美术作品已有6件被国际奥林匹克博物馆永久收藏。四川省在参加全运会、亚运会、奥运会体育集邮展中有多套作品获奖。特别是由四川承办的全国综合性运动会上的多台大型体育文艺表演，主题突出，场景恢宏，四川特色鲜明，备受好评。1988年后，在国家对外开放政策的推动下，四川体育对外交往不断扩大，以体育竞技交往为主要内容的单一形式逐步向体育竞赛、训练交流、培训进修、讲学考察、人才交流、群体活动观摩等多种形式发展。截至2005年年末，四川省运动员、教练员和其他体育工作者出访555批次，足迹遍及147个国家和地区，四川有10个项目的51人次教练员分35批次赴国外任教。同时，四川的优势项目资源和训练设施条件吸引286批次195个国家的3299人到四川进行训练比赛和体育交往活动，引进12个国家11个项目40批次57人次的外籍教练到四川执教。

五

回望20年四川体育发展历程，四川体育人秉持共同的理想追求和共同的核心价值观，顽强拼搏，团结奋进，在收获累累硕果的同时，亦不断积累和丰富四川体育发展之道。

一是始终坚持普及与提高相结合的方针。各级体育部门高度重视群众体育的普及与竞技体育的提高统筹协调，以贯彻实施《全民健身计划纲要》和《奥运争光计划纲要》为抓手，大力普及群众性体育活动，不断拓宽体育社会化领域，着力加强运动队建设，全面增强竞技体育整体实力，普及与提高相得益彰，群众体育与竞技体育协调发展。

二是不断深化体育改革。逐步完善优秀运动队以系、校为龙头，专业业余训练一条龙的项目纵向管理体制，建立教练员、领队、科研人员、医务后勤保障人员一体的复合型管理团队。重视发挥竞赛杠杆作用，通过多次对省运会、省青运会进行改革探索，形成与参赛对象特征相对应的组团形式、竞赛规则的省级综合性运动会体系。

三是积极创新体育发展方式。努力推动和发展全民健身活动以政府为主导、以体育部门为主体、以社会团体为依托的大群体格局，创新“小型多样、分散就近”与“区域集群、全省联动”相结合的群众体育活动新模式。注重城乡体育均衡化发展，面向群众、面向农村，从政策措施、基础设施等方面实行倾斜、加大投入。竞技体育实行“全省一盘棋”，打总体战，优化项目结构，整合训练资源，形成省、市、县优秀体育人才培养链。

四是努力践行为祖国争光、为人民服务的体育职责。全省广大体育工作者牢记使命，忠于职守，坚持以人民群众体育需求为动力为尺度，不断改进工作，完善服务，提升标准。在国内外重大比赛赛场，优秀运动员们为国争光、为蜀添彩，在创造优异运动成绩的同时，所表现出的爱国主义精神、团结拼搏、勇攀高峰的作风超越体育范畴，成为不同时期激励全省人民奋发图强的精神力量，成为社会主义精神文明建设的宝贵财富。

20年激情燃烧的岁月，20年风雨征程的跋涉，铭记着四川体育人的成就与辉煌、磨砺与艰辛。这必将激励和鞭策四川体育工作者对未来的渴望与求索：

——永远牢记“发展体育运动，增强人民体质”的宗旨，弘扬“更快、更高、更强”的奥林匹克精神，奋力实现把四川建设成为全国体育强省的光荣与梦想。

第一篇　社会体育

沿着“体育社会化”的改革发展方向，认真贯彻实施《全民健身计划纲要》，坚持“亲民、便民、利民”原则，重点抓好“健身场地设施、健身组织、健身活动”三个环节，组织开展不同人群广泛参与、形式多样、内容丰富的体育健身活动，努力构建政府主导、部门协调、全社会共同参与的社会体育新格局。

第一章 城乡体育

第一节 城市社区体育

1978 年，国家体委印发《关于加强城市体育工作的意见》，提出“逐步开展街道体育活动”，街道体育活动成为社区体育的基本形式。20 世纪 80 年代初期，城市社区体育日渐兴起，太极拳、气功、练功十八法等从大中城市向小城镇推广，数以百计自愿参加的体育辅导站在全省相继成立，特别是武术、气功辅导站，指导着上百万人习武健身。20 世纪 90 年代中期，随城市街道社区组织的逐步完善，“社区体育”概念渐被引入社会生活。

1995 年，国家实施《全民健身计划纲要》后，社区体育作为“全民健身”基本元素，在四川城市社区得到发展。根据《全民健身计划纲要》精神，全国实施“全民健身一二一工程”，倡导社区做到：提供 1 处以上体育健身活动场所，每年组织 2 次社区范围的体育健身活动，建立 1 支社会体育指导员队伍。社区体育规范化建设得以推动。

1998 年，《四川省城市体育先进社区评选办法》和《四川省城市体育先进社区标准》制定印发，推动以街道办事处为组织单位的城市社区体育。城市体育先进社区评选活动每年开展 1 次。是年，全省乐山市市中区上河街街道办事处等 7 个街道办事处被评为上年度“全国城市体育先进社区”；20 个街道办事处被省体委授予首批“四川省城市体育先进社区”称号。9 个城区的 21 个社区，使用体育彩票公益金建设的 21 个“全民健身工程”竣工。

图 1—1 乐山市开展社区体育健身活动

1999 年成都置信实业（集团）有限公司创办成都置信社区业主运动会，并举办首届成都置信社区业主运动会，为社区体育注入新内涵。至 2005 年相继不定期地举办了五届社区业主运动会。每届运动会都有一个主题，主要开展的项目有：卡丁车、保龄球、乒乓球、交谊舞、麻将、钓鱼、游泳、篮球、扑克、象棋、围棋、足球、排球、羽毛球、网球及趣味运动项目。最长的比赛周期 3 个月，最短的 3 天。吸引 8585 人次社区居民参加活动。

2001 年，全省城市社区体育工作会议提出“发展城市社区体育，促进城市精神文明建设”的目标，提出城市社区体育活动开展和社区体育场地设施建设的具体意见。

2002年6月9日，为纪念毛泽东“发展体育运动，增强人民体质”题词发表50周年，四川省和成都市联合举办社区全民健身表演赛，6000多名市民参加活动。绵阳市城市社区运动会不断增多，城区建立晨、晚练健身站（点）90个；同年9月24日，南充市北城社区群众运动会开幕，花园坝、长征路等8个社区612名居民参加腰鼓、拔河、自行车慢骑、跳绳、踢毽等10个项目的竞技活动。

部分社区还依托社会力量举办运动会、走市场经济路子建设体育设施，2003年形成“活动多元化、竞赛社会化”的势头。广元市举办的第三届城市社区体育大会，6000多人参加10个项目65个单项比赛，观众2万多人，地方特色最突出的是广元市朝天区的木牛（鸡公车）推新娘、元坝区的舞狮、苍溪县的踩高跷、吹唢呐和划彩莲船活动；内江市西林社区举办首届运动会后，各社区举办运动会的热情高涨；南充市组织召开第一届社区体育大会，以社区群众为成员的全市9个代表队参加12个项目的比赛。

2004年，四川省组队参加全国首届“四进社区”（科教、文体、法律和卫生四个方面）优秀体育健身项目展演活动，获得优秀组织奖。成都市在“四进社区”活动中，体育覆盖面达到100%，健身路径覆盖面达到95%。至是年年末，在社区体育组织中，体育活动点占64.3%；体育活动中心（室、站）占16.5%，较为正规的体育辅导站和协会活动点各占5%。

2005年，《中国体育报》把成都市水井坊社区称为“成都创新社区体育”典范。水井坊社区建成占地4400平方米的3个体育活动广场，和1个占地2500平方米的室内俱乐部。在市、区两级教育局支持下，辖区内5所中小学全部校园体育设施向社区开放；辖区内企事业单位也捐赠一批体育设施、器材供社区使用。社区以俱乐部为平台，广泛吸收会员，并根据不同年龄、喜好和需求，针对性地组织开展活动。如：对少年儿童重点开办乒乓球、跆拳道班；对中青年开展民族舞、拉丁舞、健身操、瑜伽、形体、街舞、器材健身、乒乓球等活动。社区还在每天上午7—10点，将健身房、乒乓球室设为免费活动时间，供老年人娱乐健身。社区坚持每年组织1次至少有4个项目的综合性运动会和1次趣味体育比赛，居民自愿报名参加，参与者众多。如：“老来乐”腰鼓比赛，参与者逾千人；“消夏欢乐游泳比赛”火爆开场，始料不及的参与人数，让社区不得不按年龄组分时段开展活动。

同年5月21日，四川省暨成都市社区大众体育健身展示大会在成都市武侯区武侯广场举行。该年度全省有18个活动站（点）被评为“全国优秀群众体育健身活动站（点）”，“全国城市体育先进社区”达到27个，“四川省城市体育先进社区”达到96个。

至是年年末，社区经常开展的体育项目主要有：乒乓球、健身操、太极拳（剑、扇）、篮球、羽毛球、跑（走）步、游泳、门球、健身秧歌、武术、广播体操、棋牌、木兰拳（剑、扇）、腰鼓、健身球操、体育舞蹈、自行车、台球、毽球、交谊舞、钓鱼、广场舞、冬泳、太极柔力球、踢毽、风筝、轮滑、练功十八法和益智球等。

四川省“全国城市体育先进社区”一览表

表1—1

批准时间(年)	全国城市体育先进社区名单	批次	数量
1998	成都市青羊区黄瓦街街道办事处、成都市锦江区莲花池街街道办事处、成都市金牛区驷马桥街道办事处、成都市武侯区火车南站街道办事处、自贡市自流井区新街街道办事处、攀枝花市东区长寿路街道办事处、乐山市市中区上河街街道办事处	第1批次	7
2000	成都市青羊区忠烈祠西街街道办事处、成都市金牛区青羊北路街道办事处、德阳市旌阳区旌阳街道办事处、绵阳市涪城区城厢街道办事处等	第2批次	5
2002	成都市武侯区永丰场街道办事处、成都市高新区肖家河街道办事处、成都市金牛区九里堤街道办事处、成都市青羊区西御河街道办事处、南充市顺庆区北城街道办事处、攀枝花市仁和区大河中路街道办事处	第3批次	6
2004	成都市成华区新鸿路街道新鸿社区、攀枝花市西区清香坪街道办事处、泸州市江阳区北城街道办事处、广元市经济开发区上西街道办事处皇泽寺社区居委会、绵阳市游仙区开元中街社区居委会、遂宁市船山区介福路街道办事处锦华社区、眉山市东坡区旭光村街道旭光社区居委会、德阳市旌阳区城南街道办事处等	第4批次	9

说明：“全国城市体育先进社区”评选活动始于1998年，每两年评选1次

第二节　农村体育

1986年，省政府印发《四川省各县体育工作暂行规定》，明确农村体育工作是县体委工作重点之一。省体委制定实施《新建体育场地奖励办法》，推动农村体育活动阵地建设。全省农业系统新建体育场地29个；6月7—12日，“四川省丰收杯农民篮球选拔赛”在成都市温江县举行。

1987年，省体委要求各级体委，特别是县（区）体委要重视和加强对农村体育工作的分类指导，优先把那些领导重视、经济比较富裕、体育基础较好地区的体育活动开展起来。以乡镇为中心，逐步做到有三分之一人口经常参加体育活动，逐步实现每年举办3次体育竞赛活动，逐步形成开展3个以上的传统体育项目。为推动县级体育工作，因地制宜，形成特色，省体委出台《四川省体育之乡评选条例》，“体育之乡”以县（区）为单位，以项目命名，四川省每3年评选1次。是年，重庆市江北县第一个被授予“武术之乡”称号。团省委、省体委和省农牧厅还联合开展四川省农村青年之家体育竞赛活动；省农民体育协会于12月中旬成立。全省41个县（区）举办农民综合运动会，42个县（区）举办农民单项体育竞赛，13个县建立农村体育活动辅导中心，5个县成立农民体育协会。温江县涌现出农村文化体育个体户400多户。

1989年，仁寿县体委配合团县委开展“青年之家”体育活动，协助县武装部开展民兵体育训练，依靠文化局加强农村文化中心（站）的体育建设；巴中县体委通过“一厂一校一乡”的试点，以点带面，典型引路，推动社会体育活动广泛开展。在活动项目上，根据不同层次人群需要，普及田径、游泳、足球和篮球等现代项目，挖掘武术、象棋、龙舟和气功等传统项目，推广健身操、健

美操、韵律操、门球等新型项目；乐山市五通桥区、万县市等地结合龙舟竞赛进行商贸交流，融体育与经济为一体，丰富人民群众文化生活，产生一定的经济效益。

1988 年 10 月 9—16 日，全国首届农民运动会在北京举行。四川省选拔 78 名运动员，代表四川参赛，参赛人数居全国第五位，总分居全国第十七位。全省 10 名农村体育工作积极分子及全国体育先进县自贡市贡井区，出席在北京召开的全国农村体育工作积极分子表彰大会；四川还承办全国首届农民运动会篮球分区（预）赛，温江赛区被评为全国“最佳赛区”。

1989 年，温江县、成都市金牛区、重庆市南岸区、自贡市贡井区 4 个县（区）获得首批“全国体育先进县”称号；重庆市沙坪坝区（田径）、乐山市五通桥区（水上运动）和市中区（龙舟）、自贡市自流井区（体操）、犍为县（举重）、江北县（武术）、成都市东城区（棋艺）、新都县（乒乓球）、三台县（足球）9 个县（区）被命名为“四川省体育之乡”；39 个县（区）获县级体育工作评比优胜单位称号。全省农村乡、镇文化中心（站）增加到 8600 个，县级农民体协增加到 25 个。

1991 年，省体委正式实施《四川省市、地、州体育工作评估体系》和《四川省县（区）体育工作评估体系》。省体委、省农牧厅和省农民体协组织开展“亿万农民健身活动”。5 月，在全国“亿万农民健身活动”先进乡（镇）表彰大会上，成都市成华区保和乡、三台县灵兴乡、大竹县石河乡、什邡县灵杰乡、沐川县武圣乡被授予全国“亿万农民健身活动先进乡镇”称号。

1992 年 10 月 10—19 日第二届全国农民运动会在湖北孝感举行。四川省代表团获得银牌 2 枚、铜牌 1 枚，奖牌总数列全国第十八名。1993 年，四川省的“全国体育先进县”已达 13 个，成立农民体育协会的县达 65 个。1994 年，乡镇、街道建立体育组织 4657 个，占全省乡镇、街道建制总数的 76.65%。1995 年，全省组织开展“亿万农民健身活动”和大众体育竞技项目评选活动，有 58 个乡镇获“四川省体育活动先进乡镇”称号。

1996 年 10 月 12—20 日，第三届全国农民运动会在上海举行，四川代表团 52 名运动员参赛。民兵军事三项获得团体总分第一名，实现四川在农运会上金牌“零”的突破，另获得 4 枚铜牌。在第三届全国农运会期间举行的“亿万农民健身活动”先进乡镇表彰大会上，四川省有 10 个乡镇受到表彰。

1997 年 8 月 19 日，四川省人大常委会通过的《四川省体育条例》，规定“农村村民委员会和基层体育组织应利用农闲时间开展适合农村特点的、具有地方特色的民间体育活动”。1998 年，全省各地开展“亿万农民健身活动先进乡镇”评选活动，吸引广大农民积极参加体育锻炼。有 10 个乡镇被中国农民体协评为“全国亿万农民健身活动先进乡镇”；组队参加全国农民摔跤、象棋比赛；同年 5 月，绵阳市城郊高水村的四川高水企业集团篮球俱乐部，在绵阳市体委注册成立，成为全省第一家农村体育俱乐部。

2000 年 10 月 29 日至 11 月 4 日，第四届全国农民运动会在四川绵阳举行。四川代表团获得金牌 14 枚、银牌 13 枚、铜牌 8 枚，金牌数居全国第一。

2001 年，四川组团参加“全国亿万农民健身活动”先进乡镇运动会，组织“亿万农民支持北京申奥”长跑等活动，开展全国和省“亿万农民健身活动先进乡镇”的评选。2003 年，泸州市举办全市首届农民运动会，7 个县（区）组团参加扭扁担、斗鸡、掰手腕等 9 个运动项目和舞龙、扭秧歌等表演项目的比赛；南充市召开全市首次农村体育工作现场会暨南充市农民体协成立大会。

2004 年，国家体育总局为推动农村体育活动开展，将当年确定为“农村体育年”。围绕“农村体育年”这一主题，四川在全省开展以体育场地设施、体育健身指导和体育科普知识为内容的“体育三下乡”活动。5月，在邛崃市举行四川省暨成都市“体育三下乡”活动启动仪式，各市（州）“体育三下乡”活动相继开展。10月18—24日，第五届全国农民运动会在江西宜春市举行，四川代表团获得金牌7枚、银牌12枚、铜牌9枚。

2005年4月24日，四川省农民健身展示大会在成都市双流县举行。6月8日，乐山市夹江县被授予“四川省健身秧歌之乡”称号。1989—2005年，全省有24个县（市、区）相继被国家体委（体育总局）授予“全国体育先进县”称号；省体委（体育局）授予76个县（市、区）“四川省体育先进县”称号。四川“全国亿万农民健身活动”先进乡镇达到60个，“四川省亿万农民健身活动”先进乡镇达到195个，“四川省体育之乡”达到26个。

1989—2000年四川省“全国体育先进县”一览表

表1—2

批准时间（年）	全国体育先进县名单	批次
1989	温江县、成都市金牛区、重庆市南岸区、自贡市贡井区	第1、2批次
1990	广汉市、郫县、眉山县、重庆市北碚区	第3批次
1992	新都县、什邡县、隆昌县、合江县、秀山县	第4批次
1996	三台县、甘洛县、彭山县、开县	第5批次
1998	彭州市、安县、乐山市五通桥区	第6批次
2000	双流县、崇州市、峨眉山市、江油市	第7批次

说明：“全国体育先进县”评选工作始于1986年，并于1986年和1987年进行第1批次和第2批次的验收工作。1989年将批准的第1—2批次“全国体育先进县”名单同时公布。结束于2005年的“全国体育先进县”评选，四川省有24个县（市、区）被授予称号

第三节　职工体育

1986年11月，由省体委、省总工会牵头，在渡口市（1987年1月改名为攀枝花市）成立攀枝花钢铁公司、西南电管局等19家国有大型企业参加的“四川省职工体育基金会”，这一举措在全国职工体育领域产生广泛影响。重庆市体委会同市总工会对全市120多家厂矿企业开展职工体育调查，提出推动职工体育发展的新措施；凉山州体委借鉴省级大型企业体育协作经验，促成当地一些骨干企业的体育协作；绵阳市体委会同市教育局，促成绵阳市厂矿企业子弟校体育协会的建立。

1986—1987年，冶金、地质、电信、水电、农民、化工6个省级行业、产业、系统体育协会成立；德阳第二重型机器厂、四川化工总厂、重庆特殊钢厂先后办起男子足球、女子足球和男女篮球运动队；省内第一家自办高水平运动队的重庆钢铁公司当选为全国企业自办高水平运动队竞赛委员会副主任委员（单位）；四川省职工体育基金会发展到29家企业入股参加，拥有基金100万元；10月，四川省首届职工体育理论研讨会召开，率先开拓职工体育理论研究园地，为全国首创，被《工人日报》评选为1987年全国职工体育十件大事之一。全省职工体育竞赛年度达1.20万多次，建立职工运动队和锻炼小组4.10万多个，经常参加锻炼的职工达210万人。

1988 年，邮政、轻工、电子 3 个省级行业、系统体育协会先后组建；省体育总会、《四川工人日报》、省职工体育基金会联合举办评选“热心支持体育的企业”活动，评选出 62 家企业，成为支持体育事业发展的骨干力量。随着经济体制改革的深化，越来越多的企业，把体育作为提高劳动者素质，培养竞争意识，提高企业知名度的重要手段。通过体育媒介作用，开展商贸交易，产品技术交流。乐山市国际龙舟交易会融体育与商贸交易为一体，成交额 18 亿元；全省有 20 多家企业出资与省、市优秀运动队冠名联办。成都红光电子管厂、重庆凤凰服装厂、宜宾造纸厂分别出资举办“红光杯”“凤凰杯”全国毽球比赛和全国“宜纸杯”企业篮球比赛；成、渝等城市广泛开展冬季职工越野跑和基层职工足球比赛，受到全国总工会表彰。

1989 年，省职工体育基金会先后举办“四川企业杯”女篮比赛、门球比赛、棋牌比赛等活动及体育管理干部培训班、篮球裁判员培训班。11 月，省总工会、省体委和省职工体育基金会联合在铁道部眉山机车车辆厂召开职工体育理论研讨会，就职工体育与企业文化、企业精神、企业经济效益的关系进行研讨，37 篇论文获奖，7 个单位获组织奖。会议表彰省职工体育基金会 35 个理事企业的 99 名领导干部、专职体育干部，并授予“振兴四川职工体育先进个人”称号。全国总工会、国家体委联合表彰 1986 年 12 月至 1989 年 3 月坚持参加“全国百万职工冬季长跑活动”的先进单位，成都、重庆两座城市和 12 个基层单位当选，获奖数居全国第四位。

1990 年，为贯彻全国总工会和国家体委《关于在全国职工中开展“百日锻炼迎亚运”活动的通知》，举办各市（地、州）和部分行业体协 40 多个代表队参加的中华人民共和国成立以来规模最大的四川省职工篮球比赛。至是年年末，全省建立 16 个省级产业、行业体育协会；有职工体育专职干部 961 人，职工业余运动队、锻炼小组 40500 个；工业系统举办运动会 1635 次，居全国第二位；经常参加体育活动的人数占职工总数的 39.9%。

1995 年，省体育总会印发《关于开展 1995 年全民健身宣传周活动的通知》，省级行业系统和机关掀起宣传全民健身活动高潮。成都铁路局成立“全民健身指导委员会”，召开全民健身动员大会；省银鹰体协、交通体协、邮电体协等分别制订“全民健身规划”。

1996 年，全省 30 多个行业体协组织 5000 多名运动员参加省第八届运动会；四川省承办第三届全国工人运动会篮球项目比赛；101 个单位和 103 名个人被评为“八五”期间全省职工体育先进集体和先进个人。

1998 年，省体委与省总工会、省职工体育基金会联合举办 46 次省级群众体育比赛。

2001 年，举办省级机关运动会，设 10 个项目，有 72 个省级单位、1000 余人参赛，促进机关单位全民健身活动的开展；12 月下旬，省体育总会召开省级行业系统体协工作会，12 个行业体育协会被评为“省级行业系统体协先进单位”，213 名职工被评为先进个人。

2002 年 3 月 11—15 日，省第八届职工门球赛在成都举行。11 月 16—20 日，省第一届职工台球赛在成都星牌台球俱乐部举行，13 个职工代表队的 41 名运动员参赛。比赛设斯洛克甲组团体、个人赛及乙组团体赛。

2003 年 2 月 18—24 日，省第九届职工门球赛在成都市青白江区举行，全省 32 个职工代表队参赛；9 月 24—29 日，省第二届职工台球赛在成都铁路局体育中心举行；是年，“神驹怀”攀枝花市第一届机关职工运动会举行，设成年组、老年组及 18 个大项、218 个小项，3000 多名运动员参赛。

2004 年 2 月 10—16 日，省第十届职工门球赛在成都市青白江区举行，42 个代表队参赛；9 月

10—15 日，“火车头杯”四川省第三届职工台球赛在成都铁路局体育中心举行。

2005 年 6 月 10 日，“四川省全民健身周活动”在全省展开，省国防科学技术工业办公室、省交通厅、四川嘉阳集团公司 3 个单位组织职工参加“全民健身周活动”，获省体育局颁发的“优秀组织奖”；省冶金地质勘查局、省乡镇（中小）企业局、省测绘局、四川煤炭文化艺术体育联合会、攀枝花煤业（集团）有限责任公司 5 个单位组织职工参加“全民健身周活动”，被省体育局授予“先进单位”称号。

第二章　老年人体育

第一节　老年人体育活动

随着社会经济的发展，老年人群的体育健身活动更加社会化、生活化，体育竞技的杠杆作用进一步推动老年人体育健身活动的发展。省老年人体育协会等单位组织参与的系列竞赛活动，为全省各地老年人体育活动群体提供一个交流、展示的健身平台。

1986—2005 年，省老年人体育协会组织和协同组织全省性老年人体育竞赛近百次，主要开展的竞赛项目有：门球、网球、迪斯科健身操（舞）、围棋、中国象棋、羽毛球、地掷球、太极拳（剑）、木兰拳、乒乓球、台球、登山、桥牌、钓鱼和趣味体育比赛等；组织四川老年人代表队参加全国（区域）比赛近 80 次；4 次承办全国（区域）老年人体育赛事。一年一度的省老年门球、网球、地掷球、台球等全省性赛事，已形成制度。至 2005 年年末，省老年门球比赛，已举办 20 届。

2002 年，全省参加体育健身的老年人 350 万人，占全省老年人的 38%，“银发健身”成为一道风景。截至 2003 年，全省 21 个市（州）都建立老年人体育协会；181 个县（市、区），有 153 个建立老年人体育协会；四川城乡建立基层老年人体育协会 5200 多个、基层辅导站 2000 多个；全省有辅导员 7300 多人，教练员 2400 多人，裁判员 3400 多人。

第二节　老年人运动会

四川省老年人运动会始于 1987 年，由省老年人体育协会和省委老干部局、省老龄委、省人事厅、省劳动厅、省卫生厅、省总工会、省体委等省级有关部门和主管部门共同主办，省老年人体育协会组织实施，每 4 年举办一届，以市（地、州）及省级行业老年人体育协会选拔组团参赛。

四川省第一届老年人运动会　1987 年 3—11 月分别在攀枝花市、成都市、绵阳市、重庆市举行。成立 240 余人的组委会，举办网球、门球、长跑、乒乓球 4 项比赛和太极拳、气功、健身操 3 项表演赛。全省 20 个市（地、州），6 个行业系统的 101 个队 900 余名老年运动员参赛。

四川省第二届老年人运动会　1991 年 4 月 2—20 日，分别在成都市、德阳市举行。比赛项目设门球、乒乓球、围棋、中国象棋、网球；表演项目为老年迪斯科健身操（舞）。开幕式在省体育馆举行，900 余名老年运动员和裁判员、工作人员列队入场，受到领导和数千名观众的热烈欢迎。

四川省第三届老年人运动会　1995 年 4 月 22 日至 5 月 25 日，分别在成都市和乐山市举行。该届主办单位增加省体育总会、四川日报社、四川电视台等，主办单位 12 个。竞赛项目有网球、门球、乒乓球、台球、地掷球、围棋；表演项目有太极拳（剑）、迪斯科健身操（舞）。除甘孜、阿坝州外，全省其余市（地、州）和部队、省直、铁路、地矿、前卫、石油、卫生、银鹰、社保 9 个行业和系统共 30 个代表团 1445 人参加，其中运动员 1085 人。4 月 22 日，开幕式在成都市劳动人民文化宫体育馆举行，5 月 25 日在乐山市举行闭幕式。6 个竞赛项目分别由省门球协会、省台球协会、省老年人围棋协会、成都市老体协（乒乓球和地掷球）和乐山市（体委、老体协、网协）承办，竞委会工作人员 490 人，其中裁判员 147 人。运动会期间，四川省和成都市、乐山市 21 个新闻单位约 50 名新闻记者现场采访。本届运动会参赛总人数 1909 人，超过上两届。运动会期间，正值全省启动实施《全民健身计划纲要》之际，大会号召老年人带头实施全民健身计划，提出“重在参与，贵在坚持，着眼推动”的指导方针，彰显本届老运会的独特意义。

四川省第四届老年人运动会

1999 年 4 月 10 日至 9 月 12 日在成都西南日月城举行。主办单位增加省民政厅、省妇联、晚霞报社，成都华新国际实业有限公司西南日月城承办，省老体协组织实施。设门球、网球、台球、乒乓球、地掷球、围棋、桥牌、钓鱼、健身球操 9 个比赛项目和太极拳（剑）、迪斯科健身操（舞）表演；全省有 32 个代表团 2000 余人参赛。其中市（地、州）代表团 20 个（阿坝州未参赛），省直机关、驻川部队、省级行业代表团 11 个。该届省老运会比赛地点集中、比赛时间和比赛项目相对分散，并将比赛融入开闭幕式之中。1999 年，是联合国确定的“国际老年人年”，省第四届老运会的举行，成为全省迎接和庆祝“国际老年人年”活动的一个亮点。

图 1—2　四川省第四届老年人运动会开幕式上健身秧歌表演

四川省第五届老年人运动会　2003 年 3 月 6 日开幕，相继在乐山、泸州、宜宾、自贡、内江、成都、绵阳和江油 8 市举行门球、网球、台球、乒乓球、羽毛球、地掷球、围棋、桥牌、钓鱼、健身球操、太极拳（剑）11 项比赛。为贯彻社会办体育方针，该届运动会和上届，同样采取比赛时间相对集中、比赛地点和项目相应分散的办法。21 个市（州），11 个省级行业系统组织代表团，4 个单位派队参加比赛，参赛人数 2216 人；组委会、竞委会、办事机构 770 人，总人数 2986 人；各地、各行业的选拔赛参赛人数约 8000 人。达州、攀枝花、宜宾、南充、自贡、成都、雅安 7 个市，在省第五届老运会前后，分别举行市老年人运动会。受“非典”影响，原定 5 月 27 日结束的各项比赛延期至 9 月 23 日，12 月 18 日举行总结表彰大会。

第三节 健康老人评选活动

一、“巴蜀健康老人”评选活动

1986年起，四川日报社和省老年人体育协会联合发起评选“巴蜀健康老人”活动，原则上两年评选1次。对年龄在80岁以上，经常参加体育锻炼活动、身体健康、家庭和睦，继续为社会主义建设做奉献的老年人授予“巴蜀健康老人”称号。

1989年，全省有31人获得“巴蜀健康老人”称号；1991年39人获得“巴蜀健康老人”称号；1994年，49人获得“巴蜀健康老人”称号；1996年，55人获得“巴蜀健康老人”称号；1998年，49人获得“巴蜀健康老人”称号；2000年，49人获得“巴蜀健康老人”称号；2003年，46人获得“巴蜀健康老人”称号。

二、“全国健康老人”评选活动

“全国健康老人”评选是由中国老年体协、中国老龄协会、中华全国妇女联合会主办，评选要求80周岁以上（2004年后提高到85岁）的经常参加体育健身活动的健康老人。评选健康标准要求健康老人的生活方式符合世界卫生组织倡导的“合理膳食、适量运动、戒烟限酒、心理平衡”的生活方式，老人在日常生活学习、处事、身体形态等方面处于较好水平。

1985年第一届“全国健康老人”评选活动举行，到2005年，“全国健康老人”累计举办六届，四川省共入选“全国健康老人”86人。

1985—2004年四川省获“全国健康老人”一览表

表1—3

届次	时间（年）	人数（人）	姓名、性别、年龄（岁）、地区	
第一届	1985	10	张洪沅（83 成都） 李文林（81 成都） 冯慎良（84 绵阳） 王澄熙（81 乐山） 张锡庚（92 自贡）	金永华（女 84 重庆） 海　灯（83 绵阳） 王　余（85 巴中） 裔敬亭（86 雅安） 张绍华（80 凉山）
第二届	1988	10	潘大逵（86 成都） 梅福强（82 成都） 张金山（108 凉山） 钟海成（83 自贡） 王忠义（105 重庆）	邢辑五（84 成都） 赵子虬（83 重庆） 张　咏（82 成都） 刘必心（86 万县） 刘云波（女 83 成都）
第三届	1992	10	乔钟灵（女 86 省直） 攀培禄（86 省直） 段大明（81 重庆） 杨栋廷（83 乐山） 岳吉成（87 宜宾）	侯光炯（87 宜宾） 金盛臣（83 成都） 郭遵义（81 攀枝花） 李连荪（103 绵阳） 李文密（86 南充）

续表1—3

届次	时间（年）	人数（人）	姓名、性别、年龄（岁）、地区
第四届	1994	15	杨正清（女 106 重庆） 吴锦枫（女 82 绵阳） 周　颐（80 成都） 侯泽远（80 成都） 余毅恒（83 宜宾） 许富歧（81 达县） 许富歧（85 雅安） 兰仲莹（83 成都） 瓦扎木基（82 凉山） 杨明照（85 成都） 吴奉昭（82 成都） 万　钟（80 自贡） 翟自强（81 攀枝花） 叶百华（90 泸州） 刘选伍（81 成都）
第五届	2000	16	天　宝（84 成都） 张　戟（84 成都） 穆生荣（85 凉山） 薛茂森（81 成都） 杨竹君（86 泸州） 肖佑琛（85 德阳） 朱学文（93 雅安） 毛志清（103 成都） 郭万夫（85 成都） 宫韫书（81 成都） 胡　衡（83 攀枝花） 石　璞（女 93 成都） 王国新（90 成都） 林　浩（女 81 成都） 罗德成（81 成都） 周　鸿（88 成都）
第六届	2004	25	明　朗（98 成都） 杜世兴（97 成都） 金　鉴（94 成都） 安春振（91 成都） 张志刚（90 成都） 卢锡琼（女 88 成都） 荣金龙（89 自贡） 胡开坻（87 自贡） 陈觉人（88 攀枝花） 王　琳（93 德阳） 工　峰（90 泸州） 杨世远（87 绵阳） 任俊儒（87 广元） 赵仁宽（86 遂宁） 范象坤（90 内江） 王　旭（88 乐山） 杨耀庭（86 南充） 黄慧英（女 88 乐山） 鲍春您（87 宜宾） 乔洪兴（90 达州） 陈中民（87 雅安） 耿亘怀（88 眉山） 蒋达成（89 资阳） 饶绪镇（87 凉山） 侯鸣歧（88 成都）

第三章　残疾人体育

第一节　残疾人体育活动

1988 年 4 月，四川省 3 名残疾人运动员参加在湖南省湘潭市举行的全国残疾人射击、举重邀请赛，获得气手枪比赛第三名，气步枪比赛第四名；10 月，四川省残疾人运动员王丽（女）、李继锋代表中国参加在韩国举行的第八届残疾人奥运会，王丽获得田径女子 A6 级 200 米、400 米第四名，100 米第五名。李继锋获得 A2 级男子跳高第四名。12 月 28 日，省残疾人体育协会成立。

1989 年，四川省 11 名青少年残疾人运动员分别参加在南京市和合肥市举行的全国青少年残疾人田径、乒乓球邀请赛和田径、游泳锦标赛，获得第一名 5 个、第二名 3 个、第三名 1 个、第四名 1 个、第五名 1 个。李继锋、汤颂入选中国残疾人体育代表团，参加 9 月在日本神户举行的第五届远东及南太平洋地区残疾人运动会。李继锋获得金牌 3 枚，汤颂获得金牌 1 枚。

1995 年，在郑州市举行的全国残疾人田径、游泳锦标赛上，四川运动员获得金牌 5 枚、银牌 4 枚。其中张先会获得田径女子跳远银牌，罗敏获得女子 400 米自由泳金牌，200 米、100 米自由泳银牌；唐体芳获得 100 米自由泳金牌、50 米银牌。

1997 年，在山东省举办的全国残疾人田径锦标赛上，四川运动员获得金牌 3 枚、银牌 1 枚。是年，四川省体委协助省残疾人联合会，筹建四川省残疾人运动员训练基地。

1998 年，四川省有 2 名运动员入选中国残疾人体育代表团，参加在泰国举行的第七届远东及南太平洋地区残疾人运动会。

2003 年 7 月 14 日，为参加第六届全国残疾人运动会选拔组队，来自成都、自贡、攀枝花、泸州、绵阳、乐山、达州、广安、南充、雅安、资阳、眉山、凉山 13 个市（州）的 44 名运动员按照报名参赛项目成立田径、游泳、射击、羽毛球、乒乓球、举重 6 个集训队，分别在 5 个优秀运动队专业训练基地进行集中强化训练。集训工作得到省运动技术学院、省陆上运动学校、省体育馆、成都市猛追湾游泳场等单位的支持和帮助，不仅提供食宿便利，还无偿提供专业训练场馆、器械，为各集训队配备高水平、经验丰富的专业教练，保证训练质量。

2005 年 10 月 27 日至 11 月 3 日，省残联、省体育局、省残疾人体育协会在成都承办全国残疾人羽毛球锦标赛和全国特殊奥林匹克羽毛球比赛。11 月 11—15 日，由省残联、省体育局、省残疾人体育协会主办的“四川省第一届特殊奥林匹克运动会”在南充市举行，成都、自贡、泸州、乐山、资阳、广安、眉山、南充 8 个市的 20 支代表队 165 名运动员参加田径、篮球、足球、乒乓球、羽毛球、滚球、保龄球 7 个项目的比赛。南充市、泸州市、眉山市、广安市、自贡市、成都市、乐山市、资阳市依次获得团体总分前八名。

第二节 残疾人运动会

一、四川省残疾人运动会

四川省第一届残疾人运动会 1985年7月在广汉举行。省民政厅、省体委和省盲人聋哑人协会共同主办。来自全省各市（地、州）的15个代表队100余名运动员参加田径、游泳、乒乓球3个大项目的比赛。历时3天，决出金牌121枚、银牌83枚、铜牌56枚。

四川省第二届残疾人运动会 1990年10月20—22日在成都市举行。来自全省20个市（地、州）的168名运动员参加比赛。年龄最大的52岁，最小的11岁。这届残运会由省体委、省民政厅、省残疾人联合会和省残疾人体育协会共同主办，设田径、游泳、乒乓球3个大项目，174个小项目，决出金牌176枚、银牌51枚、铜牌56枚；男、女团体奖各6个代表队；4个代表队、36名运动员和10名裁判员获“体育道德风尚奖”。

四川省第三届残疾人运动会 1996年9月2—7日在绵阳市举行，这届残运会除广元、黔江外，有21个代表队、294名运动员参加田径、游泳、乒乓球、射击和举重5个大项目74个小项比赛，决出金牌141枚、银牌91枚、铜牌59枚，74人次打破51项上届省残运会记录。

四川省第四届残疾人运动会 1999年10月22—25日在攀枝花市举行，省民政厅、省体委、省残联共同主办，攀枝花市人民政府承办。21个市（地、州）的22个代表队（攀枝花两个队）189名运动员参加比赛；运动员、教练员、工作人员和青年自愿者总人数达千余人。运动会设田径、游泳、乒乓球、羽毛球、射击、举重6个项目。决出金牌183枚、银牌62枚、铜牌62枚；37人57次打破34项省残运会纪录；成都市、达州市、乐山市、攀枝花市（一队）、泸州市和南充市代表队分获得团体总分前六名。省委书记谢世杰、代省长张中伟发来贺信，中国残联、中国残疾人协会及全国20多个省（市、自治区）发贺信、贺电。

四川省第五届残疾人运动会 2002年10月27—30日在成都市举行，全省22个代表队，1000余名运动员参加比赛。运动会设田径、游泳、乒乓球、举重、羽毛球、射击6个比赛项目，决出金牌119枚，103人166次打破138项省残运会纪录。开幕式后，中国残疾人艺术团表演“爱心托起我的梦”大型公益文艺节目。

二、参加全国残疾人运动会

第二届全国残疾人运动会 1987年8月23日至9月1日在河北省唐山市举行。7月11—14日，省体委、省卫生厅、省伤残人福利基金会、省盲聋哑协会联合举办四川省伤残人体育选拔赛，选拔出30名运动员组队参加第二届全国残运会。女运动员王丽打破A6级800米跑的残疾人世界纪录，并创A6级200米跑残疾人全国纪录。四川省残疾人体育代表队获得田径、游泳、乒乓球3个项目的第一名9个、第二名10个、第三名9个、第四名9个、第五名4个、第六名6个。女运动员林龙芳入选中国残疾人体育代表团参加世界残疾人游泳比赛。

第三届全国残疾人运动会 1992年3月1—23日在广东省广州市举行。从该届开始，全国残疾人运动会被正式列入国务院审批的大型运动会系列，形成每4年举办一届的制度。四川省体委配合省民政厅组成四川代表团参赛，获得 8 枚金牌、8 枚银牌、8 枚铜牌，名列第十三位。

第四届全国残疾人运动会 1996 年 5 月 9—16 日在辽宁省大连市举行。四川省残疾人体育代表团 31 名运动员参加比赛，获得 3 枚金牌、5 枚银牌、8 枚铜牌。

第五届全国残疾人运动会 2000 年 5 月 6—14 日在上海市举行。四川代表团由 54 名参赛运动员和 24 名教练员、工作人员组成。参加田径、游泳、乒乓球、射击、举重、羽毛球和盲人门球 7 个大项比赛，其中盲人门球是四川代表团新参加的一个集体项目。共获得 4 枚金牌、6 枚银牌、5 枚铜牌，总分 151 分，列全国第二十一位；奖牌数 15 枚，比上届增加 7 枚；名次排位比上届上升 6 位。田径男队、游泳男队、羽毛球男队、盲人门球男队、游泳女队和 19 名运动员获得“体育道德风尚奖”。

第六届全国残疾人运动会 2003 年 9 月 16 日在江苏省南京市开幕，9 月 17 日—23 日分别在南京、常州、扬州进行比赛。四川代表团由 44 名运动员、8 名教练员和 14 名工作人员组成。运动员中女运动员 4 名，男运动员 40 名；年龄最大的 48 岁，最小的 13 岁；肢残人 31 人，聋哑人 7 人，盲人 6 人。参加田径、游泳、乒乓球、羽毛球、射击、举重 6 个大项 105 个小项的比赛，共获得 2 枚金牌、5 枚银牌、8 枚铜牌，总分 169 分，列全国 35 个参赛代表团的第二十六位。射击 R3 混合组气步枪卧射 60 发平世界纪录，田径男子 T46 级 1 万米打破全国纪录。四川代表团团体总分超过上届 11.5 分，总奖牌数、名次与上届相比有所后退。单项中如射击、羽毛球名次在全国排名第三、第五名；举重、游泳名次在全国排名第十五、第十八名，居中位，比上届有所提高。男子羽毛球队获得“体育道德风尚”集体奖，11 名运动员获得个人“体育道德风尚奖”。

第四章　少数民族体育

第一节　少数民族体育活动

四川省少数民族体育活动主要集中在凉山彝族自治州（以下简称凉山州）、甘孜藏族自治州（以下简称甘孜州）、阿坝藏族羌族自治州（以下简称阿坝州）。民族传统体育内容丰富，形式多样，涵盖竞技、表演、健身娱乐等方面。常与劳动、祭祀、年节、婚丧、音乐、舞蹈、军事等连在一起。少数民族地区对民族传统体育活动进行挖掘、整理，并把传统项目融入到现代体育活动中。

1987年，全省有29个县举办少数民族传统体育项目比赛。赛马、摔跤、斗牛等体育项目被列为彝族“火把节”“彝族年”的传统表演项目；格吞、俄多等体育项目被列为藏族三月三“转山会”的传统表演项目。彝、藏等民族地区在挖掘整理出一批传统体育项目的同时，积极引进兄弟民族的传统体育项目。10月18—23日，凉山州昭觉县代表四川省参加全国少数民族“抢花炮”（壮族传统体育项目）邀请赛。1988年，一年一度的湘、鄂、川、黔四省边区运动会在四川省秀山土家族苗族自治县举行，促成秀山土家族苗族自治县体育馆的建成。甘孜州理塘县举办第三届“八一”民族运动会。全年全省各地举办县级少数民族体育竞赛79次。

1991年9月12日，省少数民族体育协会成立。1992年，甘洛县、丹巴县巴底乡、黔江县黄溪区公所和红原县体委嘎嘎被评选为全国民族体育先进集体和先进个人。1998年8月13—31日，在凉山州彝族“火把节”期间，西昌、喜德、布拖、普格、金阳、越西等县（市）体委，分片区相继组织有568名运动员参加的彝族式摔跤、赛马、斗牛、斗羊、斗鸡等民族传统体育表演和比赛。1999年，甘孜州在康定举办“金秋赛马会”。

2004年8月，在凉山州第四届火把节期间，凉山州体育局举办彝族式摔跤（格）擂台赛，弓弩有奖竞射等民族体育活动，并承办世界拳王争霸赛。2005年，阿坝州围绕《全民健身计划纲要》颁布10周年这一活动主题，全州各地利用“健身活动周”“民族节庆”“假日体育”“迎民运”等时机，结合民族地区特点，开展形式多样的民族传统体育活动。

第二节　少数民族运动会

一、四川省少数民族运动会

四川省第八届少数民族运动会　1989年10月22—28日在黔江土家族苗族自治县举行。甘孜州、阿坝州、凉山州、乐山市、攀枝花市、黔江地区、西南民族学院7个代表团的437名各族男女运动员参加比赛。运动会设竞赛项目和表演项目两大内容。竞赛项目有抢花炮、射弩、篮球、摔跤、田径；表演项目17个，除格吞、俄多、磨儿秋、推杆、板凳龙5项系保留项目外，还有舞狮、对脚赛、三雄夺魁、鼓操、驯牛、武士的脚步、扯手、三棒鼓、铃舞、弓操、跳绳、套牛12项挖掘整理的新项目。

四川省第九届少数民族运动会　1993年10月10—17日在凉山州西昌市举行。参加这届运动会的有甘孜州、阿坝州、凉山州、黔江地区、乐山市、攀枝花市、绵阳市、雅安地区、西南民族学院9个代表团的553名运动员和1275名裁判员、工作人员。设抢花炮、射弩、摔跤、民族式摔跤、柔道、篮球、田径7个比赛项目；设格吞、俄多、高台花灯、土家竹铃球、三雄夺魁、雄踞一方、跳晁盖、嘉绒狮舞、推杆、堵自且、骄惹哇仔育、地崩子、扎西德勒、热巴舞、耍扁挑、争雄、开四门、闭四门、十字倒挂金钩、推腰磨、跳火绳、狐狸劫蛋、大渡河畔彝家乐23个表演项目。运动会决出奖牌177枚和体育道德风尚奖。凉山、阿坝、甘孜州代表团分别列金牌总数和奖牌总数前三名。有15支运动队获得“体育道德风尚奖”，95名运动员和裁判员获得个人“体育道德风尚奖”。在开幕式上，组委会精心组织一台富有浓郁民族特色的文艺表演，受到领导和来宾的好评。凉山州体委、州民委、州文化局、州文联联合举办民运会摄影、绘画、书法作品展览。

四川省第十届少数民族运动会　1997年9月18—25日在乐山市举行。凉山州、甘孜州、阿坝州，乐山市、攀枝花市、绵阳市、雅安市和西南民族学院等11个代表团的藏、彝、苗、羌、回、纳西、傈僳、布依、土家、满、傣、壮、白、蒙古14个民族的544名运动员参赛。运动会设射弩、民族摔跤（格、北嘎、且里西、绊跤）、田径、篮球4个比赛项目；设扭棍子、推杆、蹬棍、围猎、驯牛、朵加、俄多、单人摔跤、弓技、尔玛茹萨独、阿举尔惹边、鼓操，跳晁盖与猫猫舞、羌族推杆、三雄夺魁、舀草球、马马灯、羊腿呈威、雄踞一方19个表演项目。

四川省第十一届少数民族运动会　2001年10月12—18日在绵阳市举行。甘孜州、阿坝州、凉山州，成都市、乐山市、攀枝花市、绵阳市、雅安市、泸州市、宜宾市、西南民族大学、成都体育学院12个代表团的1200余名少数民族运动员参赛。比赛项目有射弩、民族式摔跤（格、北嘎、且里西、绊跤）、蹴球、押加、珍珠球、田径（中长跑、投掷类）、马上项目（速度赛马、跑马射击、跑马射箭等）及表演项目26个。闭幕式上，东道主绵阳市和各民族兄弟姐妹共同为观众献上一台活泼精彩的文艺晚会“天府大家园”。

四川省第十二届少数民族运动会　2005年8月19—25日在阿坝州马尔康县举行。“平等、团结、拼搏、奋进”是办会宗旨。阿坝州、甘孜州、凉山州，成都市、攀枝花市、泸州市、绵阳市、乐山市、宜宾市、雅安市、西南民族大学、成都体育学院12个代表团的1137名运动员参赛。比赛项目有田径、珍珠球、射弩、蹴球、押加、民族式摔跤、马上项目（马上项目会前在红原县举行）、高脚竞速；表演项目有斯格恰、色琼则莫、嘉穹勒布、峨尔朵与夏尔坎、羌家杆技、都布且、舍吉尔、律动的彩虹、扎西巴鲁、板凳龙、打浪桥、苗族手毽、打牛脚、喜鹊庆丰收、赶山溜索、七彩的风车、羌家玲鼓韵律操、撞撞肩、各俊赞堆、哟格、雷克惹、格、打鼓转木、长袖健身操、藏族韵律操、依莫勒、神秘火塘、打特克、芦笙乐、竹宝龄、花山竞技、动感啦啦操、武术表演。闭幕式上，部分获奖表演项目进行展演，东道主阿坝州为观众献上一台精彩的大型文艺演出“激情阿坝”。

图 1—3　2005 年 8 月 19 日，四川省第十二届少数民族运动会开幕式在阿坝州体育场举行

二、参加全国少数民族传统体育运动会

第四届全国少数民族传统体育运动会　1991 年 11 月 10—17 日在广西南宁举行。四川代表团 54 名运动员参加格（彝族式摔跤）、北嘎（藏族式摔跤）、射弩、抢花炮 4 个项目的比赛和彝族的三雄夺魁、跳火绳、藏族的格吞、驯牛，羌族的推杆、土家族的板凳龙的表演。比赛项目获得银牌 1 枚、铜牌 1 枚；表演项目获一等奖 2 个、二等奖 2 个、三等奖 2 个。

第五届全国少数民族传统体育运动会　1995 年 11 月 5—12 日在云南昆明举行。四川代表团参加了射弩、马上项目、摔跤、抢花炮 4 项比赛和部分表演项目。比赛项目获得金牌 10 枚、银牌 4 枚、铜牌 2 枚，团体总分列全国第三名，实现四川省在全国少数民族运动会上金牌“零”的突破。

第六届全国少数民族传统体育运动会　1999 年 8 月 18—23 日在西藏分赛区和 8 月 24—30 日在北京主赛区举行。四川代表团赴拉萨分赛区和北京主赛区分别由 55 人和 105 人组成；参加拉萨分赛区射弩、押加和马术（跑马射箭、射击、拾哈达）3 个大项比赛，表演了“羌家推拉纽”（羌族）、“朵加与俄多”（藏族）、“三雄夺魁”（彝族）3 项表演；参加北京主赛场民族式摔跤、珍珠球、武术、蹴鞠 4 个项目的比赛，表演了“诺苏马马灯”（彝族）、“雄踞一方”（彝族）、“舞麻龙”（羌族）、“欢乐的牧民”（藏族）、“弓刀舞”（藏族）、“盛开的索玛”（彝族）6 个项目表演。比赛项目获得金牌 9 枚、银牌 4 枚、铜牌 7 枚；表演项目获一等奖 2 个、二等奖 2 个、三等奖 5 个；16 名运动员获得“体育道德风尚奖”。金牌数和团体总分在全国 34 个代表团中名列第三。

第七届全国少数民族传统体育运动会　2003 年 9 月 6—13 日在宁夏银川举行。四川代表团参加珍珠球、蹴球、射弩、押加、武术、摔跤、马术 7 个比赛项目和 6 个表演项目的比赛。比赛项目获得金牌 9 枚、银牌 7 枚、铜牌 3 枚；表演项目获一等奖 3 个、二等奖 2 个、三等奖 1 个；金牌数在 34 个代表团中名列第二，奖牌数名列第三。

第五章　实施《全民健身计划纲要》

第一节　全民健身工作

1995年6月20日，国务院颁布实施《全民健身计划纲要》，群众体育进入全民健身的发展时期。实施全民健身的目的和任务是：努力实现体育与国民经济和社会事业的协调发展，全面提高中华民族的体质与健康水平，基本建成具有中国特色的全民健身体系。全民健身计划以广大人民群众为实施对象，面向各类人群，以青少年和儿童为重点。实施全民健身计划的主要对策和措施是加强领导，加强宣传，加强场地设施建设，实施体质测定制度，实施《社会体育指导员技术等级制度》。采取整体规划，逐步实施的方式，1995—2000年为第一期工程，2001—2010年为第二期工程。

1995—2005年，四川省组织实施《全民健身计划纲要》，全民健身计划的各项工作普遍取得成效，初步形成具有四川特征的全民健身体系的基本框架，更广泛地推动群众体育活动的开展。

一、全民健身组织机构

1995年，省政府成立以副省长徐世群为主任，20多个部委厅局负责人和市（地、州）分管体育工作的政府领导参加的四川省实施全民健身计划纲要指导委员会，负责指导全省《全民健身计划纲要》实施工作。省体委作为该委员会常设办事机构，负责日常组织协调工作。至1996年，全省23个市（地、州）和三分之二的县（区）成立实施全民健身计划纲要指导委员会，大部分乡（镇）成立相应的领导小组。随着全民健身活动的进一步深入，至2005年末，四川省实施全民健身计划纲要指导委员会发挥着越来越重要的作用。

二、组织实施《全民健身计划纲要》

1995年10月，省政府批准印发《四川省全民健身计划纲要实施意见》。同时开始在全省实施国家体委公布的《社会体育指导员等级制度》。

1996年，省体委制定《全民健身试点方案》，在省内县（区）、乡（镇）、学校、企业、行业体协中设立19个试点单位，开展试点工作。

1997年，全民健身计划由启动阶段进入实施阶段。实施的重点：组织好“宣传周”活动；发挥有关部门、社会团体和群众组织作用，搞好社会化群众体育组织网络建设；抓好体育场馆向群众开放，抓好居住小区、村镇小型体育场地建设；推广第八套广播体操，抓好机关体育活动。8月19日，省人大常委会通过《四川省体育条例》，规定：地方各级人民政府应组织实施《全民健身计划纲要》，并纳入目标管理，引导、鼓励公民积极参加体育活动，提高身体素质。

1998 年，组织实施“全民健身计划”第二阶段任务。根据《国家体委关于 1996 年度体育彩票公益金用于实施全民健身计划的通知》要求，四川省制定《全民健身工程实施方案》，投资建设 21 个“全民健身工程”，捐赠给成都市锦江区（7 个）、青羊区（3 个）、高新区（1 个），德阳市旌阳区（2 个），绵阳市涪城区（3 个）、游仙区（2 个），内江市市中区（3 个）等城市社区。

1999 年，“全民健身计划”第一期工程第三阶段任务开始在全省实施，加强全民健身基础工程建设，全年建设竣工“中国体育彩票全民健身工程”22 个。国民体质监测系统四川建网工程初成，全省 40 多个全民健身工程配备成年人体质监测器材，国民体质监测工作向纵深展开。2000 年，“四川省国民体质监测方案”出台。

2001 年，开始实施《全民健身计划纲要》（以下简称《纲要》）第二期工程。根据《纲要》总体规则，2001—2010 年实施《纲要》二期工程。2001—2005 年为第一阶段，巩固完善已经建立的全民健身体系基本框架；2006—2010 年为第二阶段，全面推进全民健身体系建设，普遍提高全民健身各个部分的规模和水平，实现《纲要》确定的目标和任务，基本建成有中国特色的全民健身体系。主要任务是：不断建立健全社会化群众体育组织网络，构建面向大众的体育服务体系；抓好以青少年为重点的“五个亿万人群”的健身活动，千方百计增加体育人口；不断增加全民健身场馆设施；加大全民健身宣传工作力度，增强广大群众参加体育锻炼的意识。

第二节　社会体育指导员制度

1993 年 12 月 4 日，国家体委 19 号令《社会体育指导员技术等级制度》发布，1994 年 6 月 10 日起在全国正式实施。社会体育指导员系指在竞技体育、学校体育、部队体育以外的群众性体育活动中从事技能传授、锻炼指导和组织管理工作的人员。凡符合条件，履行社会体育指导员职责者，均可根据本制度的规定，申请并获得社会体育指导员技术等级称号。社会体育指导员技术等级称号分为：三级社会体育指导员、二级社会体育指导员、一级社会体育指导员、国家级社会体育指导员。

1994 年，省体委制发《四川省社会体育指导员技术等级制度实施办法》《四川省社会体育指导员管理意见（试行）》等规范性文件，对社会体育指导员的培训、审批进行规范管理。

1997 年 10 月 1 日起施行的《四川省体育条例》规定：各级体育行政部门应根据《社会体育指导员技术等级制度》的规定，对本行政区域内的社会体育指导员进行培训、考核、资格认证、颁发技术等级证书。

1998 年，全省培训、审批国家一级社会体育指导员 350 名，上报批准国家级社会体育指导员 10 人。

2000 年，全年培训国家一级社会体育指导员 125 人，国家二、三级社会体育指导员 500 人。

2001 年 8 月 7 日，国家劳动和社会保障部颁布《社会体育指导员职业标准》，社会体育指导员等级制度在全国范围内实施。审批程序为：三级社会体育指导员由县、区体育行政部门批准授予；二级社会体育指导员由地、市体育行政部门批准授予；一级社会体育指导员由省、自治区、直辖市体育行政部门批准授予；国家级社会体育指导员由国家体育总局批准授予。

至 2005 年年末，全省共培训、批准各级社会体育指导员 2 万余人。

第三节 全民健身活动

在大力提倡广泛开展、因地制宜、小型多样的群众体育健身活动的基础上，全省各级体育部门围绕“全民健身”主题，由上至下，由下至上，上下联动组织开展一系列全民健身主题活动。

1995年6月，省体育总会及20个单项运动协会参加省体委、成都市体委共同举办的全民健身万人宣传周活动。以图文、音像、资料等方式向群众宣传全民健身活动；举办四川省暨成都市学习、贯彻《全民健身计划纲要》座谈会，工会、共青团、妇联、教委、驻川部队等社会各界和10余家新闻单位参加会议。7月25日，“四川省暨成都市《全民健身计划纲要》宣传周”活动启动，各行业、各部门、各系统参加这一活动。省、市广播电台、电视台、报刊杂志或开辟专栏、专版或以固定版面进行宣传。10月，四川电视台、《四川日报》等新闻单位联合开展“巴蜀全民健身热”系列报道活动，采访全省10个市（地、州）全民健身活动开展情况，对四川省实施《全民健身计划纲要》系列活动，进行多形式、多层次的宣传报道。

图1—4 1995年以来，全民健身路径方便了群众健身

1996年5月20日至6月20日，举行“雄起杯”四川省全民健身知识竞赛。1997年5月，四川省全民健身宣传周活动（以下称“宣传周”）在全省相继展开。“宣传周”由省全民健身指导委员会统一部署，各市（地、州）全民健身指导委员会具体实施。是年，“宣传周”要求扩大社会覆盖面，注重城市与农村结合；政府部门与社会团体结合；地区与单位结合；集中大型活动与分散小型活动结合；统一活动与特色活动结合。“宣传周”活动期间，省体委协调、组织举办“新津（宝山杯）龙舟会”“1997年全国百城市手足操比赛”，并协同组织完成“手足操”总决赛等大型活动。全省有19个市（地、州）举办的“宣传周”大型活动，组织严密，声势浩大；179个县（区）的中小型活动广泛开展，一些县（区）、乡（镇）召开形式多样的农民运动会；23个省级行业体协先后举行职工运动会和领导干部运动会；各地举办的第八套广播体操比赛和表演、手足操培训、万人长跑及各具特色的体育活动，配合宣传品散发、宣传车队宣传，通过现场感染力和新闻媒体，把“宣传周”气氛推向高潮。

1998年1月1日，“金味杯”四川省暨成都市全民健身跑和成都市第29届元旦越野跑在成都举行。自此，“四川省暨成都市全民健身跑”与“成都市元旦越野跑”在每年的元旦同时举办，形成惯例。3月，省体委印发《关于在全省开展1998年全民健身宣传周活动的通知》，提出把“宣传周”纳入各级体育工作议事日程。宣传周活动期间，省和成都市组织全民健身万人长跑活动；省体委与省教委共同主办省第四届青少年运动会；5 月，在绵阳市召开“四川省健身气功交流大会”；10 月，在成都市举办“四川省首届健身气功节”，30 多个健身气功功派相互交流学习，参加人数逾 10 万人次；承办“1998 年全国老年人门球比赛”“1998 年全国风筝比赛”，数万观众观看比赛。

2000 年，组织“全民健身宣传周暨四川省电脑型体育彩票发行周年庆活动”，全省各市（州）近 300 万人次参加；四川省承办国家体育总局等五部委交办的“2000 年‘炎黄杯’龙狮系列赛中华圣火全民健身火炬传递活动”，传递活动途经的各地举办声势浩大、群众踊跃参与的体育健身活动。

2001 年 6 月 10 日，“亿万老年人健身活动”及“2001 年四川省全民健身周活动”启动；在农村组织“亿万农民健身活动”，组团参加“全国亿万农民健身活动先进乡镇运动会”“亿万农民支持北京申奥长跑活动”等；开展全国和全省“亿万农民健身活动先进乡镇”评选。四川省庆“七一”巾帼健身展示会 6 月在成都举行，参加展示会的 22 个方块队来自全省各行各业；6 月，全省各市（州）及部分省级体育协会以“科学锻炼，增强体质、健心益智”为主题开展“全民健身活动周”，涉及体育项目 20 余个，参加人数达 300 万人次以上。

图 1—5　乐山市中心城区 2002 年全民健身周“宣传日”活动现场

2002 年，四川省积极贯彻落实中共中央、国务院《关于进一步加强和改进新时期体育工作的意见》，推动《全民健身计划纲要》的深入实施，根据国家体育总局以纪念毛泽东“发展体育运动、增强人民体质”题词 50 周年，“让更多的人运动起来，把建设搞得更扎实”为主题，调动社会各方面组织开展了丰富多彩的“全民健身周活动”。成都市、南充市、乐山市、泸州市、广元市、阿坝州体育局获得“2002 年全民健身周活动优秀组织奖”称号。

2003 年，“非典”期间，各地开展“全民健身活动周”时，特别提倡积极开展形式多样、小型分散、力所能及的群众体育活动。

2004 年 6 月，“四川省全民健身周活动”启动仪式在乐山市举行。围绕 2004 年为“农村体育年”这一主题，在全省开展以体育场地设施、体育健身指导和体育科普知识为内容的“体育三下乡”（体育场地设施、体育健身指导和体育科普知识下乡镇）活动。5 月，在成都邛崃市举行四川省暨成都市“体育三下乡”活动启动仪式；全省各市（州）也开展“体育三下乡”相应活动。

2005 年 3 月 13 日，省体育局、省妇联举办的省第二届妇女健身展示大会在成都金牛区体育场举行；4 月 24 日，省农民健身展示大会在成都市双流县举行；5 月 21 日，“2005 年四川省暨成都市社区大众体育健身展示大会”在成都武侯区武侯广场举行。6 月 17 日，四川省纪念《全民健身计划纲要》颁布 10 周年座谈会在省体育局召开。6 月 19 日，四川省暨成都市纪念《全民健身计划纲要》颁布 10 周年暨“国际体育运动年”“全国亿万群众健步走活动启动仪式”在成都市体育中心举行。

第四节　全民健身工程建设

1998年2月，省体委成立四川省实施全民健身工程领导小组，省以下各级体委也建立相应机构。四川省实施全民健身工程领导小组根据国家体委文件精神，结合四川省实际情况，制定《四川省全民健身工程实施方案》，确定工程点设置在体育彩票发行较好的城市、社区体育工作开展较好的城市、优先选择省会城市的选点原则。工程定点城市及数额为：成都市11个，绵阳市5个，内江市3个，德阳市2个。本着多建室外场地和健身路径的原则落实工程选点选址工作。

图1—6　1998年四川省第一条全民健身路径在四川省体育馆建成

国家体委、省体委、市体委及受益区县体委，以本级体育彩票公益金提成额，共同作为全民健身工程的投资来源。国家体委、省体委按照工程总投资的45%拨款（平均每个工程6万元人民币），地方按照工程的55%投入。为保证专款专用和工程质量，各级体委与“工程”受赠单位签订捐赠协议书。协议书签订后，先期拨款60%，工程竣工验收后再拨40%的余款。

1999年，全省建设竣工“中国体育彩票全民健身工程”22个。

2000年，全省各市（州）、县（区）建设“中国体育彩票全民健身工程”33个、建设“全民健身路径”120条，为群众提供一批方便、实用、免费的活动场地和器材设施。

2001年，利用体彩二级公益金给全省53个市（州）、县（区）的53个体育建设工程项目予以补助，新建216条全民健身路径；新建33个国家级青少年体育俱乐部；向3个市（州）的7个县（区）提供救灾补助；对43个贫困县实施体育专项扶贫，向数千所小学和幼儿园赠送6000个小篮球架。

2002年，新建62条全民健身路径，32个市、县的40个体育建设工程项目得到补助；新建35个青少年活动中心，使全省青少年活动中心达到118个；对全省30个国家补助的贫困县实施体育专项扶贫。

2003年，新建110条全民健身路径，实现全民健身路径工程全省县级行政区划的全覆盖。使用体彩公益金新增体育设施84处，实施体育扶贫24项，建设国家级全民健身中心1个（成都青羊区），“雪炭工程”（扶持老少边穷地区体育设施建设专项工程）2个（遂宁市、阿坝州）。

2004年，全省建立青少年体育俱乐部113个；全省利用体育彩票公益金新建全民健身工程340个；向民族地区、贫困地区、受灾地区投放数百万体育扶贫资金，体现体育彩票“取之于民，用之于民”的宗旨。报经国家体育总局批准“雪炭工程”3个（凉山州、巴中市、广元市）。

2005年，新建全民健身路径220条。至此，从1998年开始建设的全民健身路径工程在全省已达到1178条。

1998—2005年四川省“全民健身路径”一览表

表1—4

建设时间	建设数量与分布情况
1998年	建设21条。其中成都市11条、绵阳市5条、内江市3条、德阳市2条。
1999年	建设53条。其中成都31条，其他市（州）22条。
2000年	建设120条。其中成都23条、德阳8条、内江43条、南充2条，其他市（州）44条。
2001年	建设216条。其中成都10条、德阳8条、绵阳10条、广元2条、遂宁5条、内江22条、南充13条、宜宾12条、广安7条、达州1条、巴中3条、眉山7条、凉山4条，其他市（州）112条。
2002年	建设102条。其中成都市62条、德阳6条、广元3条、遂宁6条、南充18条、凉山州7条。
2003年	建设110条。其中成都50条、自贡6条、德阳2条、绵阳7条、遂宁9条、内江10条、资阳7条、凉山1条，宜宾、泸州、雅安、广元、乐山、南充、眉山、甘孜、阿坝等其他市（州）18条。
2004年	建设336条。其中攀枝花15条、乐山14条、雅安3条、广安6条、资阳1条、眉山9条、阿坝5条；成都、德阳、宜宾等其他市（州）283条。
2005年	建设220条。其中自贡7条、攀枝花2条、德阳7条、绵阳12条、遂宁6条、内江5条、乐山7条；成都等其他市（州）174条。
总　计	1178条

第五节　国民体质监测

1995年，《中华人民共和国体育法》《全民健身计划纲要》颁布实施，各级地方人民政府体育行政部门会同有关部门，建立相应的领导机构，负责本地区的国民体质监测工作。国民体质监测网络由国家、省、市（州）三级国民体质监测中心和县国民体质监测点构成。国家每5年进行一次全国性国民体质监测工作。

1997年，省体委成立四川省成年人体质测试中心，由省体委社会体育处、科技教育处牵头，以省体育科学研究所、省体育科学学会为依托，负责编制全省国民体质监测制度工作计划，培训体质监测骨干，组织开展监测活动。四川省成年人体质测试中心完成四川省成年人体质测定及组织、培训、软件编制等工作。1998年编制的“中国成年人体质测定数据管理系统”软件，获国家版权局软件著作权证书。

1998年，推广中国成年人体质测定工作，培训一批测试员，配备测试器材，建立测试点21个。

1999年，四川省成年人体质测试中心更名为四川省国民体质监测中心，并在全省21个市（州）建立国民体质监测网络及数据库管理系统。全省40多个全民健身工程配备成年人体质监测器材，国民体质监测工作向纵深展开。成都市、自贡市和广元市为国家国民体质监测点。

2000年，国家体育总局等十部委下达2000年国民体质监测工作任务，省体育局、省卫生厅、省科学技术厅、省民族事务委员会、省民政厅、省财政厅、省农业厅、省统计局、省总工会等十部门在全省21个市（州）进行国民体质监测工作，并制订《四川省国民体质监测方案》。根据“四川省幼儿和老年人体质测定标准”，开展了成年人体质测试工作。省国民体质监测中心、21个市（州）监测中心、220个县级监测点，采集国民体质监测国家样本总量9720人、省样本总量42120人。完成首次国家国民体质监测工作四川省监测任务。出版《2000年四川省国民体质监测报告》专著。

2001年，省国民体质监测中心获“国家国民体质监测工作先进单位”称号。7月27日，省国民体质监测工作领导小组在成都召开2000年四川省国民体质监测工作总结表彰会，广元、成都、自贡、雅安、遂宁、广安、眉山、凉山被评为先进单位。

2002—2004年，省国民体质监测中心健全国民体质监测和测定的组织网络与工作体系，开展国民体质健康管理推广工作，测试、评价全省国民数万人体质状况，为群众提供健康咨询和健身指导。至2004年年末，全省建立国民体质监测中心（点）231个。

2005年，完成国家第二次国民体质监测工作四川省监测任务，通过对全省近4万多城乡幼儿、成年人和老年人的抽样测定，获得大量数据资料，为系统地研究四川省国民体质变化规律、科学指导国民进行健身锻炼、推动经济建设和社会发展，提供科学依据。出版专著《2005年四川省国民体质监测报告》。

第二篇　竞技体育

四川竞技体育发展指导思想历经从“总分战略”到“金牌战略”的变革升华，奋力实施《奥运争光计划纲要》，优秀运动队不断深化以系校为实体、专业、业余训练“一条龙”的训练体制改革，重点建设与奥运会、全运会对口项目，着力培育适合“小、巧、轻、智”四川人群特征的优势项目，坚持“从严、从难、从实战出发和大运动量训练”（简称“三从一大”）的科学训练原则，培育一批又一批优秀运动员。1988—2005 年，在国际国内重大比赛中，四川运动员共获得世界比赛冠军 67 个、亚洲比赛冠军 151 个、全国比赛冠军 695 个。

第一章　田径运动

四川省田径队始建于1953年，先后为国家培养输送陈家全、刘兴玉、贺祖芬、刘德翠、余维立等一批著名运动员。20世纪80年代后期，田径作为四川重点项目和传统优势项目，在人力、物力、财力上加大投入，改进与完善管理体制和运行机制，坚持训练、科学、医疗保障一体化结合，项目设置上既普遍开花，又重点培养，强化优势项目，稳抓金牌大项，依靠一批水平较高、事业心强、踏实肯干的优秀教练员，如短跑教练张容伟、三级跳远教练李健、跨栏教练郭素华，相继培育出女子4×100米接力跑世界冠军高寒，“亚洲男女短跑飞人”李涛、刘晓梅、李雪梅等一批优秀短跑运动员。四川田径男女短跑项目50年来长盛不衰，人才辈出，被媒体称为“中国现代田径史上一大奇观”。

1986年，省体委依托新都一中组建四川省田径学校，加强田径后备人才重点培养工作。1988年9月，在天津市举行的国际田径赛，熊其英以6.88米的成绩打破女子跳远亚洲纪录。第二十四届奥运会，男子短跑运动员李涛、女子跳远运动员熊其英和杜娟3名选手参赛，这是四川首批参加奥运会的田径选手。

1990年，在北京举行的第十一届亚运会，熊其英以6.69米成绩获得金牌并打破亚运会女子跳远纪录；黄晓燕以44秒36的成绩获得女子4×100米金牌，并打破亚运会纪录。1991年，位于郫县犀浦占地12万平方米的省运动技术学院田径系专业训练基地投入使用，是全国唯一的单个项目自成体系的训练基地，全面改善省田径队的训练、生活条件。省田径训练基地建立以省田径队为龙头，省田径学校、重点业余体校相衔接的专业、业余训练“一条龙”训练体制，省田径队内部完善主教练责任制和教练员聘任制的竞争机制。从1998年开始，省田径训练基地成为中国田径协会和中国田径队的训练基地。是年，四川田径成为全国重点项目。

1992年2月和3月，在北京地区室内田径赛上，杨娟以6.72米和6.82米的成绩两次打破女子室内跳远亚洲纪录。第二十五届奥运会，女子短跑运动员高寒、女子跳远运动员杨娟、女子铁饼运动员邱巧萍3名选手参赛。9月，高寒获得第六届世界杯田径赛女子4×100米接力金牌，成为四川省第一位田径世界冠军，其教练黄太森被省体委记大功一次。

1993年，李涛、刘晓梅分获得第七届全运会男女100米金牌，刘晓梅的11秒02的成绩打破由台湾地区选手纪政保持23年之久的100米亚洲纪录。四川队共获得第二名2个，第三名6个，其他名次18个，获总分102分。

1994年，刘晓梅以11秒27的成绩获得第十二届亚运会女子100米金牌并破亚运会纪录；刘晓梅、黄晓燕、陈燕等以43秒85的成绩获得女子4×100米金牌，并破亚运会纪录。1995年，四川短跑组改进抬腿技术，撑高组加强耐力训练，女子短跑组1天要练6—8个300米冲刺。刻苦训练收到成效，1996 年四川田径队在全国比赛中获得金牌 7 枚。为备战第八届全运会，四川田径队实行分层次目标管理责任制，强化对训练比赛的量化考核。1997 年 10 月，在第八届全运会上，李雪梅以 10 秒 90 和 10 秒 79 的成绩两次打破女子 100 米亚洲纪录，并以 22 秒 01 的成绩打破女子 200 米亚洲纪录；李雪梅、刘晓梅、李亚丽、肖琳以 42 秒 23 的成绩打破女子 4×100 米接力亚洲纪录。四川田径队以 4 枚金牌、6 枚银牌、4 枚铜牌，超 4 项亚洲纪录及团体总分 286 分成绩，居全国第二位，金牌数居全国第三位。

1998 年，在泰国曼谷举行的第十三届亚运会上，李雪梅获得女子 100 米金牌，李雪梅、李亚丽获得女子 4×100 米金牌；5 月 12 日，在成都举办“托普电脑杯”世界女飞人挑战赛，马里恩·琼斯等著名选手参赛，产生较大影响。2000 年，四川田径队有注册运动员 110 人，以四川信托短跑队名义参加全国比赛。在澳大利亚悉尼举行的第二十七届奥运会上，李雪梅、刘晓梅、曾秀君等以 44 秒 87 的成绩获得女子 4×100 米第八名，成为中国田径队第一次进入奥运会决赛的短跑选手。

图 2—1　四川女子短跑队蝉联 1997 年第八届、2001 年第九届全运会 4×100 米接力跑冠军。左起：李亚丽、刘晓梅、李雪梅、曾秀君

2001 年，在广东省举行的第九届全运会上，李雪梅获得女子 100 米和 200 米金牌；李雪梅、刘晓梅、李亚丽、曾秀君获得女子 4×100 米接力金牌，刘晓梅还获得女子 100 米、200 米银牌，身着粉红色比赛服的四川女选手被媒体称为在全运会田径场上刮起红色旋风。8 月，在北京举行的第二十一届世界大学生运动会上，李雪梅以 22 秒 86 的成绩获得女子 200 米金牌，李雪梅、曾秀君等获得女子 4×100 米接力金牌。10 月 25 日，《中国体育报》发表文章《国家体育总局中国奥委会严厉通报在四川犀浦田径训练基地查获违禁药物事件》，中国田径协会处罚四川犀浦田径训练基地相关责任人。

2003 年，在第二十二届世界大学生运动会上，顾俊杰获得男子三级跳远金牌。2004 年，在希腊雅典举行的第二十八届奥运会四川只有李雪梅一人参加田径比赛。

2005 年，在第十届全运会上，刘静获得女子 100 米栏金牌，其他运动员分获亚军 1 个，第三名 1 个，其他名次 10 个，总分 110.5 分。四川田径优势项目竞争力减弱。

1988—2005 年，四川省获得国际级运动健将有：熊其英、邱巧萍、杨娟、高寒、黄晓燕、刘玉英、李强、李亚丽、温玉涛、唐俊美、杜娜、刘晓梅、李雪梅、张蓉、廖晓燕。

1988—2005年四川田径运动员参加国际国内主要比赛获前三名成绩一览表

表2—1

年度	比赛名称	项目	姓名	名次	备注
1988	全国田径锦标赛	男子100米	李　涛	1	
		男子4×100米接力	李　涛	1	国家队
		男子标枪	王文忠	2	
		女子100米栏	肖子芳	3	
		女子跳远	熊其英	3	
	全国田径冠军赛	男子100米	李　涛	1	
		男子4×100米接力	李　涛	1	国家队
		男子标枪	王文忠	1	
		女子跳远	熊其英	1	
		女子撑杆跳	谌　丽	2	
		女子4×100米接力	胡　晓、肖子芳	2	四川、江苏联队
		女子4×800米接力	胡晓华	2	四川、吉林、内蒙古、河南联队
		男子4×100米接力	李忠庆、刘国清 叶　胜、蒋丛清	3	
		女子100米栏	杜　娟	3	
		女子跳远	赵　美	3	
		女子4×400米接力	李秀梅、胡晓华	3	联　队
1989	亚洲田径锦标赛	男子4×100米接力	李　涛	1	中国队
		男子标枪	王文忠	1	
		男子100米	李　涛	2	
	全国田径冠军赛	男子4×100米接力	李　涛	1	四川、江苏、北京、浙江联队
		女子100米栏	肖子芳	2	
		女子4×400米接力	胡晓华	2	四川、解放军、重庆、江西联队
		男子4×100米接力	蒋丛清、梁　斌 叶　胜	3	四川、北京联队
		男子标枪	王文忠	3	
	全国田径锦标赛	男子标枪	王文忠	1	
		女子100米栏	肖子芳	1	
		女子跳远	熊其英	2	

续表2—1

年度	比赛名称	项目	姓名	名次	备注
1989	全国田径锦标赛	男子4×100米接力	李忠庆、梁　斌 叶　胜、蒋丛清	3	
		女子200米	胡　晓	3	
		女子4×100米接力	胡　晓、肖子芳 杜　娟、熊其英	3	
		女子七项全能	曾玉娟	3	
1990	第十一届亚洲运动会	女子跳远	熊其英	1	破亚洲纪录
		女子4×100米接力	黄晓燕	1	中国队， 破亚洲纪录
	全国田径锦标赛	男子100米	李　涛	1	
		男子4×100米接力	李　涛	1	国家队
		男子标枪	王文忠	2	
		女子跳远	熊其英	2	
	全国田径冠军赛	男子100米	李　涛	1	
		男子4×100米接力	李　涛	1	联　队
		男子标枪	王文忠	1	
		女子4×400米接力	胡晓华	1	四川、辽宁、 重庆、天津联队
		女子跳远	熊其英	3	
1991	全国田径锦标赛	男子100米	李　涛	1	
		男子十项全能	郭峥嵘	3	
		男子4×100米接力	李　涛、梁　斌 夏香海、曹　阳	3	
		女子4×100米接力	黄晓燕、高　寒 江　岚、曾玉娟	3	
		女子跳远	杨　娟	3	
		女子铁饼	邱巧萍	3	
	全国田径冠军赛	男子十项全能	郭峥嵘	1	
		男子100米	夏香海	1	
		女子七项全能	刘　馨	1	
		女子跳远	杨　娟	2	
		女子100米	高　寒	2	
		女子铁饼	邱巧萍	2	
		男子标枪	王文忠	3	
		女子跳远	刘　馨	3	

续表2—1

年度	比赛名称	项目	姓名	名次	备注
1992	第六届世界杯田径赛	女子4×100米接力	高　寒	1	
	全国田径锦标赛	男子100米	李　涛	1	
		女子100米	高　寒	1	
		女子铁饼	邱巧萍	2	
		女子跳远	杨　娟	3	
		男子标枪	张　敏	3	
		女子4×100米接力	高　寒、黄晓燕 刘晓梅、江　岚	3	
	全国田径冠军赛	男子撑竿跳高	陈　器	2	
		男子十项全能	郭峥嵘	2	
		男子链球	陈智聪	2	
		女子跳远	杨　娟	2	
		女子跳高	李　军	2	
		女子七项全能	曾玉娟	2	
		男子400米	曹　阳	3	
		男子标枪	张　敏	3	
		男子4×100米接力	夏香海、谭　岭 叶　虎、季　涛	3	
		男子4×400米接力	雷　泉、肖茂龙 李　强、曹　阳	3	
		女子100米	陈　燕	3	
		女子400米栏	李秀梅	3	
		女子4×100米接力	陈　燕、刘晓梅 江　岚、黄晓燕	3	
1993	第十届亚洲田径锦标赛	男子4×100米接力	李　涛	1	中国队
		女子4×100米接力	刘晓梅	1	中国队
		男子铅球	刘　昊	1	
		男子100米	李　涛	2	
		女子100米	刘晓梅	2	
	第七届全国运动会	男子100米	李　涛	1	
		女子100米	刘晓梅	1	破亚洲纪录
		女子200米	刘晓梅	2	
		女子4×100米接力	高　寒、江　岚 刘晓梅、陈　燕	2	
		男子100米	夏香海	3	

续表2—1

年度	比赛名称	项目	姓名	名次	备注
1993	第七届全国运动会	男子4×100米接力	李　涛、叶　虎 夏香海、曹　阳	3	
		男子撑杆跳高	李安全	3	
		男子跳远	郎　勇	3	
		女子100米	陈　燕	3	
		女子跳远	熊其英	3	
	全国田径锦标赛	男子标枪	张　敏	2	
		女子100米	黄晓燕	3	
		男子撑杆跳高	陈　器	3	
		女子400米栏	李秀梅	3	
1994	第十二届亚洲运动会	女子100米	刘晓梅	1	破亚洲纪录
		女子4×100米接力	刘晓梅、黄晓燕 陈　燕	1	中国队， 破亚洲纪录
		男子4×100米接力	李　涛、叶　虎	2	中国队
		女子100米	黄晓燕	3	
	全国田径锦标赛	男子400米	雷　泉	1	
		女子100米	黄晓燕	1	
		女子铁饼	邱巧萍	1	
		男子100米	叶　虎	2	
		男子撑杆跳高	李安全	2	
		女子200米	刘晓梅	2	
		女子400米栏	李秀梅	2	
		女子跳远	彭凤梅	2	
		男子100米	李　涛	3	
		女子100米	陈　燕	3	
		男子4×100米接力	李　涛、叶　虎 夏香海、谭　岑	3	
		女子跳远	杨　娟	3	
	全国田径冠军赛	男子100米	李　涛	1	
		男子4×100米接力	李　涛、叶　虎	1	中国队
		男子十项全能	郭峥嵘	1	
		女子400米栏	李秀梅	1	
		女子4×100米接力	黄晓燕、刘晓梅	1	中国队
		男子跳远	郎　勇	1	
		男子100米	叶　虎	2	

续表2—1

年度	比赛名称	项目	姓名	名次	备注
1994	全国田径冠军赛	女子100米	黄晓燕	2	
		女子200米	刘晓梅	2	
		男子撑杆跳高	李安全	2	
		女子铁饼	胡红莲	2	
		女子100米栏	刘　静	3	
		男子400米	雷　泉	3	
		男子链球	陈智聪	3	
1995	全国田径锦标赛	男子十项全能	郭峥嵘	2	
		女子4×100米接力	王　熳、李雪梅 谭娅莉、周　莉	3	
		男子撑杆跳高	李安全	3	
		男子跳远	温玉涛	3	
		男子4×100米接力	叶　虎、徐　凌 杨小东、谭　玲	3	
	全国田径冠军赛	男子十项全能	郭峥嵘	1	
		女子100米	李亚莉	1	
		女子七项全能	刘　馨	2	
1996	全国田径锦标赛	男子十项全能	郭峥嵘	1	
		女子4×100米接力	李雪梅、刘晓梅	1	国家集训队
		女子跳远	钟　梅	1	
		女子100米	李雪梅	2	
		女子200米	李雪梅	2	
		女子100米栏	谭娅莉	3	
		女子七项全能	刘　馨	2	
	全国田径冠军赛	男子链球	陈智聪	1	
		女子100米栏	刘　静	1	
		男子110米栏	李　强	2	
		男子撑杆跳高	李安全	2	
		女子400米	李　聪	3	
1997	第八届全国运动会	女子100米	李雪梅	1	破亚洲纪录
		女子200米	李雪梅	1	破亚洲纪录
		女子4×100米接力	李雪梅、李亚丽 刘晓梅、肖　琳	1	破亚洲纪录
		女子100米栏	曾　艳	1	
		女子100米	刘晓梅	2	破亚洲纪录

续表2—1

年度	比赛名称	项目	姓名	名次	备注
1997	第八届全国运动会	女子 200 米	刘晓梅	2	破亚洲纪录
		女子 100 米栏	刘 静	2	与重庆两次计分
		男子十项全能	郭峥嵘	2	
		男子跳远	温玉涛	2	
		女子跳远	钟 梅	2	与重庆两次计分
		男子 110 米栏	李 强	3	
		男子链球	陈智聪	3	
	第八届全国运动会	女子七项全能	刘 馨	3	
		女子 4×400 米接力	刘晓梅、田晓霞 李雪梅、李 聪	3	
	全国田径锦标赛	女子 100 米	李雪梅	1	
		女子 200 米	李雪梅	1	
		女子 4×100 米接力	李雪梅、刘晓梅 李亚丽、曾秀君	1	
		女子跳远	熊其英	1	
		女子 100 米	刘晓梅	2	
		女子 4×400 米接力	李雪梅、刘晓梅 李亚丽、曾秀君	2	
		女子跳远	钟 梅	2	
		女子 200 米	刘晓梅	2	
		男子 4×100 米接力	徐 凌、谭 岭 杨小东、李 涛	3	
		女子 400 米	李 聪	3	
		女子铁饼	胡红莲	3	
		女子七项全能	刘 馨	3	
		女子标枪	马丽娜	3	
1998	第十三届亚洲运动会	女子 100 米	李雪梅	1	
		女子 4×100 米接力	李雪梅、李亚丽	1	中国队
		女子 100 米	李亚丽	2	
		女子 200 米	李雪梅	2	
		女子 100 米栏	刘 静	2	
		男子跳远	刘洪宁	2	
	亚洲田径锦标赛	男子跳远	刘洪宁	2	

续表2—1

年度	比赛名称	项目	姓名	名次	备注
1998	全国田径锦标赛	女子100米	李亚丽	1	
		女子4×100米接力	李雪梅、李亚丽 刘　馨、曾秀君	1	
		男子200米	王　璐	2	
		男子4×100米接力	徐　凌、王　璐 杨小东、叶　虎	2	
		男子110米栏	李　强	2	
		男子跳远	刘洪宁	2	
		女子100米	李雪梅	2	
		女子100米栏	刘　静	2	
		女子跳远	钟　梅	2	
	全国田径锦标赛	男子100米	叶　虎	3	
		男子十项全能	曹　文	3	
		男子跳高	郑德成	3	
		女子200米	李亚丽	3	
	全国田径冠军赛	男子跳远	刘洪宁	1	
		女子100米	李雪梅	1	
		女子100米栏	刘　静	1	
		女子跳远	钟　梅	2	
		男子十项全能	曹　文	3	
		女子100米	李亚丽	3	
		女子200米	李亚丽	3	
		女子撑杆跳高	杜　娜	3	
1999	全国田径锦标赛	男子十项全能	曹　文	1	
		男子4×100米接力	杨小东、徐　凌 蒲朝阳、王　璐	2	
		男子400米	彭英刚	3	
		男子十项全能	郭峥嵘	3	
		女子100米栏	刘　静	3	
		女子跳远	钟　梅	3	
	全国田径冠军赛	女子100米	曾秀君	1	

续表2—1

年度	比赛名称	项目	姓名	名次	备注
2000	全国田径锦标赛	女子 100 米	李雪梅	1	
		女子 200 米	李雪梅	1	
		女子 4×100 米接力	李雪梅、李亚丽 刘晓梅、曾秀君	1	
		女子七项全能	刘　馨	1	
		男子 110 米栏	李　强	2	
		女子 100 米	曾秀君	2	
		女子 200 米	曾秀君	2	
		男子十项全能	曹　文	3	
		女子 200 米	刘晓梅	3	
		女子链球	陈　颖	3	
	全国田径冠军赛	女子 100 米	李雪梅	1	
		女子 200 米	刘晓梅	1	
		男子三级跳远	顾俊杰	2	
		女子七项全能	刘　馨	2	
		男子 100 米	叶　虎	3	
		男子十项全能	曹　文	3	
		女子 100 米	刘晓梅	3	
2001	第九届全国运动会	女子 100 米	李雪梅	1	
		女子 200 米	李雪梅	1	
		女子 4×100 米接力	李雪梅、李亚丽 刘晓梅、曾秀君	1	
		男子 4×400 米接力	彭英刚、张　洋 李　强、王　璐	2	
		男子 20 公里竞走	裴　闯	2	与辽宁协议 50% 计分
		女子 100 米	刘晓梅	2	
		女子 200 米	刘晓梅	2	
		男子三级跳远	顾俊杰	3	
	全国田径锦标赛	女子跳远	钟　梅	1	
		女子 4×100 米接力	李雪梅、刘晓梅 李亚丽、曾秀君	1	
		男子 400 米	张　洋	2	
		男子 4×100 米接力	叶　虎、杨小东 刘　杰、蒲朝阳	2	

续表2—1

年度	比赛名称	项目	姓名	名次	备注
2001	全国田径锦标赛	男子4×400米接力	张　洋、何孟龙 王　璐、彭英刚	2	
		女子100米	肖　琳	2	
		女子撑杆跳高	杜　娜	2	
		女子100米	王　熳	3	代表重庆与四川两次计分
		女子400米栏	肖洪凡	3	
		女子100米栏	刘　静	3	
2002	第十四届亚洲运动会	女子4×100米接力	曾秀君	1	中国队
		女子撑杆跳高	秦　霞	3	
	亚洲田径锦标赛	女子撑杆跳高	秦　霞	2	
	全国田径锦标赛	女子400米栏	肖洪凡	2	
		女子撑竿跳高	秦　霞	2	
		女子链球	王小玉	2	
		女子100米	曾秀军	3	
2003	亚洲田径锦标赛	男子三级跳远	顾俊杰	2	
	全国田径锦标赛	男子三级跳远	顾俊杰	1	
		女子100米	舒　艳	2	
		女子100米栏	张　蓉	2	
		女子1500米	王晴琴	3	
		男子十项全能	余　滨	3	
		男子铁饼	赖朝辉	3	
2004	全国田径锦标赛	女子100米	李雪梅	1	
		女子200米	李雪梅	1	
		女子4×100米接力	李雪梅、舒　艳 冷　眉、曾秀君	1	
		男子十项全能	余　滨	2	
		男子三级跳远	顾俊杰	3	
		女子100米栏	张　蓉	3	
	全国田径冠军赛	男子三级跳远	顾俊杰	1	
		女子跳远100米	钟　梅	3	

续表2—1

年度	比赛名称	项目	姓名	名次	备注
2005	亚洲田径锦标赛	男子三级跳远	顾俊杰	1	
	第十届全国运动会	女子100米栏	刘　静	1	
		男子十项全能	余　滨	2	
		男子跳远	顾俊杰	3	
	全国田径锦标赛	女子100米	舒　艳	2	
		男子十项全能	余　滨	3	
		男子三级跳远	顾俊杰	3	
		女子100米栏	刘　静	3	
		女子100米	王　熳	3	代表重庆与四川两次计分
	全国田径冠军赛	男子十项全能	余　滨	1	
		男子4×400米接力	彭英刚、亓　骁 何茂隆、丁　悦	2	
		女子4×100米接力	李雪梅、冷　眉 曾秀君、舒　艳	3	

第二章 游泳运动

第一节 游 泳

四川游泳队于1955年成立。20世纪80年代初，伴随训练条件的改进，组织建设的完善，训练科学性系统性的加强，坚持实施“水陆结合，以水为主”的训练方案，在水上训练中坚持“以长带短，长短结合，水中以强度为主，大密度相结合”的大运动量训练原则，并在冬训中到高原进行无氧训练，取得明显成效。男选手金浦的100米蛙泳成绩列1986年世界第二十名，并培育出石文强等一批运动成绩较好的运动员。

1988年4月，在第三届亚洲游泳锦标赛上，金浦获得男子100米蛙泳和200米混合泳银牌。在第二十四届奥运会上，金浦获得男子100米蛙泳第十七名及200米蛙泳第二十六名。1990年，四川游泳队在全国锦标赛上获得团体总分第三名。1991年，四川游泳成为全国重点项目。四川队严格遵循“从严从难从实战出发和大运动量训练”的训练原则，以训练为中心出成效。在全国冠军赛上，石文强获得男子100米、200米蛙泳金牌。1992年，石文强在全国冠军赛上获得男子200米蛙泳金牌。1993年，四川队在第七届全运会上获得第五名1个，第六名2个，第七名、第八名各1个。

1994年，四川游泳队以四川房地产开发总公司队冠名参加全国比赛。在全国锦标赛上，洪宁宁获得男子200米蛙泳金牌。1995年，在全国冠军赛上，付涛获得男子1500米自由泳金牌。1997年，四川队实行分层次目标管理责任制，加强对训练工作的领导。在第八届全运会上，黄欣获得男子100米蝶泳和200米蝶泳亚军，并创200米蝶泳全国纪录，四川队另获其他名次7个，共获72分。

黄欣是20世纪90年代四川培养出来的一名优秀选手。1988年入队，先主攻1500米长距离自由泳，后改主项为蝶泳，取得较大突破。1996年1月，在法国巴黎举行的世界短池游泳锦标赛上，黄欣获得男子200米蝶泳银牌，是四川省游泳选手在世界比赛中取得的最好成绩。第八届全运会黄欣获得男子100米蝶泳第二名，成绩列当年世界第十一名。

2000年，四川游泳队有注册运动员55名。2003年，在全国比赛中，田勤获得女子50米自由泳金牌，赵菁获得女子100米蝶泳冠军。2005年，在第十届全运会上，田勤获得女子50米自由泳第七名，获6分。

1988—2005年，全省获得国际级运动健将有黄欣、沈斌心。

第二节 跳 水

图 2—2 四川跳水运动员训练场景

四川跳水队于 1958 年成立。在 20 世纪 80、90 年代，队伍处于积累实力奋发图强时期，努力探索科学训练之路，在提高队伍整体水平上下功夫。训练中形成以我为主，勇于创新，勤学苦练的一套科学训练方法，突出难、稳、美；贯彻从严、从难、从实战出发的大运动量方针，对技术动作精雕细琢，精益求精，全队上下一致，齐心协力。先后培养出高敏、杜辉英、罗莉、费佳、郑义、桂鹰、周义霖、刘犇、徐翔、方敏、侯媛媛、贾童等一批在国内外比赛中取得优异成绩的运动员。其中，高敏是四川最有代表性的著名运动员，她高超的技术，刻苦训练的精神，一直保持清醒头脑的良好风范，为四川队树立榜样。至 2005 年末，四川跳水运动员在世界大赛中共获得金牌 22 枚，列四川各项目之冠。四川跳水队在编运动员全部达到国家级运动健将标准，4 人获得国际级运动健将称号。

女子跳水运动员高敏自 1986 年首次获得第五届世界游泳锦标赛女子跳板冠军，成为中国第一位在世界锦标赛上夺魁的跳水运动员以来，至 1992 年，高敏在全运会、亚运会、奥运会、世界锦标赛、世界杯等国际国内重大比赛中无一败绩，共获得国际国内比赛金牌 70 多枚，获得世界冠军金牌 11 枚，开创世界跳水运动史上的“高敏时代”，被誉为“跳水女皇”，获得国际奥委会最高荣誉奖“世界体育奖”。高敏于 1992 年 10 月退役，并在天津体育馆举行隆重而热烈的退役仪式，国家体委、四川省体委以及众多文体明星参加，向这位为国家、为四川赢得重大荣誉的优秀运动员表示敬意。

1991 年，四川跳水项目成为全国重点项目。在 1993 年第七届全运会上，饶琅获得女子 3 米板铜牌。1995 年，四川跳水队获得省体委系统先进运动队称号。在第十八届世界大学生运动会上，饶琅获得女子 3 米板金牌和女子团体铜牌。在第九届世界杯跳水比赛上，刘犇获得男子团体和混合团体金牌。自 1996 年开始，四川跳水队在全国比赛中连续获得团体、综合团体前三名，全队整体实力达到全国先进水平。1997 年，在第八届全运会上四川跳水运动员获得奖牌 6 枚，其中男子团体获得银牌，女子团体获得铜牌，另获其他名次 7 个。在当年第十届世界杯赛上，刘犇获得男子 1 米板冠军，并与周义霖获得混合团体金牌。1998 年，周义霖获得第八届世界游泳锦标赛男子 3 米板银牌、第十三届亚运会男子 3 米板金牌。周义霖被媒体评为继高敏之后、四川涌现的优秀男子跳水运动员。1999 年，在第十一届世界杯赛上，周义霖获得男子 1 米板冠军，贺伟获得男子 10 米台银牌；两人获得混合团体金牌。

2000 年，四川跳水队有注册运动员 29 名。省运动技术学院游泳系制定《四川跳水项目实施奥运争光计划战略方案》，分析四川跳水现状，明确可持续发展的目标，找出存在的主要问题，提出系统的措施，成为四川跳水队行动纲领。在第六届亚洲游泳锦标赛上，贺伟获得男子 10 米跳台金牌，方敏获得女子 3 米板金牌和 1 米板银牌；徐翔、陈莉分获男、女 10 米跳台银牌。2001 年，四川跳水队坚持贯彻“三从一大”的科学训练原则，严格要求，严格管理，严格纪律，向管理要成绩，要水平，拟订九运会前冬训计划。在全运会比赛中能夺分拿牌的人数骤增，男女选手均达 7 人。在第九届全运会上，贺伟、李成伟获得男子双人跳台金牌，另获得男子团体亚军，女子团体第四名，女双 3 米板亚军及其他名次 6 个。5 月在天津举行的第二届亚洲大洋洲跳水赛上，刘犇获得男子 1 米板冠军及男子团体金牌，莫瀚娜获得女子 10 米跳台金牌，侯媛媛和方敏获得女子双人 3 米板金牌及女子团体金牌。2002 年，在第十四届亚运会上，徐翔获得男子 10 米跳台银牌。在第十三届世界杯跳水比赛上，徐翔获得男子 1 米板冠军。2003 年，四川跳水队在全国比赛中取得名次较多，获得金牌 2 枚，银牌 7 枚，铜牌 10 枚，第四名 6 个，第五名 6 个，第六名 4 个，第七名 2 个，第八名 2 个。在西班牙举行的第十届世界游泳锦标赛上，徐翔获得男子 1 米板冠军。2004 年，四川跳水队在全国比赛中历史性获得金牌 6 枚。4 月在自贡市举行的第三届亚洲杯跳水比赛上，侯媛媛、莫瀚娜、甘为霖、王晓欢获得 5 枚金牌。在雅典举行的第二十八届奥运会，莫瀚娜参赛。2005，在年第十届全运会上，四川女子跳水队获得女子团体冠军，方敏和侯媛媛获得女子双人 3 米板金牌，全队获 82 分，为四川代表团做出重要贡献。在加拿大举行的第十一届世界游泳锦标赛上，贾童获得女子 10 米跳台双人冠军，并获得女子 10 米跳台亚军。

1988—2005 年，全省获得国际级运动健将有刘犇、周义霖、贺伟、徐翔、陈莉。

第三节　花样游泳

四川花样游泳队于 1983 年成立，是全国最早建立的运动队之一。在主教练田亚莎的带领下，四川花样游泳队自 1987 年谭敏、罗玺获得第六届全运会双人项目冠军始，至 1993 年第七届全运会止，几乎垄断双人项目历年全国比赛的冠军。

四川花样游泳队在选材上符合花样游泳的技术规律和发展趋势，训练中严格要求，大胆创新，在全国首创水中跃起、后翻等技术动作。并采取水陆结合方法，强化音乐和艺术修养，培养运动员良好的力量、速度、耐力、柔韧、灵巧的素质，增强运动员自信心和自我表现意识，在比赛中顽强拼搏。四川花样游泳队重视培养年轻选手，多年来一直保持有一、二、三线运动员梯队，从而使四川队能连续保持全国一流水平。自建队以来，四川队始终保持有教练和运动员在国家队，获得参赛机会多，获得信息较快，有利于四川队的教学训练及竞技水平的提高。

1988 年，四川花样游泳队有运动员 15 名。第二十四届奥运会，谭敏、罗玺参赛。1989 年，四川队在全国锦标赛和全国冠军赛上均获单人和双人金牌。1992 年，四川队在全国比赛中成绩突出，共获得金牌 6 枚。谭敏参加第二十五届奥运会比赛。1993 年，四川花样游泳队冠以四川五通桥桥牌电炒锅厂队名义参加全国比赛。在全国冠军赛上谭敏获得单人金牌，谭敏、江洁获得双人金牌。在第七届全运会上，谭敏、江洁获得双人金牌，四川队获得集体银牌。1997 年，四川队实行分层次目标管理责任制，加强对训练工作的领导。在第八届全运会上，获得集体第四名、全能第六名。1998

年10月，四川省地奥花样游泳队在成都挂牌成立。是年，教练罗玺被国家体育总局评为“全国跨世纪优秀中青年教练员”。

2000年，在第六届亚洲游泳锦标赛上，贺晓初、王娜获得女子双人银牌，在第二十七届奥运会上，李柔娉获得团体第七名。2001年，四川队在第九届全运会上获得集体自由自选第三名和双人第四名。2002年，四川队在全国比赛中获得金牌4枚。2003年，四川队冠名四川电信公司队，在全国比赛中获得银牌8枚。在第十届世界游泳锦标赛上，李柔娉、贺晓初、吴曼、王娜获得自由自选组合第五名、团体第六名。2004年，四川队在全国冠军赛上获得金牌3枚。在第二十八届奥运会上有贺晓初、吴曼、王娜3名选手参赛，获得团体第六名。2005年，四川队在全国比赛中获得奖牌9枚。在第十届全运会上，在主教练郑嘉的带领下，蒋文文、蒋婷婷、王娜（一人为替补）获得双人银牌，四川队获得集体银牌，共获22分。

1988—2005年，全省获得国际级运动健将有谭敏、江洁、李柔娉、王娜、贺晓初、吴曼。

第四节　水　球

四川水球队于1959年成立，受客观条件限制，普及程度不够，四川水球队成绩一直在四至六名间徘徊，水平在全国处于第二集团范围。20世纪80年代后期，教练组对球队情况进行分析和研究，决定学习广东队快速反击战术，提倡在比赛中敢打敢拼，作风顽强，但因队员身材条件及技术条件的限制，只能部分模仿，缺少自我创新，因此在比赛中成绩仍无提高。但四川队还是为国家队培养输送多名优秀运动员，如号称“铁门”的倪世伟，身高1.92米，1987—1991年作为国家队第一守门员，先后参加第二十四届奥运会、世界大学生运动会、亚运会、亚洲游泳锦标赛等重大国际比赛。在1989年和1991年世界青年锦标赛中，四川队余雷、林世军、薛亮等作为国家队主力队员参加比赛。

1988年，四川水球队有运动员22名。4月在广州市举行的第三届亚洲游泳锦标赛水球比赛中，倪世伟入选中国队获得金牌。在第二十四届奥运会上，倪世伟入选中国队获得第十一名。1989年、1990年，四川队在全国锦标赛上均获得第四名。在第十一届亚运会上，倪世伟入选中国队获得金牌。1991年10月在第四届亚洲游泳锦标赛水球比赛上，倪世伟入选中国队获得金牌。1992年，在全国锦标赛上四川队获得第四名。1993年，在第七届全运会上四川队获得第五名。

1994年，四川队在全国锦标赛上获得第一阶段第五名、第二阶段第四名。在第十二届亚运会上，入选中国队的倪世伟获得银牌。1995年、1996年和1997年，在全国锦标赛上，四川队分别获得第四、第六、第五名。1997年，在第八届全运会上四川队获得第五名，未完成争三保四的目标。1999年1月，四川水球队撤销。2000年和2005年，经与湖南队协商，以湖南水球二队组队代表四川参加第九、第十届全运会比赛，均未进入前三名。

2004年10月，国家体育总局游泳管理中心印发通知，为迎接2008年奥运会，决定在全国开展女子水球运动，省体育局委托成都体院组队参赛。2005年，在乐山市举行的全国锦标赛上，成都体院一队、二队分获得第五、六名；第十届全运会上获得第六名。

第五节　蹼　泳

四川蹼泳队于1986年成立，省体委委托乐山市体委代管。1988年，四川蹼泳队有运动员11名。在全国蹼泳锦标赛上获得女子团体铜牌。1989年，四川蹼泳队从乐山市划归省运动技术学院游泳系后，确定运动员编制16名。在训练中突出重点，狠抓薄弱环节，提高出发、转身和15米潜泳技术，取得成效。在全国蹼泳锦标赛上，崔敏、袁丽蓉、陈涛、罗茂丽获得女子4×100米蹼泳金牌和女子4×200米蹼泳金牌，成为四川第一批蹼泳全国冠军，标志着四川蹼泳队进入全国一流水平。在第四届世界青年蹼泳锦标赛上，崔敏获得女子100米器泳和50米潜泳冠军，打破苏联选手对该赛事金牌的垄断。1990年，四川队在全国锦标赛上蝉联女子4×100米蹼泳和女子4×200米蹼泳金牌。8月，在第五届世界蹼泳锦标赛上，崔敏以2分54秒30的成绩获得女子4×100米蹼泳冠军，并打破该项世界纪录，成为四川省第一位蹼泳世界冠军。

1991年，在全国春季锦标赛上，崔敏获得女子50米潜泳金牌。在全国锦标赛上四川队获名次6个，其中男队获4×100米蹼泳第四名。在第二届亚洲蹼泳锦标赛上，崔敏获得女子50米屏气潜泳金牌、女子4×100米蹼泳和4×200米蹼泳金牌，并获得100米器泳亚军。1992年，在全国锦标赛上，崔敏获得女子100米蹼泳及100米器泳冠军，以81分的成绩获得女子短距离三项全能冠军，四川队还获得第三名2个。1993年，四川蹼泳队在成都举行的第七届全运会蹼泳比赛上，崔敏获得女子短距离三项全能第四名，四川队还获得接力两项第六名，但未能完成夺取1枚金牌的任务。1993年末，四川蹼泳队撤销建制。

第三章　体操运动

第一节　体　操

四川体操队于1956年建队。1988年，四川体操队有运动员31名，教练员12名。在韩国汉城举行的第二十四届奥运会上，男子体操运动员李舸参赛。1989年，在全国体操个人赛，李舸获得男子全能冠军。1990年，四川队冠名四川佳地队，全队注重向管理要成绩，重视身体素质训练，发挥科研小组的作用，训练水平不断提高。在当年的全国体操锦标赛上，李舸获得男子全能、吊环、单杠、鞍马4项冠军，胡春获得女子跳马冠军，男队获得团体体操第六名。在第十一届亚运会上，入选中国队的李舸获得男子团体和吊环2枚金牌。

1991年，四川体操成为全国重点项目。全队坚持贯彻“三从一大”训练方针，队员的身体素质得以提高，基本技术和难度发展取得进步。在全国体操冠军赛上李舸获得男子全能第二和吊环、双杠冠军；女队获得全国锦标赛团体第七名，为1987年后首次进入全国前八名。在第三十六届世界体操锦标赛上，入选中国队的李舸获得男子团体亚军。1992年，四川队的新体操房建成，改善训练条件，并聘请乌兹别克斯坦教练阿果普、米萨及哈萨克斯坦教练亚西列维奇到四川执教。在全国体操锦标赛上，胡春获得女子平衡木铜牌，女队获得团体第六名；男队因训练缺乏创新，主力队员受伤等原因，仅列团体第十四名。在第二十五届奥运会上，入选中国队的李舸获得男子团体银牌，并成为四川体操队参加奥运会体操体比赛的第一位选手，其成绩是四川省体操运动员参加世界大赛历史上的最好成绩。

1993年，四川队聘请哈萨克斯坦和乌兹别克斯坦3名教练来队短期执教。在第七届全运会上，四川队因几年教练更换频繁，无明确负责的主教练，队员淘汰过多，缺乏尖子选手，实力不强，训练缺少创新，队伍不团结等原因，造成成绩大幅下滑，仅获得男子团体第七名；女队比赛时临场出现较多失误、仅列团体第九名。1996年，四川队在全国比赛中获得女子团体第四名，为近十年来最好成绩。1997年，在第八届全运会上，四川男队获得男子团体第五名，另获其他单项名次2个；女队因失误过多，缺乏尖子队员，伤病较多等原因仅获平衡木第八名。

1998年，四川队冠名四川彩虹电器队出赛。经总结经验，调整队伍，理顺思路，坚持贯彻“力、难、稳、新、美”目标，探索创新训练手段，狠抓单项，发展弱项，以单项带动全能发展。到2000年，四川体操队有注册运动员39名，女队冠名四川杜瓜子女子体操队。在第九届全运会上，黄晶获得女子自由体操第三名，贺亮获得男子跳马第三名，另获得男子吊环第四名、男子鞍马第五名，四川男女队分获得团体第八名和第七名。四川体操队男女队伍的整体实力均有所回升。

2002年，冠名四川李小双体操队参加全国体操锦标赛，黄晶获得女子自由体操金牌。在第十四届亚运会上，入选中国队的黄晶获得女子团体金牌，成为继宁小琳1974年获得第七届亚运会金牌后，事隔28年重登亚运会最高领奖台的四川体操女运动员。2003年，四川队聘请国家队教练鲍献琴来队指导训练。根据省体育局“防非典，抓训练，争取双丰收”的指示精神，调整训练计划，并采取各种方式，提高教练水平，包括管理能力、组织能力、协调能力。在全国体操锦标赛上林夏获得女子自由体操金牌。在第二十二届世界大学生运动会上，王刺荔获得女子团体金牌。2004年全国冠军赛上，邹凯获得男子自由体操金牌，甘露获得男子双杠银牌。2005年，四川队在主教练雷鸣等一批教练员的共同努力下，加强管理，加强与科研所合作，提高队员恢复能力，制定详细训练比赛计划。在全国体操冠军赛上，邹凯再次获得男子自由体操金牌，林夏获得女子自由体操银牌。在第十届全运会上，男队稳定发挥，邹凯获得男子自由体操银牌，冯喆获得双杠银牌，另获其他名次4个，男队共获48分。

1989—2005年四川体操运动员参加国际国内主要比赛前三名成绩一览表

表2—2

年度	比赛名称	项目	姓名	名次	备注
1989	全国体操个人赛	男子鞍马	李舸	1	
		男子全能		2	
		男子吊环		2	
		男子双杠		3	
1990	全国体操锦标赛	男子全能	李舸	1	
		男子吊环		1	
		男子单杠		1	
		男子鞍马		1	
		男子双杠		3	
		女子跳马	胡春	1	
		女子平衡木		2	
		女子平衡木	朱迅	3	
1991	全国体操冠军赛	男子吊环	李舸	1	
		男子双杠		1	
		男子全能		2	
	第二十六届世界体操锦标赛	男子团体	李舸	2	
1992	全国体操锦标赛	女子平衡木	胡春	3	
	第二十五届奥运会	男子团体	李舸	2	
1994	全国体操锦标赛	男子跳马	杨勇	1	
		男子鞍马	吴川	1	并列
		女子高低杠	陈巧珍	3	
		男子吊环	莫春杰	3	
1997	第八届全国运动会	男子自由体操	杨涛	3	并列

续表2—2

年度	比赛名称	项目	姓名	名次	备注
1998	全国体操冠军赛	男子鞍马	姜　庆	1	
	全国体操锦标赛	男子单杠	杨　涛	2	
1999	全国体操冠军赛	男子自由体操	杨　涛	3	
		男子吊环	胡　畔	3	
	全国体操锦标赛	男子自由体操	杨　涛	1	
		男子吊环	胡　畔	3	
2000	全国体操锦标赛	男子自由体操	杨　涛	3	并　列
	全国体操冠军赛	男子吊环	胡　畔	1	并　列
		女子自由体操	王刺荔	1	并　列
		男子自由体操	杨　涛	2	
		男子双杠	甘　露	2	并　列
2001	第九届全国运动会	女子自由体操	黄　晶	3	
		男子跳马	贺　亮	3	
	全国体操锦标赛	女子高低杠	王刺荔	3	
2002	全国体操锦标赛	女子自由体操	黄　晶	3	
		女子跳马	黄　晶	2	
		女子团体	黄　晶、蒲晓蒙 蒲　柳、杨易曦 林　夏、王刺荔	2	
	全国体操个人冠军赛	男子吊环	张　鑫	2	
		女子高低杠	蒲　柳	3	
	第十四届亚洲运动会	女子团体	黄　晶	1	
		女子跳马	黄　晶	3	
2003	全国体操锦标赛	女子自由体操	林　夏	1	
		男子吊环	张　鑫	3	并　列
	第二十二届世界大学生运动会	女子团体	王刺荔	1	
2004	全国体操冠军总决赛	男子自由体操	邹　凯	1	
		女子双杠	甘　露	2	
		男子跳马	冯　喆	3	
2005	全国体操冠军赛	男子自由体操	邹　凯	1	
		女子自由体操	林　夏	2	
	全国体操锦标赛	女子自由体操	林　夏	2	
	第十届全国运动会	男子自由体操	邹　凯	2	
		男子双杠	冯　喆	2	

第二节 技 巧

四川技巧队于1974年建队。1988年，四川技巧队一批老运动员退役，重点项目组由4个减为2个，队伍训练比赛受到一定影响。但男子混双组仍具备难度大、抛接技术好、动作高、心理素质好的优势，女子3人组配合形态已臻全国一流，有较好的表现力。在当年全国锦标赛上，钟宇萍获得女单金牌3枚，吴向东、黎艺嘉获得混合双人全能和第二套金牌，欧阳珊珊、杨巧萍、廖蕾获得女子3人第一套金牌。1989年，四川队在全国锦标赛第一阶段比赛中获得金牌3枚、第二阶段比赛中获得金牌4枚。1990年，技巧队为准备参加第七届全运会，调整组别，选拔一批后备人才，与成都体育学院达成联合发展协议，冠名四川佳地针织厂队，男女混双组还提出冲击世界冠军的目标。在全国锦标赛上四川队获得金牌5枚、银牌1枚。在第九届世界技巧锦标赛上，吴向东、黎艺嘉获得混合双人第二套金牌、全能和第一套银牌，实现冲击世界冠军的目标。是年，国家体委授予四川技巧队“思想政治工作优秀运动队”称号。1991年，四川队结合训练，抓教练业务水平的提高，并加强管理，抓好作风，严格训练，严格要求。在全国锦标赛上，被列为全国女单三强的钟宇萍获得女单第一套和第二套金牌及全能银牌，混双组因队员受伤而中断比赛。1992年在全国锦标赛上，黎艺嘉、吴向东奋力拼搏，获得混双第二套金牌。在第七届全运会赛前训练中，教练组及时制订措施，在动作难度、舞蹈编排、个人能力提高上下功夫。1993年，在成都举行的第七届全运会技巧比赛上，钟宇萍获得女单银牌，黎艺嘉、吴向东获得混合双人铜牌，男双为第四名，男四为第六名。在当年的第九届世界杯技巧赛上，钟宇萍获得女单第一套铜牌。

1994年，国家调整奥运战略，非奥运项目的技巧运动在国内萎缩，1993年第七届全运会时还有300人参赛，到1994年已不足百人。四川技巧队也进行较大调整，队伍加强基本功训练，队员动作质量得到提高。在第二届亚洲技巧锦标赛上，王婷、罗夏静、徐应侠获得女子3人3项冠军。1995年，四川技巧队为谋求自身生存、发展，将女子3人组借调广州战士杂技团，通过杂技比赛，提高队员心理素质和表演能力，在技巧与杂技比赛中均取得好成绩。全队在全国比赛中获得奖牌5枚。1996年，四川技巧队抓稳定队伍的工作，在训练质量上下功夫，并在舞蹈编排上做调整，提高表现效果，获得全国锦标赛团体第六名，获得女子3人第二套金牌。是年，张廉川、万德康、习力刚被国家体委授予“中国技巧优秀教练”称号。1997年，四川队在训练中的一些动作难度已接近全国先进水平。全国锦标赛获得女子3人全能和第二套金牌，男四获得第一套铜牌。在第五届世界运动会上，王婷、罗夏静、徐应侠获得技巧女子3人全能和第一套、第二套三枚铜牌。在第十四届世界技巧锦标赛上，王婷、罗夏静、徐应侠获得女子3人全能和第一套铜牌。1998年，因技巧项目为非奥运项目，四川技巧队被撤销。

第三节　艺术体操

四川省艺术体操队于1984年正式组建。1988年，四川艺术体操队有运动员13名，教练员5名。四川艺术体操队经过刻苦训练，克服由于频繁更换教练给队伍带来的不利影响，在全国锦标赛中获集体全能和集体第一套第四名，集体第二套获得第五名，完成保持前六名的指标任务。1989年，在全国冠军赛上发挥训练水平，获得团体第五名。1990年四川队以成都体育学院队名义参加全国比赛。1991年，四川队在训练中除狠抓技术基本功外，主要抓意志品质、吃苦耐劳和钻研精神等队伍作风的培养，队员的身体素质、专项技术、基本技术、舞蹈基本功都有较大提高，训练作风也有较大改变。在全国冠军赛上获集体全能、3绳3球、6人带操3枚铜牌。1993年，保加利亚专家安妮·鲍金娃到中国执教，选拔两位四川队员入训国家队。在第七届全运会上四川艺术体操队未获名次。

1995年初，四川艺术体操队参加国家队集训，被列为重点队，收获很大。在全国艺术体操锦标赛上，平均年龄15岁的四川队首次参加成人组比赛，凭借极富美感的表演、新颖的编排造型获得集体银牌；李瑶、梁妍、曾洁、范冀川、桑燕获得5人圈及3球2带两项冠军，成为四川省第一批艺术体操全国冠军。1996年，四川艺术体操队冠名天龙石化队，聘请乌克兰教练达尼亚到四川执教。四川姑娘的身材、相貌出众，被行家认为是很有潜力的新人。在全国锦标赛上获得3球2带金牌及全能、5人圈银牌。1997年，四川队冠名四川华西医科大学制药厂队，在全国锦标赛暨第八届全运会预赛上获集体全能金牌；在第八届全运会决赛上获集体全能银牌。

1998年，四川队在制订备战第九届全运会训练规划时，决定重点发展难度和质量，强调动作的协调性、节奏感、准确性，形成自身的风格与特点。在狠抓身体素质和专项素质的训练中，要求器械动作达到“短、平、快”，身体动作达到“高、美、稳”，对比赛动作进行精心编排。在全国锦标赛上，获得集体全能、5人棒和2圈3带3个第一名。在全国冠军赛上获得铜牌3枚。1999年，四川队在冬训中坚持抓好成套动作质量，搞好编排，控制好队员体重等，训练时间265天、1560小时。由于全队平均年龄18岁，在全国属大龄队伍，因此采取以老带新，大胆启用年轻队员的方针。在全国锦标赛上四川队获得5人棒第一名及集体全能银牌、2圈3带亚军，在全国冠军赛上获得5人棒第二名。

2000年，四川艺术体操队有注册运动员17名，在全国比赛中成绩不理想。2001年，在第九届全运会上四川队获得集体全能第三名和个人团体第六名。

2002年12月，省体育局调整项目布局，将艺术体操划归成都体育学院竞技体育学校，运动员编制16名，由成都体育学院承担训练比赛任务。2003年，在全国锦标赛上获得团体总分和集体全能亚军。2004年，四川队在全国冠军赛上获得团体总分第三名。6月，在扬州举行的第二届亚洲艺术体操锦标赛上，吕远洋获得女子集体全能、5人带、3圈2球3枚金牌。在希腊雅典举行的第二十八届奥运会上，吕远洋获集体全能第六名，吕远洋是四川艺术体操运动员参加奥运会艺术体操比赛的第一人。2005年，四川艺术体操队在第十届全运会上，获得集体全能银牌及个人团体第四名。

1988—2005年，全省获得国际级运动健将有吕远洋、吕吟、谭实、任爽。

第四节 蹦 床

1997年11月，国家体委发文要求正式开展蹦床运动，四川省体委于12月正式复函国家体委，决定开展蹦床运动。选送原技巧队教练参加全国培训后，从省技巧队、体操队及跳水队选调队员，设男女各4人建制，于1998年1月成立四川蹦床队。队伍起步时，训练条件较差，男队动作难度偏低，女队动作稳定性较差。但四川蹦床队坚持贯彻从难、从严训练和科学训练原则，全面打基础，狠抓网上基本功和基本技术训练，尽快切入项目要点，争取第九届运动会上取得较好成绩。队伍还聘请1名俄罗斯教练到四川执教。11月在首届全国蹦床冠军赛上，四川男队敢于拼搏，发挥较好，以稳取胜，周玺、李忆、潘梦涛、罗刚以92.80分的成绩获得男子网上团体冠军，成为四川省第一批蹦床全国冠军，罗刚还获得男子个人全能第六名；女队在比赛中一场比一场发挥得好，终获得团体第九名，王芳获得个人全能第七名。当年，王芳入选国家队，参加第二十届世界蹦床锦标赛，这是四川蹦床选手第一次参加世界最高水平比赛。1999年，四川蹦床队在冬训中以发展动作难度为主，同时加强能力训练及基本技术训练。在全国锦标赛上获男团第四名，女团第六名，罗刚获得男子个人第六名。在全国冠军赛上，获得女团第八名，王芳获得女子个人第三名，周玺获得男子个人第五名。四川队经总结经验，在当年的冬训中加强专项素质训练及增强网感，发展难度，注意抓技术的合理性，加强心理训练，突出以稳为主的指导思想。

图2—3 1998年四川蹦床队获得全国首届蹦床冠军赛男子团体冠军

2000年，四川蹦床队有注册运动员16名，在全国锦标赛上获得男子团体第六名。在第九届全国蹦床技巧冠军赛上，罗刚获得男子单跳第七名。在第九届全运会前的冬训中，队伍着重抓技术动作的稳定和质量，同时加强身体素质训练，并根据比赛中队员出现的思想状况，加强管理。2001年，四川蹦床女队与山西队联合组队，以山西队名义参加第九届全运会比赛，预赛获得女子团体第五名，取得决赛资格。男队未能出线。

2002年年初，因受蹦床项目规划调整和队伍选手参赛项目的限制，四川蹦床队被撤销。

第四章　球类运动

第一节　篮　球

四川省篮球队于1951年组建，培养张根铨、孔令珍（女）、杨伯镛、罗安安和李亚光等国手。

1987年第六届全运会后，四川男篮进行较大幅度人员调整，形成以新为主的队伍，男队平均年龄20.8岁，平均身高1.92米。但队伍缺少尖子队员，缺少得分手，战术简单，传统的快攻战术和投篮水平均下降。当年3月在全国联赛中由甲级降为乙级，为四川男篮近30年来第一次降级。全队总结教训，把恢复传统风格和打法作为起点，在“快”“准”上下功夫，既发挥老队员核心作用，又大胆启用新生力量，在8月全国锦标赛上四川队取得第五名的成绩。四川男篮队员李亚光入选国家队，参加第二十四届奥运会篮球比赛，获得第十一名。

1989年，省体委召开三大球专题工作会议，统一认识，理顺关系，完善训练体系，确定奋斗目标，对四川篮球运动起到推动作用。随着改革开放的深入和市场经济的影响，四川男子篮球队先后以四川成都保险柜厂队、四川熊猫队、四川成都熊猫摩托罗拉队、四川蓝剑队、四川康宏队、四川大行宏业队、四川五牛队之名参加比赛；四川女子篮球队也先后冠名四川沱牌酒厂队、四川中国红花岗石队、四川西部投资队、四川恩威队参加比赛，实现运动队和企业携手共同发展的目标。

1990年12月，李亚光任中国女篮主教练；1992年率中国女篮参加第二十五届奥运会，勇夺亚军，创中国女篮历史最好成绩。1993年，第七届全运会上，四川女篮获得第八名、男篮未出线。

1996年5月，四川男篮与美国国际管理集团合作组建四川熊猫男子篮球俱乐部，是全国第一家中外合资篮球俱乐部。引进内、外援球员，全队平均身高1.93米，平均年龄23岁，身体素质较好，打法灵活多变，同年升入全国甲A篮球职业联赛。但在1997—1998年赛季比赛中四川队仅获得第十一名，降为乙级队，其后美国国际管理集团与四川男篮按照协议终止合同。在第八届全运会上，四川男篮又未能出线、女篮仅获得第十二名。

1998年3月，四川省篮球管理中心成立。四川男篮与蓝剑集团合作组建四川蓝剑男子篮球俱乐部。实行主教练负责制，教练组聘请体能教练、恢复教练、营养教练，组成专家智囊组，引进外援，外援有美国攻击型后卫杰胜、俄罗斯高大中锋安德烈。全队精诚团结，顽强拼搏，在1998年全国男篮甲B联赛上，四川男篮以第二名的成绩重返甲A队伍，实现“团结拼命，冲回甲A”的目标。在全国甲A联赛1998—1999赛季比赛中获得第十名，后因四川男篮在球员转会上违规，四川男篮被取消第十名的成绩降至甲B组。四川女篮冠名四川西部投资女篮，由于没有形成自己的风格和打法，引进的两名外援又临阵脱逃，致使在1998—1999甲级联赛中仅获得第十二名。1999年4月，四川女篮与恩威集团合作组建四川恩威女子篮球俱乐部。同年，李亚光获“新中国篮球运动杰出贡献奖”，金森获“新中国篮球运动荣誉奖”。

2000年3月，四川康弘男子篮球俱乐部成立，仅留3名老队员，其余队员多从二线抽调。同年，四川女篮引进韩国教练蔡洙元，训练作风有了变化，基本技术逐步规范。2001年，第九届全运会预赛，四川男女篮球队第一次双双未能出线。2002年，四川男女篮球队实行主教练公开招聘。男队冠名四川大行宏业篮球队，全队平均年龄20岁，身高2.17米的新秀付庆飞开始崭露头角，全队在“快速、准确、对抗、创新”的训练思想指导下，整体实力有所进步，在2003年全国乙级联赛上四川男篮获得第一名，升入甲级。2005年，在第十届全运会预赛中，四川男女篮球队再次均未出线。

第二节 排 球

一、四川男排

1952年，四川男排正式建队。1987年第六届全运会后，四川男排进行大调整，援外归来的魏则徐出任主教练，通过夏训，形成参加全国男排联赛三老带三新的基本阵容。1990年，冠名为四川珠江音响队的四川男排在全国甲级联赛中，以6胜1负的成绩获得亚军，为四川男排26年来最好成绩。1991年，四川男女排球均确定为全国重点项目。在四川德阳举行的1991年全国排球甲级联赛上，四川男排以7战全胜的成绩首次夺冠，成为四川男排40年历史上第一个全国冠军。四川男排以周建安、张翔、张利明等国家队队员为核心，组成强大阵容，确立“只争第一”的奋斗目标，形成以进攻带动拦防的技战术风格。从1995年开始，四川男排相继获得1995年、1997年、1999年全国联赛冠军，1996年全国锦标赛冠军，1997年第八届全运会冠军，创造“五连冠”的辉煌成绩。1997年，人事部、国家体委授予四川男排“全国体育系统先进集体”称号；四川省政府为四川男排记集体功一次。

1999年6月，四川佛兰男子排球俱乐部队参加在合肥举行的亚排联杯亚洲男排俱乐部比赛，四川男排以5战全胜成绩获得冠军，这是四川体育史上由四川运动队获得的唯一正式洲际赛冠军。作为中国男排主力队员的周建安、张翔、张利明等还先后出征奥运会、亚运会等重大国际比赛。20世纪90年代，四川队周建安、张利明、张翔、朱刚同时效力国家队，并担当主力，活跃在世界排坛，为中国队称霸亚洲立下奇功。1990年第十一届亚运会，周建安获得金牌；1991年第六届亚洲男排锦标赛，张翔、周建安获得铜牌；1994年第十二届亚运会，周建安、张翔、张利明、朱刚获得银牌。1994年至1996年，张翔赴日本加入东丽排球队，参加两个赛季的日本职业男排联赛，成为中国第一位现役国家队运动员参加国外职业排球联赛的选手，并在一场比赛中打出144次重扣，创造了联赛纪录。1995年，现役国家队队员周建安也加入日本东丽排球队，参加一个赛季的职业男排联赛。1997年第九届亚洲男排锦标赛，张翔、张利明、周建安、朱刚4人担当主力，同时上场竞技，为中国队获得金牌立下卓著功劳，张翔还当选“最有价值球员”。张翔、张利明、周建安入选中国男排参加世界男子排球联赛，获得第六名，为中国男排在该赛事上历史最好成绩。1998年第十三届亚运会上，张翔、张利明、周建安、朱刚获得金牌。1999年第十届亚洲男排锦标赛，张翔、张利明、周建安、朱刚获得金牌。2001年，四川男排聘请排球界资深教练戴廷斌为执行主教练，率队参加第九届全运会排球比赛，获得第二名，四川男排在第三届亚洲排球男排俱乐部比赛中获得第四名。2003年，四川前锋男子排球队在全国联赛第十轮比赛中，因对司线员判罚表示异议，在球场秩序混乱的干扰下，全队离场，后被中国排协认定为罢赛，取消剩余场次比赛资格，被列当年比赛第十二名而降级。2005 年 6 月，四川男排冠名四川黄龙男子排球俱乐部，在第十届全运会比赛中，取得第七名的成绩。12 月 27 日，周建安出任中国男排主教练。

1989—2005 年四川男子排球队参加全国主要比赛成绩一览表

表 2—3

年　度	比赛名称	名　次
1989	全国排球甲级队联赛	7
1990	全国排球甲级队联赛	2
	全国排球锦标赛	6
1991	全国排球甲级队联赛	1
1992	全国排球甲级队联赛	5
	全国排球锦标赛	7
1993	第七届全国运动会	2
1994	全国排球甲级队联赛	2
	全国排球锦标赛	5
1995	全国排球甲级队联赛	1
	全国排球锦标赛	11
1996—1997	全国排球联赛	1
1997	第八届全国运动会	1
1997—1998	全国排球联赛	1
1998	全国排球锦标赛	8
1998—1999	全国排球联赛	1
1999	全国排球锦标赛	10
1999—2000	全国排球联赛	4
2000	全国排球锦标赛	7
2000—2001	全国排球联赛	9
2001	第九届全国运动会	2
2001—2002	全国排球联赛	8
2002—2003	全国男子排球联赛	11
2003	全国男子排球锦标赛	9
2003—2004	全国男子排球联赛	6
2004	全国男子排球锦标赛	5
2004—2005	全国男子排球联赛	7
2005	第十届全国运动会	7

二、四川女排

1952 年，四川女排正式建队。四川女排于 1987 年第六届全运会后对教练班子进行改组，队伍也作较大调整，只留下 5 名老队员，补充一批新队员，全队平均年龄 21. 5 岁，平均身高 1. 76 米。根据

1989年全国排球工作会议精神，结合队伍实际，四川女排提出技战术指导思想为：在提高全面技术的基础上，发展高度，攻防兼备，快速善变，实现队有特点，人有特长；并制定“力保甲级，保6争4”的目标。在当年的全国甲级联赛上，四川女排获得第五名。1991年，在郴州集中进行的全国女排集训身体素质测验中，平均身高低于全国所有甲级队的四川女排（1.783米）打破4项集训纪录。在当年的全国锦标赛上，以新阵容参赛的四川女排获得第四名。1992年，在全国女排联赛中，四川女排坚持“一分一分地打，反复耐心地打，依靠集体团结起来打”的顽强作风，打出第三名的好成绩。在1993年第七届全运会比赛中，四川女排团结奋战，先后战胜解放军、江苏等强队，最终以4胜3负成绩获得第三名，超额完成“进前六”的预计指标。1994年3月，四川科利多女子排球俱乐部成立，这是国内第一个女子排球俱乐部，聘请原中国女排主教练胡进为主教练。根据队伍新、水平低、任务重的现状，教练班子确定“抓作风，抓管理，促训练，尽快提高技术水平”的工作目标，在技战术上继承和发扬四川老女排“技术全面，快速多变”的传统风格，在当年的全国排球联赛中，四川女排终因技术不全面，攻击力较弱，仅获得第六名。1997年，四川女排冠名四川重庆长安汽车集团队参加全国女排优胜赛，发挥快速多变、攻防平衡的特点，取得第一名的成绩。1998年9月，四川春泉酒业集团女排俱乐部成立，经过多年努力，“团结、勤奋、拼搏”的队伍作风基本成形，“全面、快速、多变”的队伍技战术打法渐成特点，在全国联赛和全国锦标赛上均获得第四名。2000年，四川女队注册运动员19名。在2002—2005年备战第十届全运会周期中，四川女排调整教练员分工，明确工作重心，坚持以训练为中心，身体训练和技战术训练取得明显成果。仅2004年全队全年训练334天，累计1700个小时，平均每天训练超过5小时，参加国际国内比赛51场次。在2005年第十届全运会上，四川女排终因主力队员伤病和平均年龄偏大等原因，名列第九名。

1988—2005年，四川女排成绩徘徊在全国第二档次（4—6名），但四川女排仍培育了巫丹、计丽萍、陈静等优秀运动员入选中国女排，在国内外重大比赛中取得优异成绩。1990年，在第十一届亚运会上，巫丹获得金牌；1991年第六届世界杯比赛，巫丹获得银牌。1992年，巫丹入选中国女排参加第二十五届奥运会女排比赛；在同年的第七届亚洲锦标赛上，巫丹、计丽萍获得金牌。1994年第十二届亚运会，计丽萍获得银牌。在1999年第十届亚洲锦标赛上，陈静获得金牌。在2000年第二十七届奥运会上，巫丹、陈静入选中国女排，获得第五名。2001年第十一届亚洲女排锦标赛，熊姿、陈静获得金牌。2002年第十四届世界女排锦标赛上，熊姿获得第四名；第十四届亚运会，熊姿、陈静获得金牌。2003年11月，陈静入选中国女排，参加第九届世界杯女子排球比赛，获得冠军，成为四川女排又一位女排世界冠军；2004年，陈静入选第二十八届奥运会中国女排阵容，获得金牌。

三、四川沙滩女子排球

四川沙滩女子排球队于1996年成立，主要由室内排球运动员兼任。在1996年全国首届沙滩排球比赛中，四川未获名次。此后在主教练胡进的严格训练和精心指导下，沙滩女排队进步明显，屡创佳绩，在1997年第八届全运会上，组队仅1年多的四川沙滩女排迟蓉、熊姿奋力拼搏获得冠军。2000年，迟蓉、熊姿入选中国沙滩排球队参加第二十七届奥运会，获得第九名，成为中国首批参加奥运会比赛的沙滩排球运动员。在2001年第九届全运会上，熊姿、迟蓉再次闯入决赛，获得女子沙滩排球第二名；在当年的世界女子沙滩排球锦标赛上，熊姿、迟蓉代表中国队参赛获得第五名。在2005年第十届全运会上，由熊姿、迟蓉组成的四川沙滩女排队获得第七名，四川籍运动员左曼代表新疆队参赛获得第三名。

1989—2005年四川女子排球队（含沙滩女子排球队）参加全国主要比赛成绩一览表

表2—4

年度	比赛名称	项目	名次	备注
1989	全国排球甲级队联赛	排　球	5	
	全国女子排球锦标赛	排　球	8	
1990	全国排球甲级队联赛	排　球	6	
	全国女子排球锦标赛	排　球	9	
1991	全国排球甲级队联赛	排　球	5	
	全国女子排球锦标赛	排　球	4	
1992	全国女子排球锦标赛	排　球	4	
	全国排球甲级队联赛	排　球	3	
1993	第七届全国运动会	排　球	3	
1994	全国女子排球锦标赛	排　球	8	
	全国排球甲级队联赛	排　球	6	
1995	全国女子排球锦标赛	排　球	10	
	全国排球甲级队联赛	排　球	11	
1996	全国女子排球锦标赛	排　球	1	
1997	第八届全国运动会	沙滩排球	1	
		排　球	9	
1997—1998	全国排球联赛	排　球	4	
1998	全国女子排球锦标赛	排　球	4	
1998—1999	全国排球联赛	排　球	3	
1999—2000	全国排球联赛	排　球	10	
2000—2001	全国排球联赛	排　球	7	
2001	第九届全国运动会	沙滩排球	2	
		排　球	4	
2001—2002	全国女子排球联赛	排　球	4	
2002	全国女子排球锦标赛	排　球	4	
2002—2003	全国排球联赛	排　球	7	
2003	全国女子排球锦标赛	排　球	5	
2003—2004	全国排球联赛	排　球	4	
2004	全国女子排球锦标赛	排　球	8	
2004—2005	全国排球联赛	排　球	8	
2005	第十届全国运动会	排　球	9	
		沙滩排球	3	左曼代表新疆与四川协议50%计分

第三节　足　球

1988—2005年，四川足坛活跃着3支男子球队，1支女子球队，他们共同推动四川足球的发展。

一、四川男子足球队

四川男子足球队1953年成立，是全国较早成立的一支省级足球运动队。朱平、孙博伟、马明宇、黎兵、魏群、姚夏等先后入选中国国家男子足球队，征战国际大赛。

1988年，四川男子足球队有运动员25名，平均年龄21岁。第二十四届奥运会，朱平参赛。

1989—1993年，四川足球队坚持走“快速、对抗、技术、意识”道路，重点突出“快、灵”特点。四川足球队的技战术风格是“反抢、快攻、转移”，经发展演变，最后形成“勇、快、准、灵”。四川队的队训是：生活要有一个好的习惯，训练要有一个好的作风，比赛要有一个好的风格。1990年，四川队在全国足球乙级队联赛中获得第二名，升入甲级。同年第十一届亚运会，孙博伟、魏群、马明宇、姚夏获得第四名。

1992年，全国足球工作会议在北京红山口召开，将足球改革作为体育改革的突破口，把足球推上职业化轨道。省体委决定“足球实体化，建立足球俱乐部体制”，省足球协会成为具有独立法人资格的体育社团，经济上实行独立核算，工作人员实行聘任制，全面负责和管理全省足球运动。11月，四川南德足球俱乐部成立，为四川省第一个体育产业俱乐部。是年，俄罗斯籍教练拉西莫夫到四川足球队指导2个月，四川队全面体验欧洲足球的训练指导思想和俱乐部的训练管理经验。

图2—4　在全国甲A赛场掀起“黄色旋风”的四川全兴足球队

1993年11月8日，由成都全兴酒厂与省运动技术学院联合组建四川全兴足球俱乐部，这是四川第一个职业足球俱乐部，具有独立法人资格，实行董事会领导下的总经理负责制。成都全兴酒厂每年投资100万，合同期8年。四川男子足球队在1993年第七届全运会上获得第七名。2000年2月，俱乐部改制，成都全兴集团出资3200万元买断四川全兴足球俱乐部。在8年联赛中，成都全兴集团共投入12250万元，获得巨大的社会影响，也带来巨大的经济效益，其资产由3000多万元扩张到30多亿元，增长约100倍。全兴足球俱乐部创造鼎盛的“全兴时代”。

1994年，开始举办全国足球职业联赛，四川队主教练为余东风。全兴队在联赛中的主客场22场比赛中，以8胜7平7负的成绩积23分，获得第六名。四川全兴俱乐部足球队在绿茵场上刮起“黄色旋风”，成都成为“金牌球市”。1995年，四川全兴队在全国甲A联赛中首次引进3名巴西籍外援马麦罗、法比亚努、马科斯，其中马麦罗和法比亚努成为深受广大球迷喜爱的明星，马麦罗成为在中国效力时间最长的外援，是中国联赛自己培养的球星，被称为“花蝴蝶”。10月8日，全兴队在与吉林敖东队的比赛中以6:0大胜，是四川队历史上主场的最大胜利。11月12日，四川全兴3:2险胜青岛海牛队，被媒体称作“一分钟发生三个进球，这让成都体育中心的球迷们从天堂坠到地狱之后的片刻就回到了美好的现实”。赛后，一些球迷也心有余悸地说：“差点把心脏病都看出来了”。11月15日，在广大热情球迷支持下，被《足球报》称为“成都保卫战”的四川全兴队与八一振邦队的比赛中，凭借翟飚关键的1粒进球，四川全兴1:0险胜，球队保级成功。本赛季，四川全兴队最终以6胜4平12负积22分的成绩，获得第十名，成功保级。

1995年，四川球员马明宇以42万元转会广东宏远队。1996年，四川全兴队目标为“保八争六”。在联赛中，以7胜9平6负的成绩积30分获得第六名。9月1日，在济南举行的甲A联赛山东济南泰山将军队对四川全兴队比赛中，因全兴队队员对当值裁判判罚不满，发生纠纷，全兴队被中国足协纪律委员会通报批评，有关教练、运动员受到处罚，相关巡边裁判也被执行内部停赛处理。

1997年，黎兵、马明宇均以150万元由广东宏远队转会四川全兴队。年底，四川全兴队引进克罗地亚籍米罗西任主教练，他把欧洲先进的足球理念融入四川队训练比赛中。为培养后备力量，俱乐部成立全兴足球三队和四队。全兴队在联赛中，以6胜9平7负的成绩积27分获得第七名。四川男足在1997年第八届全运会上获得第八名。同年，马明宇参加第十六届世界杯足球比赛亚洲区十强赛。

1998年全国甲A联赛，四川全兴队以8胜10平8负的成绩积34分，获得第五名，黎兵以进10球的成绩列联赛射手榜第三位。联赛前半程，全兴队于4月9日和4月30日先后战胜上海申花队（4:1）和大连万达队（1:0），取得全兴队与这两支强队交锋纪录的历史性突破，特别是在成都体育中心全兴队主场1:0战胜全国冠军大连万达队，实现四川队在甲A赛场上战胜所有对手的夙愿。同年第十三届亚运会，马明宇、姚夏获得第三名。

1999年，四川足球俱乐部聘请巴西籍教练爱迪森・阿诺・塔瓦雷斯任全兴队主教练。塔瓦雷斯性格张扬，敢于严格管理，颇具个性，把巴西先进的技战术融入队伍中，甲A联赛上，一改“客场疲软”“后劲不足”两大痼疾，开赛7周一直排名第一，直到倒数第二轮才退出冠军之争，最终以12胜9平5负的成绩积45分，获得第三名。姚夏以进11球列联赛射手榜第三。

2000年，四川全兴足球俱乐部完成改制，全兴集团出资3200万元买断全兴足球俱乐部，实施市场运作机制，其权益归属全兴集团。四川全兴队重新聘请米罗西任主教练，体能教练马米奇，守门教练别南诺维奇，外援后卫鲁纳和前锋桑托斯。在全国甲A联赛上以12胜8平6负进33球失21球积44分的成绩再获得第三名。2000年1—3月，四川全兴队队员黎兵被德国奥芬巴赫队以10万马克年租金租借，参加德国足球乙级联赛。2000年8月，四川全兴队马明宇加盟意大利佩鲁贾俱乐部，参加意大利足球甲级联赛，成为第一位到意大利甲级足球联赛踢球的中国运动员。

2001 年 3 月，四川商务通足球队成立，聘原国家队主教练英国人霍顿为全兴足球队主教练。霍氏用平行站位理论改造后卫线，取得成效。在全国甲 A 联赛上积 47 分获得第四名。四川男足在第九届全运会上获得第九名。2002 年 2 月，四川大河足球俱乐部成立。主教练为前南斯拉夫人皮特。引进外援兰科维奇、米诺万维奇、佩得维奇。四川大河开米森男子足球队在全国联赛中获得第十四名。2002 年，马明宇入选国家队并担任队长，带领国家队获得第十七届日韩世界杯亚洲赛区小组出线权，首次闯入世界杯决赛阶段，创造中国足球队世界杯最好成绩。2003 年 1 月，四川冠城足球俱乐部成立，在全国联赛上获得第八名，冲击中超联赛成功。2004 年，四川冠城足球队在足协杯赛上获得第二名，为四川男足历史最好成绩。2005 年，球队以四川思源科技男子足球队名义参加全国超级联赛获得第八名。是年，四川男足在第十届全运会上获得第八名。

1993—2005 年四川男子足球队参加全国主要比赛成绩一览表

表 2—5

年度	比赛名称	名次	队名
1993	第七届全国运动会	7	四川队
1994	全国足球甲级队联赛	6	四川全兴
1995	全国足球甲级队 A 组联赛	10	四川全兴
1996	全国足球甲级队 A 组联赛	6	四川全兴
1997	全国足球甲级队 A 组联赛	7	四川全兴
1998	全国足球甲级队 A 组联赛	5	四川全兴
1999	全国足球甲级队 A 组联赛	3	四川全兴
2000	全国足球甲 A 组赛	3	四川全兴
2001	全国足球甲 A 联赛	4	四川商务通
2002	全国足球甲 A 联赛	14	四川大河
2003	全国足球甲级联赛	8	四川冠城
2004	中国足球超级联赛	9	四川冠城
	中国足协杯足球赛	2	四川冠城
2005	中国足球协会超级联赛	9	四川冠城

二、成都男子足球队

1996 年 2 月 27 日，成都足球俱乐部有限责任公司成立，是中国职业足球联赛开始以后按照现代企业制度组建的年轻职业足球俱乐部之一，由成都卷烟厂、成都经济电视台、成都市体工队、成都蓉台国际企业有限责任公司等股东单位发起组成，由成都卷烟厂购买冠名权，命名为成都五牛足球队。四川足球名将王凤珠为主教练，四川全兴球员老队员为五牛的原始班底。球队组建当年，参加 96 全国足球乙级联赛，名列第四，没能晋级甲 B 联赛。

1997 年，以全国足球乙级联赛第二名的身份晋级甲级队 B 组。1998 年，成都五牛以“立足甲 B、冲击甲 A”为目标。1998 赛季，俱乐部重金聘请德国教练托马勒，联赛还未开始，这位德国教练就因得不到球员的认同被提前解聘。该赛季以6胜9平7负积27分的成绩保级。1999年，成都足球俱乐部聘请著名足球教练陈亦明执教成都五牛，左树声、张宏根两人辅助，被媒体称为“三驾马车”，聘请马科斯、奥利维拉、雷纳托3名巴西外援，辅以彭晓方、冯峰、刘斌等甲A球员加盟，形成成都五牛鼎盛阵容。但最终仅排名甲B联赛第六位，成都五牛冲甲A再次失败。

2000年，成都五牛为保级而战。2001年，成都五牛又开始冲击甲A。五牛队取得历史最好成绩第三名，但在联赛第21轮，成都五牛对绵阳太极一战，11:2的比分，创造中国次级联赛比分和绝对进球数之纪录，引起全国媒体和球迷同声叫假，称之为中国足坛假球之最，成为后来中国足球“打黑风暴”的导火索。在赛季结束后，成都五牛队及主教练余东风受到中国足协处罚（上场的国内球员取消2002年注册资格，主教练被停止执教1年），成都五牛元气大伤。2002年和2003年，“影子教练”余东风辅佐当时甲级联赛最年轻的主教练张林海。由于没有升降级，五牛队全力培养年轻队员。余东风将川足的“小快灵”复制到五牛身上，年轻球员迅速成长。2004年，联赛中段，余东风重回五牛，并最终帮助球队保级成功。

2005年，受政策影响，成都卷烟厂退出俱乐部，由成都市足协对成都足球俱乐部进行托管。12月11日，成都足球俱乐部与英国谢菲联足球俱乐部达成转让协议，中国第一家中外合资足球俱乐部在成都成立。

三、绵阳男子足球队

绵阳市职业足球俱乐部有限责任公司于1996年11月16日在绵阳市高新区成立，它标志着中国西部地级城市首支足球职业俱乐部的诞生。1997年，绵阳樊华集团出资300万冠名绵阳市樊华足球队，3月正式参加全国乙级联赛西南分区赛比赛。1997年末，绵阳高新区管委会报经市政府批准以68亩土地、绵阳樊华集团投资350万元修建绵阳樊华足球职业俱乐部训练基地。从1997年绵阳樊华职业足球俱乐部参加全国足球乙级联赛开始，绵阳市民表现出极大的热情，球市火爆，每逢绵阳足球队主场比赛，2.5万个座位的绵阳南河体育中心足球场都有上万人前来观看比赛，支持自己的球队。

1998年，绵阳丰谷酒业集团出资500万元冠名绵阳丰谷足球队，参加全国二级联赛西南片区赛比赛。1999年，绵阳丰谷足球队参加全国二级联赛西南片区比赛，同时以小组第一名的身份进入全国乙级联赛，决赛阶段冲甲B失败。

2000年，余东风出任绵阳丰谷足球队主教练，带队参加全国乙级联赛西南片区比赛，以小组第一名的资格出线。在武汉的决赛阶段，冲上甲B。2001年，四川绵阳太极药业集团出资600万元冠名，政府资助500万，冠名为绵阳太极足球队。主教练商瑞华带队参加全国甲B联赛，但在联赛第21轮，绵阳太极对成都五牛比赛中，以2:11负，被中国足协以打假球论处。在赛季结束后，中国足协以“降级”处理方式予以重罚。2002年，太极足球队解散。

四、四川女子足球队

四川女子足球队于1983年成立，因国家奥运会战略和四川的实际，几经撤销恢复。1988年，四川女队有运动员22名。1993年，第七届全运会增设女足项目后，四川女足得以恢复发展。1994年四川被中国足协确定为全国女足重点地区；同年9月，四川威玻女子足球俱乐部成立。1996年，省运动技术学院与四川剑南春集团有限公司共同组建四川省剑南春女子足球俱乐部，使四川女足逐步走上职业化道路。全队平均年龄22岁，比赛作风顽强，具有“小、快、灵”的特点，惯用“352”阵型，在全国联赛中获得第七名，在第八届全运会上获得第九名。四川剑南春女子足球队1998—2001年连续4年参加全国女足超级联赛，分别获得第九、第七、第五、第七名。在2001年第九届全运会女足比赛中，四川女足历史性地创造第三名的优异战绩。2002年，四川女足首次引进澳大利亚球员易沙和加纳的崔西娅，在全国女足超级联赛中获得第六名。2003年，四川女足在全国女足联赛中取得第二名的优异成绩。2004年，获得全国女足锦标赛第五名。2005年，获得全国女足锦标赛第七名，在第十届全运会上，四川女足以3胜3负成绩获得第六名。四川女足队守门员肖珍2001年入选中国女足，参加第十三届女足亚锦赛获得第三名；2002年参加第十四届亚运会女足比赛获得亚军；2003年参加第四届女足世界杯，获得第五名，2004年参加第28届奥运会女足比赛，获得第九名，肖珍成为四川女子足球运动员参加奥运会第一人。

图2—5 守门员肖珍在比赛中

第四节 手 球

1995年1月，省体委委托成都体育学院竞技体校组建四川手球队。成都体育学院竞技体校于当年2月组织来自乐山、内江、泸州、宜宾男女运动员31人参加集训。并组队参加全国锦标赛，男队获得第八名，女队列第十名。1996年，四川男、女队在全国锦标赛上均列第十名。1997年，四川队贯彻国家体委狠抓训练作风，狠抓基本功，狠抓专项体能的要求，在第八届全运会预赛中男队列第九名，女队列第十名。尹谊、安伟代表解放军队获得男子金牌，四川队按照协议获得0.5枚金牌，罗敏代表解放军队获得女子第八名。

2000年，四川手球队有注册运动员17名。在全国男子冠军杯赛中获得第七名，在全国男子锦标赛上获得第八名。2001年，男队在全国锦标赛上获得第七名，女队获得第八名。在第九届全运会上，四川男女队均获得第八名。尹谊、杜长义代表解放军男队获得金牌，四川队按照协议获得0.5枚金牌。

2003年，四川男女手球队在全国手球锦标赛上均未能出线。2004年，在全国锦标赛上男队列第九名、女队列第十一名。在全国冠军杯赛上男队列第九名、女队列第十名。在雅典第二十八届奥运会上，代表中国队出战的吴亚楠获得女子第八名。2005年，在全国手球冠军赛及十运全手球预赛暨全国手球锦标赛上，四川男队均列第九名，四川女队均列第十名。第十届全运会男女手球比赛，男女队均列第九名。另有吴亚楠、杨柳代表解放军女队获得金牌，杜长义、王星代表解放军男队获得银牌，按照协议四川女队获得0.5枚金牌，男队获得0.5枚银牌。

第五节　网　球

四川网球队于1956年组建，涌现出郭平、张跃军、李德鹏等国手。1988年，四川网球队在贯彻大运动量科学训练原则下，重点提高队员基本技术和实战能力，抓好技术训练的同时突出心理素质与身体素质的训练。1990年，全队比赛成绩和技术水平有了提高，年轻队员进步较为突出。在全国网球单项赛上，陈辉、李德鹏获得男子双打铜牌。1991年，四川队在全国单项比赛上获男双和女双第三名。1992年，男队以四川蜀海企业发展公司队冠名，在训练中实行竞争机制，以新促老，以老带新，重点抓训练强度和质量。在全国联赛中男队获得甲级第六名，女队获得甲级第四名。1993年，全队狠抓以实战为中心的技战术训练，强调针对性和目的性，突出训练质量和强度。在第七届全运会上，李德鹏、陈辉获得男子双打亚军，并获得男团第三名，为男队历届最好成绩；女团获得第五名；成都体院软式网球队获得17分。

1994年，全队重新调整队伍，组建八运会班子。女队重点抓单打训练，"大带小，小促大"，发挥个人潜力，年轻队员进入甲级比赛。付琳、刘利获得全国网球甲级团体赛第二名。四川男队在全国网球甲级赛中获得第十五名，排在全国中下水平。在第十二届亚运会软式网球比赛上，张书桃、刘亚参赛，获得女子团体和女子双打第四名。1995年，四川队着重提高队员专项素质，突出尖子队员的技术特长及得分手段；强调训练密度、强度，队伍身体素质、技术水平有较大提高。女队在全国团体锦标赛上获得第五名；男队由于训练水平上不去，基本技术较粗糙，身体素质差等原因，无一项成绩进入名次。1996年6月，四川省汇通男子网球俱乐部成立，为中国第一家职业网球俱乐部，俱乐部按照股份制方式运作。女队则以四川第二机车厂女队名义参赛。是年，四川队在全国团体锦标赛上获得女团第三名；男队有所进步，3年来第一次进入前八名。1997年，四川队实行分层次目标管理责任制，加强对训练工作的领导。但由于对俱乐部新体制的运作规律掌握不够，后备人才短缺，管理未见成效，训练水平不高等原因，在第八届全运会上仅获得女子团体第五名、混合双打第七名、女子双打第七名，未完成八运会预定任务。

1998年，四川网球队在全国团体锦标赛上，陈胤、庹琦、高茜、刘利获得女子团体金牌。12月在第十三届亚运会上，刘亚获得软式网球女子团体和女子双打第四名，张卓获得男子团体第四名。1999年，四川队在全国女子团体锦标赛上获得铜牌，在全国巡回赛总决赛上获得银牌1枚。2000年，四川网球队有注册运动员10名。在全国锦标赛上获得女团第五名，在全国巡回赛总决赛上郑洁、晏紫获得女双铜牌。2001年，在第九届全运会上，四川队引进天津4名男选手参赛，郑洁获得女子单打第三名，郑洁、晏紫获得女子双打第三名，女队获得团体第五名，另获得女单第五名、女双第五名、混双第七名。

成都体育学院代表队在第十六届全国软式网球锦标赛上获得男子团体、男子单打、男子双打3枚金牌，另获得银牌2枚，铜牌3枚。在第七届全国软式网球冠军赛上获得男单、女单、男双、女双4枚金牌，另获得银牌2枚，铜牌1枚。

2002年，四川队在全国女子团体锦标赛上获得铜牌1枚，在全国巡回赛总决赛上获得银牌2枚，铜牌1枚。10月，在第十四届亚运会上，成都体育学院选手张卓、任常胜、霍瑞、赵杨获得男子软式网球团体第四名，王芳获得软式网球女团第四名，张卓还获得混合双打第四名。2003 年，四川队在全国团体锦标赛上获得女团银牌。2004 年 1 月，郑洁、晏紫进入澳大利亚网球公开赛女双八强，取得历史性突破。5 月，郑洁、晏紫进入法国网球公开赛女双 16 强，为中国女网最好成绩。8 月，在雅典举行的第二十八届奥运会上，郑洁、晏紫获得女子双打第五名。同年，四川队在全国网球巡回赛总决赛上获得银牌 2 枚，铜牌 3 枚。2005 年 4 月，四川王者风范网球俱乐部成立。四川队在全国锦标赛上获得女团金牌。在江苏南京举行的第十届全运会上，郑洁获得女子单打冠军，郑洁、晏紫获得女双冠军，并获得女子团体银牌，四川队还获得其他名次 4 个，共计得分 66 分，创四川网球参加历届全运会最好成绩。

第六节　乒乓球

1958 年，四川乒乓球队组建。涌现出杨莹（女）、田静（女）、陈龙灿等国手。1988 年，四川乒乓球队有运动员 34 名，教练员 13 名，队伍实行主教练负责制下的分管教练训练管理体制。是年，陈龙灿在第九届亚洲乒乓球锦标赛上，获得男单、男双、男团 3 枚金牌；在第九届世界杯乒乓球赛上，获得男单亚军；在第二十四届奥运会比赛上，获得男子双打金牌 1 枚，这是中国在奥运历史上的第一枚乒乓球金牌。

1989 年，四川队冠名四川乐山造纸厂队。训练指导思想为狠抓双打训练，狠抓前三板训练，狠抓个人特长训练。全年训练比赛 317 天，并注意训练节奏的调整。在全国锦标赛上，肖战获得男单第二名。在第四十届世界乒乓球锦标赛上，陈龙灿获得男团银牌和男双、混双铜牌。1990 年，四川队与省体育科研所联合进行数次机能测定，保证训练科学性，在全国乒协杯赛上获得男子团体第五名。5 月，在第十届世界杯乒乓球团体赛上，陈龙灿获得男团银牌。10 月，在第十一届亚运会上，陈龙灿获得男双亚军和单打第三名。在第十一届世界杯乒乓球赛上，陈龙灿获得男单季军。

1991 年，四川乒乓球成为全国重点项目。四川乒乓球队冠名四川郫县福利厂队。在全国锦标赛上列男团第十二名，保住甲级。1992 年，四川队在全国锦标赛上获得男团第六名，在全国乒协杯赛上获得团体第七名。11 月在印度举行的第十一届亚洲乒乓球锦标赛上，肖伟获得男子团体金牌。是年，四川队原教练肖阳宗被国务院批准享受政府特殊津贴。1993 年，四川队在科学训练上实施量化管理，收到成效，在第七届全运会上获得男团第三名、男双第四名和男单第七名。

1994 年 3 月，四川女队冠名四川环联实业队。根据队伍年轻，缺少尖子选手的状况，狠抓基本战术和步伐的训练，收到成效。在全国乒协杯赛上，张凌与上海丁松合作，获得混双金牌。女队在全国锦标赛中获得女团第三名。1995 年，四川男队冠名四川成都电缆厂队。在训练中尝试实战环境下的训练手段，强调效率和质量。女队在全国锦标赛上获得团体第三名；张凌获得全国锦标赛混双第三名。张凌还参加在天津市举行的第四十三届世界乒乓球锦标赛。1996 年，四川队根据国内乒坛发展趋势，结合本队实际情况，制订不同阶段的训练指导思想和计划，提出“意识、凶狠、意志”的训练口号，在训练中还采用男帮女的办法。1997 年，四川队实行分层次目标管理责任制，加强对训练工作的领导。全年训练 270 天，每周平均训练 31 小时。在第八届全运会上，陈龙灿、张宁获得男双铜牌。

1998 年 12 月，四川电通寻呼男子乒乓球俱乐部成立。1999 年，女队冠名四川天府热线队。2000 年 9 月，四川佳益凤凰女子乒乓球俱乐部成立。是年，四川乒乓球队有注册运动员 32 名，在全国俱乐部甲 A 赛上，徐洁、杨如巧、吕耀男获得女团冠军。2001 年 12 月，四川升和药业男子乒乓球俱乐部成立，引进世界排名第二十七名的韩国外援柳承敏，在全国俱乐部超级联赛中获得男团第七名，在全国俱乐部甲 B 比赛上获得男团第五名。女队在全国俱乐部甲 A 比赛上获得女团第二名。在第九届全运会上，获得男子双打第四名，男双第六名（协议分），并获得男团第六名。

2002 年 3 月，四川电信女子乒乓球俱乐部成立。2003 年 6 月，四川大网女子乒乓球俱乐部成立。在全国锦标赛上，成都李茜获得女双第二名。在全国俱乐部甲 A 比赛上，四川队获得女子团体冠军。2 月，在第十七届亚洲乒乓球锦标赛上，火车头体协转会四川的选手王建军获得男团金牌及男双银牌。5 月，在第四十七届世界乒乓球锦标赛上，邱贻可战胜世界排名第一名的德国选手波尔，获得男单第五名。2004 年，在全国锦标赛上，王建军、赵鹏获得男双第三名，王建军获得男单第五名。女队在全国俱乐部甲 A 比赛第三站比赛中获得女团第一名。在第二十八届奥运会上，王建军作为陪练选手随队。

2005 年 3 月，四川全兴男子乒乓球俱乐部成立，成都全兴集团每年出资 100 万元以上，直至 2008 年奥运会。3 月，四川川威女子乒乓球俱乐部成立。在第十届全运会上，邱贻可、王建军获得男双第四名，赵鹏、郑长弓获得男双第五名，另获得第七、第八名各 1 个，共获 28 分。5 月，在第四十八届世界乒乓球锦标赛上，邱贻可获得混双铜牌。

四川队国家级教练员吴敬平、肖战长期担任国家乒乓球教练员，为国家乒乓球项目出人才、出成绩做出突出贡献。吴敬平 7 次获国家体育运动荣誉奖章。肖战两次获国家体育运动荣誉奖章，2001 年获“全国十佳乒乓球教练”称号。

第七节　羽毛球

四川羽毛球队于 1971 年成立。1988 年，有运动员 14 名，教练员 5 名。球队严格管理，严格训练，以 1993 年七运会为目标，开始五年的扎实训练历程，成绩逐年上升。1989 年，四川队冠名四川长江起重机厂队，侧重抓基本技术和身体素质训练。在全国羽毛球混双比赛上，张红宇获得第三名，男女队分获全国乙级团体赛第二名和第六名，晋升甲级队。在第六届世界羽毛球锦标赛上，吴赤兵获得混双铜牌。1991 年，四川羽毛球成为全国重点项目。四川女队冠名四川泸州老窖队，因整体实力较差，拼劲不足，抗干扰能力差等原因，在全国羽毛球单项赛上，仅有车玲获得女双第二名。刘玉红在第十届亚洲羽毛球锦标赛上获得女双铜牌。1992 年，男队冠名四川峨眉水泥厂队，全队着重抓身体素质训练和队伍风气，在全国锦标赛上，陈兴东、张红宇获得混双冠军。8 月在广州第十二届世界杯羽毛球赛上，陈兴东获得混双铜牌。1993 年，四川队冬训工作抓得实在，针对性强，突出混双项目训练，陈兴东在全国羽毛球优秀运动队混合双打赛上获得冠军。在第七届全运会羽毛球比赛上，女队在团体赛中排出不同的双打配对，取得良好效果，战胜辽宁等强队，获得女子团体铜牌，为历史最好成绩，并获得女单第五名、女双第七名。男队未取得名次。在英国第八届世界羽毛球锦标赛上，陈兴东获得混双第五名。

1994 年，四川队进行第七届全运会后的队伍调整，队伍年龄和实力有所下降。全队重点培养新手，主要抓训练作风和训练质量，身体训练抓专项速度和耐力，训练强度约占训练量的 62%。在全国羽毛球优秀运动队混双赛上，陈兴东获得金牌。在第六届亚洲羽毛球锦标赛上，陈兴东获得混双金牌，刘玉红获得女单银牌。5 月在印度尼西亚举行的第十五届尤伯杯羽毛球赛上，刘玉红作为主力单打获得女团银牌，为四川羽毛球女选手在世界比赛中取得的最好成绩；谢阳春获得第十八届汤姆斯杯羽毛球赛男团铜牌。8 月在越南举行的第十四届世界杯羽毛球赛上，陈兴东获得混双银牌。在第十二届亚运会上陈兴东获得男团铜牌。

1995 年，四川队冠名四川成都城市汇通银行队。全队有效训练，团结奋斗，改变七运会后的低迷状态，在全国锦标赛上获得第二名 1 个、第三名 3 个。5 月在瑞士举行的第四届苏迪曼杯世界羽毛球混合团体锦标赛上，陈兴东获得金牌，成为四川第一位羽毛球世界冠军。12 月在印度尼西亚举行的第十六届世界杯羽毛球锦标赛上，陈兴东获得混双铜牌。

1996 年，四川队在全国锦标赛中获得铜牌 4 枚。在亚洲锦标赛上，谢阳春获得男单第三名。在第二十七届奥运会上，陈兴东获得混双第四名。在印尼举行的第十六届世界杯赛上，陈兴东获得混双铜牌。1997 年，四川队冬训工作抓得特别扎实，强化针对性和目的性。在第八届全运会比赛中以低姿态心理参赛，敢于拼搏，越打越好，陈兴东、陈林获得混双亚军，徐怀雯获得女单第三名，女团获得第六名，男团获得第七名，共获 15.5 分，取得历史性突破。5 月在英国举行的第五届苏迪曼杯世界羽毛球混合团体锦标赛上，陈兴东再次获得金牌。

1998 年，男队制定一套提高身体素质、完善技术动作的训练方案，加强对每位选手的特长训练和定点球路练习。女队面临新老交替时期，大胆培养年轻队员。在全国锦标赛中获得男团第三名及女团第八名，徐怀雯获得女单第三名。2000 年，四川羽毛球队有注册运动员 44 名，冠名四川三勒浆药业集团队。2001 年，四川队为迎接第九届全运会，在训练中狠抓训练作风，加强基本技术和战术训练，并引进外援唐鹤恬加盟。11 月在第九届全运会上，女队走出低谷，皮红艳获得女子单打第三名，男队获得团体第七名。

2002 年，四川队在全国比赛中获得金牌 2 枚。2003 年，四川队冠名四川索牌队。由于冬训训练质量有所下降，在全国比赛中团体成绩下滑，参加全国锦标赛女团获得第八名、男团第九名。在全国冠军赛上，谢中博、肖立获得男双冠军。2004 年，男队冠名四川川威队，女队冠名四川成都蓉生药业队。四川队在冬训中主要解决场上速度和耐力问题。在全国锦标赛上，谢中博、杨曦获得混双冠亚军。10 月在第二十四届亚洲锦标赛上，谢中博获得混双铜牌。

2005 年，四川队在冬训中着重解决主力队员技战术及体能训练等问题，经过充分细致的备战，在十运会预选赛上，发挥老队员作用，大胆启用年轻队员，女队在团体出线形势非常严峻的情况下，完成几乎不可能完成的任务，最后取得出线权。在第十届全运会上，谢中博、牛鑫获得男双铜牌，谢中博、杨曦获得混双铜牌，另有第七名 1 个，获 23 分，完成预定目标。8 月在美国举行的世界羽毛球锦标赛上，谢中博获得混双银牌。12 月在中国益阳世界杯羽毛球赛上，谢中博获得混双金牌。

1988—2005 年，全省获得国际级运动健将有吴赤兵、陈兴东。

第八节　棒　球

四川棒球队于1979年正式建队，是西南地区唯一一支棒球队。全队严格贯彻“三从一大”训练原则，以训练为中心，狠抓攻防训练及专项技术训练，狠抓作风，从严治队。1988年，在全国联赛中获得第四名。1989年，四川队冠名四川攀枝花制药厂队，获得联赛第二名。9月在第十五届亚洲锦标赛上，唐昌冬、徐大勇、刘江获得第四名。1990年，四川队在全国联赛中获得第三名。在第十一届亚运会上，棒球被列为表演项目，刘江、卢林、唐昌冬参加表演比赛。1991年，四川队在全国联赛中获得第三名。9月在第十五届亚洲锦标赛上，刘江、朱彬获得第五名。1992年，四川队在全国联赛中获得第四名。在第一届荣誉杯世界棒球B级锦标赛上，川籍教练王道勋任中国队教练，刘江、朱彬、冯少华获得第一名。1993年，四川队在第七届全运会棒球比赛上获得第五名；在第十七届亚洲锦标赛上，刘江、朱彬获得第五名。

1994年，四川队在全国联赛中获得第四名。在第十四届亚运会比赛上，朱彬、刘江获得第四名。1995年，在第十八届世界大学生运动会棒球比赛中，肖滨获得第七名。1996年，四川队在全国联赛中获得第二名，在全国锦标赛上获得第五名。1997年，四川队实行分层次目标管理责任制，加强对训练工作的领导，在全国锦标赛暨第八届全运会预赛上获得第四名、在全国冠军赛上获得第二名、在第八届全运会决赛中获得第六名。

1998年10月，四川金牛棒球俱乐部成立，为中国第一家棒球俱乐部。1999年，四川省棒球垒球曲棍球运动管理中心成立，实现对竞技任务的专项管理。1999年，四川队冠名四川恩立德棒球队，并与北京、甘肃进行人才交流，在全国联赛中获得第五名。9月，在第二十届亚洲锦标赛上，刘江、陈坤获得第三名。从1999年开始至2005年，根据国家有关竞赛规定，四川棒球队与解放军棒球队签订双计分合作协议，四川棒球队代表解放军棒球队参赛，徐大勇任主教练。2000年，四川棒球队有注册运动员23名，另有解放军运动员注册18名。成都市金牛区棒球队代表中国参加在日本举行的第十八届世界软式棒球锦标赛，获得第二名。2001年，四川队在全国锦标赛上获得第七名；在广东举行的第九届全运会上四川队代表解放军棒球队获得第四名，四川代表团同时双计分。

在2002年全国锦标赛上，由四川队选手组成的解放军棒球队获得金牌；在全国冠军赛上，再获金牌，四川队均获得协议双计分金牌。2003年，四川队在全国锦标赛上获得第八名，在全国冠军赛上获得第四名。2004年，在全国棒球希望联赛上，解放军棒球队获得金牌，四川棒球队获得双计分金牌。2005年，四川队在全国希望联赛上获得第四名，在全国冠军赛上获得第八名，在第十届全运会上解放军棒球队获得第三名，四川代表团获双计分。在第二十三届亚洲锦标赛上，冯飞、赵博获得第三名。

第九节　垒　球

四川垒球队于1958年建队。1988年，有运动员20名，教练员3名。队伍以训练为中心，抓好专项速度训练和攻防训练，发挥集体能动性，团结协作，在全国联赛中获得第三名。1989年，在全国女子垒球联赛中获得银牌。1990年，在全国联赛中获得第六名。在第十一届亚运会上，谢映梅、黄永红、陆敏、何静获得垒球冠军。在第七届世界女子垒球锦标赛上，谢映梅、陆敏、黄永红、陈俊获得铜牌。1991年，第五届亚洲女子垒球锦标赛，谢映梅、陆敏获得金牌。1992年，在全国联赛中获得第六名。1993年，四川队未报名参加第七届全运会。

1994年，在第十二届亚运会上，谢映梅获得金牌。在加拿大举行的第八届世界女垒锦标赛上，谢映梅获得银牌。1996年，四川队冠名四川双流中学队。1997年，四川队实行分层次目标管理责任制，加强对训练工作领导，重点抓好投球、击球训练，注重训练的科学性与合理性，在提高训练质量上下功夫，在“苦”字和“严”字上下功夫。参加全国锦标赛暨第八届全运会预赛获得第七名，全国冠军赛上获得第五名，在第八届全运会决赛中获得第六名。

1998年，在第十三届亚运会上，邓小玲获得金牌。在第九届世界女垒锦标赛上，川籍教练郭德建任中国队教练，谢映梅获得第四名。1999年，四川队在全国联赛中获得第七名。在第七届亚洲女子锦标赛上，邓小玲、肖光彩获得金牌。2000年，四川队在全国联赛中获得第七名、在全国冠军赛上获得第八名。在第二十七届奥运会上，邓小玲获得第四名。2001年在第九届全运会上四川队获得第六名。

2002年，四川队在全国锦标赛上获得第五名，在第十四届亚运会上，邓小玲、周怡获得银牌。2003年，在大连举办的第五届全国城市运动会上，四川垒球队获得第一名，主教练为唐昌冬。2004年，在全国锦标赛上获得第二名。在雅典举行的第二十八届奥运会上，邓小玲、周怡、黎春霞获得第四名。2005年，四川队明确训练针对性，注重科学性，在提高训练质量上做出成效，狠抓基本技术规范化训练，在比赛中发挥出拼搏精神，取得历史性突破，在第十届全运会上，四川垒球队首次获得全运会冠军，按全运会计分法获得金牌2枚。

第十节　曲棍球

四川女子曲棍球队于1984年2月成立，由达县地区体委代管。1988年，队伍划归四川省航空运动学校。四川女子曲棍球队是国内曲棍球界的一支劲旅，也是四川集体项目中的拳头队伍。在全国历次重大比赛中，始终保持名列前茅的成绩，多名主力队员多次代表国家参加重大国际比赛取得好成绩，涌现出杨红兵、唐华、陈明珠、陈朝霞、张海英、张益萌等优秀选手。

1988年，四川女队遵循“三从一大”训练原则，以训练为中心，刻苦训练，发挥集体团结协作精神，勇于拼搏，在全国女子曲棍球锦标赛上以2胜3平的成绩首次获得全国冠军。1989年，在全国女子锦标赛上获得第三名，在全国“曙光杯”女子曲棍球赛上获得第三名，在全国冠军赛上再次获得第三名。在第二届亚洲杯女子曲棍球赛上，杨红兵、唐华、陈明珠获得金牌。1990 年，在第十一届亚运会上，杨红兵、唐华、陈明珠获得银牌。在第七届世界杯女子曲棍球赛上，杨红兵、唐华、陈明珠获得第六名。1991 年，在德国举行的第三届世界曲棍球冠军杯赛上，杨红兵、唐华、陈明珠获得第五名。1992 年在全国冠军杯赛上女队获得金牌。1993 年在第七届全运会上女队获得第三名。在第三届亚洲杯赛上，杨红兵、陈静、陈红获得银牌。1994 年，四川女队在全国联赛中获得总名次第二名。在第十二届亚运会上，杨红兵、陈静、陈红、达富萍获得银牌。

图 2—6 1988 年四川女子曲棍球队第一次获得全国冠军

1995 年，四川女队在全国冬训考核中取得好成绩，身体素质、基本技术进步明显；在全国锦标赛上获得金牌，在全国冠军杯赛上获得铜牌。同年，四川男子曲棍球队与内蒙古联办。1996 年，四川女队在全国女子冠军杯赛上获得冠军，在全国女子联赛上获得第二名；四川男队获得全国联赛第七名。1997 年，四川队实行分层次目标管理责任制，加强对训练工作的领导，女队获得全国锦标赛第三名、男队获得第七名。在全国冠军杯赛上女队获得第二名。在第八届全运会上，女队获得银牌、计 22 分，男队获得第八名。1998 年 12 月，在曼谷举行的第十三届亚运会上，陈朝霞、陈红、陈静获得第三名。1999 年，四川女队在全国联赛中获得第四名。在第四届亚洲女子曲棍球比赛上，陈朝霞、陈红、杨红兵获得第三名。

2000 年，四川曲棍球队有注册运动员 45 名，其中女队员 23 名。在全国女子联赛中获得第四名。在第二十七届奥运会上，杨红兵、陈朝霞获得第五名。2001 年，四川省体育局和辽宁省体育局签订协议，由辽宁男曲二队代表四川队参赛。全队坚持贯彻“三从一大”的科学训练原则，严格要求，严格管理，认真实施备战第九届全运会训练计划，男女队在全国冠军杯赛上同时获得第三名。在第九届全运会上，四川女队获得银牌。

2002 年 9 月，在第十届世界冠军杯女子曲棍球赛上，陈朝霞和张海英获得金牌，成为中国首批曲棍球世界冠军。在第十四届亚运会上，陈朝霞、张海英获得金牌。2003 年，在全国联赛中，四川男队获得第六名、女队获得第三名。2004 年，在全国锦标赛上，女队获得第六名，男队获得第六名、男队还获得全国冠军赛第五名。在第五届亚洲杯赛上，张益萌、余丹获得铜牌；在第二十八届奥运会上，陈朝霞、张益萌获得第四名。在第十二届世界女子冠军杯曲棍球赛上，张益萌、余丹获得第五名。2005 年，四川女队在全国锦标赛上和全国冠军杯赛上均获得第四名；男队在全国锦标赛中获得第五名。在第十届全运会上，女队获得第三名，男队获得第五名。陈朝霞、张益萌在第十三届世界冠军杯曲棍球比赛上获得第三名。

1988—2005 年，全省获得国际级运动健将有杨红兵、陈明珠、唐华、陈朝霞。

第十一节　保龄球

四川保龄球运动起步较晚。1990 年春，成都第一家保龄球馆在锦江宾馆开业。20 世纪 90 年代中期，保龄球运动得到较快发展，仅成都地区就有 20 多家保龄球馆，约 400 条球道，一些高档酒店、娱乐场所、渡假村均设有保龄球馆，保龄球比赛也深受欢迎。知名球馆有名仕、亚太、奥林匹克、太阳谷、光泰、乐天、恒道等。1997 年，成都有 11 家保龄球馆获定级证书。

1996 年，四川保龄球协会在多次举办保龄球公开赛基础上，于 11 月选拔组成四川保龄球集训队，男女各 8 人，这是四川第一支保龄球运动队，并首次组队参加在深圳举行的全国保龄球锦标赛。1997 年 6 月，全国保龄球精英赛在成都举行，四川保龄球队参加比赛。8 月在成都举行首届四川省保龄球俱乐部比赛。1999 年 10 月，全国保龄球锦标赛在杭州举行，四川保龄球队以四川华成股份保龄球队名义参赛，男女队各有 6 人出战。男队获得团体第六名，黄建获得男子单人赛第三名，朱强、钟强获得男子双人赛第四名。

2000 年 5 月，在全国保龄球锦标赛中，以四川天马汽车公司保龄球队名义参赛的川队，张晔以 4901 分获得男子个人全能冠军，成为四川第一位保龄球全国冠军，并以 1296 分获得男子单人亚军；男队总成绩列团体第三。女队在五人队际赛中列第八。在全国首届体育大会上，张晔、黄建、朱强、陈文兵、钟强、张军、邱守国以 33 分的总成绩获得男子团体冠军；张晔以 5106 分获得男子个人全能冠军，以 1309 分获得男子单人赛冠军；张晔、黄建以 2500 分获得男子双人赛冠军；陈文兵、钟强、邱守国获得男子三人赛第三名。2001 年，四川队在全国男子保龄球锦标赛中，张晔获得男子精英赛冠军，张晔、黄建、朱强、陈文兵、钟强获得男子五人队际赛冠军，张晔还获得男子全能亚军，以 289 分获得最高局分，四川队获得团体总分第二名。

2002 年，在全国保龄球锦标赛中，卿小英以 3428 分获得女子精英赛冠军，成为四川第一位保龄球女子全国冠军。在第十七届亚洲保龄球锦标赛上，张晔以 3519 分的成绩获得男子精英赛冠军，成为四川省第一位保龄球亚洲冠军。在第十四届亚运会上，张晔获得男子双人赛第十名。是年全国保龄球男子个人积分总排名，张晔以 1509.4 分列第一。

2003 年 5 月，中国保龄球协会授予张晔中国保龄球国际大师称号，为中国第一位获此称号的保龄球选手。2004 年，四川队在全国比赛中以四川常青队名义参赛。在全国锦标赛上，获得男子团体总分第二名，男子五人队际赛第二名，黄建获得男子单人赛亚军，张晔、黄建分获得男子精英赛亚军和季军。在第十八届亚洲保龄球锦标赛上，张晔获得男子五人队际赛银牌。2005 年 6 月，在全国锦标赛上，卿小英以 1317 分获得女子单人冠军，男队获得男子五人队际赛第三名，张晔获得男子全能亚军、男子精英赛第三名。在世界女子保龄球锦标赛上，卿小英获得女子五人队际赛第四名及女子三人赛第五名。

第五章　重竞技运动

第一节　举　重

四川男子举重队于1959年成立。四川女子举重队于1986年成立。

1988年，四川举重队有运动员30名，教练员6名。队伍坚持抓专项技术和身体素质基本功的训练指导思想，狠抓技术强度，抓成功率，抓专项力量，收到较好成效，在全国首届冠军赛上，龚华获得女子48公斤级抓举和总成绩金牌。在第二十四届奥运会上，刘寿斌获得男子56公斤级铜牌。1989年四川队在全国比赛中获得金牌12枚。在全国12单位举重邀请赛上，刘寿斌以136公斤成绩打破60公斤级抓举亚洲纪录。女队邓华蓉获得全国冠军赛女子52公斤级抓举金牌。3月1日，在苏联举行的克麦罗沃友谊杯国际举重邀请赛上，刘寿斌以134.5公斤成绩打破男子56公斤级抓举世界纪录。9月在第五十九届世界举重锦标赛上，刘寿斌获得男子56公斤级抓举金牌。10月在第十届世界杯举重赛上，刘寿斌以285公斤成绩获得男子56公斤级总成绩金牌。同年，四川女子举重队撤销。

1990年，四川队加强基本技术、身体素质、专项技术训练，全年训练时间约50周，平均每个队员在训练中提高重量7—10公斤，在全国比赛中获得金牌3枚。在第六十三届世界举重锦标赛上，刘寿斌获得男子56公斤级总成绩金牌，并获得抓举和挺举银牌。

1991年，四川举重成为全国重点项目。四川队实行总教练负责制，并以长城床垫厂队名义参赛。在第六十四届世界举重锦标赛上，刘寿斌以135公斤的成绩获得56公斤级抓举金牌，打破该项世界纪录，并以292.5公斤成绩获得总成绩银牌，打破该项亚洲纪录，还获得挺举银牌。王勇获得男子67.5公斤级挺举铜牌。在第二十三届亚洲举重锦标赛上，王勇获得男子67.5公斤级总成绩、抓举、挺举金牌，并打破3项全国纪录。1992年，在第二十五届奥运会上，刘寿斌获得男子56公斤级总成绩银牌。1993年，四川队进行大调整，实行主教练负责制。在全国锦标赛上，刘玉刚打破男子59公斤级总成绩及挺举两项亚洲纪录并获得两项冠军。在

图2—7　刘寿斌获得1989年举重世界杯男子56公斤级总成绩第一名

第七届全运会上，刘寿斌、王勇分获得男子 54 公斤级和男子 70 公斤级亚军，另获得第四名、第五名各 1 个，计 24 分。

1994 年，由于女子举重被确定为第八届全运会比赛项目，四川女子举重队恢复。四川队在全国比赛中获得金牌 4 枚、打破 1 项全国纪录。1996 年，在全国举重锦标赛上杨存康获得男子 64 公斤级金牌，在全国举重冠军赛上张勇获得 86 公斤级挺举金牌。1997 年，四川队到北京参加国家队代训，进步较大。在全国举重锦标赛上，刘长柱获得 76 公斤级男子总成绩金牌。在第八届全运会上，杨存康获得男子 64 公斤级总成绩金牌，张勇获得男子 83 公斤级总成绩银牌，尚士春获得女子 70 公斤级总成绩银牌，孙瑞萍获得女子 83 公斤级总成绩银牌，另获得其他名次 4 个，四川队获得总分 70 分。在第二届东亚运动会上，张勇以 205 公斤成绩打破 83 公斤级挺举亚洲纪录。在第二十九届亚洲举重锦标赛上，张勇获得男子 83 公斤级总成绩、挺举金牌及抓举银牌，挺举以 212. 5 公斤的成绩打破世界纪录，成为中国选手 30 多年来在男子中量级举重项目上打破世界纪录的第一人；并以 377. 5 公斤的成绩打破 83 公斤级总成绩亚洲纪录；杨存康获得男子 64 公斤级总成绩、挺举和抓举 3 枚金牌；刘长柱获得男子 76 公斤级总成绩、挺举和抓举 3 枚金牌。在第六十八届世界举重锦标赛上，张勇获得 83 公斤级挺举金牌。

1998 年 4 月 25 日，在以色列特拉维夫举行的首届世界大学生举重锦标赛上，张勇以 218 公斤的成绩打破 85 公斤级挺举世界纪录。2000 年，四川举重队有注册运动员 32 名。在全国冠军赛上，杨雪维获得女子 75 公斤级挺举金牌。2001 年，在全国锦标赛上，丁新获得男子 105 公斤以上级别抓举金牌，孙彩艳获得女子 58 公斤级抓举、总成绩金牌。在第九届全运会赛前，因个别队员出现服用兴奋剂事件，四川举重队被中国举重协会取消参加全运会资格。

2002 年，四川队在全国比赛中获得名次 7 个。2003 年，在全国比赛中获得奖牌 2 枚。2004 年，在全国锦标赛上，成都体育学院张平获得男子 62 公斤级抓举金牌；在全国冠军赛上，杨雪维获得女子 75 公斤级抓举、挺举和总成绩金牌。2005 年，在第十届全运会上，喻廷孝获得男子 56 公斤级总成绩，张平获得男子 62 公斤级总成绩银牌，黄忠获得男子 85 公斤级总成绩铜牌，黄欢获得女子 75 公斤以上级别总成绩铜牌，四川队获得总分 63 分。在第七十八届世界举重锦标赛上，张平获得男子 62 公斤级抓举金牌。

1988—2005 年，全省获得国际级运动健将有伍学斌、刘玉刚、喻廷孝、谢志洪、杨存康、张勇。

1988—2005 年四川举重运动员参加国际国内主要比赛前三名成绩一览表

表 2—6

年度	比赛名称	项目	姓名	名次	备注
1988	第二十四届奥运会	男子 56 公斤级总成绩	刘寿斌	3	
	全国举重锦标赛	男子 56 公斤级抓举	刘寿斌	1	
		男子 56 公斤级总成绩	刘寿斌	1	
		男子 52 公斤级总成绩	邱远富	1	
		男子 52 公斤级抓举	邱远富	2	
		男子 52 公斤级挺举	邱远富	2	
		男子 52 公斤级挺举	刘玉刚	3	

续表2—6

年度	比赛名称	项目	姓名	名次	备注
1988	全国举重冠军赛	男子67.5公斤级挺举	王　勇	1	
		男子52公斤级挺举	邱远富	1	
		男子67.5公斤级总成绩	王　勇	2	
		男子52公斤级总成绩	邱远富	2	
		男子52公斤级抓举	邱远富	3	
		女子48公斤级抓举	龚　华	1	
		女子48公斤级总成绩	龚　华	1	
		女子48公斤级挺举	龚　华	2	
		女子60公斤级挺举	黄仕惠	2	
		女子60公斤级总成绩	黄仕惠	3	
		女子75公斤级总成绩	李秀英	3	
		女子52公斤级挺举	邓华容	3	
1989	第十届世界杯举重赛	男子总成绩	刘寿斌	1	本次比赛不分级别，计总成绩。
	第五十九届世界举重锦标赛	男子56公斤级抓举	刘寿斌	1	
		男子56公斤级挺举	刘寿斌	3	
		男子56公斤级总成绩	刘寿斌	2	
	全国举重冠军赛	男子52公斤级挺举	江成武	1	
		男子56公斤级挺举	刘玉刚	1	
		男子56公斤级总成绩	刘玉刚	1	
		男子56公斤级抓举	刘玉刚	3	
		男子52公斤级抓举	邱远富	3	
		女子52公斤抓举	邓华蓉	1	
		女子52公斤总成绩	邓华蓉	2	
		女子52公斤挺举	邓华蓉	3	
	全国男子举重锦标赛	男子52公斤级抓举	邱远富	1	
		男子52公斤级挺举	邱远富	1	
		男子52公斤级总成绩	邱远富	1	
		男子56公斤级抓举	刘寿斌	1	
		男子56公斤级总成绩	刘寿斌	1	
		男子67.5公斤级挺举	王　勇	1	
		男子67.5公斤级总成绩	王　勇	1	
		男子56公斤级挺举	刘玉刚	1	
		男子56公斤级总成绩	刘玉刚	2	
		男子56公斤级挺举	刘寿斌	2	
		男子52公斤级挺举	江成武	3	
		女子52公斤级挺举	吴群英	3	

续表2—6

年度	比赛名称	项目	姓名	名次	备注
1990	第六十三届世界男子举重锦标赛	男子56公斤级总成绩	刘寿斌	1	
		男子56公斤级抓举	刘寿斌	2	
		男子56公斤级挺举	刘寿斌	2	
	全国男子举重锦标赛	男子60公斤级抓举	刘寿斌	1	
		男子60公斤级总成绩	刘寿斌	1	
		男子60公斤级挺举	刘玉刚	2	
		男子67.5公斤级挺举	王　勇	2	
		男子60公斤级挺举	刘寿斌	3	
		男子60公斤级抓举	刘玉刚	3	
	全国男子举重冠军赛	男子67.5公斤级挺举	王　勇	1	
		男子67.5公斤级总成绩	王　勇	1	
		男子67.5公斤级抓举	王　勇	2	
		男子60公斤级抓举	刘玉刚	2	
		男子60公斤级挺举	伍学斌	3	
		男子60公斤级总成绩	伍学斌	3	
1991	第六十四届世界男子举重锦标赛	男子56公斤级抓举	刘寿斌	1	破世界纪录
		男子56公斤级总成绩	刘寿斌	2	破世界纪录
		男子56公斤级挺举	刘寿斌	2	
		男子67.5公斤级挺举	王　勇	3	
	第十二届世界杯举重赛	男子56公斤级总成绩	刘寿斌	3	
	第二十三届亚洲举重锦标赛	男子67.5公斤级总成绩	王　勇	1	破全国纪录
		男子67.5公斤级抓举	王　勇	1	破全国纪录
		男子67.5公斤级挺举	王　勇	1	破全国纪录
	全国男子举重锦标赛	男子60公斤级总成绩	刘玉刚	1	破全国纪录
		男子67.5公斤级总成绩	王　勇	1	
	全国男子举重冠军赛	男子60公斤级总成绩	刘玉刚	2	
		男子60公斤级挺举	刘玉刚	2	
		男子60公斤级抓举	刘玉刚	3	
		男子82.5公斤级抓举	彭富林	3	
1992	第二十五届奥运会	男子56公斤级总成绩	刘寿斌	2	
	全国举重锦标赛	男子75公斤级总成绩	王　勇	1	
1993	全国举重锦标赛	男子59公斤级总成绩	刘玉刚	1	破亚洲纪录
		男子70公斤级总成绩	王　勇	3	
	第七届全国运动会	男子54公斤级总成绩	刘寿斌	2	
		男子70公斤级总成绩	王　勇	2	

续表2—6

年度	比赛名称	项目	姓名	名次	备注
1994	全国举重锦标赛	男子 59 公斤级总成绩	刘寿斌	1	
		男子 76 公斤级总成绩	张　勇	3	
	全国举重冠军赛	男子 83 公斤级抓举	张　勇	1	
		男子 83 公斤级挺举	张　勇	1	
		男子 83 公斤级总成绩	张　勇	1	
		男子 59 公斤级总成绩	喻廷孝	2	
		男子 59 公斤级抓举	喻廷孝	2	
		男子 59 公斤级挺举	喻廷孝	2	
1995	全国举重锦标赛	男子 76 公斤级挺举	张　勇	1	
		男子 76 公斤级总成绩	张　勇	2	
		男子 76 公斤级抓举	张　勇	3	
	全国举重冠军赛	男子 76 公斤级挺举	张　勇	2	
		男子 76 公斤级抓举	张　勇	3	
		男子 76 公斤级总成绩	张　勇	3	
1996	全国举重锦标赛	男子 64 公斤级总成绩	杨存康	1	
		男子 59 公斤级抓举	刘寿斌	2	
		男子 64 公斤级挺举	杨存康	2	
		男子 64 公斤级抓举	杨存康	3	
	全国举重冠军赛	男子 83 公斤级挺举	张　勇	1	
		男子 83 公斤级总成绩	张　勇	2	
		男子 83 公斤级抓紧	张　勇	3	
1997	第六十八届世界举重锦标赛	男子 83 公斤级挺举	张　勇	1	
	第二十九届亚洲举重锦标赛	男子 64 公斤级总成绩	杨存康	1	
		男子 64 公斤级抓举	杨存康	1	
		男子 64 公斤级挺举	杨存康	1	
		男子 76 公斤级总成绩	刘长柱	1	
		男子 76 公斤级挺举	刘长柱	1	
		男子 76 公斤级抓举	刘长柱	1	
		男子 83 公斤级总成绩	张　勇	1	破亚洲纪录
		男子 83 公斤级挺举	张　勇	1	破世界纪录
		男子 83 公斤级抓举	张　勇	2	
	全国举重锦标赛	男子 76 公斤级总成绩	刘长柱	1	
		男子 64 公斤级抓举	杨存康	3	
		男子 64 公斤级总成绩	杨存康	3	
		女子 83 公斤级总成绩	孙端萍	2	

续表2—6

年度	比赛名称	项目	姓名	名次	备注
1997	第八届全国运动会	男子64公斤级总成绩	杨存康	1	
		男子83公斤级总成绩	张　勇	2	与重庆两次计分
		男子59公斤级总成绩	喻廷孝	3	
		女子70公斤级总成绩	尚士春	2	
		女子83公斤级总成绩	孙端萍	2	
1998	全国举重锦标赛	男子85公斤级挺举	张　勇	1	
		男子85公斤级抓举	张　勇	1	
		男子85公斤级总成绩	张　勇	1	
		男子60公斤级挺举	杨存康	3	
1999	全国举重锦标赛	男子56公斤级挺举	喻廷孝	1	
		男子59公斤级总成绩	喻廷孝	2	
		男子85公斤级挺举	张　勇	2	
		男子60公斤级挺举	杨存康	3	
		女子63公斤级挺举	邱　爽	3	
		女子75公斤级抓举	韩　坤	3	
	全国举重冠军赛	男子69公斤级挺举	杨存康	1	
		男子69公斤级抓举	杨存康	1	
		男子69公斤级总成绩	杨存康	1	
		男子56公斤级挺举	喻廷孝	2	
		男子56公斤级总成绩	喻廷孝	3	
2000	全国举重冠军赛	男子56公斤级抓举	刘寿斌	2	
		男子85公斤级挺举	张　勇	3	
		男子+105公斤级抓举	丁　新	2	
		男子+105公斤级挺举	丁　新	2	
		男子+105公斤级总成绩	丁　新	2	
		女子75公斤级挺举	杨雪维	1	
		女子75公斤级总成绩	杨雪维	2	
	全国举重锦标赛	男子69公斤级抓举	杨存康	2	
		男子56公斤级总成绩	喻廷孝	3	
		男子85公斤级挺举	张　勇	2	
		男子85公斤级总成绩	张　勇	2	
		男子85公斤级抓举	张　勇	3	
		女子75公斤级总成绩	杨雪维	2	
		女子75公斤级抓举	杨雪维	3	

续表2—6

年度	比赛名称	项目	姓名	名次	备注
2001	全国举重锦标赛	男子 +105 公斤级抓举	丁 新	1	
		男子 +105 公斤级总成绩	丁 新	2	
		男子 85 公斤级挺举	张 勇	2	
		男子 +105 公斤级挺举	丁 新	3	
		男子 85 公斤级总成绩	张 勇	3	
		女子 58 公斤级抓举	孙彩艳	1	
		女子 58 公斤级总成绩	孙彩艳	1	
		女子 58 公斤级挺举	孙彩艳	2	
		女子 53 公斤级抓举	王静静	2	
		女子 75 公斤级挺举	杨雪维	2	
		女子 75 公斤级总成绩	杨雪维	2	
2004	全国举重锦标赛	男子 56 公斤级挺举	喻廷孝	3	
		女子 75 公斤级抓举	杨雪维	3	
		女子 75 公斤级总成绩	杨雪维	3	
		女子 +75 公斤级挺举	佟 岚	3	
		女子 +75 公斤级总成绩	佟 岚	3	
	全国举重冠军赛	男子 62 公斤级抓举	张 平	1	
		女子 75 公斤级抓举	杨雪维	1	
		女子 75 公斤级挺举	杨雪维	1	
		女子 75 公斤级总成绩	杨雪维	1	
2005	第七十八届世界举重锦标赛	男子 62 公斤级抓举	张 平	1	
	全国举重锦标赛	男子 56 公斤级抓举	喻廷孝	3	
		女子 +75 公斤级挺举	黄 欢	1	
		女子 +75 公斤级总成绩	黄 欢	3	
	第十届全国运动会	男子 56 公斤级总成绩	喻廷孝	1	
		男子 62 公斤级总成绩	张 平	2	
		男子 85 公斤级总成绩	黄 忠	3	
		女子 +75 公斤级总成绩	黄 欢	3	

第二节 摔 跤

四川摔跤队于 1981 年成立，设自由式和古典式两个组别。先是以自由式和古典式并重训练形式，后又以自由式为主，古典式为辅的训练形式；训练计划以先小级别，后中级别，再大级别方式推进；全队是一支善打硬仗的队伍，运动成绩突出的有李明、龙富金、陈星强等运动员。

1988 年，四川队发扬“严、苦、拼”的作风，抓创新，抓绝招，收到效果。在全国摔跤锦标赛上获得金牌 1 枚。古典式摔跤队发展绝招技术，身体、技术并进，在全国锦标赛上获得铜牌 1 枚，在全国冠军赛上获得银牌 1 枚。1989 年，四川摔跤队为迎接第二届全国青少年运动会，制订严格的训练方案，队员专项力量有所提高，并到北京代训，提高大级别选手训练水平。在全国锦标赛上获得银牌 2 枚。1990 年，四川队狠抓全面身体训练，大力发展力量型技术动作，成绩更进一步，在全国锦标赛上，李明、龙富金获得金牌 2 枚。在第十一届亚运会上，李明获得第四名。

1991 年，四川摔跤成为全国重点项目。队伍新老交替，加强基本技术训练，强化技术组合套路，使技术规范化、连贯化。在全国比赛中获得奖牌 3 枚。1992 年，四川队基本实力有所增长，但进步不太明显。1993 年，四川队以七运会为目标，在训练中提出“人生能有几次搏，七运不搏待何时”的口号，制订七运会训练计划。在第七届全运会上，龙富金获得男子自由式摔跤 82 公斤级金牌，另获得其他名次 4 个，共获 18 分。在全国古典式摔跤锦标赛上，廖伟东获得 48 公斤级金牌。

1994 年，四川队重新聘任教练员，正式组成备战第八届全运会队伍，并制订古典式摔跤队管理条例，训练中狠抓重点队员训练，以带动新队员训练，呈现出团结共进的局面。在全国自由式摔跤锦标赛中获得第二名 1 个、第三名 1 个。在全国古典式摔跤比赛中获得第五名、第六名，为四川队在全国冠军赛上最好成绩。1995 年，四川古典摔跤队制订以体能带动技战术训练的指导思想，开始组织每年 1—2 次的异地训练，同时加强力量训练，在全国比赛中成绩稳步上升。在全国自由式摔跤冠军赛上陈星强获得 130 公斤级冠军，四川队进入全国比赛名次的人数增加。1996 年，四川摔跤队的训练作风、训练自觉性、训练刻苦精神均有较大幅度提高。在全国冠军赛上，廖伟东获得 52 公斤级金牌。在 1997 年第八届全运会决赛中，队员敢于做动作，敢于胜对手，打出自己的水平，陈星强获得自由式 130 公斤级铜牌，另获得第七名 2 个、第八名 1 个，完成预期目标。古典队因新队员较多，加上训练水平低，仅廖伟东获得第四名及第五名各 1 个，得 9 分。

1998 年，四川队在全国冠军赛上获得金牌 1 枚。2000 年，四川摔跤队有注册运动员 31 名，在全国锦标赛上获得金牌 1 枚。在第十四届亚洲摔跤锦标赛上，陈星强获得男子 130 公斤级银牌。第二十七届奥运会陈星强参赛。2001 年，四川队坚持贯彻“三从一大”的科学训练原则，严格要求，严格管理，向管理要成绩，在全国锦标赛上获得金牌 1 枚。在第九届全运会上，陈星强获得男子 130 公斤级金牌。

2002 年，四川队着眼于为十运会做准备，在全国自由式摔跤锦标赛上，陈星强获得 120 公斤级金牌。2004 年，陈星强获得全国冠军赛 96—120 公斤级金牌。2005 年，在全国女子自由式摔跤锦标赛上，龚思燕获得 59 公斤级金牌，若尔曼获得银牌。在第十届全运会上，四川有 4 名自由式选手和 3 名古典式选手参赛，冯爱刚获得自由式 120 公斤级第八名，廖伟东（代表重庆）获得古典式 55 公斤级第八名。

第三节 柔 道

四川柔道队于 1984 年成立，由重庆市体委代管，期间以四川队名义参加全国比赛。1987 年参加第六届全运会。1988 年四川柔道队有运动员 11 名，郭秀兰在全国柔道锦标赛上获得女子 56 公斤级银牌。1989年7月划归四川省运动技术学院重竞技系，为四川一队，但重庆仍保留了部分编制，以四川二队参加全国比赛。1990年，在全国锦标赛上有3人进入前四名、4人进入前八名，团体总分列全国第三名，进入全国先进水平行列。1991年，四川男队首次参加全国比赛。1992年底冬训，四川二队归入四川一队。1993年第七届全运会，有1人获得女子66公斤级第八名。

1994年，董善军在全国冠军赛上获得男子65公斤级铜牌。1995年，唐琳获得全国锦标赛女子72公斤级金牌，成为四川第一位柔道全国冠军。1996年，队伍在训练中强调技术，在比赛中强调拼劲，参加全国比赛获得第四名4个。在第七届亚洲柔道锦标赛上，唐琳获得女子72公斤级银牌。1997年，四川队实行分层次目标管理责任制，加强对训练工作的领导。在第八届全运会上，代表天津队的沈君获得女子－56公斤级金牌（运动员体重限56公斤以下），四川队获得0.5枚双计分金牌，另获得第六名、第七名各1个。

1998年，在全国冠军赛和锦标赛上，唐琳分别获得女子78公斤级金牌、银牌。12月，在曼谷举行的第13届亚运会上，唐琳获得女子78公斤级金牌。1999年，在全国冠军赛上，唐琳获得女子78公斤级金牌。2000年，四川柔道队有注册运动员37名，在全国锦标赛上，唐琳获得女子78公斤级金牌，杜敏获得女子－70公斤级亚军。在悉尼举行的第二十七届奥运会上，唐琳获得女子78公斤级金牌，成为四川第一位奥运柔道冠军，也是该届奥运会四川选手所获唯一一枚金牌。2001年，在第九届全运会上，四川柔道队获得第四名、第五名各1个，第八名2个。

2002年，四川队在全国比赛中获得名次3个。2003年，在全国锦标赛上，解放军借调选手赵佳佳获得女子金牌1枚。2004年，在全国锦标赛上，龚华获得女子－62公斤级铜牌，陈海获－100公斤级银牌。在全国冠军赛上，陈海获得－100公斤级和无差别级银牌。2005年，在全国锦标赛上，杨秀丽获－78公斤铜牌。在第十届全运会上，陈海获得－100公斤级第二名，龚华获得女子48公斤级第二名，杨秀丽获得女子－78公斤级第二名，马端获得女子48公斤级第八名，获38分。2月，在德国举行的第三届世界杯女子柔道赛上，龚华获得女子48公斤级金牌。

第四节　拳　击

中国拳击运动于1986年恢复，四川于1987年组建拳击集训队，主教练王家波。王家波教练1988年从宁夏引进到四川，他未按国内培养拳击运动员三年起步、五年成形的传统模式进行训练，而是大胆改变初学者运动量小、强度低的教学法，加大运动量和强度，与科研人员合作，将每天3次训练课改为每天2次训练，加大每次训练强度，而运动员也能得到较好恢复，并修改拳击技术的教学顺序，还对传统的出拳和步伐做了改进，收到事半功倍的效果，使四川拳击队迅速成为国内拳坛的一支劲旅。

1988年11月，四川拳击队正式成立，运动员编制20名。1989年，平均年龄19岁的四川队，在“三从一大”训练原则指导下，以九运会为目标，聘请日本教练野吕昭二到队执教半年，四川队根据现代拳击训练比赛特点，将基础体能训练与基本技战术训练同时进行，在全面提高身体素质基础上，提出“狠、拼、重、快、巧”5字训练方向，力求走自己的训练道路，打出自己的风格。首次参加全国拳击锦标赛，王小东获得63.5公斤级第三名。在全国拳击冠军赛上刘刚获得51公斤级第三名。

1990 年，四川队冠名四川内江制药厂队，在全国锦标赛上，刘刚获 51 公斤级金牌，成为四川第一位拳击全国冠军。1991 年，王家波被聘为国家队教练。在是年全国锦标赛上，刘刚获得 51 公斤级金牌，四川队团体总分列第四。在全国冠军赛上，刘刚获得 51 公斤级金牌，叶新春获得 54 公斤级金牌。通过几年的训练和比赛，四川拳击队逐步形成小级别的优势。1992 年，四川队冠名四川广汉涤纶厂队。在全国比赛中获得金牌 2 枚，其他名次 13 个。第二十五届奥运会，刘刚参赛。1993 年，在第七届全运会上，肖忠杰获得 48 公斤级金牌，另有其他名次 6 个。

1994 年，四川队冠名四川恩威队，队伍进行调整。训练中积极探索拳击运动的一般规律和特殊规律，目的是造就一批既能吃大苦，又能动脑筋的新时期优秀运动员。队伍赴哈萨克斯坦进行 3 周训练，收到较好效果，四川团体水平一直稳居全国前三名。1995 年，四川队抓了器材改革创新和恢复措施，并聘请乌兹别克斯坦教练临时执教。在全国锦标赛和全国冠军赛上各获得金牌 2 枚。在全国首届拳王争霸赛上获得金腰带 4 条。在第十八届亚洲拳击锦标赛上，阎江宁获得 60 公斤级铜牌。叶新春当选 1995 年四川十佳运动员。1996 年 3 月，四川士百达拳击俱乐部成立，为全国第一家省级拳击俱乐部。在全国锦标赛上，叶新春、魏有华分获 57 公斤级和 75 公斤级金牌；在全国冠军赛上，汪军、叶新春分获 51 公斤级和 57 公斤级金牌。1997 年，四川队聘请朝鲜教练来队执教。在第八届全运会上，叶新春获得 57 公斤级金牌，四川队还获得银牌 1 枚，第五名 7 个，获得 59.9 分。

1998 年，四川队进行较大幅度调整，加强新生力量培养，实行分层次目标管理责任制，并加大科研力度。王家波教练被国家体育总局批准为跨世纪优秀中青年教练员。第八届世界杯拳击赛上，邹刚获得 51 公斤级银牌，为四川拳击选手在世界比赛中获得的最好成绩。1999 年 7 月，四川治能稀土集团拳击队成立。2000 年，四川拳击队有注册运动员 18 名，在全国比赛中获得金牌 1 枚，其他名次 11 个。在全国拳击锦标赛上，贵州借调选手邹市明获 48 公斤级金牌。2001 年，四川队在全国比赛中获得奖牌 7 枚。在第九届全运会上，邹市明获得 48 公斤级铜牌，邹刚获得 51 公斤级铜牌，肖保友获得 60 公斤级铜牌，齐晶获得 71 公斤级铜牌，另获得第五名 2 个。

2002 年，在全国拳击锦标赛上，邹刚获得 51 公斤级金牌。在第十四届亚运会上，邹刚获得 51 公斤级铜牌。2003 年，在全国拳击锦标赛上，邹刚获得 51 公斤级金牌。2005 年，在第十届全运会上，安珂获得 +91 公斤级铜牌，邹刚、张华分获 51 公斤级及 54 公斤级第五名，共获得 19.25 分。

第五节　跆拳道

跆拳道在四川开展不太广泛，专业队伍组建也比较晚。1997 年，四川跆拳道队在全国跆拳道锦标赛上，成都体育学院选手王凯、李琦、徐福振获得金牌 3 枚，成为四川第一批跆拳道全国冠军。全国冠军赛上，孙启军、张志红获得金牌。1998 年，四川队在全国比赛中获得名次 9 个。1999 年，四川队在全国比赛中获得奖牌 2 枚。

2000 年，四川跆拳道队有注册运动员 21 名，在全国比赛中获得奖牌 4 枚。在全国跆拳道锦标赛上，四川队获得男子团体总分第十四名，女子团体总分第十六名，刘俊超获得男子 72 公斤级亚军，徐娟娟获得女子 72 公斤级季军。邹慧玲在全国冠军赛上获得女子 47 公斤级银牌，刘俊超获得男子 72 公斤级铜牌。2001 年，在第九届全运会跆拳道比赛中，刘莉莉获得女子 67 公斤级第五名。2002

年，张琳在全国冠军赛上获得女子72公斤级金牌。2003年，四川队赴广州进行异地封闭式冬训。在全国比赛中获得第三名2个。2004年，四川队在全国比赛中获得金牌2枚。并获得第三名3个。其中在全国锦标赛和全国冠军赛上，孙伟均获得女子63公斤级金牌。2005年，在第十届全运会上，孙伟获得女子57公斤级银牌，张忠山获得男子58公斤级银牌，另获得第六名1个。

第六节　击　剑

1980年，四川省击剑队正式建立。1988年，有运动员18名、教练员4名。由于第六届全运会后项目调整，击剑队原5个剑种只保留男子花剑、女子花剑、男子重剑3个剑种。1989年10月，在第一届亚洲击剑锦标赛上，吕斌获得男子重剑团体金牌，成为四川省第一位击剑亚洲冠军，并获得男子重剑个人银牌。1990年，在全国击剑冠军赛上，盛文翔获得女子花剑铜牌。在第四十三届世界击剑锦标赛上，严静获得女子重剑团体第六名。在第十一届亚运会上，严静获得女子重剑团体金牌。1992年，在全国冠军赛上，吕斌获得男子重剑个人金牌。1993年，在第七届全运会比赛上，严静获得女子重剑个人亚军，与上海队协议计分。四川选手另获得女花团体第五名，男花团体第八名，男重团体第六名，共11.5分。

1994年，四川击剑成为全国重点项目。在全国击剑冠军赛上刘欣获得男子重剑金牌。1996年，在全国击剑锦标赛上盖杰勇获得男子重剑金牌，罗蜀君获得女子花剑第三名。1997年，四川击剑队狠抓训练和管理，在全国锦标赛上获得女子花剑团体银牌，盛文翔获得个人第三名。在第八届全运会上，获得男子重剑团体第五名，女子花剑团体第七名。

2000年，四川击剑队有注册运动员26名。在2001年第九届全运会比赛上，庹通代表解放军队获得男子重剑团体银牌，并获得个人第五名，四川按双计分制获相应加分。2004年，在全国击剑锦标赛上，林德旭获得男子花剑团体第三名，庹通获得男子重剑团体第三名、男子重剑个人第六名。在第二十八届奥运会上，庹通获得男子重剑团体第七名。2005年，在第十届全运会上，四川队获得男子重剑团体第五名、男子花剑团体第六名、男子佩剑团体第八名，获16.5分。在亚洲击剑锦标赛上，蒋科律获得男子佩剑团体银牌，李不亚获得男子重剑团体第六名。

第六章　射击、射箭运动

第一节　射　击

四川射击队成立于1956年，涌现出刘玲、陈江、陈先刚等优秀选手。1955—1987年，四川队为国家队输送优秀运动员38名。1988年，四川射击队编制数60名，有运动员41名，教练员17名。下设步枪、手枪、移动靶、飞碟4个枪种12个枪组。四川射击队根据“三从一大”训练原则，以训练为中心，勇于拼搏，加强管理，改善训练器材的供应保证。在全国射击锦标赛上，胡洁获得女子飞碟多向金牌。

1989年，四川队邀请国家射击队教练来队指导训练工作，指出教练员教学思路上存在的问题，队上抓完善教练员自身教学体系的工作，制订教练员月综合评比检查制度。在全国冠军赛上，张山获得女子飞碟双向个人金牌。在英国举行的第六届世界弓弩射击锦标赛上，焦士华以1147环的成绩获得女子10米团体金牌1枚，成为中国第一批弓弩射击世界冠军。在意大利举行的世界飞碟射击锦标赛上，张山获得女子飞碟射击个人和团体2枚金牌。1990年，四川队冠名四川长江电工厂队。在第五届亚洲飞碟射击锦标赛上，张山以197中的成绩获得女子飞碟双向射击个人金牌，并打破该项全国纪录超世界纪录。在第四十五届世界射击锦标赛上，张山获得女子飞碟双向团体银牌，并以418中和191中的成绩打破该项415中的世界纪录。在第十一届亚运会上，张山获得女子飞碟双向射击个人及团体金牌，蔡智勇获得男子10米移动靶团体金牌及个人银牌。

图2—8　女子飞碟射击运动员陈真茹多次获得世界、亚洲比赛金牌

1991年，四川射击成为全国重点项目。四川队坚持“三从一大”训练原则，飞碟双向组在训练中每人1天举枪量1000次以上，达到较高技术训练量。全队在全国比赛中获得金牌5枚。在第七届亚洲射击锦标赛上，蔡智勇获得男子移动靶标准速个人和团体金牌，打破以上两项亚洲纪录；张山获得女子飞碟双向个人金牌，并以195环的成绩平世界纪录。在澳大利亚举行的世界飞碟射击锦标赛上，张山获得女子飞碟双向团体银牌。1992年，在意大利举行的世界杯飞碟射击赛上，张山与男

选手共同组队参赛，获得飞碟双向团体银牌。在第二十五届奥运会上，张山在男女混合参赛的飞碟双向比赛中，以 223 中的成绩获得金牌，平 200 中世界纪录，教练江泽祥被国务院批准享受政府特殊津贴。

1993 年，在第七届全运会射击比赛中，陈红获得男子气步枪个人冠军，张燕获得女子 10 米气步枪个人冠军，张山获得女子飞碟双向个人冠军。在西班牙巴塞罗那举行的世界飞碟射击锦标赛中，张山获得女子飞碟双向 125 靶个人亚军。10 月，张山当选全国十大杰出青年。

1994 年，四川射击队在七运会后进行调整，工作重心开始为八运会做准备，制定 4 年规划，总的要求是抓好基础训练，促进新生力量的尽快成长，增强总体实力，筹建八运会参赛阵容。1995 年，步枪队冠名四川成都金熊猫广告公司队，手枪、飞碟队冠名四川嘉陵集团队。四川队基本组成参加八运会的参赛阵容。全队训练安排 280 天，飞碟射击和女子步枪及标准手枪训练效果较好，一些枪种通过向先进省市队学习，结合本队实际，逐渐形成有自己特点的训练思路，还进行射击运动员比赛过程心态变化规律的探索。在成都举行的亚洲飞碟射击锦标赛中，张山获得女子飞碟双多向团体金牌，黎旭获得男子飞碟双向团体金牌。在第八届亚洲射击锦标赛中，刘世彬以 1180 环的成绩获得女子 10 米气步枪射击团体金牌。1996 年，四川队根据 4 年规划要求，全年训练任务是锻炼队伍，提高水平，完成全运会编队。全队冬训和夏训均在新落成的攀枝花市射击场训练基地进行，收效显著，并与河南、山东、陕西等强队进行拉练赛，以赛代练。同时请国家队教练来指导，数名队员赴外省训练，均有一定收获，在训练比赛中涌现出一批好成绩，为几年中少有。在全国锦标赛中，四川队以 403 中的成绩，首获得男子飞碟双多向团体冠军。1997 年，四川队实行分层次目标管理责任制，加强对训练工作领导。在第八届全运会上，获得奖牌 1 枚，其他名次 5 个。1998 年，四川射击队与四川电力股份有限公司签约，冠名川电股份队参加比赛。在第十三届亚运会比赛中，黎旭获得男子飞碟双向团体银牌和个人铜牌。在开罗举行的世界杯飞碟射击比赛中，张山以 94 中的成绩创女子飞碟双向射击决赛的世界纪录。在第四十七届世界射击锦标赛上，张山和陈真茹以 213 中成绩获得女子飞碟双向团体冠军，同时打破该项世界纪录；张山以 96 中成绩打破个人世界纪录，获得亚军。1999 年，四川队加强队伍管理，上下一心向管理要成绩，世界冠军张山、陈真茹等带头刻苦训练，营造良好训练氛围。

2000 年，四川射击队有注册运动员 75 名，全队完善队伍管理制度，改进训练方法，训练水平有明显提高。在第九届亚洲射击锦标赛上，陈真茹获得女子飞碟双向个人金牌，张山获得银牌；黎旭获得男子飞碟双向团体银牌。在第二十七届奥运会上，张山获得女子飞碟双向第八名。在塞浦路斯飞碟射击世界杯总决赛中，张山获得女子飞碟双向个人银牌。2001 年，四川队制订九运会前冬训计划和参赛方案，加大新手的培养力度，培养一批高起点的新手，并聘请心理老师来队作心理咨询。但在训练中，虽然保持较好的教学关系，却减少严格要求，从而影响训练水平的再提高。第九届全运会虽有 22 名选手参赛，但决赛中一些选手拼劲不足，仅有三分之一选手发挥正常，获得奖牌 2 枚、总分 36 分。

2002 年，四川射击队进行总结和反思，决心改变“四川十年前就出了一个张山，十年后还是只有一个张山”的局面，更新训练思路，采取以强度训练为主，基本功训练为辅的方法，取得初步效果，整体实力有所回升，先后输送 3 人到清华大学射击队训练，并组织各枪组主管教练观摩上海世界杯射击赛，收获颇丰。在全国射击个人锦标赛中，陈玲获得女子飞碟双多向金牌。在第十四届亚运会上，陈真茹获得女子飞碟双向团体亚军，并打破该项亚洲纪录。在第四十八届世界射击锦标赛上，陈真茹获得女子飞碟双向团体冠军，并获得个人银牌；刘天佑获得青少年组男子气步枪团体冠军、并以1771环打破该项世界青年纪录。2003年，四川队在全国比赛中获得金牌5枚。2004年，在第十届亚洲射击锦标赛上，张山获得女子飞碟双向个人和团体2枚金牌。2005年，在第十届全运会上，曹逸飞获得男子步枪卧射个人金牌、创决赛全国纪录，张山获得女子飞碟双向个人金牌、创决赛全国纪录，刘天佑获得男子50米步枪3种姿势个人金牌，另获得银牌2枚，第八名1个。11月在阿联酋举行的世界飞碟射击锦标赛上，张山获得女子飞碟双向射击个人银牌。

1988—2005年全省获得国际级运动健将有刘玲、张山、蔡智勇。

1988—2005年四川射击运动员参加国际国内主要比赛前三名成绩一览表

表2—7

年度	比赛名称	项目	姓名	名次	备注
1988	全国射击冠军赛	女子飞碟多向	胡　洁	2	
		女子手枪25米慢加速	龙晓凤	3	
	全国射击锦标赛	女子飞碟多向	胡　洁	1	
		男子气步枪	陈　红	2	超亚洲纪录
		男子飞碟双向	杨源鸣	2	
		女子飞碟双向	张　山	2	
		女子飞碟双向团体	张　山 高　燕 陈真茹	2	
1989	第六届世界弓弩射击锦标赛	女子10米弓弩射击团体	焦士华	1	
	世界飞碟射击锦标赛	女子飞碟双向	张　山	1	
		女子飞碟双向团体	张　山	1	
	全国射击冠军赛	女子飞碟双向	张　山	1	
	全国射击锦标赛	男子飞碟双向团体	陈先刚 黎　旭 杨源鸣	2	
		女子飞碟双向团体	张　山 高　燕 刘　玲	2	
		女子飞碟双向	张　山	3	
		女子飞碟多向团体	胡　洁 李　萍 刘　锦	3	
1990	第四十五届世界射击锦标赛	女子飞碟双向团体	张　山	2	
		女子飞碟双向	张　山	3	
	亚洲飞碟射击锦标赛	女子飞碟双向	张　山	1	破全国纪录 破世界纪录

续表2—7

年度	比赛名称	项目	姓名	名次	备注
1990	第十一届亚洲运动会	女子飞碟双向	张　山	1	平世界纪录
		女子飞碟双向团体	张　山	1	破世界纪录
		男子10米移动靶团体	蔡智勇	1	
		男子10米移动靶	蔡智勇	2	
	全国射击冠军赛	男子25米中心发火手枪	吕廉凯	1	破全国纪录 平世界纪录
		女子飞碟双向	张　山	2	
		男子步枪3×40	申熊鹰	3	
	全国射击锦标赛	男子50米移动靶混合速	蔡智勇	1	
		男子50米移动靶混合速	彭　宏	2	
		女子飞碟双向	张　山	2	
		女子飞碟双向团体	张　山 高　燕 刘　玲	2	
		女子飞碟双向	陈真茹	3	
1991	世界飞碟射击锦标赛	女子飞碟双向团体	张　山	2	
	第七届亚洲射击锦标赛	男子50米移动靶标准速	蔡智勇	1	破亚洲纪录
		男子50米移动靶标准速团体	蔡智勇	1	破亚洲纪录
		女子飞碟双向	张　山	1	平世界纪录
	全国射击冠军赛	女子飞碟双向	陈真茹	1	
		女子飞碟双向	张　山	2	
		女子飞碟双向	高　燕	3	
		男子25米中心发火手枪	袁宏伟	3	
	全国射击锦标赛	男子飞碟多向团体	贺　敏 庄永戈 王　旭	1	
		女子飞碟双向团体	刘　玲 陈真茹 高　燕	1	
		女子飞碟双向	陈真茹	1	
		男子飞碟多向	贺　敏	2	
		女子飞碟多向	李　萍	2	
		女子步枪3×20	刘世彬	2	
		男子中心发火团体	吕廉凯 袁宏伟 陈厚忠	3	

续表2—7

年度	比赛名称	项目	姓名	名次	备注
1991	全国射击锦标赛	女子飞碟双向	高　燕	3	
		女子气步枪团体	刘世彬 杨　雪 袁　丽	3	
1992	第二十五届奥运会	飞碟双向①	张　山	1	200中，平世界纪录
	第十届克罗斯曼气枪锦标赛	男子10米移动靶	蔡智勇	2	
	飞碟世界杯赛	男女混合飞碟双向团体	张　山	2	
	亚洲飞碟锦标赛	女子飞碟多向	胡　洁	3	
		女子飞碟双向	高　燕	3	
	全国射击冠军赛	女子飞碟双向	陈真茹	1	
		女子步枪60发卧射	刘世彬	1	
		女子25米慢加速	邓　蔚	2	
		女子10米气手枪	邓　蔚	2	
		女子飞碟双向	高　燕	3	
	全国射击锦标赛	男子飞碟多向团体	贺　敏 庄永戈 王　旭	1	
		女子飞碟双向团体	张　山 陈真茹 高　燕	1	
		男子弓弩	杨志尧	2	
		女子飞碟双向	张　山	2	
		女子10米气手枪团体	邓　蔚 刘　豫 杨　静	2	
		女子飞碟多向团体	胡　洁 李　萍 梦祥华	3	
		女子小口径步枪3×20团体	刘世彬 余晓玲 杨　雪	3	
1993	飞碟世界锦标赛	女子飞碟双向	张　山	2	
	第七届全国运动会射击预赛暨全国锦标赛	男子50米移动靶标准速	蔡智勇	1	平亚洲纪录
		男子50米移动靶混合速	蔡智勇	2	平亚洲纪录
		男子50米移动靶混合速团体	刘亚波 蔡智勇 彭　宏	2	

续表2—7

年度	比赛名称	项目	姓名	名次	备注
1993	第七届全国运动会射击预赛暨全国锦标赛	男子10米移动靶	蔡智勇	3	
		女子飞碟双向	张　山	3	
	第七届全国运动会	男子10米气步枪	陈　红	1	
		女子10米气步枪	张　燕	1	
		女子飞碟双向	张　山	1	
1994	第四十六届世界射击锦标赛	男子50米移动靶标准速团体	蔡智勇	1	
		男子50米移动靶混合速团体	蔡智勇	3	
	第十二届亚洲运动会	女子步枪60发卧射团体	刘世彬	2	
	全国射击冠军赛	男子50米移动靶标准速	蔡智勇	1	
		男子50米移动靶混合速	蔡智勇	1	
		女子步枪60发卧射	刘世彬	2	
		女子小口径标准步枪3×20	刘世彬	3	
	全国射击锦标赛	女子10米气步枪	刘世彬	2	
		女子10米气手枪	杨　静	2	
		女子10米移动靶	余　霞	3	
1995	亚洲飞碟射击锦标赛	女子飞碟双多向团体	张　山	1	
		男子飞碟双向团体	黎　旭	1	
	第八届亚洲射击锦标赛	女子10米气步枪团体	刘世彬	1	
		女子小口径步枪3×20团体	刘世彬	2	
	全国射击冠军赛	男子飞碟双向	黎　旭	2	
	全国射击锦标赛	男子飞碟双向团体	黎　旭 杨源鸣 陈　铮	1	
		女子10米气步枪团体	张　燕 刘世彬 钟丽娟	1	
		女子10米气手枪团体	杨　静 徐　静 刘　豫	2	
		男子飞碟双多向	王　旭	3	
		女子飞碟双多向团体	张　山 林　慧 曹　琼	3	

续表2—7

年度	比赛名称	项目	姓名	名次	备注
1996	全国射击冠军赛	女子10米气步枪	刘世彬	2	
		男子飞碟双多向	王　旭	2	
	全国射击锦标赛	男子飞碟双向	黎　旭	1	
		男子飞碟双多向	王思奇	1	
		男子飞碟双多向团体	王思奇 庄永戈 王　旭	1	
		女子运动手枪	邓　蔚	1	
		男子飞碟双向团体	黎　旭 李　明 陈　铮	2	
		女子飞碟双多向团体	张　山 林　慧 曹　琼	2	
		男子25米标准手枪	唐丛雪	2	
		女子飞碟双多向	张　山	2	
		男子飞碟多向	庄永戈	3	
		女子飞碟双多向	林　慧	3	
1997	全国射击冠军赛	女子飞碟双多向	林　慧	1	
		女子标准步枪3×20	刘世彬	1	
		女子10米气步枪	刘世彬	3	
	第八届全国运动会射击预赛暨全国锦标赛	男子飞碟双多向	范　敬	1	
		女子10米气步枪	张　燕	2	
		男子飞碟多向	庄永戈	2	
		女子10米气手枪团体	杨　静 邓　蔚 曾　戈	3	
	第八届全国运动会	男子飞碟双向	黎　旭	2	
1998	射击世界杯赛	女子飞碟双向	张　山	1	创决赛世界纪录
	第四十七届世界射击锦标赛	女子飞碟双向团体	张　山 陈真茹	1	破世界纪录
		女子飞碟双向	张　山	2	破世界纪录
	第十三届亚洲运动会	男子飞碟双向团体	黎　旭	2	
		男子飞碟双向	黎　旭	3	
	全国射击冠军赛	女子步枪60发卧射	钟丽娟	2	
		男子10米气步枪	王　琥	3	

续表2—7

年度	比赛名称	项目	姓名	名次	备注
	全国射击锦标赛	男子移动靶混合速	彭　宏	3	
1999	飞碟世界杯赛	女子飞碟双向	张　山	3	
		男子飞碟双向团体	黎　旭	3	
	飞碟世界锦标赛	女子飞碟双向团体	张　山 陈真茹	2	
	全国射击系列赛第一站（飞碟）	女子飞碟双向	陈真茹	1	
		女子飞碟双向	高　燕	2	
	全国射击系列赛第二站暨团体锦标赛	男子飞碟双向	黎　旭	1	
		男子飞碟双向团体	黎　旭 陈　铮 王晓雨	2	
		男子飞碟多向团体	王思奇 曾靖超 范　敬	2	
		男子飞碟双多向	王思奇	3	
		女子飞碟双向	张　山	1	
		女子飞碟双向	陈真茹	3	
		女子飞碟双向团体	张　山 陈真茹 高　燕	1	
		男子10米气手枪	吕廉凯	3	
	全国射击系列赛第三站暨个人锦标赛	女子飞碟双向	高　燕	1	
		男子飞碟双向	黎　旭	2	
		女子飞碟双向	张　山	3	
	全国射击系列赛总决赛暨冠军赛	女子飞碟双向	陈真茹	1	
		女子飞碟双向	张　山	2	
2000	射击世界杯总决赛	女子飞碟双向	张　山	2	
	第九届亚洲射击锦标赛	女子飞碟双向	陈真茹	1	
		男子飞碟双向团体	黎　旭	2	
		女子飞碟双向	张　山	2	
	全国射击系列赛第二站暨团体锦标赛	女子飞碟双向团体	高　燕 唐　宇 陈真茹	2	
		男子飞碟双向	黎　旭	3	

续表2—7

年度	比赛名称	项目	姓名	名次	备注
2000	全国射击系列赛第二站暨团体锦标赛	女子25米运动手枪团体	杨静 邓蔚 许瑾	3	
	全国射击系列赛第三站暨个人锦标赛	女子飞碟双多向	陈玲	2	
	全国射击系列赛总决赛暨冠军赛	女子飞碟双向	张山	2	
		男子飞碟双向	黎旭	3	
		女子10米气手枪	杨静	3	
2001	世界飞碟射击锦标赛	女子飞碟双向团体	张山 陈真茹	2	
	射击世界杯暨奥运会热身赛	女子飞碟双向	张山	2	
	全国射击系列赛第二站暨锦标赛	女子飞碟双向	张山	1	
		女子飞碟双向团体	张山 陈真茹 高燕	1	
		男子飞碟双多向团体	范敬 曾靖超 王思奇	1	
		女子10米气手枪	许瑾	2	
		男子飞碟双向团体	黎旭 陈铮 邓再芹	3	
		女子飞碟双多向团体	陈玲 田霞 林慧	3	
	第九届全国运动会	女子飞碟双多向	陈玲	2	
		女子飞碟双向	陈真茹	3	
2002	第四十八届世界射击锦标赛	女子飞碟双向团体	陈真茹	1	
		女子飞碟双向	陈真茹	2	
	2002年ISSF上海世界杯射击赛	女子飞碟双向	陈真茹	2	
	第十四届亚洲运动会	女子飞碟双向团体	陈真茹	2	
	全国射击系列赛第二站暨团体锦标赛	女子飞碟双向	唐宇	2	
		男子飞碟双多向	范敬	3	
		女子飞碟双多向	田霞	3	

续表2—7

年度	比赛名称	项目	姓名	名次	备注
2002	全国射击系列赛第三站暨个人锦标赛	女子飞碟双多向	陈　玲	1	
		男子50米步枪3×40	刘天佑	2	
2003	射击世界杯赛	女子飞碟双向团体	张　山	1	
	全国射击系列赛第二站暨团体锦标赛	男子飞碟双向	黎　旭	1	平全国纪录破决赛全国纪录
		男子25米手枪速射	唐丛雪	1	
		女子10米气手枪	杨　静	2	
		男子10米移动靶标准速	李扬宇	3	
		女子飞碟双多向	常　威	3	
		女子飞碟双多向团体	田　霞 常　威 邓婷婷	3	
		男子移动靶标准速团体	彭　宏 李扬宇 李一冰	3	
	全国射击系列赛第三站暨个人锦标赛	男子50米步枪3×40	刘天佑	1	
		女子飞碟双向	张　山	1	
	全国射击系列赛第四站暨总决赛	女子飞碟双向	张　山	1	
		男子飞碟双向	黎　旭	3	
2004	第十届亚洲锦标赛	女子飞碟双向	张　山	1	
		女子飞碟双向团体	张　山	1	
	全国射击系列赛第三站暨个人锦标赛	男子飞碟双向	黎　旭	1	
		男子10米气步枪	刘天佑	3	
		女子飞碟双多向	田　霞	3	
		女子10米气手枪	杨　静	3	
	全国射击系列赛总决赛暨个人冠军赛	男子10米气步枪60发	张雪飞	1	
		女子飞碟双多向	陈　玲	2	
		男子10米气步枪	刘天佑	3	
		男子飞碟双多向	曾靖超	3	
		女子飞碟双多向	田　霞	3	
2005	世界杯飞碟比赛	女子飞碟双向	张　山	2	
	飞碟世界杯总决赛	女子飞碟双向	张　山	2	
	世界杯射击比赛	男子10米气步枪	刘天佑	3	
	第四届东亚运动会	男子10米气步枪	刘天佑	1	
	全国射击系列赛第一站	女子飞碟双多向	常　威	3	
		女子飞碟多向	兰　莉	3	

续表2—7

年度	比赛名称	项目	姓名	名次	备注
2005	全国射击系列赛第二站暨团体锦标赛	男子50米手枪	蒲琪峰②	1	
		男子10米气手枪	蒲琪峰③	1	
		女子飞碟双向	张　山④	1	
		女子飞碟双向团体	张　山 陈真茹 唐　宇	1	
	全国射击系列赛第三站暨个人锦标赛	男子50米步枪卧射60发	曹逸飞	1	
		男子10米气步枪	刘天佑	1	
		男子飞碟双向	黎　旭	2	
		女子飞碟双向	张　山	3	
	第十届全国运动会	男子50米步枪卧射60发	曹逸飞	1	创决赛全国纪录
		男子50米步枪3×40	刘天佑	1	创决赛全国纪录，平世界纪录
		女子飞碟双向	张　山	1	
		男子10米气步枪	刘天佑	2	
		女子10米气手枪	杨　静	2	

说明：① 张山在1992年7月参加的第二十五届奥运会射击飞碟双向项目是男女混合参赛，此后该项目男女分设。②③④ 按比赛竞赛规程规定，该次团体锦标赛同时录取个人获奖名次

第二节　射　箭

四川射箭队于1980年成立，始终坚持实行精密的选材，严格的管理，科学的训练，注重后备人才培养，使之迅速崛起，成为国内箭坛一支屡创佳绩的队伍。主教练秦平村敢于管理，勇于创新，形成一套独特的训练方法，创造出“射箭人才综合筛选法”，以科学训练为指导，更新射箭运动部分理论和技术，缩短培养周期，队员迅速成才，被称为“早熟高产”效应。四川射箭队获得全国冠军超百个，打破全国纪录超百次，成为一支“双百”运动队。

1988年，四川射箭队编制30名。在全国射箭达标赛中，获得男子团体淘汰赛金牌。在第五届亚洲杯射箭比赛中，姚雅文获得女子团体银牌；第二十四届奥运会，姚雅文参赛。

1989年，四川队冠名四川五粮液酒厂队，在全国比赛中获得金牌4枚。在第六届亚洲杯射箭比赛中，姚雅文获得女子个人铜牌。1990年，在全国锦标赛中，姚雅文获得女子个人淘汰赛金牌；在全国室内射箭锦标赛中，姚雅文获得女子18米金牌。第十一届亚运会，焦倩参赛。1991年，四川射箭成为全国重点项目。1992年，在全国室内射箭锦标赛中，姚雅文获得女子18米金牌，胡敏获得女子25米金牌。1993年，四川队冠名四川文君酒厂队。第七届全运会，焦倩获得女子个人淘汰赛金牌，吴逢波、曹炅、杨卫东获得男子团体淘汰赛金牌并超该项世界纪录。在第三十七届世界射箭锦标赛中，姚雅文获得女子团体铜牌。是年，四川射箭队总教练秦平村被国务院批准享受政府特殊

津贴。

1995 年，四川射箭队在全国比赛中获得金牌 1 枚。1996 年，四川队冠名四川光大联队，在全国室内锦标赛中获得女子团体金牌；在全国冠军赛中男队获得团体双轮全能冠军，破团体单轮、双轮全国纪录；吴逢波获得男子单轮 70 米、双轮 30 米金牌。1997 年，四川射箭队实行分层次目标管理责任制，加强对训练工作的领导。杨波在全国冠军赛中获得男子双轮 30 米和 50 米金牌。黎亮在第八届全运会预赛中以 357 环的成绩打破男子个人 30 米单轮单项全国纪录，但在第八届全运会中，只有杨波获得男子个人淘汰赛第五名。1998 年，在全国射箭锦标赛、全国室内射箭锦标赛中，女队分别获得女子奥林匹克团体淘汰赛金牌。在泰国射箭邀请赛中，杨波以 174 环的成绩打破男子射箭淘汰赛亚洲纪录。1999 年，在训练工作中，明确练、战结合的训练原则，强调在心理压力下的发挥能力培养以及基本功训练与综合技术的有机结合，并引进先进的高台训练方法，队员水平稳中有升，收到较好效果。在全国冠军赛、锦标赛、奥林匹克项目锦标赛中分别获得团体、个人金牌 6 枚，名次 13 个，其中在全国锦标赛中获得 4 枚金牌，为 6 年来最好成绩。

2000 年，四川射箭队有注册运动员 53 名，在训练中队伍始终贯彻“三从一大”训练原则，坚持基本功中出金牌的思路，苦练加巧练，比赛需要什么就练什么。女队主力队员在比赛中突破训练的最高水平，但发挥尚不稳定。男子在全国射箭冠军赛、锦标赛中获得个人预赛及团体淘汰赛金牌 3 枚。第二十七届奥运会中，杨波列第十二名，为中国历年奥运会男子射箭最好名次。2001 年为九届全运会年，四川队抓参赛方案的制订和对赛区进行适应性训练，四川队共有 12 名选手参赛，其中有 6 人代表云南省参赛。由于运动员尖子不尖，年轻选手成绩不稳定等原因，仅获得第四名、第五名、第六名、第七名各 1 个，总分 25.5 分。

2001 年，在北京举行的第四十一届世界射箭锦标赛中，杨波代表国家队获得男子团体淘汰赛铜牌。2002 年，在全国射箭冠军赛、锦标赛中，四川队共获得金牌 5 枚。2003 年在克服“非典”干扰后，四川射箭队实施周末考核制度，运动员自我调节能力和竞争实力得到增强，观念有创新，训练水平有新突破。在全国锦标赛中获得男子团体淘汰赛金牌，在全国奥林匹克项目锦标赛中刘成获得男子个人排名赛冠军。在第十三届亚洲射箭锦标赛中，吴逢波获得男子反曲弓团体淘汰赛第三名，个人淘汰赛第八名。

2004 年，四川射箭队的主要任务是全面提高全队竞争能力，形成十运会参赛阵容。训练中以实战出发为目标，以在大赛中取得成绩为目的，有效提高队员的竞争实力。以练促赛，以赛代练，练赛结合，注重培养团队精神，重视心理训练，提高队员抗压能力和自控能力，并借鉴国家队引进的韩国教练带来的先进理念和训练方法，在攀枝花进行异地训练，收效明显。在全国室内外射箭锦标赛、冠军赛中获得个人、团体金牌 7 枚，并分别打破男子团体淘汰赛、团体排名赛全国纪录。2005 年，第十届全运会，四川射箭队获得男子奥林匹克团体淘汰赛第六名。在世界第四十三届室外射箭锦标赛中，李迅、吴逢波获得男子奥林匹克团体淘汰赛第六名。

1988—2005 年，全省获得国际级运动健将有姚雅文（女）、焦倩（女）、吴逢波、杨波

第七章 水上运动

第一节 赛 艇

四川省赛艇队于1984年年末成立，先后培养出世界冠军廖晓丽、刘稀蓉等优秀运动员。

1988年，四川队有运动员12名，教练员2名。1989年，在全国锦标赛上，刘稀蓉获得女子4人单桨无舵手金牌，成为四川第一个赛艇全国冠军。在世界赛艇锦标赛上，刘稀蓉获得女子4人单桨无舵手银牌及8人单桨有舵手铜牌。在1990年全国冠军赛上，刘稀蓉获得女子4人单桨无舵手金牌。在第十一届亚运会上，刘稀蓉获得女子双人双桨无舵手金牌、廖晓丽获得女子轻量级双人双桨金牌。在世界赛艇锦标赛上，廖晓丽获得第四名、刘稀蓉获得第五名。

1991年8月，在第十三届世界赛艇锦标赛上，廖晓丽获得女子轻量级4人单桨无舵手金牌，成为四川省第一位赛艇世界冠军。1992年，在第二十五届奥运会比赛上，刘稀蓉获得女子4人单桨无舵手第四名。1993年，在第七届全运会，刘稀蓉、张黎、谢明永、赵丽萍获得女子4人双桨金牌。9月，刘稀蓉在世界赛艇锦标赛上获得女子4人单桨金牌。

1994年，四川赛艇队在全国比赛中获得金牌1枚。在世界赛艇锦标赛上，刘稀蓉获得女子4人双桨银牌。在第十二届亚运会上，刘稀蓉获得女子4人单桨无舵手金牌。1996年，四川队实行分层次目标管理责任制，加强对训练工作的领导。在第二十六届奥运会上，刘稀蓉获得女子4人双桨第五名。1997年，在全国赛艇冠军赛，刘稀蓉获得女子单人双桨冠军。在第八届全运会上，四川赛艇队获得第四名至第八名名次6个。在第七届亚洲赛艇锦标赛上，刘稀蓉获得女子单人双桨金牌。

2000年，四川赛艇队有注册运动员32名。在全国锦标赛上，周兴旭、李勤获得女子双人双桨金牌。2001年，四川队严格管理，向管理要成绩、要水平。在第九届全运会上，罗秀华、张红利、李勤、周兴旭获得女子2000米4人双桨金牌；余志娟、吴婷婷获得女子轻量级双人双桨银牌，黄志刚、李亮、蒋贵彬、刘稀国获得男子轻量级2000米4人单桨银牌、四川还获得女子2000米双人双桨铜牌及第四名1个。

2002年，四川赛艇队经选拔，集训一批新队员，制订较为完整的训练、管理制度，一切以训练为中心，掀起备战十运会训练热潮，在训练方法、手段、技战术上进行创新，并进行异地封闭式训练，组建十运会阵容。在第十四届亚运会上，李勤获得女子公开级双人双桨金牌，黄志刚获得男子轻量级4人单桨无舵手金牌。2003年，四川队坚持异地封闭冬训，在全国比赛中获得奖牌3枚。2004年，第二十八届奥运会罗秀华参赛。2005年，在全国锦标赛上，张顺银、陈鑫获得男子双人双桨金牌。在第十届全运会上，张顺银、陈鑫获得男子双人双桨铜牌，罗秀华、李勤获得女子双人双桨铜牌，另获得其他名次5个。

1988—2005 年，全省获得国际级运动健将有廖晓丽、刘稀蓉。

第二节　皮划艇

四川皮划艇队于 1984 年成立。1988 年，四川皮划艇队调整队伍，制订新周期的训练规划，训练工作抓得实在有效。1991 年，在第四届亚洲皮划艇锦标赛上，赵晓莉获得女子皮艇双人 500 米金牌；1992 年，在全国锦标赛上，樊均毅、谌礼江获得男子划艇双人 1000 米金牌，成为四川第一批皮划艇全国冠军。在第二十五届奥运会上，赵晓莉获得女子 500 米 4 人皮艇第五名、500 米双人皮艇第七名。1993 年，在第七届全运会，刘磊获得男子 500 米单人皮艇金牌，成为四川第一位皮划艇全运会冠军。

1994 年，在第十二届亚运会上，赵晓莉获得女子皮艇双人 500 米金牌。1997 年，四川队实行分层次目标管理责任制，加强对训练工作的领导。在第八届全运会上，赵晓莉、彭春获得女子 500 米双人皮艇冠军，樊均毅获得男子 1000 米单人划和 500 米单人划 2 枚银牌，另获得第三名 1 个、第七名 2 个。1998 年，在全国锦标赛上，杨秀华获得男子 1000 米单人皮艇金牌。

图 2—9　四川选手赵晓莉（左三）获 1994 年第十二届亚运会女子皮划艇双人 500 米金牌

1999 年 3 月 15 日，四川组建激流回旋皮划艇队，编制 20 名。先后从雅安、乐山、眉山等地选拔 49 人进行试训，选出 13 名男选手、8 名女选手入队，聘请 1 位外籍教练担任主教练。2000 年，激流皮划艇队一手抓管理，一手抓训练，着重抓身体素质训练和专项技术训练。年初在凉山州德昌县进行 4 个半月冬训，训练中坚持发扬四川队在中小风气候中的优势及突破大风气候的技术特点。6 月，激流皮划艇队赴斯洛伐克进行 4 周专项训练，队员训练水平得到明显提高。是年，四川皮划艇队有注册运动员 29 名，另有激流回旋皮划艇注册运动员 25 名。在全国比赛中获得金牌 2 枚。2001 年，四川皮划艇队冠名四川无极限队参加全国比赛，获得金牌 2 枚。第九届全运会上，陈忠云、原有湖获得男子双人 1000 米划艇金牌和男子双人 500 米划艇金牌；徐立波获得男子激流回旋单人划艇金牌，因徐立波为协议运动员，计入四川队为半枚金牌；广东运动员杨杰良、李磊获得男子双人激流回旋划艇金牌，按协议计入四川队为半枚金牌。

2002 年，四川激流回旋皮划艇队按照“打基础、上水平、抓尖子”的思路，在场地条件差、水流不稳定的情况下，克服困难，共同努力，根据队员特点制订有针对性的较先进的训练计划，取得较好训练效果，涌现出一批新秀，向国家队输送 9 名队员，获得全国比赛银牌、铜牌各 2 枚。2003 年，四川激流皮划艇基地落户米易县。队伍大胆创新，严抓训练质量，形成一支作风顽强、善于作战的队伍。在全国锦标赛上获得金牌 1 枚，在全国激流回旋锦标赛上获得金牌 2 枚；在亚洲皮划艇锦标赛上，彭春、杨雅莉获得女子 200 米双人和 500 米、1000 米 4 人皮艇金牌，陈忠云获得男子 1000 米单人划艇金牌。冯黎明获得亚洲激流回旋皮划艇锦标赛男子单人划艇金牌。2004 年，四川皮划艇队在全国锦标赛上获得金牌2枚，在全国激流回旋锦标赛上获得金牌1枚；在全国冠军赛上获得金牌2枚。在第二十八届奥运会上，陈富彬参加激流回旋比赛，列第十一位。2005年，四川激流皮划艇队大胆创新，强化战术，强化训练质量，确立自己的划船风格，聘请训练学、心理学等专家到队分析项目特点和规律，明确训练方向，并在十运会赛前聘请1名外籍专家。在第十届全运会上，徐立波获得激流回旋男子单人划艇冠军，获得协议0.5枚金牌；另获得皮划艇铜牌2枚，其他名次4个；获得激流回旋名次3个，共计35分。12月在第十一届亚洲皮划艇锦标赛上，王凤获得女子200米、500米、1000米4人皮艇3项金牌，杨雅莉获得女子500米、1000米双人皮艇2枚金牌，陈忠云获得男子500米单人划艇和马拉松单人划艇金牌2枚。

1988—2005年，全省获得国际级运动健将有赵晓莉、彭春。

第三节　帆　板

四川省帆板男队于1984年成立，女队于1989年组织集训队。建队初期，训练条件不好，训练器材不足，运动员们在训练中特别能吃苦，比赛敢打敢拼，艰苦创业精神成为队伍的支柱。

1988年，四川帆板队训练主要任务是提高身体素质，加强专项技术训练，以全能运动员的条件选材的训练指导思想，在当年全国比赛中获得金牌3枚。1989年，四川队冬训时间为95天，部分队员水平进入全国先进行列，受到国家体委业务主管部门表扬。在全国帆板锦标赛上，徐忠获得长平底板全能冠军。1990年，四川帆板队在训练中坚持半封闭管理，科学训练，与一些省市队先抓技巧的训练思路不同，坚持走自己的路，主攻方向是提高航行速度，训练方法和技术上不断创新，收到较好效果，竞技水平得到兄弟省市队认可。在全国锦标赛上，黄仕荣获得男子三角绕标金牌，贵成忠获圆底板障碍滑冠军。1991年，在全国锦标赛上，黄仕荣、贵成忠分获2枚金牌。1992年，在全国锦标赛上，徐绍宾获得圆底板障碍滑冠军。1993年8月，在第七届全运会上，四川帆板队获得第五名、第六名各1个。

1994年，四川帆板成为全国重点项目。四川队调整队伍，补充新人，经过科学、刻苦训练，成绩稳步上升。在1994年全国帆板锦标赛上，黄英获得女子米斯特拉级长距离金牌；在全国优秀帆板选手赛上，黄英获得女子米斯特拉级奥林匹克金牌，徐绍宾获得男子2枚金牌，张元贵获得D2级奥林匹克航线金牌。1995年，四川队参加海口全国集训，多数队员每天训练12小时。在全国锦标赛上黄英获得金牌1枚，在全国优秀帆板选手赛上黄英、徐绍宾获得金牌2枚。1996年，四川队在全国锦

图2－10　1996年11月，黄英获得亚太帆板锦标赛女子米斯特拉级金牌

标赛上获得金牌2枚，在全国冠军赛上获得金牌1枚。11月在汕尾亚太区帆板锦标赛上，黄英获得女子米斯特拉级金牌，徐绍宾获得男子米斯特拉级轻量级金牌。1997年，四川队贯彻“三快一大”（摇帆快、起航快、转向快、陆上运动量大）训练方针，以管理促训练，以训练保竞赛的原则，女队整体实力进入国内领先地位。在第八届全运会上，黄英获得女子米斯特拉级银牌，另获得第六名1个，计10分。9月在亚洲帆板锦标赛暨世界杯帆板分站赛上，杨培刚获得男子温得色弗尔重量级金牌及世界杯奥林匹克线路第一名；黄英获得女子米斯特拉级奥林匹克航线金牌；徐绍宾获得米氏奥林匹克航线银牌。四川队经过刻苦训练，到1997年年末，获得全国冠军21个，跻身全国先进行列。

1998年3月，四川科利多水上运动会员俱乐部队成立。在第十三届亚运会上，黄英获得女子米斯特拉级银牌。2000年，四川帆板队有注册运动员10名，黄英兼任教练。训练工作以迎接奥运会、备战九运会为目标，作出周期调整，强调科学训练。2001年，全队执行“巩固基础、训练指导、抓住尖子、保证重点、突出优势”的思想。在全国冠军赛上，殷剑、赖明双获得金牌2枚。在第九届全运会上，黄英获得女子米氏航线赛铜牌，另获得其他名次3个。

2002年，在亚洲帆板锦标赛上，殷剑获得女子米氏奥林匹克航线金牌。在第十四届亚运会上，殷剑获得女子米氏帆板银牌。2003年，四川队改进训练方式，队员从“要我练”转换到“我要练”，训练自觉性增强，训练质量明显提高，还特聘著名教练周自厚来川执教。在全国锦标赛上获得金牌3枚。在西班牙举行的世界帆板锦标赛上，赖明双获得女子帆板第六名，为中国帆板选手近10年中最好成绩。2004年，四川帆板队大胆调整，让老将黄英转攻翻波板，经短短几个月训练，在全国比赛中黄英获得金牌2枚。在亚洲帆板锦标赛上，殷剑获得女子米氏铜牌，在第二十八届奥运会上，殷剑以33.0分获得女子米斯特拉级银牌，为四川帆板选手在奥运会上获得的最好成绩。

2005年，四川队在全国帆板锦标赛上获得米斯特拉级团体冠军，在全国翻波板锦标赛上获得米斯特拉级团体冠军。在第十届全运会上，殷剑获得女子奥林匹克航线第五名，殷雪获得女子翻波板障碍赛第七名。是年，四川帆板队被国家体育总局和人事部联合授予“先进集体”称号。

1988—2005年，全省获得国际级运动健将有赖明双、殷剑。

第四节　滑　水

四川滑水队于1985年正式建队。1988年，有运动员10名，教练员2名。在全国比赛中获得金牌6枚，其中王涛获得男子全能、花样滑、跳跃滑3枚金牌。在第四届亚洲滑水锦标赛上，王涛、涂华芬获得团体金牌，王涛还获得男子全能及跳跃滑水两枚金牌。

1989年，四川滑水队训练232天，水上训练1043小时，在全国比赛中获得金牌3枚。1990年，在全国滑水达标赛上，杨莉获得女子全能金牌，涂华芬获得女子回旋金牌。在第五届亚洲滑水锦标赛上，涂华芬获得女子团体及回旋2枚金牌及全能银牌，并打破女子回旋滑水亚洲纪录。1991年冬训，教练员以身作则，言传身教，队伍训练时间和台前速度均取得突破，王涛成为亚洲第一个突破跳台50米大关的运动员。1992年，在第七届亚洲滑水锦标赛上，涂华芬获得滑水全能、女子回旋滑水、女子团体金牌3枚，王涛获得滑水团体金牌。1993年，在第七届全运会滑水比赛上，王涛获得男子回旋银牌，徐智获得男子跳跃银牌，涂华芬获得女子回旋和跳跃银牌，另获得第三名3个、第四名4个。

1994年，根据国家奥运会战略布局，滑水被列入非奥项目。四川滑水队顺应形势，转变观念，依靠自身优势和多年形成的影响，利用邛海得天独厚的亚高原地理环境，通过水上运动进行旅游开发，以滑水表演等活动筹集训练经费，培养后备人才。1995年，四川队在全国比赛中获得金牌1枚，在第九届亚洲滑水锦标赛上，涂华芬获得团体金牌。1997年，省体委根据八运会方案进行项目调整，滑水作为四川优势的非全运会项目被保留。但要求缩小编制，保留骨干。主要任务是参加国内外大赛，开发第三产业，逐步实现自收自支。在全国锦标赛上，徐智获得金牌2枚；仅参加几个月训练的张渝第一次参加全国比赛就获得青年组3枚金牌。在长沙市举行的第十一届亚洲滑水锦标赛上，谢渝获得男子花样金牌。1998年，四川队在全国锦标赛上获得金牌1枚。

1999年，四川队在没有训练经费的情况下，靠市场表演筹集经费，完成训练比赛任务，在全国冠军赛上获得金牌1枚、铜牌2枚，获得亚洲锦标赛第四名1个。

2000年，四川滑水队在国家体育总局水上运动管理中心支持下，冠名中国青年滑水队，并积极开展有偿训练和有偿表演，以解决训练经费不足的困难。先后参加多次重大表演活动，如北京申办2008年奥运会的表演和江苏国际茶叶节活动等，受到欢迎，逐步走出一条依托市场“借鸡下蛋”的新路子。2002年，四川滑水队训练指标达到预期目的，陈莉莉攻破女子超人飞及后空翻等高难动作，成为亚洲唯一能完成该项动作的女选手。全队在第二届全国体育大会上表现突出，黄磊钰获得男子尾波板滑水冠军，谢渝、张欢、杜江获得男子特技跳跃金牌，陶佳获得女子赤脚冠军，陈莉莉获得女子尾波板滑水冠军，冯梅、肖滢溪、曾柳获得女子特技跳跃金牌。另获得第二名4个，第三名4个，其他名次12个。以四川选手组队冠名的中国青年队还参加亚洲锦标赛、吉林世界跳台滑水大奖赛等11次表演，提高知名度，基本达到以队养队目的。2003年，四川队在训练中突破一些高难动作，达到全国一流水平，在参加表演过程中也促进训练任务完成。在全国锦标赛上获得金牌4枚。在第十七届亚洲滑水锦标赛上，冯梅获得女子跳跃金牌。2004年第十八届亚洲滑水锦标赛，冯梅获得女子跳跃金牌，陈莉莉获得女子尾波板滑水金牌。2005年，在第二届全国体育大会上，杨鑫、高晓进、姜军、陶佳、陈莉莉、冯梅、吉木久金等选手再次获得金牌5枚。在第五届世界运动会上，陈莉莉以69分的成绩获得女子尾波板滑水金牌，成为四川省第一位滑水世界冠军。

第八章 棋牌运动

第一节 围 棋

1973 年，四川围棋集训队成立。1978 年 7 月，省体委在四川围棋集训队基础上增设中国象棋、国际象棋项目，成立四川省棋队。1988 年，围棋队有运动员 10 名，教练员 3 名，参加首届中国围棋名人战、第二届中国围棋天元赛、首届中国围棋棋王赛预赛等比赛。1989 年，在全国围棋团体赛上，宋雪林、王元、郑泓、李亮获得男子团体冠军，为四川第一枚男子围棋金牌，女队获得第五名。在全国段位赛上，雷侦倜、郑泓晋升六段棋手；陈维均、伍孝祥、杨克坚获得国家级裁判称号。

1990 年，在全国围棋团体锦标赛，四川队获得男子团体第三名。在全国围棋个人锦标赛上，郑泓获得男子第三名。在全国段位赛上，宋雪林晋升八段棋手。1991 年，在第六届中日围棋擂台赛上，郑泓六段作为中方先锋，先后战胜小松英树七段、小县真树七段和依田纪基八段等棋手，第四场输于片冈聪九段，取得三连胜，引人注目。在日本东京举行的第二届世界业余围棋男女双人锦标赛上，张成华与上海男棋手谢裕国合作，以 5 胜的成绩获得冠军，成为四川省第一位业余围棋世界冠军。在全国段位赛上郑泓晋升七段棋手。1992 年，四川队冠名四川航空航天工业部 719 厂队，在全国团体锦标赛上获得男团第三名，女队获得第六名。在第七届中日围棋擂台赛上，郑泓战胜小松英树，负依田纪基。是年，郑泓调深圳队。1993 年、1994 年，四川男女队均保持甲级队资格。在第十一届世界青少年围棋锦标赛上，古力获得少年组冠军。

1996 年，四川女队在全国团体赛中获得第四名，男子围棋队获得第六名。1997 年 4 月，四川成都五牛围棋俱乐部成立。由成都卷烟厂会同四川日报社、成都棋院、成都蓉光房地产公司、成都围棋联合总会、四川玖源房地产公司、成都国利空调制冷工程公司等共同投资办起国内第一家职业围棋俱乐部。1997 年，省体委根据八运会方案进行项目布局调整时，省围棋队继续由成都市托管，其发展思路是：发展成为具有民族文化特色的非奥运会项目，不断提高运动水平，开发棋类文化市场，逐步实现自收自支。在当年的全国团体赛中，男队获得第二名，女队获得第四名。在第十四届世界青少年围棋锦标赛上，成都刘熙获得男子青年组第一名。1998 年，在全国团体锦标赛，男队获得第四名，女队获得第七名。在全国段位赛上，宋雪林晋升九段棋手，余平晋升六段棋手，李亮晋升五段棋手。1999 年，四川江口醇围棋俱乐部成立，四川男女队在全国比赛中均获得团体第五名。

2000 年 10 月，在成都举办第四届应氏杯世界围棋锦标赛，观听讲棋观众 3000 多人，重现棋城观棋热潮。2001 年，成都五牛围棋俱乐部娇子围棋队成立。2002 年，四川女队保甲级成功，男队获得乙级队第八名。在第二届全国体育大会上，杨一获得男子个人第六名，古灵益获得大众组第二名。2003 年，四川娇子队在全国甲 A 联赛中获得第六名，保级成功。2005 年，四川队有五段以上围棋运动员5名。

第二节 中国象棋

1978年7月，省体委在四川围棋集训队基础上增设中国象棋、国际象棋项目，成立四川省棋队。1988年，有运动员9名，教练员2名。在全国个人比赛中，赵兰获得女子第三名，蒋全胜获得男子第六名。男队在全国团体赛上获得第六名。1989年，四川队在训练中强调训练质量，实施目标责任制，较好地调动新老队员的积极性。在全国团体赛上，李艾东、蒋全胜、甘小晋、雷车平获得男子团体银牌，为建队以来最好成绩，女队获得团体第五名。蒋全胜、李艾东、马革英、黎德玲晋升象棋大师称号。蜀蓉棋院程明松获得国际级中国象棋裁判称号。1990年，四川队冠名四川新兴工贸企业公司队，女队在全国锦标赛中获得第六名，彭星在全国少年赛中获得男子第一名，张琳晋升象棋大师称号。1991年，在全国象棋个人锦标赛上，黎德玲获得女子个人第二名，入选国家集训队。1992年，四川队在全国团体赛中获得第六名，黎德玲获得全国个人赛第四名。在第七届亚洲中国象棋团体锦标赛上，黎德玲获得女子团体金牌，成为四川第一位中国象棋亚洲冠军。1993年，龚勤晋升象棋大师称号。

1994年，在全国少年象棋比赛中，唐冬梅获得女子第三名。1996年，在全国团体锦标赛上，男队蒋全胜、李艾东、陈鱼、曾东平获得第二名，女队黎德玲、郭瑞霞获得第二名；在全国少年象棋锦标赛中，唐冬梅获得女子冠军。是年，许文学获得象棋大师称号。1997年，原四川中国象棋棋手林野定居意大利后，代表意大利参加11月在香港举行的第五届世界杯中国象棋锦标赛，获得女子个人冠军。1998年，四川女队在全国团体锦标赛上，黎德玲、郭瑞霞获得女子团体第二名。在首届全国中国象棋青年精英赛上，唐冬梅获得女子组第二名，晋升象棋大师。在首届全国女子中国象棋棋王赛上，黎德玲获得第三名。1999年，四川队在全国比赛中获得女团第八名，黎德玲获得女子个人赛亚军，男队晋升甲级队。2000年，四川队在全国团体锦标赛中，获得女子团体第三名。2001年，在全国中国象棋个人赛中，郭瑞霞进入前十名，获参加全国银荔杯资格，获得全国象棋等级赛第一名。2004年4月，四川队在全国中国象棋团体赛中，以6胜3平积15分的成绩获得第一名，晋升甲级队。2005年，四川队有象棋大师10人。

第三节 国际象棋

1978年7月，省体委在四川围棋集训队基础上增设中国象棋、国际象棋项目，成立四川省棋队。国际象棋曾是四川的优势项目，1987年第六届全运会后出现后继无人的现象。1988年，通过集训发现一批新人，在全国国际象棋团体赛上，刘适兰、赵兰、娄红宇获得女子团体冠军。在第二十八届奥林匹克国际象棋团体锦标赛上，刘适兰获得第四名。王垚垚、陈繁、伍剑、马岚入选国家少年集训队。肖冠军获得国际级裁判称号。1989年，四川女队在全国团体赛上获得银牌，马红丁、王犁、王霖、陈凡获得男子团体铜牌。1990年，在全国少年国际象棋比赛，章钟获得男子第一名。1992

年，王垚垚入选国家集训队。1993 年，四川小将在全国青少年比赛中获得第一名 3 个。1996 年，张鹏祥在全国个人锦标赛上获得第五名，重庆章钟获得铜牌。1997 年，罗义平获得国际级裁判称号。

1998 年，在全国团体锦标赛中，四川男女队均获得第六名。在全国个人锦标赛上，王垚垚获得男子第四名。1999 年，在全国比赛中女队获得第八名。2002 年，四川国际象棋男女队在全国比赛中双双保甲成功。2005 年，四川队有国际象棋大师 1 人。

第四节 桥 牌

1978 年 10 月 12 日，邓小平在一封要求开展桥牌运动的群众来信上作出批示，从此桥牌运动成为国家正式开展的体育项目。1980 年四川开始筹建，1981 年正式成立四川省桥牌协会，负责发展、推动四川省的桥牌运动，并承担选拔运动员组队参加全国比赛的职责。因此，四川参加全国比赛，就由省桥牌协会在业余选手中临时选拔组队。四川桥牌队是一支业余队伍，但多次获得全国冠军，李新、孙少林、刘川、严谨是其中的代表选手。

1981 年 5 月，四川队首次参加全国 8 单位桥牌赛。1982 年 10 月，在全国 15 单位桥牌赛上，获得公开队式赛第五名。1983 年 4 月，在全国 15 单位桥牌赛上，获得女子队式赛第四名。1984 年 10 月，成都首次承办全国 15 单位桥牌赛，派出 1 队、2 队参赛。1986 年参加全国桥牌比赛，获得女子队式第三名。1987 年 11 月，四川队参加第六届全运会桥牌赛（表演项目）。1988 年 12 月，在全国桥牌双人赛上，获得公开组双人第六名，女子双人第六名。

1990 年，在全国桥牌锦标赛中，四川长虹桥牌男队获得公开乙组第一名，四川长虹桥牌女队获得女子乙组第二名。李新、严谨获得全国桥牌双人赛公开组冠军。1991 年，在全国桥牌团体赛中，男队获得甲组第三名，女队获得甲组第二名。李新入选国家集训队。1993 年，四川队在全国桥牌八强赛中获得第一名。在全国桥牌双人赛上，姚向平、黄郁获得公开组第三名，成都队胡文浩、周锦国获得第一名，玉兰、牟位学获得女子组第二名，成都队张惠、卢燕获得第三名，李新、刘晓琼获得混双组第三名。

图 2—11 庆澳门回归迎千禧之年“泸天化杯”名人桥牌赛

1994 年，四川川中桥牌俱乐部成立，男队在全国桥牌俱乐部赛上获得瑞士移位赛冠军，女队在全国女子队式赛上获得第二名。1995 年，在全国桥牌公开队式赛上，李新、严谨、刘川、孙少林获得公开甲组第一名；成都队获得乙级队第三名、晋升甲级队。在全国桥牌俱乐部赛上，成都棋园队获得第二名和第三名，并获得瑞士移位赛第二名和第三名。

1996 年 4 月，四川威玻桥牌队在全国桥牌队式锦标赛中获公开甲组第四名，女队获得女子甲组第七名。8 月在成都举行的全国首届桥牌大赛上，四川队邹崇松、马国伟获公开连续双人赛第一名，四川汇通队甘霖、冉勤女队获得女子双人赛第一名，甘霖获得混合双人赛第一名。是年，孙少林、刘川入选国家集训队。李新获得太亚桥牌大师赛第四名。李新、刘川、孙少林、黄郁、姚向平获得桥牌特级大师称号，严谨、吴坚、陈华获得桥牌终身大师称号，冉勤、甘霖、张玉兰、周锦国、胡文浩、张惠、牟位学、刘晓琼获得桥牌国家大师称号。1997 年，在全国桥牌 A 级俱乐部赛上，四川成都聚友桥牌队获得第三名。该队在全国桥牌俱乐部赛上，张德生、严谨、刘川、孙少林获得第一名。在全国女子桥牌锦标赛中，成都崇州队代表四川获得第九名。王晓静、卢燕入选国家集训队。

1998 年 8 月，四川托普男子桥牌队在郫县成立，由四川托普集团与四川省桥牌协会联办。1998 年，在第二届香港国际城市桥牌锦标赛上，获得女子队式赛第二名。2000 年 11 月，四川托普桥牌俱乐部成立。四川托普桥牌队在全国体育大会桥牌比赛中获公开队式赛第四名。2001 年，四川队在全国比赛中获得第二名；由成都组队代表四川参加全国桥牌等级赛，获得甲级队第六名。

2002 年，在第二届全国体育大会上，四川桥牌队获得男子团体冠军，并获得混合团体亚军；绵阳队获得女子双人第三名。2003 年，四川神韵传播桥牌队在成都举行的全国桥牌协会锦标赛上，获得男子公开甲级第二名。2004 年，四川男队在武汉全国桥牌锦标赛中获得第一名。四川女子神韵传播队以乙组第一名重返甲级。女队在全国桥牌锦标赛中获得女子队式赛第六名，成都高新区桥协队获得基层桥协团体赛第一名。2005 年，由李新、孙少林、聂卫平、康蒙、潘壮、李小毅组成的四川琥珀光桥牌队在全国桥牌锦标赛上，获得公开队式赛第一名；由田伟强、蒋玉兰、谢召彬、廖正清组成的成都君子兰桥牌队获得混合队式赛第一名，谢召彬、廖正清获得混合双人赛第一名。至 2005 年末，全省有桥牌特级大师 5 人、终身大师 3 人、国家大师 8 人。

第九章　其他运动

第一节　武　术

四川省武术队于1978年成立。成立初即确定继承发扬四川武术特长项目和技术风格的目标，培养出任刚、熊长贵、王萍、刘艳艳、王文军等优秀选手。

1988年，四川队有运动员14名，教练员6名。在“突出项目特点，严格动作规格，提高攻防技能”的训练指导方针下，全队加强基本功训练，效果显著，在全国武术锦标赛上获得金牌8枚。1989年，四川队冠名成都无线电三厂队，在全国比赛中获得金牌7枚。在第二届亚洲武术锦标赛上，王萍获得女子长拳、女子刀术、女子棍术、女子全能4枚金牌。1990年，在第十一届亚运会上，王萍、彭英分获得女子武术三项全能金牌、银牌。1992年，省体委与成都体育学院签订协议，由成都体育学院组建四川散手队参加第七届全运会。在第三届亚洲武术锦标赛上，张继忠获得男子56公斤级散打金牌，成为四川第一位获得散打亚洲冠军的选手。1993年，在第七届全运会武术比赛上，王萍获得女子长拳全能金牌，梁小葵获得女子太极全能银牌，黄少雄获得南拳全能第三名，四川队获得男子散打团体第三名。

图2—12　王萍在1990年北京第十一届亚运会上获得女子三项全能金牌

1994年，在全国武术锦标赛上，梁小葵获得女子杨式太极拳金牌。1995年，美国举行的第三届世界武术锦标赛，刘艳艳获得女子刀术金牌，成为四川省第一位武术世界冠军。1996年，四川队在全国武术、太极拳剑锦标赛上，由梁小葵获得太极拳、杨式太极拳、42式太极拳3枚金牌。在第四届亚洲武术锦标赛上，孙勋昌获得男子散打60公斤级金牌。1997年，国家实施全运会与奥运会全面接轨发展战略，武术是唯一保留在全运会中的非奥运项目，四川队借此机会得到进一步发展。四川散手队在高密度、高强度训练中，针对八运会参赛喊出“人生就此一搏”的口号，振奋全队精神，在第八届全运会赛场上，梁小葵获得女子太极拳铜牌、男女对练铜牌，四川队另获得其他名次5个。

1999年11月，在香港举行的第五届世界武术锦标赛上，成都体育学院学生王文军获得52公斤级散打冠军，成为四川省第一位散打世界冠军。2000年，四川武术队在全国比赛中获得金牌5枚。

在第五届亚洲武术锦标赛上，丁炜获得男子枪术金牌。2001 年，在第九届全运会上，梁小葵获得女子太极拳全能金牌，按协议四川队计 0.5 枚，四川队还获得男子对练银牌、男子枪剑全能铜牌。

2002 年，四川队冠名四川中马映画队，在全国比赛中获得名次 9 个，第十四届亚运会，亓丽参加比赛。2003 年，四川队在全国武术锦标赛上获得银牌 3 枚，铜牌 1 枚；在全国散打冠军赛上获得金牌 1 枚，铜牌 2 枚。2004 年 2 月，四川天道武术队成立，在全国比赛中获得金牌 6 枚。2005 年，在第十届全运会上，于飞彪获得散打 58 公斤级金牌，何光荣获得 50 公斤级铜牌，四川队另获得第五名、第七名各 1 个；套路比赛仅获得第四名 2 个，第六名 4 个、第八名 4 个，获总分 51 分。在第八届世界武术锦标赛上，于飞彪获得男子散打 60 公斤级冠军。四川武术队拥有武英级运动员 40 名。

第二节　自行车

四川省自行车队于 1959 年成立，1962 年撤销，1984 年重建，归省水上运动学校管理。因四川省无自行车训练场地，省自行车队训练多年辗转各地，坚持异地训练。1988 年，四川自行车队有运动员 16 名，教练员 3 名，在全国锦标赛上获得铜牌 2 枚，在全国冠军赛上获得铜牌 1 枚。1990 年，在第十一届亚运会上，王雪梅获得女子自行车争先赛银牌，并以 11 秒 955 的成绩打破女子 1 公里争先赛亚洲纪录。1991 年，在第十五届亚洲自行车锦标赛上，王雪梅获得女子自行车争先赛金牌，成为四川省第一个自行车亚洲冠军。1993 年，在第七届全运会上，殷谢飞获得男子 1 公里计时赛金牌，成为四川省第一个自行车全国冠军。

1995 年 1 月，四川西南日月城自行车俱乐部成立。1996 年，在全国自行车锦标赛上，余树学获得男子 1 公里计时赛银牌，殷谢飞获得铜牌。1997 年，在全国场地自行车锦标赛上，余树学获得 1 公里计时赛金牌；在第八届全运会上，殷谢飞获得男子场地争先赛金牌，四川队获得其他名次 4 个，获得总分 43 分，其中殷谢飞独得 24 分。

2000 年，四川自行车队有注册运动员 16 名。2001 年，在第九届全运会上，吴丹以 1 分 05 秒 407 的成绩打破男子 1 公里计时赛全国纪录并获得银牌，在凯林赛上还获得铜牌 1 枚。2002 年，四川自行车队坚持“三从一大”训练原则，采取异地封闭式冬训。2004 年，在全国比赛中，阎一获得全国自行车锦标赛小轮车第一名，并获得男团竞速赛亚军。2005 年，在第十届全运会上，获得男子团体竞速赛第三名，男子场地 1 公里计时赛第五名，男子凯林赛第七名，女子场地 500 米计时赛第七名，阎一获得男子 BMX 小轮车个人铜牌。

第三节　马　术

1997 年为备战第八届全运会，四川引进马术项目。八运会上四川马术队徐远、肖克拉提、别克江、努尔艾力 4 名选手参赛，获得盛装舞步团体第五名。1999 年，中国开始举办全国速度赛马锦标赛，四川队由黎加茹、王海华、黎加文、张占权组队参赛。

2000 年，在全国马术锦标赛场地障碍赛上，巫辉、张建军、梁锐基以 120 分获得团体第九名，陈志强获得个人第二十名。在第二届全国速度赛马锦标赛上，莫家峰骑“大家开心”获得1000米纯血马预赛第四名、决赛第二场第八名；莫家峰骑“得宠”获得决赛第一场第八名；包平喜骑“幸运线”获得决赛第三场非纯血马1800米第七名，黄承勇骑“玩具公主”获得第八名。2001年11月，在第九届全运会上，黎加茹以6分53秒33的成绩获得5000米速度赛马第八名。

2002年6月，在全国马术盛装舞步锦标赛上，谭志勤、黄丽兴、樊宇荣、孔家贤获得盛装舞步团体第三名。2003年，在全国马术盛装舞步锦标赛上，谭志勤、黄丽兴、樊宇荣、孔家贤以156.45分的成绩获得盛装舞步团体第二名，谭志勤获得盛装舞步个人第三名，另获得第五名和第六名各1个。2004年10月，在全国马术盛装舞步团体锦标赛上，黄丽兴骑“荷兰二号”获57.43分，孔家贤骑“腾飞”获50.76分，谭志勤骑“及时雨”获49.24分，樊宇荣骑“理想”获47.43分，四川队最后以157.43分获得第三名。在第三届全国速度赛马锦标赛上，许先裕骑“开心”获得无限定12000米第三名，黎加茹策骑“神话王”获得第六名，黎加茹策骑“旺球”获得非纯血马1800米第二名，余国民策骑“飞火流星”获得第十名，许先裕骑“大丹”获得非纯血马1000米第七名，安嘉俊骑“盈嘉号”获得第十一名。2005年，四川队以四川中国青城队名义参加第十届全运会比赛，樊宇荣、谭志勤、孔家贤、黄丽兴以185.05分获得盛装舞步团体第三名，樊宇荣获得个人赛第十名及总成绩第九名，罗志勇、宝音套格套、吉日格拉图、张连荣获得场地障碍团体赛第八名，宝音套格套获得场地障碍个人赛第十四名，苑志明获得速度赛马12000米个人赛第七名。

第四节 现代五项

1998年，为实施四川全运会发展的总体战略，提升四川参加全运会竞技实力，四川交流引进现代五项项目。

2000年，四川现代五项队参加全国现代五项锦标赛，以总分49分的成绩获得男子团体接力第三名。2001年，在全国现代五项冠军赛上，王津、刘乐、谢建伟以5306分的成绩获得男子团体接力冠军，成为四川第一批现代五项全国冠军；四川队还获得男子团体第三名。王津获得男子个人第三名，易美华获得女子个人第三名。在全国现代五项锦标赛上四川队以15348分的成绩获得男子团体第三名，以总分5093分的成绩获得男子团体接力第三名；王津获得男子个人第三名。在第九届全运会上，刘乐以5390分获得男子个人第三名，四川队以5128分获得男子团体接力第三名。

2005年，在全国青年现代五项锦标赛上，王冠、庞亚东、周宇翔获得男子团体冠军，王冠获得个人冠军。10月，四川队以四川中国青城队名义参加第十届全运会比赛，王冠获得男子个人第九名，周宇翔获得男子个人第十六名，庞亚东获得男子个人第十九名；孙安妮获得女子个人第八名，李鑫获得女子个人第十七名，刘宝莹获得女子个人第二十八名，梁碧芳获得女子个人第三十一名；四川男队获得男子团体第八名。

第五节 无线电

四川省无线电运动队于1960年成立。1988年，四川无线电队在第一届全国孔雀杯无线电测向竞赛上，陈立获得青年2米波段第三名；在第六届全国西湖杯无线电测向锦标赛上，徐远能获得男子乙组识图越野第一名，龚军获得女子2米波段第三名。1989年，在全国测向锦标赛上，周超、贺开荣分获男女识图越野铜牌。1990年，在第五届世界无线电测向锦标赛上，贺开荣获得女子80米波段团体铜牌。1991年，在第九届全国西湖杯无线电测向锦标赛上，四川队以124分13秒找10台的成绩获得男子2米波段团体冠军，孙少伟获得2米波段个人和识图越野第三名，杨莉获得女子识图越野第三名。在第四届全国孔雀杯无线电测向竞赛上，四川队以1476分40秒找77台的成绩获得团体总分第三名，贺开荣以72分26秒找8个点标的成绩获得女子识图越野第一名，胡万兴以120分15秒找8台的成绩获得男子2米波段个人第一名。

1992年，在第六届世界无线电测向锦标赛上，贺开荣以53分29秒3找4台的成绩获得女子80米波段个人银牌，并以111分21秒找8台的成绩获得女子80米波段团体银牌、女子80米波段个人2枚银牌，并获得女子个人2米波段第四名和女子2米波段团体第五名。1994年，在全国无线电测向锦标赛上，成都队获得金牌3枚，重庆队获得铜牌1枚。1995年，在全国无线电测向锦标赛上，重庆三十中获得奖牌6枚，成都七中获得奖牌3枚。1996年，在全国无线电测向锦标赛上，成都黄斌获得B组2米波段成年男子金牌，重庆祝波获得B组80米波段成年男子金牌。1999年，在全国测向锦标赛上，成都七中陈梦获得青年组金牌1枚。2001年，在全国测向锦标赛上，杨凌子获得男子80米波段个人第三名。

第六节 跳伞

四川省跳伞队于1958年成立，是一支运动成绩优异的运动队。

1988年，四川跳伞队有运动员20名，教练员5名。1989年10月，在成都举行的第五届世界杯跳伞赛上，赖晓莉获得女子个人定点和女子个人全能金牌，成为四川第一位跳伞世界冠军；陈宏获得男子特技银牌、杨翼获得男子个人全能银牌。1990年，在第二十届世界跳伞锦标赛上，赖晓莉获得女子定点铜牌。1992年，在第二十一届世界跳伞锦标赛上，赖晓莉获得女子团体、女子集体定点、女子个人定点3枚银牌，陈宏、杨翼获得男子团体铜牌。1993年，在第七届全运会上，杨翼获得男子个人全能金牌，另获得男、女集体定点第三名及女子全能第四名。

1993年，省体委根据八运会方案进行项目布局调整时，跳伞作为四川优势项目的非全运会项目被保留。但要求缩小编制，保留骨干。主要任务是参加国际国内大赛，开发第三产业，逐步实现自收自支。

1994年6月，在成都举行的第二十二届世界跳伞锦标赛上，赖晓莉获得女子集体定点和女子团体金牌，还获得女子个人全能及个人定点2枚铜牌。1995年，四川队冠名西昌卷烟厂跳伞队，在第一届亚太区跳伞锦标赛上，薛峰获得男子集体定点金牌，吕春获得女子定点集体金牌。9 月，赖晓莉借调空军队参加第一届世界军人运动会，获得跳伞女子个人定点第一名、集体定点第二名、女子团体第三名。在 1996 年第二十三届世界跳伞锦标赛上，赖晓莉获得女子集体定点金牌，董怀忠获得男子集体定点铜牌。1997 年，在全国锦标赛上，薛峰获得个人全能和个人定点金牌，赖晓莉获得女子个人定点金牌。在第二届亚洲跳伞锦标赛上，吕春获得女子集体定点金牌。在第五届世界运动会上，赖晓莉获得女子个人定点银牌。

2000 年，在第四届亚洲跳伞锦标赛上，朱虹获得混合集体定点金牌。2001 年，在第五届亚洲跳伞锦标赛上，朱虹获得女子集体定点金牌。2002 年 4 月，四川特技飞行表演队获得中国航空运动协会“2001 年度运动特殊贡献奖”。在全国锦标赛上，冯晓晔获得女子个人定点金牌。在第二届全国体育大会上，李国强获得男子个人定点金牌，四川队获得男子集体定点银牌。2003 年，在第七届亚洲跳伞锦标赛上，吕春获得女子集体定点金牌。2004 年，在第八届亚洲跳伞锦标赛上，冯晓晔获得女子集体定点金牌。在第二十八届世界跳伞锦标赛上，吕春获得女子集体定点银牌。2005 年，四川跳伞队全年组织飞行 50 个训练日、200 余架次、100 小时。在全国首届航空运动会上获得团体定点金牌；在第九届亚洲跳伞锦标赛上，吕春获得女子个人定点和女子集体定点金牌及女子个人全能银牌。

1988—2005 年，全省获得国际级运动健将有赖晓莉、董怀忠、陈宏、张建中、熊敏、杨翼、吕春。

第七节 滑 翔

1958 年，四川滑翔队成立。参加第一届全运会后，主要任务是为空军培养、输送飞行员后备力量。1982 年，滑翔项目进行重大调整，由军事体育项目转为培养专业滑翔运动员，参与竞赛，创造滑翔飞行纪录。

在 1986 年全国滑翔锦标赛上，王鲁春多边航线竞速、三角航线竞速、个人总分获得 3 枚金牌。同年，王鲁春、胡惠松在嘉峪关以 513. 375 千米/小时创男子双座往返竞速全国纪录。1987 年，在全国滑翔锦标赛上，王鲁春获得多边航线竞速金牌，孙拥军获得三角航线竞速金牌。同年，在澳大利亚举行的第 20 届世界滑翔锦标赛，共有 30 个国家和地区 108 名运动员参赛，王鲁春首次代表中国参加，且是唯一的中国运动员，获得个人总分四十二名，实现突破。1989 年，孙拥军囊括该年度锦标赛多边距离、多边竞速、三角航线竞速、个人总分 4 枚金牌。1991 年，在全国滑翔竞锦标赛上，孙拥军再次获得三角航线竞速金牌。1992 年，孙拥军获得往返、多边竞速两枚金牌。1993 年，孙拥军获得多边、个人总分两枚金牌。1995 年，孙拥军获得三角航线竞速金牌。1996、1997 年，连续两届全国滑翔锦标赛上，孙拥军获得多边竞速、多边距离金牌各 1 枚。

1997 年，航校体制再度改革，撤销滑翔队等多种原因滑翔队中断参加竞赛。学校引资成立奥林通用航空股份制公司，原滑翔项目专业人员进入国内各运输及通用航空公司。

第八节　航空模型

四川航空模型队于1959年成立。1988年，四川航空模型队有运动员20名。在第二十六届世界自由飞航空模型锦标赛上，王伟获得F1C自由飞航空模型团体冠军，成为四川省第一位航空模型世界冠军，并获得该项综合团体亚军。1993年，在全国航空模型锦标赛上，王伟获得F1C自由飞航空模型个人金牌。在第二十七届世界自由飞航空模型锦标赛上，董坤江获得F1B橡筋模型团体第三名。

1994年，在世界线操纵航空模型锦标赛上，王士民获得F2D空战模型团体第六名。在第三十届世界自由飞航空模型锦标赛上，董坤江获得F1B橡筋模型团体第二名。1996年，在首届全国航空水上健身运动会暨全国航空模型锦标赛上，雷绍成获得F1B橡筋模型个人和团体2枚金牌，四川队另分别获得F1B橡筋模型和F1C自由飞模型团体2枚金牌。1997年，在全国锦标赛上，四川队获得F2C自由飞模型团体金牌，崔军获得P3A-2个人金牌。1999年9月，在第二十九届世界自由飞航空模型锦标赛上，董坤江获得F1B橡筋模型团体第二名，并获得F1项目综合团体第五名。2000年，在首届全国体育大会上，四川队获得第四名2个。2001年，在全国航空航天模型锦标赛上，四川队获得F1B橡筋模型团体金牌，董坤江获得F1B橡筋模型个人金牌。2002年，全国航空模型锦标赛上，四川队获得金牌1枚。在第二届全国体育大会上，王伟获得F1C自由飞模型个人亚军、四川队获得F1项目综合团体第三名。2005年，四川航空模型队在经费十分困难的条件下，仍然坚持训练，参加比赛基本上是自费。在全国首届航空运动会上，王士民获得F2D空战模型个人金牌。

第九节　航海模型

四川航海模型队于1984年正式成立。1988年，四川航海模型队有运动员13名。在第六届世界耐久航海模型锦标赛上，李滇获得F15级第四名及FSR团体第六名。1989年，在第五届世界外观航海模型锦标赛上，余立以96分的成绩获得袖珍模型个人亚军；在第六届世界动力艇航海模型锦标赛上，肖松获得F16.5级模型个人第三名。1991年，在第六届世界外观航海模型锦标赛上，余立制作的威廉骑马号模型以96.67分的成绩获得C4级袖珍模型个人冠军，成为四川省第一位航海模型世界冠军。吴国峰在1989年全国航海模型锦标赛中获得F3-E模型个人和团体2枚金牌。1993年，在全国锦标赛上王成伟获得F3-E模型个人金牌。在第七届世界外观航海模型锦标赛上，余立获得C4级袖珍模型个人第四名。1994年，四川队在全国锦标赛上获得FSR模型团体、FSR-V3.5模型个人、FSR-V6.5模型个人3枚金牌。

1994年3月，国家体委在“关于运动项目进行分类管理的规定”中，将航海模型划为以社会投入为主进行发展的项目。根据社会的需要，服务于社会，寻求自我发展途径，经费来源逐步过渡到主要依靠自我经营和社会投入。1995—1997年，海模队组织人员创收，曾一度开创热火朝天的局面，当时大部分所得上交学校，最多1年的毛利20多万元。后因政策不合理，没有采取扶持态度，反而制定一系列不切实际的规章制度，导致创收工作萎缩和停滞。

1995 年始，四川航海模型队每年活动经费仅 1 万元，参加比赛靠库存器材，技术上靠吃老本。在第九届世界动力艇航海模型锦标赛上，李麟获得 F－V3.5 级第三名，并获得 F1－E1Kg 第六名，王成伟获得 F3－V 第七名。

1998 年，在第九届世界外观航海模型锦标赛上，以个人名义参赛的四川海模业余选手刘洪以 100 分的成绩获得 C4 级袖珍模型冠军。1999 年，四川航海模型队因经费原因未参加全国锦标赛，但仍有 3 名队员自费参赛。2000 年，四川海模队在首届全国体育大会上取得较好成绩，获得团体第二名、第五名各 1 个，并获得单项第二名、第三名各 1 个，第四名、第五名 5 个，超额完成进入前六名任务。在第十届世界外观航海模型锦标赛上，刘洪以 99.32 分的成绩再次获得 C4 级袖珍模型冠军。2004 年，四川队在全国锦标赛上获得 FSR－0.35 级金牌 1 枚。2005 年，四川队在经费十分困难的条件下，仍然坚持训练，参加比赛基本上还是自费，并在全国锦标赛上获得金牌 1 枚。

图 2—13　余立在 1991 年第六届世界外观航海模型锦标赛上，获得 C4 级袖珍模型冠军

1988—2005 年，全省获得国际级运动健将有余立、肖松、刘洪。

第十节　短道速滑

1998 年，为实施四川全运会发展的总体战略，提升四川参加全运会竞技实力，同时为四川开展冰上运动打下基础，交流引进冬季新兴项目短道速滑，

2001 年，在第九届全运会上，代表四川队出战的刘兰天、郭伟、李嵩楠、吕岩以 721.620 分获得短道速滑男子 5000 米接力铜牌，成为四川队第一块全运会冰上项目奖牌。四川女队获得短道速滑女子 3000 米接力第四名。

2002 年 4 月，郭伟在全国短道速滑冠军赛上，获得男子 500 米、1000 米、1500 米、男子全能 4 项冠军，为四川第一枚全国冰上项目金牌。2005 年，在第十届全运会短道速滑比赛上，高岚岚获得女子 500 米短道速滑铜牌，四川男子 500 米接力获得第五名，还获得第六名 3 个；另外，代表中国队出战冬奥会的郭伟获得男子短道速滑第三名计入四川第十届全运会成绩。

第十一节　速度滑冰

1998年，为实施四川全运会发展的总体战略，提升四川参加全运会竞技实力，同时为四川开展冰上运动打下基础，交流引进冬季新兴项目速度滑冰。

2001年，第九届全运会上，代表四川队出战的卢亚军获得女子速滑全能第四名。2005年3月，安伟江在哈尔滨举行的第十届全运会速滑比赛上，以145.665分的成绩获得男子短距离全能铜牌。

第十二节　花样滑冰

1998年，为实施四川全运会发展的总体战略，提升四川参加全运会竞技实力，同时为四川开展冰上运动打下基础，交流引进冬季新兴项目花样滑冰。

2000年12月，四川队参加全国花样滑冰锦标赛暨第九届全运会预赛，由男选手马晓东、安洋、胡晓欧、潘高峰和女选手杨禹组队参赛，安洋获得第十一名。2001年，在第九届全运会决赛场上，代表四川队出战的马晓东获得男子花样滑冰第七名。2005年9月，在第十届全运会花样滑冰比赛上，安妮、仵一鸣获得双人滑第四名，郭雅露获得女子单人滑第四名，另获得第五名1个、第六名2个、第七名1个。

第三篇 运动会

充分发挥运动竞赛的杠杆作用，是检验体育工作阶段性成果、推动体育持续发展的有效途径。1984 年开始，四川连续 22 年保持“全国最佳赛区”殊荣。以 1993 年四川成功协办第七届全运会为历史性的新起点，多次承办世界高水平单项比赛和全国综合性运动会，省级综合性运动会体系不断完善，成都体育中心被誉为中超足球职业联赛“金牌球市”，运动竞赛极大地丰富人民群众的精神文化需求，促进各地体育事业的蓬勃发展。

第一章　全省运动会

第一节　四川省运动会

四川省第六届运动会　1988 年 10 月 7—16 日在自贡市举行。本届运动会实行竞赛改革，首次以行业、系统为参赛单位。有冶金、煤炭、电子、银鹰、工商、卫生、粮食、水电、交通、前卫、石油、铁路、化工、邮电、大地、高校、轻工、东方企业、纺织、建设、计划生育和新闻22 个代表团的1965 名运动员参赛。设田径、游泳、篮球、排球、足球、乒乓球、羽毛球、武术和中国象棋 9 项比赛。有 1 人 1 次打破 1 项省纪录。获得团体总分前八名的是：冶金、电子、交通、前卫、铁路、高校、化工、轻工。获得金牌数前八名是：冶金、电子、铁路、前卫、银鹰、高校、交通、化工。

吉祥物

此次运动会在素有“恐龙之乡”的自贡市举行，本届运动会选择恐龙这个有较强地域特色的动物作为吉祥物。主吉祥物造型为手举火炬奔跑的恐龙，吉祥物的原型是珍藏在自贡恐龙博物馆中的“天府峨眉龙”。

会徽

会徽为菱形，形内由三部分具有象征意义的图案组成：上部分为跑道组成的“6”字火炬，中部为“四川”两字组成火炬手柄，表示这是四川省举办的第六届运动会，火炬有继往开来的含义，象征全省体育事业欣欣向荣的灿烂前景，下部由 5 个灯状的环组成“1988”字样既象征全省工农兵学商大团结，体现本届运动会的群众性，又表明运动会举办的时间。会徽设计者为四川省科委蔡绩。

四川省第七届运动会　1992 年 10 月 10—20 日在绵阳市举行。有电力、电子、地质矿产、纺织、建设、交通、经卫、机械、林业、煤炭、农业、轻工、前卫、水电、司法、税务、石油、商业、铁路、文化、物价、卫生、物质、新闻出版、邮电、冶金、银鹰、医药、中物院等 33 个行业、系统体育代表团的 1971 名运动员参赛，其中女运动员 680 人。设田径、游泳、篮球、排球、足球、乒乓球、羽毛球、武术、围棋、中国象棋和桥牌 11 项比赛。有 2 人 3 次打破 3 项省纪录。获得团体总分前八名的是：冶金、前卫、铁路、驻川部队、交通、高教、商业、电子。获得金牌数前八名是：驻川部队、前卫、电力、铁路、建设、机械、高教、电子。

省第七届运动会的吉祥物是金丝猴“欢欢”。金丝猴是除大熊猫外，四川（绵阳）特有的珍稀动物，运动会恰好在猴年举行，以此为吉祥物最具代表性。欢笑跳跃的金丝猴高举会旗，在欢呼省运会圆满成功，欢迎各路健儿汇聚绵阳，故名“欢欢”。设计者为绵阳日报社杨昆原。

会徽

吉祥物——欢欢

会徽的图案主题由红色的“川”和“7”字组成燃烧的火炬，代表四川省第七届运动会，“MY”代表绵阳。形似跑道的金色圆环是运动和团结的象征，会旗沿用会徽的主题图徽。会徽设计者为绵阳市市中区文化馆张国忠。

会徽

吉祥物——果娃

四川省第八届运动会 1996 年 10 月 5—13 日在南充市举行。有交通、铁路、化工、经卫、银鹰、冶金、前卫、石油、邮电、卫生、农业、建设、新闻、国税、水电、医药、轻工、煤炭、文化、民政、商检、地质、林业、教育、西南石油地质局、电子、国土、机械等 28 个行业、系统体育代表团的 2019 名运动员参赛。设田径、游泳、篮球、排球、足球、乒乓球、羽毛球、门球、武术、围棋、中国象棋、桥牌 12 项比赛。有 132 人 87 次打破 40 项省纪录。获得团体总分前八名的是：交通、铁路、化工、经卫、银鹰、冶金、前卫、石油。获得金牌数前八名是：交通、铁路、经卫、前卫、化工、国税、银鹰、卫生。

图 3—1 2002 年四川省第九届运动会开幕式在成都体育中心举行

四川省第九届运动会 2002 年 8 月 3—11 日在成都市举行。本届运动会与四川省青少年运动会合并举行。比赛分成年组和青少年组。有 21 个市（州）青少年组代表团和 28 个成年组代表团的 9287 名运动员参赛。成年组有交通、铁路、化工、经卫、银鹰、冶金、前卫、石油、邮电、卫生、农业、建设、新闻、国税、水电、医药、轻工、煤炭、文化、民政、商检、地质、林业、教育、西南石油地质局、电子、国土和机械等行业、系统的 4631 名运动员参赛。设篮球、足球、网球、乒乓球、羽毛球、保龄球、台球、门球、围棋、中国象棋和桥牌 11 项比赛。青少年组有 21 个市（州）代表团 4656 名运动员参赛。设田径、游泳、跳水、篮球、排球、足球、网球、乒乓球、羽毛球、棒球、垒球、体操、艺术体操（蹦床）、举重、摔跤、柔道、拳击、跆拳道、击剑、武术、射击、射箭和赛艇（皮划艇、激流回旋皮划艇）23 项比赛。有 25 人 5 队 46 次打破 37 项省青少年纪录，3 人 1 队 4 次打破 4 项全国青少年纪录。获青少年组团体总分前八名的是：成都、乐山、自贡、绵阳、内江、德阳、宜宾、泸州。获青少年组金牌数前八名是：成都、绵阳、乐山、德阳、泸州、凉山、自贡、内江。

会徽

吉祥物

会徽素材取自成都金沙出土、有着4000多年历史的文物“太阳神鸟”图案，经修饰而成。图案正中是火红的太阳，周围12束生生不息的火焰，4只太阳神鸟在光明和希望中尽情舞蹈；图案下面红绿蓝3条色带象征海洋，寓意红日从海平面喷薄而起，又似跑道，有强烈的动感和视觉冲击力，“S”和“川”的变形既代表四川，又使图形变成1个动态的“9”；图案渲染为金属质感，既体现文物本身的材质，又恰似一块金灿灿的奖牌。由成都小宝设计工作室谢宝华设计。

吉祥物采用健康、活泼、可爱的川西坝子小孩卡通形象，寓意四川的未来和希望。由成都支点广告公司孙苏设计。

会歌名为《分享》，由川籍著名音乐人、广州风雅颂音乐室陈树作词、作曲。歌曲旋律优美，气势磅礴，节奏明快，催人奋进。

第二节　四川省青少年运动会

四川省青少年运动会为每4年举办1次的大型综合性运动会，其目的是培养和选拔高水平的体育后备人才。首届运动会于1986年9月在达县地区举办，至1998年共举办四届。此后青运会与省运会合并举行，按省运会届次排序。

四川省第二届青少年运动会　1990年8月27日至9月3日在内江市举行，有成都、重庆、自贡、乐山、攀枝花、泸州、德阳、绵阳、广元、遂宁、内江、宜宾、涪陵、黔江、万县、南充、达县、雅安、甘孜、阿坝和凉山21个市（地、州）的6927名运动员参赛。设田径、游泳、跳水、篮球、排球、足球、乒乓球、羽毛球、体操、艺术体操、技巧、举重、摔跤、柔道（女）、击剑、武术、射击、射箭、赛艇和皮划艇20项比赛。有7人15次超11项全国青少年纪录，107人21队222次打破98项省青少年纪录，获得团体总分前八名的是：成都、重庆、内江、乐山、自贡、达县、宜宾、泸州。获得金牌数前八名是：成都、重庆、内江、乐山、泸州、自贡、凉山、达县。

四川省第三届青少年运动会　1994年8月28日至9月3日在乐山市举行，有成都、重庆、自贡、乐山、攀枝花、泸州、德阳、绵阳、广元、遂宁、内江、宜宾、涪陵、黔江、万县、南充、达县、雅安、甘孜、阿坝、凉山等23个市（地、州）的4958名运动员参赛。设田径、游泳、跳水、篮球、排球、足球、网球、乒乓球、羽毛球、体操、艺术体操、技巧、举重、摔跤、柔道、击剑、武术、射击、射箭、赛艇和皮划艇21项比赛。有7人3队16次超11项全国青少年和儿童纪录，53人1队117次打破20项省青少年和儿童纪录。获得团体总分前八名的是：成都、重庆、乐山、内江、自贡、攀枝花、绵阳、宜宾。获得金牌数前八名是：成都、重庆、乐山、自贡、内江、攀枝花、遂宁、绵阳。

吉祥物

会徽

省第三届青运会吉祥物是1只活泼可爱的小狗造型，设计者采用变形夸张手法，使人想到热烈、竞争的体育运动，并以其坚定、自信的心态象征青少年朝气蓬勃、奋发向上的精神风貌。设计者为毛明祥。

会徽中的两个圆代表运动；由圆环引出的鸽子飞翔图案代表青少年蓬勃向上、奋力飞跃；外形如同1面锦旗，含比赛竞争获奖之意。设计者为陈敬毅、陈敬冬。

图3—2　四川省第三届青少年运动会于1994年8月在乐山市举行

吉祥物——阳阳

四川省第四届青少年运动会　1998年8月26日至9月1日在德阳市举行，有成都、自贡、攀枝花、德阳、绵阳、广元、泸州、内江、乐山、遂宁、南充、宜宾、雅安、达川、广安、巴中、眉山、资阳、甘孜、阿坝、凉山21个市（地、州）的5032名运动员参赛。设田径、游泳、跳水、篮球、排球、足球、网球、乒乓球、羽毛球、棒球、垒球、体操、艺术体操、举重、摔跤、柔道、拳击、击剑、武术、射击、射箭、赛艇（皮划艇）22项比赛。有2人3次打破2项全国青少年纪录，158人1队329次打破103项省青少年纪录。获得团体总分前八名的是：成都、宜宾、攀枝花、德阳、乐山、自贡、绵阳、泸州。获得金牌数前八名是：成都、攀枝花、内江、泸州、绵阳、乐山、德阳、宜宾。

四川省第四届青少年运动会吉祥物取名“阳阳”，一是太阳之意，二是此届青运会在德阳举行。吉祥物以太阳为原型，寓意着青少年好似早晨八九点钟的太阳，充满活力与希望，体现出青少年朝气蓬勃的精神面貌。“阳阳”一手执火炬，一手为表现胜利的“V”字形，正迈开大步向前，造型活泼可爱，令人精神振奋。吉祥物由成都嘉会设计工作室王焰、钟卫东设计。

德阳 1998

会徽

会徽由向前冲击的红、绿、蓝3条弧线代表运动场上最后的冲刺；红、绿、蓝是青少年的象征。3条弧线构成“4”字及在“4”侧上由“川”字延伸成运动跑道，表明四川省第四届青运会；会徽简洁、新颖、现代感强，展现出青少年运动会团结奋斗、勇于拼搏的精神风貌。会徽由德阳市野马图片社李兴明设计。

第二章　承办主办协办运动会

第一节　国内比赛

第七届全国运动会（四川赛区）　1986年5月，国务院决定第七届全国运动会于1993年在四川举办。1987年，在第六届全运会闭幕式上，四川省省长蒋民宽接过全运会会旗。1988年4月，国务院根据经济建设的部署，压缩基建项目，更好地完成财政增收节支任务的需要，决定第七届全运会不在四川省举办。1989年3月，国务院考虑到已宣布第七届全运会在四川举办，决定在四川安排一些竞赛项目。1991年，全国体育工作会议决定，第七届全国运动会由北京主办（北京赛区）、四川协办（四川赛区）。

第七届全运会四川赛区比赛于1993年8月15—24日在成都市举行，为四川第一次协办全国大型综合性运动会。有北京、天津、河北、山西、内蒙古、辽宁、吉林、黑龙江、上海、江苏、浙江、安徽、福建、江西、山东、河南、湖北、湖南、广东、广西、海南、贵州、云南、西藏、陕西、甘肃、青海、宁夏、新疆、台湾（中国台湾航空模型运动协会）、解放军、前卫、地质、航空、火车头、邮电、银鹰、石油、汽车、四川40个代表团3029名运动员参赛。设跳水、水球、花样游泳、蹼泳、排球、羽毛球、棒球、技巧、武术、射击、射箭、航空模型、赛艇、皮划艇和滑水15项。获四川赛区总分前八名是：辽宁、广东、四川、湖北、解放军、湖南、河南、上海。获得金牌数前八名是：辽宁、广东、四川、河南、湖北、北京、福建、湖南。四川获得13枚金牌、9.5枚银牌、11枚铜牌，奖牌总数33.5枚，总分315.5分。

吉祥物——明明

第七届全运会的吉祥物是按照当年生肖设计的小公鸡“明明”。“明明”意为金鸡报晓，迎接更加美好的明天。金鸡报晓预示着体育事业兴旺发达，金鸡雄壮而高昂的气势，充分体现体育事业的竞争和进步的特色。设计者为《北京日报》美术编辑孙以增。

第七届全运会会徽图案是一把燃烧的火炬，火焰由罗马字母VII（七）字变型而成；手柄成跑道造型，由两个相反的“7”字组成，点明届数。

会徽

第四届全国农民运动会　2000年10月29日至11月4日在绵阳市举行。这是四川省首次在省会城市以外承办的全国大型综合性运动会。有北京、天津、河北、山西、内蒙古、辽宁、吉林、黑龙江、上海、江苏、浙江、安徽、福建、江西、山东、河南、湖北、湖南、广东、广西、海南、重庆、贵州、云南、西藏、陕西、甘肃、宁夏、新疆、台湾、四川等32个代表团3518名运动员参赛。设田径、游泳、篮球、乒乓球、中国式摔跤、武术、民兵军事三项、自行车载重、舞龙舞狮、毽球花毽、象棋、龙舟、风筝13项。获得金牌数前八名的是：四川、北京、广东、福建、天津、重庆、河北、上海。

会徽

会徽沿用往届农运会会徽的主体标识，由3个变形的字母“N”组成，分别代表农业、农村和农民（“N”是农字汉语拼音的第一个字母），表示农民运动会是全国农民的体育盛会，是为宣传贯彻党对农业、农村工作方针政策服务的。“N”变形似运动员奔跑和跨越的形态，体现全国农民对体育事业的热爱和积极参与，象征着全国农民齐心协力奔小康的信心和决心。3个“N”字采用蓝、黄、绿3色，分别代表天空、大地和庄稼，喻示农民体育植根于祖国大地，有着广泛的群众基础。“2000四川·绵阳”，意为该届农运会2000年在四川省绵阳市举行。

第四届全国农运会吉祥物“隆隆”，2000年是中国农历龙年，农运会的吉祥物是一个高举世纪火炬、身着运动服奔跑的小龙仔，取名为“隆隆”。它反映出世纪之交中国农民的精神风貌，体现本届农民运动会“团结、奋进、文明、富裕”的宗旨和亿万农民奔向富裕生活的主题。

吉祥物——隆隆

会歌《托起大地的希望》由四川音乐学院作曲系谱写。《托起大地的希望》艺术地诠释“拼搏、创新、和谐、小康”和“活力绵阳、快乐农运”理念，突出“三农”特性，突出举办地绵阳鲜明的地域特色，凝聚着9亿中国农民对生活的激情。

第六届全国大学生运动会　2000年9月3—11日在成都市举行。有北京、天津、河北、山西、内蒙古、辽宁、吉林、黑龙江、上海、江苏、浙江、安徽、福建、江西、山东、河南、湖北、湖南、广东、广西、海南、重庆、贵州、云南、西藏、陕西、甘肃、宁夏、新疆、香港、澳门、四川等33个代表团2808名运动员参赛。设田径、游泳、篮球、排球、足球、乒乓球、健美操、武术、军用枪射击等9项。获得团体总分前八名的是：广东、辽宁、上海、四川、天津、湖北、北京、山东。获得金牌数前八名的是：广东、辽宁、天津、上海、四川、山东、湖北、吉林。

吉祥物——欣欣

此届大运会在四川成都举行，四川是大熊猫的故乡，因此选择大熊猫作为吉祥物有较强的地域特色。吉祥物取名“欣欣”，寓意一是运动会召开时间为2000年，是新世纪伊始，与新世纪的“新”的同音；二是大学生共祝祖国在新世纪里欣欣向荣，繁荣昌盛。吉祥物造型表现出大熊猫的活泼可爱，并用奔跑的动态表现新一代大学生自信自强的精神；大熊猫头上飞扬的红头绳既象征青春的火焰，又为运动会增添喜庆的气氛；大熊猫手中的接力棒寓示着大学生们将把赛场上奋发向上的作风永远传承下去。设计者为四川大学艺术学院李伟。

会徽

由圣火火焰以及“6”字组成的富于动态美的飘带会徽造型，体现出运动精神和大学生生生不息的青春活力。标志下部的“A”字图形，为四川峨眉山“金顶”的造型，象征本届运动会在四川举行，定位于其上的红日，象征着更快、更高、更强的运动精神；象征着希望、梦想、荣誉和光辉的顶点；象征着挑战极限、勇攀顶峰的竞争意识。“A”又为英文“athletics”（运动员）的首字母，它又与红色图形“6”共同构成站立的“人”的形象和“大”字的形象，代表本届运动会的主题。设计者为厦门大学美术系李蔚青。

第二届全国体育大会 2002年5月25日至6月3日在绵阳市举行。有北京、天津、河北、山西、内蒙古、辽宁、吉林、黑龙江、上海、江苏、浙江、安徽、福建、江西、山东、河南、湖北、湖南、广东、广西、海南、重庆、四川、贵州、云南、西藏、陕西、甘肃、宁夏、新疆、新疆建设兵团、前卫、火车头、石油、石化、化工、煤矿、林业、邮电、航天、电子、电力、水利、中科院、绵阳等30个省（市、自治区）、14个行业体协、5所体育院校共45个代表团3228名运动员参赛。设蹼泳、保龄球、台球、门球、技巧、健美、健美操、体育舞蹈、中国式摔跤、无线电定向、跳伞、航空模型、航海模型、轮滑、攀岩、舞龙舞狮、滑水、龙舟、围棋、中国象棋、国际象棋、桥牌等22大项227小项。四川体育代表团有203名运动员参加16个大项95个小项比赛，获得13枚金牌、19枚银牌、14枚铜牌。16个项目队获“体育道德风尚奖”。获得金牌数前八名的是：广东、上海、河南、江苏、四川、北京、辽宁、山东。

吉祥物——珂珂

第二届全国体育大会吉祥物为头戴天线、活泼可爱的机器熊猫，取名“珂珂”（谐音“科科”），突出绵阳的特点，具有很强的亲和力。机器熊猫一手高举代表胜利的“V”形及第二届的“二”形手势，神情欢快自信，颜色明快，既渲染体育大会热烈、祥和、圆满的气氛，同时又体现绵阳蓬勃向上、豪情大气的新兴科技城形象。

会徽

第二届全国体育大会会徽由数字2、字母M、火焰、飞翔的鸽子及整体构成的2002字样等形象构成主体；2002表明大会举办年，数字2与M表达第二届及举办地绵阳；红色火焰代表运动圣火；鸽子寓意和平、团结，飞翔形象寓意奋斗，象征本届大会“团结交流、拼搏腾飞”的宗旨；圆形外框突出圆满之意，寓意第二届全国体育大会将是一次团结胜利的体育盛会。

第二节 国际比赛

一、世界比赛

第五届世界杯跳伞冠军赛暨红光杯赛 1989年10月13—19日在省航空运动学校举行，是四川省首次承办的世界正式比赛。有澳大利亚、比利时、丹麦、联邦德国、民主德国、伊拉克、意大利、日本、瑞士、泰国、土耳其、英国、苏联、中国14个国家的运动员参赛。分成年组和青年组，设男女个人全能、个人定点、个人特技6项比赛。中国队获得奖牌13枚，其中金牌4枚；苏联获得男子成年组3枚金牌；民主德国获得女子特技金牌。代表中国参赛的四川选手赖晓莉获得女子全能和定点2枚金牌，四川选手杨翼获得青年男子组全能和特技2枚金牌。

第十五届世界杯足球赛亚洲区 A 组第二阶段（成都赛区）比赛　1993 年 6 月 12—20 日在成都市体育中心举行，是中国首次承办的世界杯足球赛事。有约旦、伊拉克、巴基斯坦、也门和中国 5 队参赛。参赛人数 167 人，采访比赛的中外记者 365 人。中国队在第二阶段（成都赛区）比赛中 4 战 4 胜积 8 分，但因总分获得 12 分排名第二，未能出线。伊拉克队以 13 分获得出线权。成都赛区 10 场比赛有 18 万人次直接观看，中央、四川、成都 3 家电视台进行现场直播，电视观众上亿人。国家体委主任伍绍祖称赞成都赛区的比赛是一次“硬件好、接待好、组织好、宣传好、观众好”的比赛。

第二十二届世界跳伞锦标赛（杜甫花园杯）　1994 年 5 月 29 至 6 月 6 日在省航空运动学校举行，这是中国和亚洲首次举办的跳伞世界锦标赛。有澳大利亚、奥地利、比利时、白俄罗斯、加拿大、克罗的亚、捷克、丹麦、西班牙、芬兰、法国、英国、德国、洪都拉斯、匈牙利、印度、以色列、意大利、日本、哈萨克斯坦、韩国、拉脱维亚、立陶宛、摩洛哥、马其顿、荷兰、挪威、波兰、罗马尼亚、南非、俄罗斯、斯洛文尼亚、瑞士、瑞典、泰国、土耳其、美国、南斯拉夫、中国等 39 个国家和中国台湾地区的 230 名运动员（女子 65 名）参赛。设男女成年、青年特技、定点共 16 项比赛。中国获得 16 枚金牌中的 7 枚，其中女子获得 6 枚。四川运动员赖晓莉获得女子团体和女子集体定点 2 枚金牌。

图 3—3　1994 年第 22 届世界跳伞锦标赛全体裁判员在省航校大门前合影

第十三届世界女子排球锦标赛中华龙杯成都赛区资格赛　1998 年 6 月 27—29 日在四川省体育馆举行。澳大利亚、泰国、印度尼西亚、中国 4 国 80 名运动员参赛。中国队获得第一名，取得 1998 年世界女子排球锦标赛参赛资格。

第四届应氏杯世界围棋锦标赛（成都赛区）　2000 年 10 月 30 日至 11 月 3 日在成都市举行。参赛选手为韩国李昌镐和中国常昊。李昌镐以 2 比 0 获胜。

丰谷酒王杯第十三届世界拳击锦标赛　2005 年 11 月 11—21 日在绵阳市九洲体育馆举行，这是中国首次举办的拳击世界锦标赛。有阿富汗、阿尔及利亚、安哥拉、阿根廷、亚美尼亚、澳大利亚、阿塞拜疆、巴哈马、白俄罗斯、贝宁、巴西、保加利亚、布基纳法索、加拿大、佛得角、哥伦比亚、克罗的亚、古巴、捷克、朝鲜、丹麦、多米尼加、埃及、英格兰、芬兰、法国、格鲁吉亚、德国、匈牙利、印度、爱尔兰、以色列、意大利、日本、约旦、哈萨克斯坦、韩国、吉尔吉斯斯坦、拉脱维亚、立陶宛、马其顿、毛里求斯、摩尔多瓦、蒙古、摩洛哥、荷兰、尼日尔、尼日利亚、巴基斯坦、菲律宾、波兰、卡塔尔、罗马尼亚、俄罗斯、塞尔维亚和黑山、塞舌尔、斯洛伐克、斯洛文尼亚、西班牙、斯里兰卡、瑞典、塔吉克斯坦、泰国、突尼斯、土耳其、土库曼斯坦、乌克兰、美国、乌兹别克斯坦、委内瑞拉、威尔士、中国等72个国家和中国香港、中国台湾地区的412名运动员参加11个级别的比赛。古巴获得4枚金牌，俄罗斯获得3枚金牌，中国选手邹市明获得48公斤级冠军，为中国获得第一枚世界拳击锦标赛金牌。

二、亚洲比赛

中国嘉陵集团杯亚洲飞碟射击锦标赛 1995年7月3—12日在四川省陆上运动学校举行，这是首次在中国西部举办的亚洲射击大赛。印度、日本、韩国、马来西亚、新加坡、泰国等国家和中国香港、中国台湾地区以及中国嘉陵集团队的103名运动员参赛。比赛项目设男子6项，女子2项。中国队获得5个冠军，韩国和印度分获2枚与1枚金牌。

第三十一届亚洲男子健美锦标赛暨第十届亚洲青年男子健美锦标赛 1995年8月26—27日在重庆市举行，这是首次在中国西南举办的亚洲健美大赛。韩国、日本、新加坡、伊朗、马来西亚、印度尼西亚、缅甸、叙利亚、菲律宾、中国等17个国家和中国台湾地区的100名运动员参赛。比赛设8个级别和2个青年级别。韩国、新加坡、日本获得团体总分前三名，韩国选手获得4枚金牌。中国选手秦承勇获得75公斤级冠军，成为中国第一位亚洲男子健美冠军。

成都世界乐园杯第六届亚洲皮划艇锦标赛 1995年10月5—8日在成都市新津县四川省水上运动学校举行，是四川省水上运动场建成后举办的最高水平国际大赛。韩国、马来西亚、巴基斯坦、日本、吉尔吉斯斯坦、乌兹别克斯坦、印度、印度尼西亚、伊朗、土库曼斯坦、中国等11个国家和中国香港、中国澳门、中国台湾地区的180名运动员参赛。设男子15个项目、女子5个项目。中国获得6枚金牌，韩国、日本各获得3枚金牌。

亚洲摩托车越野锦标赛 2001年11月1—4日在成都市龙泉驿区国际赛车场举行。有印度、马来西亚、蒙古、韩国、菲律宾、斯里兰卡、俄罗斯、澳大利亚、中国等9个国家和中国香港地区的21名运动员参赛。获得团体总分前三名的是澳大利亚、中国、俄罗斯。

第十三届亚洲杯足球比赛（成都赛区） 2004年7月18—28日在成都市龙泉阳光城四川省专用足球场举行，成都赛区承担本次亚洲杯C组的6场比赛和1场四分之一决赛，共7场比赛。来自沙特阿拉伯、伊拉克、土库曼斯坦、乌兹别克斯坦及阿曼、泰国的国家足球队进行比赛。有15个国家和地区的100余位新闻记者进行采访。每场观众约1.5万至2万人，票房收入约200万人民币。

第三届亚洲东方锅炉杯跳水赛 2004年4月7—8日在自贡市江东跳水馆举行。有朝鲜、韩国、日本、菲律宾、马来西亚、越南、伊朗、中国等8个国家和中国香港、中国澳门、中国台湾地区的67名运动员参赛。设男女1米板、3米板、10米台、双人3米板、双人10米台共10项比赛。中国队包揽全部10项冠军，四川籍选手王晓欢、侯媛媛、方敏、莫瀚娜、甘为霖共获得6枚金牌。

第一届亚洲技巧摩托车锦标赛 2004年8月26—28日在九寨沟县举行。有韩国、泰国、日本、印度、印度尼西亚、马来西亚、新加坡、澳大利亚、法国、美国、意大利、葡萄牙、荷兰、中国等

15 个国家和中国香港、中国澳门、中国台湾地区的 44 名运动员参赛。韩国获 A 组冠军，四川汽摩协会陈文智获得 B 组冠军，团体冠军为四川汽摩协会获得。

第六届亚洲龙舟锦标赛　2004 年 10 月 25—29 日在绵阳市举行。有马来西亚、澳大利亚、日本、菲律宾、中国等 5 个国家和中国香港、中国澳门、中国台湾地区以及中国广东西樵队、中联和顺队、绵阳三汇绿岛队的 400 名运动员参赛。中国广东队获得 6 枚金牌，菲律宾获得 2 枚金牌，中国队获得 1 枚金牌。

第三章　参加国内国际运动会

第一节　国内运动会

第七届全国运动会　第七届全国运动会由北京主办（北京赛区）、四川协办（四川赛区）。四川赛区比赛于1993年8月15—24日在成都市举行，北京赛区的比赛于9月4—15日在北京市举行。有45个代表团的10510名运动员参加43个大项的比赛。四川有475名运动员参加30个大项的决赛，四川代表团目标任务是："把决心下死，把辛苦下够，争五保六，为蜀争光"。四川省体育代表团团长由副省长蒲海清担任。四川代表团获得金牌18枚，银牌16枚，铜牌22枚；奖牌总数56枚；金牌数排第八位、奖牌总数排第五位、获得总分590.5分，排第五位。奖牌中包括根据国家体委有关获1992年第二十五届奥运会奖牌1枚计入全运会奖牌1枚的规定，以及全运会上超、破世界纪录的奖励规定，计入四川代表团奖牌：高敏女子跳板跳水金牌，张山双向飞碟射击金牌，刘寿斌男子举重银牌，李舸男子体操团体银牌（团体计0.5枚）；曹炅、吴逢波、杨卫东在射箭男子团体淘汰赛中超世界纪录。本届全运会四川代表团有3人1次超1项世界纪录，4人3次破3项亚洲纪录，4人1次破1项全国纪录，有22队获"体育道德风尚奖"。女子短跑选手刘晓梅在100米比赛中，以11秒02的成绩超过台湾选手纪政保持23年的亚洲纪录，被誉为"亚洲第一女飞人"。

四川省运动员参加第七届全国运动会获第一至第三名统计一览表

表3—1

名次	姓名	项目	成绩	备注
1	杨　翼	跳伞男子个人全能	12分	
1	龙富金	摔跤男子自由式82公斤级		
1	谭　敏 江　洁	花样游泳双人	184.41分	
1	刘　磊	皮划艇男子单人皮艇500米	1:44.92	
1	肖忠杰	拳击男子48公斤级		
1	刘稀蓉 张　黎 谢明永 赵丽萍	赛艇女子四人双桨	6:55.90	

续表3—1

名次	姓名	项目	成绩	备注
1	张 燕	射击女子10米气步枪40发	493.6环	
1	陈 红	射击男子10米气步枪60发	684.9环	
1	张 山	射击女子飞碟双向125靶	144中	
1	焦 倩	射箭女子个人淘汰赛	111环	
1	曹 炅 吴逢波 杨卫东	射箭男子团体淘汰赛	240环	超世界纪录计2枚金牌
1	刘晓梅	田径女子100米	11.02	
1	李 涛	田径男子100米	10.24	
1	王 萍	武术女子长拳全能	29.38分	
1	殷谢飞	自行车男子1公里计时赛	1:09.713	
2	四川队	花样游泳集体	178.43分	
	运动员名单： 江 洁 金 彦 张 微 谭 敏 高举英 谭 静 刘幼楠 陈蓓蓓			
2	王 涛 涂华芬	滑水男女回旋	1944.7分	
2	徐 智 涂华芬	滑水男女跳跃	1910.1分	
2	严 静	击剑女子重剑		与上海50%计分
2	钟宇萍	技巧女子单人	57.34分	
2	刘寿斌	举重男子54公斤级总成绩	267.5公斤	
2	王 勇	举重男子70公斤级总成绩	332.5公斤	
2	四川队	男子排球		
	运动员名单： 廖廷彬 李 勇 张若凡 杨勇伟 梁智勇 周 丹 付 军 梁 忠 胡 杰 张利明 华 刚 朱 刚 周建安 黄 勇 张 翔			
2	潘 明	拳击男子67公斤级		
2	刘稀蓉	赛艇女子单人双桨	8:09.59	
2	李德鹏 陈 辉	网球男子双打		
2	梁小葵	武术女子太极拳全能	19.33分	
2	杨晓燕 姚雅文 焦 倩	射箭女子团体	233环	
2	刘晓梅	田径女子200米	22.7	

续表3—1

名次	姓名	项目	成绩	备注
2	刘晓梅 高　寒 江　岚 陈　燕	田径女子4×100米接力	43.36	
3	四川队	跳伞集体定点	0.40米	
	运动员名单： 陈　宏　杨　翼　董怀康　董怀中　薛　峰　赖晓丽　朱华丽　冯晓峰　徐友梅　吕　春			
3	闫江宁	拳击男子60公斤级		
3	杨建明 王　涛	滑水男女花样	1621.0分	
3	倪元才 杨　莉	滑水男女回旋	1890.2分	
3	黎艺佳 吴向东	技巧混合双人	58.56分	
3	四川队	女子排球		
	运动员名单： 黄　微　杜　娟　苏瑞芳　周　波　赵　莉　陈绪雅　陈　晓　赵学慧　王恩芳　阴　田 吴华阳　计丽萍　巫　丹			
3	赵小莉	皮划艇女子单人皮艇500米	1:56.71	
3	樊均毅	皮划艇男子单人划艇500米	1:59.01	
3	四川队	乒乓球男子团体		
	运动员名单： 肖　战　陈龙灿　陈宏宇　成应华　张　宇			
3	四川队	女子曲棍球		
	运动员名单： 熊　茹　田萌科　许红春　杨红兵　陈　红　熊　膺　达富萍　江　蓉 高　敏　唐　华　李从蓉　陈　静　龙小兰　陈明珠　郑江苓　林淑英			
3	熊其英	田径女子跳远	6.79米	
3	夏香海	田径男子100米	10.26	
3	陈　燕	田径女子100米	11.28	
3	叶新春	拳击男子57公斤级		
3	曹　阳 夏香海 叶　虎 李　涛	田径男子4×100米接力	39.57	
3	李安全	田径男子撑杆跳高	5.20米	

续表3—1

名次	姓名	项目	成绩	备注
3	郎　勇	田径男子跳远	7.90 米	
3	饶　琅	跳水女子 3 米跳板	522.20 分	
3	陈　辉 李德鹏 何　凯 李　兵	网球男子团体		
3	黄少雄	武术男子南拳全能	28.99 分	
3	四川队	武术男子散手团体	51 分	
	运动员名单： 熊其柱　胡治政　孙勋昌　栾如刚　黎　斌　张　勇　王祥全			
3	四川队	羽毛球女子团体		
	运动员名单： 车　玲　周　渝　徐怀雯　邢　澜　张红宇　刘玉红　郭　静　皮红艳　陈　萍			

第八届全国运动会　1997 年 10 月 12—24 日在上海市举行。有 46 个代表团 7647 名运动员参加 28 个大项 319 个小项的比赛。四川代表团目标任务是：“负重自强、迎接八运、争七保八、为蜀争光”。四川省体育代表团团长由副省长徐世群担任，有 448 名运动员参加 24 个大项比赛，其中女运动员 215 名；四川代表团获得金牌 11.5 枚，银牌 21.5 枚，铜牌 17 枚；奖牌总数 50 枚，总分 1281.9 分；金牌数排第十二位，奖牌总数排第八位，总分排第七位；打破 2 项世界纪录、1 项亚洲纪录和 2 项全国纪录。完成省委、省政府下达的“争七保八”的目标任务①。

四川省运动员参加第八届全国运动会获第一至第三名统计一览表

表 3—2

名次	姓名	项目	成绩	备注
1	李雪梅	田径女子 100 米	10.79	
1	李雪梅	田径女子 200 米	22.01	
1	曾　艳	田径女子 100 米栏	12.74	
1	肖　琳 李亚丽 刘晓梅 李雪梅	田径女子 4×100 米接力	42.23	
1	熊　姿 迟　蓉	排球女子沙滩排球		

① 本届运动会经兴奋剂检查，取消部分运动员的奖牌与得分，国家体委于 1998 年 4 月 16 日重新公布各代表团总分与奖牌统计。

续表3—2

名次	姓名	项目	成绩	备注
1	四川队	男子排球		
	运动员名单： 邓 刚 沈大伟 廖廷彬 叶 文 张若凡 杨勇伟 张利明 张 翔 冯 斌 朱 刚 王二通 方 威 左 跃			
1	杨存康	举重男子64公斤级总成绩	317.5公斤	
1	叶新春	拳击男子57公斤级		
1	沈 君	柔道女子56公斤级		与天津协议50%计分
1	赵晓莉 彭 春	皮划艇女子双人皮艇500米	1:47.76	
1	殷谢飞	自行车男子场地争先赛		
1	尹 谊 安 伟	手球男子		与山西两次计分
2	刘晓梅	田径女子100米	10.89	
2	刘晓梅	田径女子200米	22.36	
2	刘 静	田径女子100米栏	12.76	与重庆两次计分
2	温玉涛	田径男子跳远	8.04米	
2	黄 欣	游泳男子200米蝶泳	2:00.82	
2	黄 欣	游泳男子100米蝶泳	53.81	
2	刘 犇 桂 鹰 徐 翔 贺 伟	跳水男子团体	247分	
2	陈 莉	跳水女子10米跳台	500.31分	
2	四川队	艺术体操集体全能	72.9250分	
	运动员名单： 梁 妍 桑 燕 曾 梅 李 瑶 骆 懿 曾 洁			
2	陈兴东 陈 林	羽毛球混合双打		
2	颜 洁	跳水女子1米跳板	219.66分	与解放军队两次计分
2	尚士春	举重女子70公斤级总成绩	265.0公斤	与辽宁协议50%计分
2	孙瑞萍	举重女子83公斤级总成绩	282.5公斤	
2	张 勇	举重男子83公斤级总成绩	370.0公斤	与重庆两次计分
2	彭 勇	拳击男子67公斤级		
2	樊均毅	皮划艇男子单人划艇1000米	4:11.98	
2	樊均毅	皮划艇男子单人划艇500米	1:59.42	
2	黎 旭	射击男子飞碟双向	142中	

续表3—2

名次	姓名	项目	成绩	备注
2	四川队	女子曲棍球		
	运动员名单： 田萌科　马小宾　陈朝霞　许红春　陈　红　陈明珠　达富萍　李从蓉　陈　静　杨红兵　江　蓉　高　敏　邱晓红　郑江苓　唐　华　熊　茹			
2	黄　英	帆板女子奥林匹克航线赛米斯特拉级		
2	钟　梅	田径女子跳远	6.76 米	与重庆两次计分
2	郭峥嵘	田径男子十项全能	7593 分	
3	刘　馨	田径女子七项全能	6184 分	
3	陈智聪	田径男子链球	69.36 米	
3	李　强	田径男子 110 米栏	13.72	
3	刘晓梅 田晓霞 李雪梅 李　聪	田径女子 4×400 米接力	3:30.17	
3	饶　琅	跳水女子 3 米跳板	512.52 分	
3	周义霖	跳水男子 3 米跳板	691.47 分	与山西协议 50% 计分
3	周义霖	跳水男子 1 米跳板	423.66 分	与山西协议 50% 计分
3	饶　琅 祝智佳 陈　莉 侯媛媛	跳水女子团体	250 分	
3	陈龙灿 张　宇	乒乓球男子双打		
3	杨　涛	体操男子自由体操	9.450 分	并　列
3	徐怀雯	羽毛球女子单打		
3	陈星强	摔跤男子自由式 130 公斤级		与重庆两次计分
3	喻廷孝	举重男子 59 公斤级总成绩	295.0 公斤	
3	黄　怡 刘艳艳 张富玉	武术女子对练		
3	张　晋 丁　伟 余　波	武术男子对练		
3	梁小葵	武术女子太极拳		

续表3—2

名次	姓名	项目	成绩	备注
3	赵晓莉 彭　春 罗　慧 李东秀	皮划艇女子四人皮艇 500 米	1:38.85	
3	殷谢飞	自行车男子场地 1 公里计时赛	1:07.011	

第九届全国运动会　2001 年 11 月 11—25 日在广东省广州市举行。有 45 个代表团 8608 名运动员参加 30 个大项 345 个小项的比赛。四川代表团目标任务是："突出重点、狠抓尖子、巩固总分、金牌升位"。四川省体育代表团团长由副省长李进担任。有 495 名运动员参加 28 大项 220 余个小项比赛。四川代表团获得金牌 10 枚，银牌 16.5 枚，铜牌 21.5 枚；奖牌总数 48 枚；获得总分 1354.75 分；金牌数排第十二位、奖牌总数排第八位、总分排第七位。因出现兴奋剂事件未获得全运会"体育道德风尚奖"。奖牌包括根据国家体委有关获 2000 年第二十七届奥运会奖牌 1 枚计入全运会奖牌 1 枚的规定，计入四川代表团奖牌有唐琳女子柔道 78 公斤级金牌。

四川省运动员参加第九届全国运动会获第一至第三名统计一览表

表 3—3

名次	姓名	项目	成绩	备注
1	李雪梅	田径女子 100 米	11.14	
1	李雪梅	田径女子 200 米	22.75	
1	李亚丽 曾秀君 刘晓梅 李雪梅	田径女子 4×100 米接力	43.18	
1	贺　伟 李成伟	跳水男子双人 10 米跳台	375.60 分	与福建李成伟联合按 50% 计分
1	杜长义 尹　谊	手球男子		与解放军队两次计分
1	陈星强	摔跤男子自由式 130 公斤级		
1	梁小葵	武术女子太极拳全能	18.51	与广东协议 50% 计分
1	罗秀华 李　勤 周兴旭 张红利	赛艇女子四人双桨 2000 米	6:35.69	
1	陈忠云 原有湖	皮划艇男子双人划艇 1000 米	3:45.40	与广东协议 50% 计分

续表3—3

名次	姓名	项目	成绩	备注
1	陈忠云 原有湖	皮划艇男子双人划艇 500 米	1:46.60	与广东协议 50% 计分
1	徐立波	皮划艇激流回旋男子单人划艇	259.51 秒	与广东协议 50% 计分
1	李　磊 杨杰良	皮划艇激流回旋男子双人划艇	258.98 秒	与广东协议 50% 计分
2	刘晓梅	田径女子 100 米	11.22	
2	刘晓梅	田径女子 200 米	23.15	
2	裴　闯	田径男子 20 公里竞走	1:20.58	与辽宁协议 50% 计分
2	彭英刚 李　强 王　璐 张　洋	田径男子 4×400 米接力	3:07.01	
2	四川队	跳水男子团体	2227.74 分	与福建联合按 50% 计分
	运动员名单： 贺　伟　周义霖　徐　翔　崔晓峰　李成伟　刘　犇　桂　鹰			
2	方　敏	跳水女子单人 3 米跳板	585.72 分	
2	方　敏 侯媛媛	跳水女子双人 3 米跳板	311.70 分	
2	四川队	男子排球		计两枚奖牌
	运动员名单： 吴晓雷　邓　刚　沈大伟　孟浩东　叶　文　王　亮　王　楠　张利明 张　翔　许　达　王二通　方　威　王俊楠　许　强　曹华烨			
2	熊　姿 迟　蓉	女子沙滩排球		
2	四川队	曲棍球　女子		计 2 枚奖牌
	运动员名单： 田萌科　唐　华　陈朝霞　陈　红　程　洪　达富萍　李从容　张海英　陈晓玲 高　敏　杨红英　贺学庆　沈　洁　方　霞　陈　静　余　丹　张益萌　陈　霞			
2	庹　通	击剑男子重剑团体		与解放军队团体 按 50% 计 2 次计分
2	祝东海 丁　炜 唐康民	武术对练	9.21 分	
2	陈　玲	射击女子飞碟双多向 120 靶	143 中	
2	吴　丹	自行车男子 1 公里计时赛	1:05.407	
2	余志绢 吴婷婷	赛艇女子轻量级双人双桨	7:01.66	

续表3—3

名次	姓名	项目	成绩	备注
2	黄志刚 李　亮 蒋贵彬 刘稀国	赛艇男子四人单桨2000米	6:12.68	
3	顾俊杰	田径男子三级跳远	16.46米	
3	四川队	女子足球		计2枚奖牌
3	郑　洁 晏　紫	网球女子双打		
3	郑　洁	网球女子单打		
3	皮红艳	羽毛球女子单打		
3	黄　晶	体操女子自由体操	9.512分	
3	贺　亮	体操男子跳马	9.357分	
3	四川队	艺术体操集体全能	100.67分	
3	四川队	花样游泳集体自由自选	91.564分	
3	邹市明	拳击男子48公斤级		与贵州协议50%
3	邹　刚	拳击男子51公斤级		
3	肖保友	拳击男子60公斤级		与西藏协议50%计分
3	齐　晶	拳击男子71公斤级		
3	唐康民	武术男子剑、枪全能	18.08分	
3	柯荣亮 尤邦孟	武术散打65和70公斤级小团体	11分	协议按50%计分计牌
3	陈真茹	射击女子飞碟双向75靶	94中	
3	吴　丹	自行车男子凯林赛		
3	李　勤 周兴旭	赛艇女子双人双桨2000米	6:59.19	
3	黄　英	帆板女子米氏航线赛	36分	
3	郭　霞 葛琳莉	垒球	20分	与解放军队协议双计分不计牌
3	刘兰天 郭　伟 李嵩楠 吕　岩	短道速滑男子5000米接力	7:21.620	
3	刘　乐	现代五项男子个人	5390分	
3	四川队	现代五项团体接力	5128分	

第十届全国运动会　2005年10月12—23日在江苏省南京市举行。有46个代表团9986名运动员参加32个大项357个小项的比赛。四川代表团有538名运动员参加30个大项223个小项的比赛。四川代表团目标任务是："巩固基础、保七争六、金牌超上届、保持西部第一、誓夺道德风尚奖"。四川省体育代表团团长由副省长刘晓峰担任。有538名运动员参加30个大项223个小项比赛。四川代表团获得金牌12枚，银牌17枚，铜牌19枚；奖牌总数48枚；获得总分1326.25分；金牌数排第十四位、奖牌总数排第八位、总分排第七位。总分、金牌、奖牌均位居西部第一，并获全运会"体育道德风尚奖"。奖牌中包括根据国家体委有关获2004年第二十八届奥运会奖牌1枚计入全运会奖牌1枚的规定，计入四川代表团奖牌的有：陈静女子排球金牌、殷剑女子帆板银牌、郭伟男子短道速滑铜牌。

四川省运动员参加第十届全国运动会获第一至第三名统计一览表

表3—4

名次	姓名	项目	成绩	备注
1	四川队	跳水女子团体	2050.40分	与江苏协议按50%计分
	运动员名单： 郑霜雪　方　敏　莫瀚娜　侯媛媛　贾　童　秦紫琳　甘为霖　杨　兰（协议）　张　磊（协议）			
1	方　敏 侯媛媛	跳水女子双人3米跳板	320.700分	
1	喻廷孝	举重男子56公斤级总成绩	282.5公斤	
1	刘　静	田径女子100米栏	12.96秒	
1	张　山	射击女子飞碟双向75靶	96中	
1	曹逸飞	射击男子50米步枪卧射60发	702.7环	
1	刘天佑	射击男子50米步枪3×40	1266.4环	
1	四川队	垒球		计2枚金牌
	运动员名单： 王德梅　徐　杨　刘　殊　于汇莉　鹿　爽　肖光彩　杨　薇　黎春霞　黄露茜 邓小玲　冯彩玲　陈　琳　林　莉　周　怡　唐　婷　廖春梅　吕　怡　余　聪			
1	郑　洁 晏　紫	网球女子双打		
1	郑　洁	网球女子单打		
1	徐立波	皮划艇激流回旋男子单人划艇	248.35秒	与江苏协议按50%计分
1	于飞彪	武术男子散打58公斤级		与北京协议按50%计分
1	吴亚楠 杨　柳	手球女子		与解放军队协议计分不计牌
2	蒋文文 蒋婷婷	花样游泳双人	92.667分	

续表3—4

名次	姓名	项目	成绩	备注
2	四川队	花样游泳集体	93.000分	
	运动员名单： 吴　曼　李柔娉　牛玉婵　贺晓初　王　娜　蒋婷婷　蒋文文　何　娅　张　倩　韩　莹			
2	邹　凯	体操男子自由体操	9.488分	
2	冯　喆	体操男子双杠	9.750分	
2	四川队	艺术体操女子集体全能	27.000分	
	运动员名单： 吕远洋　任　爽　舒成彦　乔　天　王　洋　康思斯			
2	张　平	举重男子62公斤级总成绩	320.0公斤	
2	余　滨	田径男子十项全能	7705分	
2	杨　静	射击女子10米气手枪40发	484.5环	
2	刘天佑	射击男子10米气步枪60发	700.0环	
2	晏　紫 郑　洁 陈　胤 何思睿	网球女子团体		
2	孙　伟	跆拳道女子57公斤级		
2	张忠山	跆拳道男子58公斤级		
2	龚　华	柔道女子－48公斤级		
2	杨秀丽	柔道女子－78公斤级		
2	陈　海	柔道男子－100公斤级		
2	杜长义 王　星	男子手球		与解放军队协议计分不计牌
3	黄　忠	举重男子85公斤级总成绩	370.0公斤	
3	黄　欢	举重女子+75公斤级总成绩	290.0公斤	
3	顾俊杰	田径男子跳远	7.86米	
3	谢中博 杨　曦	羽毛球混合双打		
3	谢中博 牛　鑫	羽毛球男子双打		
3	左　曼 王　洁	排球女子沙滩排球		代表新疆与四川协议50%计分
3	陈忠云	皮划艇静水男子单人划艇1000米	4:06.443	
3	杨雅莉	皮划艇静水女子单人皮艇500米	1:54.079	
3	李　勤 罗秀华	赛艇女子双人双桨	7:06.10	

续表3—4

<table>
<tr><th>名次</th><th>姓名</th><th>项目</th><th>成绩</th><th>备注</th></tr>
<tr><td>3</td><td>陈　鑫
张顺银</td><td>赛艇男子双人双桨</td><td>6:22.70</td><td></td></tr>
<tr><td rowspan="2">3</td><td>四川队</td><td>女子曲棍球</td><td></td><td>双计牌计分，2 枚奖牌</td></tr>
<tr><td colspan="4">运动员名单：
张益萌　谭　媛　陈朝霞　杨　曦　贺学庆　赵艳丽　张海英　陈小玲　王雅婷
李　静　唐　莉　余　丹　张红霞　陈　静　张莹荧　余双玲　陈　红　毛薇霖</td></tr>
<tr><td>3</td><td>樊宇荣
谭志勤
孔家贤
黄丽兴</td><td>马术盛装舞步团体赛</td><td>185.05 分</td><td></td></tr>
<tr><td>3</td><td>闫　一</td><td>自行车男子 BMX 小轮车</td><td></td><td></td></tr>
<tr><td>3</td><td>张子翔
李　明
吴　丹</td><td>自行车男子场地团体竞速赛</td><td>46.877</td><td></td></tr>
<tr><td>3</td><td>安伟江</td><td>速度滑冰男子短距离全能</td><td>145.665</td><td></td></tr>
<tr><td>3</td><td>高岚岚</td><td>短道速滑女子 500 米</td><td>47.923</td><td></td></tr>
<tr><td>3</td><td>安　珂</td><td>拳击男子 +91 公斤级</td><td></td><td></td></tr>
<tr><td>3</td><td>何光荣</td><td>武术男子散打 50 公斤级</td><td></td><td>与江苏协议按 50% 计分</td></tr>
<tr><td>3</td><td>谢文昊</td><td>男子排球</td><td></td><td>与解放军队协议计分不计牌</td></tr>
<tr><td rowspan="2">3</td><td>四川队</td><td>棒球</td><td></td><td>与解放军队协议计分不计牌</td></tr>
<tr><td colspan="4">运动员名单：
祝万云　陈　坤　李　阳　谢　鹏　李又林　李　林　黄　可　何小川　冯　飞
唐　龙　高　磊　夏　斌　王小磊</td></tr>
<tr><td>3</td><td>胡光娅
葛琳莉</td><td>垒球</td><td></td><td>与解放军队协议计分不计牌</td></tr>
</table>

四川省体育代表团参加第七至十届全国运动会成绩统计一览表

表 3—5

时间	届数	总分	总分名次	金牌	金牌名次	奖牌	奖牌名次
1993	第七届	590.5 分	第 5 名	18 枚	第 8 名	56 枚	第 5 名
1997	第八届	1281.9 分	第 7 名	11.5 枚	第 12 名	50 枚	第 8 名
2001	第九届	1354.75 分	第 7 名	10 枚	第 12 名	48 枚	第 8 名
2005	第十届	1326.25 分	第 7 名	12 枚	第 14 名	48 枚	第 8 名

第二节 国际运动会

一、参加亚洲运动会

第十一届亚洲运动会 1990年9月22日至10月5日在中国北京举行。有37个国家和地区的4655名运动员（女子1462人）参加27个大项308个小项的比赛。中国参赛运动员670人，获得金牌183枚，银牌107枚，铜牌51枚。四川参赛运动员和表演项目运动员37人，获得奖牌32枚，其中金牌22枚，银牌8枚，铜牌2枚，并打破田径、举重、自行车3项4次亚运会纪录。获得金牌排列全国第八位，为四川运动员在亚运会上获得金牌数最多的一次。

四川参赛运动员31人：李涛（田径）、王文忠（田径）、熊其英（女、田径）、黄晓燕（女、田径）、高敏（女、跳水）、倪世伟（水球）、李舸（体操）、巫丹（女、排球）、周建安（排球）、温莉蓉（女、足球）、陈龙灿（乒乓球）、谢映梅（女、垒球）、陆敏（女、垒球）、黄永红（女、垒球）、何静（女、垒球）、杨红兵（女、曲棍球）、唐华（女、曲棍球）、陈明珠（女、曲棍球）、刘寿斌（举重）、严静（女、击剑）、王萍（女、武术）、彭英（女、武术）、李明（摔跤）、龙富金（摔跤）、刘刚（拳击）、张山（女、射击）、蔡智勇（射击）、焦倩（女、射箭）、王雪梅（女、自行车）、刘稀蓉（女、赛艇）、廖晓丽（女、赛艇）。

四川参加表演项目运动员6人：刘江（棒球）、卢林（棒球）、唐昌冬（棒球）、姜卉（女、软式网球）、李文婷（女、软式网球）、刘亚（女、软式网球）。

四川省运动员参加第十一届亚洲运动会获第一至第三名统计一览表

表3—6

名次	姓名	项目	成绩	备注
1	刘稀蓉	赛艇女子双人单桨无舵手	8:06.13	
1	廖晓丽	赛艇女子轻量级双人双桨	7:45.76	
1	严　静	击剑女子重剑团体		
1	李　舸	体操男子吊环	9.925分	
1	李　舸	体操男子团体	293.650分	
1	巫　丹	女子排球		
1	周建安	男子排球		
1	熊其英	田径女子跳远	6.69米	
1	黄小燕	田径女子4×100米接力	44.36	
1	高　敏	跳水女子1米跳板	526.62分	
1	高　敏	跳水女子3米跳板	630.66分	

续表3—6

名次	姓名	项目	成绩	备注
1	高　敏	跳水女子团体	3056.40 分	
1	倪世伟	男子水球		
1	温莉蓉	女子足球		
1	张　山	射击女子飞碟双向团体	434 中	
1	张　山	射击女子飞碟双向	197 中	
1	蔡智勇	射击男子 10 米移动靶团体	1707 环	
1	王　萍	武术女子三项全能	29.49 分	
1	黄永红 谢映梅 陆　敏 何　静	垒球		计 4 枚奖牌
2	刘寿斌	举重男子 56 公斤级总成绩	282.5 公斤	
2	杨红兵 唐　华 陈明珠	女子曲棍球		计 3 枚奖牌
2	陈龙灿	乒乓球男子双打		
2	王雪梅	自行车女子争先赛	11.955	
2	蔡智勇	射击男子 10 米移动靶	660 环	
2	彭　英	武术女子全能	29.34 分	
3	陈龙灿	乒乓球男子团体		
3	陈龙灿	乒乓球男子单打		

第十二届亚洲运动会　1994 年 10 月 2—16 日在日本广岛举行。有 42 个国家和地区的 6824 名运动员参加 34 个大项 337 个小项的比赛。中国参赛运动员 568 人，获得金牌 126 枚，银牌 83 枚，铜牌 57 枚。四川参赛运动员 23 人，获得金牌 7 枚，银牌 8 枚，铜牌 6 枚。

四川参赛运动员：李涛（田径）、叶虎（田径）、刘晓梅（女、田径）、黄晓燕（女、田径）、陈燕（女、田径）、倪世伟（水球）、周建安（排球）、张翔（排球）、张利明（排球）、计丽萍（女、排球）、陈兴东（羽毛球）、朱斌（棒球）、刘江（棒球）、谢映梅（女、垒球）、杨红兵（女、曲棍球）、陈静（女、曲棍球）、陈红（女、曲棍球）、达富萍（女、曲棍球）、刘亚（女、软式网球）、张书桃（女、软式网球）、刘世彬（女、射击）、刘稀蓉（女、赛艇）、赵晓莉（女、皮划艇）。

四川省运动员参加第十二届亚洲运动会获第一至第三名统计一览表

表 3—7

名次	姓名	项目	成绩	备注
1	刘晓梅	田径女子 100 米	11.27	
1	刘晓梅 黄晓燕 陈　燕	田径女子 4×100 米接力	43.85	计 3 枚奖牌
1	赵晓莉	皮划艇女子双人皮艇 500 米	1:45.81	
1	刘稀蓉	赛艇女子 4 人单桨无舵手	7:04.91	
1	谢映梅	垒球		
2	叶　虎 李　涛	田径男子 4×100 米接力	39.45	计 2 枚奖牌
2	倪世伟	男子水球		
2	周建安 张　翔 张利明	男子排球		计 3 枚奖牌
2	计丽萍	女子排球		
2	刘世彬	射击女子小口径标准步枪 60 发卧射团体	1750 环	
3	黄晓燕	田径女子 100 米	11.43	
3	陈兴东	羽毛球男子		
3	杨红兵 陈　静 陈　红 达富萍	女子曲棍球		计 4 枚奖牌

第十三届亚洲运动会　1998 年 12 月 6—20 日在泰国曼谷举行。有 41 个国家和地区的 9788 名运动员参加 36 个大项 377 个小项的比赛。中国参赛运动员 822 人，获得金牌 129 枚，银牌 77 枚，铜牌 68 枚。四川参赛运动员 26 人，获得金牌 10 枚，银牌 6 枚，铜牌 6 枚。

四川参赛运动员：刘洪宇（田径）、叶篪（田径）、李雪梅（女、田径）、李亚丽（女、田径）、曾秀君（女、田径）、刘静（女、田径）、周义霖（跳水）、周建安（排球）、张翔（排球）、张利明（排球）、朱刚（排球）、熊姿（女、沙滩排球）、迟蓉（女、沙滩排球）、马明宇（足球）、姚夏（足球）、张卓（软式网球）、刘亚（女、软式网球）、邓小玲（女、垒球）、陈静（女、曲棍球）、陈红（女、曲棍球）、陈朝霞（女、曲棍球）、张勇（举重）、唐琳（女、柔道）、黎旭（射击）、杨波（射箭）、黄英（女、帆板）。

四川省运动员参加第十三届亚洲运动会获第一至第三名统计一览表

表 3—8

名次	姓名	项目	成绩	备注
1	李雪梅	田径女子 100 米	11.05	
1	李雪梅 李亚莉	田径女子 4×100 米接力	43.36	计 2 枚奖牌
1	邓小玲	垒球		
1	周建安 张利明 张　翔 朱　刚	男子排球		计 4 枚奖牌
1	唐　琳	柔道女子 78 公斤级		
1	周义霖	跳水男子 3 米跳板	712.020 分	
2	李亚莉	田径女子 100 米	11.36	
2	李雪梅	田径女子 200 米	22.53	
2	刘　静	田径女子 100 米栏	12.89	
2	刘洪宁	田径男子跳远	8.05 米	
2	黄　英	帆板女子米式帆板		
2	黎　旭	射击男子飞碟双向团体	355 中	
3	陈　静 陈　红 陈朝霞	女子曲棍球		计 3 枚奖牌
3	黎　旭	射击男子飞碟双向	145 中	
3	姚　夏 马明宇	男子足球		计 2 枚奖牌

第十四届亚洲运动会　2002 年 9 月 29 日至 10 月 14 日在韩国釜山举行。有 44 个国家和地区的 6707 名运动员参加 38 个大项 419 个小项的比赛。中国参赛运动员 686 名，参加 36 个大项 357 个小项的比赛。获得金牌 150 枚，银牌 84 枚，铜牌 74 枚。四川参赛运动员 27 名，获得金牌 8 枚，银牌 5 枚，铜牌 3 枚。

四川参赛运动员：曾秀君（女、田径）、秦霞（女、田径）、徐翔（跳水）、张翔（排球）、陈静（女、排球）、熊姿（女、排球）、肖珍（女、足球）、郑洁（网球）、晏紫（网球）、张卓（软式网球）、任常胜（软式网球）、霍瑞（软式网球）、赵杨（软式网球）、王芳（女、软式网球）、邓小玲（女、垒球）、周怡（女、垒球）、陈朝霞（女、曲棍球）、张海英（女、曲棍球）、张晔（保龄球）、黄晶（女、体操）、亓丽（女、武术）、邹刚（拳击）、陈真茹（女、射击）、黄志刚（赛艇）、李勤（女、赛艇）、陈忠云（皮划艇）、殷剑（女、帆板）。

四川省运动员参加第十四届亚洲运动会获第一至第三名统计一览表

表3—9

名次	姓名	项目	成绩	备注
1	黄　晶	体操女子团体	147.750分	
1	黄志刚	赛艇男子轻量级4人单桨无舵手	6:08.80	
1	李　勤	赛艇女子公开级双人双桨	8:16.95	
1	曾秀君	田径女子4×100米接力	43.84	
1	陈朝霞 张海英	女子曲棍球		计2枚奖牌
1	陈　静 熊　姿	排球		计2枚奖牌
2	邓小玲 周　怡	女子垒球		计2枚奖牌
2	殷　剑	帆板女子米氏级		
2	肖　珍	女子足球		
2	徐　翔	跳水男子10米跳台	668.43分	
3	黄　晶	体操女子跳马	9.300分	
3	秦　霞	田径女子撑杆跳高	4.00米	
3	邹　刚	拳击51公斤级		并列

二、参加奥运会

第二十四届奥运会　1988年9月17日至10月2日在韩国汉城举行。有160个国家和地区的9581名运动员（女子2476名）参加23个大项237个小项的比赛。中国参赛运动员298名，参加21个大项比赛和2项表演。中国获得金牌5枚，银牌11枚，铜牌12枚，列金牌榜第十一位。四川参赛运动员15名，参加12个项目的比赛，获得金牌2枚，铜牌2枚。

四川省运动员参加第二十四届奥运会参赛情况及成绩一览表

表3—10

名次	姓名	项目	成绩	备注
1	高　敏	跳水女子跳板	580.23分	
1	陈龙灿	乒乓球男子双打		
3	刘寿斌	举重男子56公斤级总成绩	267.5公斤	
3	巫　丹	女子排球		
11	倪世伟	男子水球		
11	李亚光	篮球男子		
	李　涛	田径男子100米		
	李　涛	田径男子4×100米		

续表3—10

名次	姓名	项目	成绩	备注
	杜　娟	田径女子100米栏		
	熊其英	田径女子跳远		
	金　甫	游泳男子100米蛙泳		
	金　甫	游泳男子200米蛙泳		
	谭　敏 罗　玺	花样游泳双人		
	李　舸	体操男子团体		
	朱　平	男子足球		
	姚雅文	射箭女子个人		
	姚雅文	射箭女子团体		

说明：名次栏空，表示无名次。以下同。

第二十五届奥运会　1992年7月25日至8月9日在西班牙巴塞罗那举行。有172个国家和地区的9367名运动员（女子2708名）参加25个大项257个小项的比赛。中国参赛运动员251名、参加20个大项的比赛。中国获得金牌16枚，银牌22枚，铜牌16枚，列金牌榜第四位。四川参赛运动员13名，参加10个项目比赛，获得金牌2枚、银牌2枚。

四川省运动员参加第二十五届奥运会参赛情况及成绩一览表

表3—11

名次	姓名	项目	成绩	备注
1	高　敏	跳水女子跳板	572.400分	
1	张　山	射击女子飞碟双向（男女混合）	223中	
2	刘寿斌	举重男子56公斤级	277.5公斤	
2	李　舸	体操男子团体	580.375分	
4	刘稀蓉	赛艇女子4人单桨无舵手	6:32.50	
5	赵晓莉	皮划艇女子四人500米	1:41.12	
7	赵晓莉	皮划艇女子双人500米	1:42.46	
7	巫　丹	女子排球		
	高　寒	田径女子4×100米接力		
	邱巧萍	田径女子铁饼		
	杨　娟	田径女子跳远		
	谭　敏	花样游泳单人		
	刘　刚	拳击男子48公斤级		
	王　勇	举重男子67.5公斤级		

第二十六届奥运会　1996年7月19日至8月4日在美国亚特兰大举行。有197个国家和地区的

10318 名运动员（女子 3512 名）参加 26 个大项 271 个小项的比赛。中国参赛运动员 496 名，参加 18 个大项的比赛。中国获得金牌 16 枚，银牌 22 枚，铜牌 12 枚；列金牌榜第四位。四川参赛运动员 2 名，参加 2 个项目的比赛。

四川省运动员参加第二十六届奥运会参赛情况及成绩一览表

表 3—12

名次	姓名	项目	成绩	备注
4	陈兴东	羽毛球混合双打（男）		
5	刘稀蓉	赛艇女子四人双桨	6:31.30	

第二十七届奥运会　2000 年 9 月 15 日至 10 月 1 日在澳大利亚悉尼举行。有 199 个国家和地区的 10651 名运动员（女子 4069 名）参加 28 个大项 300 个小项的比赛。中国参赛运动员 311 名（女子 204 名），参加 25 个大项 174 个小项的比赛。中国获得金牌 28 枚，银牌 16 枚，铜牌 15 枚；列金牌榜第三位。四川参赛运动员 16 人，参加 9 个项目的比赛，获得金牌 1 枚。

四川省运动员参加第二十七届奥运会参赛情况及成绩一览表

表 3—13

名次	姓名	项目	成绩	备注
1	唐　琳	柔道女子 78 公斤级		
4	邓小玲	垒球		
5	巫　丹 陈　静	女子排球		
5	杨红兵 陈朝霞	曲棍球女子		
7	李柔娉	花样游泳集体		
7	张　山	射击女子双向飞碟		
8	李雪梅 刘晓梅 曾秀君	田径女子 4×100 米接力	44.87	
9	熊　姿 迟　蓉	沙滩排球女子		
	李雪梅	田径女子 100 米		
	刘洪宁	田径男子跳远		
	杨　波	射箭男子团体		
	杨　波	射箭男子个人		
	陈星强	摔跤男子		

第二十八届奥运会　2004年8月13—29日在希腊雅典举行。有202个国家和地区的10500名运动员参加28个大项301个小项的比赛。中国参赛运动员407名（女子269名）参加26个大项203个小项的比赛。中国获得金牌32枚，银牌17枚，铜牌14枚；列金牌榜第二位。四川参赛运动员20名，参加14个项目的比赛，获得金牌1枚，银牌1枚。

图3—4　入选中国田径队的四川教练李健（第二排左一）在2004年第二十八届奥运会田径比赛现场

四川省运动员参加第二十八届奥运会参赛情况及成绩一览表

表3—14

名次	姓名	项目	成绩	备注
1	陈　静	女子排球		
2	殷　剑	帆板女子米斯特拉级	33.0	
4	罗秀华	赛艇女子八人单桨	6:21:71	
4	张益萌 陈朝霞	女子曲棍球		
4	邓小玲 周　怡 黎春霞	垒球		
5	郑　洁 晏　紫	网球女子双打		并列

续表3—14

名次	姓名	项目	成绩	备注
6	王　娜 贺晓初 吴　曼	花样游泳团体	94.585 分	
6	吕远洋	艺术体操集体全能	46.500 分	
7	庹　通	男子重剑团体		
8	吴亚楠	女子手球		
	李雪梅	田径女子 100 米		
	李雪梅	田径女子 4×100 米接力		
	莫翰娜	跳水女子 10 米跳台		
	肖　珍	女子足球		
	陈富彬	皮划艇激流回旋男子双人划艇		

第四篇　体育产业

四川体育产业经历从“多种经营、以副养体”到“以体为主，全面发展”的渐进过程。四川出台一系列的体育产法规及相关政策，有序地促进体育产业规范化发展。1994 年，开始发行体育彩票，为四川体育事业的发展提供强有力的经济支撑。1999 年，四川省首次承办中国体育用品博览会，带动四川体育用品生产经营的发展。

第一章 体育产业管理

第一节 体育产业发展

20 世纪 80 年代，四川体育产业随着改革开放和体育事业发展而兴起，其直接动因源于体育经费拮据、富余人员安排、职工子女就业等体育事业亟待发展的迫切要求。发展初期的投入来自体育事业管理部门及其所属单位，发展的基本阵地和手段依托于已有的体育场馆设施，对体育场馆的经营提出“以体为主、多种经营”“由事业型转变为经营型”的要求。主要是开办经营实体，进行三产创收。体育系统的一些非专业队训练场馆，如成都市猛追湾游泳中心，开始进行房屋租赁、有偿体育训练等经营活动，开辟出售糕点、饮料、游泳服装、用品等业务。成都市城北体育馆承接大型文艺演出等活动，并将富余的场地和办公场所出租做为证券交易所，影像市场等。

1981 年 9 月，省体委成立四川省体育服务公司，下设四川省体育旅游公司、四川省体育广告公司、汽车队 3 个经济实体，同时负责管理四川省登山协会和四川省汽车摩托车运动协会。省体育服务公司发挥行业优势，以体为本，多种经营，开展体育经营活动。同年，台球运动进入成都，很快风靡全川；大专院校、企事业单位、体育系统的游泳池对外开放，体育健身休闲活动逐渐兴起。

1984 年，省体委创办四川省健美体育用品商店、奥林体育用品公司等经营单位，主要经营体育运动服装、体育器材等，打破体育用品由国家统销的局面。

1986 年，省足球队得到攀枝花金沙公司 5 万元的冠名赞助，以四川金沙足球队名义参加第三届中国足协杯赛，这是运动队得到的第一笔赞助费，运动队无形资产开发初露端倪。同年，成都市城北体育馆举办第一场商业性体育表演——美国哈林篮球表演赛，开启体育竞赛表演市场的先河，随后一些观赏性强的体育比赛开始出售门票。

1989 年，省体委设立体育经营办公室，负责管理省体委系统的体育经营活动。是年第十一届亚运会奖券在四川发行，体育产业开始走上自身造血的道路。

1991 年，四川省为协办 1993 年第七届全国运动会，成立集资部，以商业运作的方式为本届运动会筹措资金 3079 万元，弥补赛会资金的不足，打破大型运动会资金由国家全部拨款的经费单一来源渠道。

1992 年，国家体委以足球改革为突破口，推进协会实体化的进程，将足球运动推向市场。9 月 7—9 日，省体委在成都召开全省足球工作会议，确定“足球实体化，建立足球俱乐部体制”。1993 年 11 月 8 日，成立四川全兴足球俱乐部，俱乐部为自负盈亏、自主经营的市场主体，带动四川足球产业的发展。

1993 年，全国体委主任会议印发《关于培育体育市场，加快体育产业化进程的意见》，提出体育事业要“面向市场，走向市场，以产业化为方向”的要求。会后，省体委立即组织体育产业调研小组，到广东等地区学习调研，提出四川体育产业的发展思路。同年，在全省市（地、州）体委主任会上，提出发展体育产业的议题。

1995年，在全省体育发展战略研讨会上，把体育产业作为深化体育改革的一项重要内容，结合四川实际加以研讨，统一思想，更新观念。在此基础上，各级体委对如何发展体育产业从管理体制到运行机制进行大胆的尝试和探索。运动项目管理体制、竞赛体制和体育场馆的改革逐步深化，体育彩票的发行等，标志四川体育产业已突破单纯的创收增资模式，开始走向立体化的产业开发阶段。

国家体育竞赛体制的改革，尤其是一些可以按照职业化方式运作的项目，足球以及后来的篮球、排球，实行职业化联赛和主、客场赛制后，增强比赛的观赏性，受到群众的欢迎，推动四川体育竞赛表演市场的发展。1995年和1996年，成都市体育中心除全国足球甲A联赛（成都赛区）外，举办观赏性的国际商业性赛事10场，观众80多万人次。

随着人民生活水平的提高和“全民健身计划”的实施，以社会投资兴办为主体的体育健身娱乐业，在全省城乡特别是大中城市迅速发展，注入体育健身娱乐业的社会资本逐年增加。截至1998年末，全省在各级体委登记注册的体育经营企业2126家，投资总额超15亿元人民币，其中外资6.5亿元人民币。在四川开展经营的体育项目有游泳、保龄球、足球、篮球、健美健身、乒乓球、武术、健身气功、射击、台球、中国象棋、围棋、桥牌、登山、漂流、卡丁车、攀岩、滑雪、轮滑、航空航海模型等41项，占国家体委正式公布开展的体育项目的40%。

2001年，四川体育产业总产出（不含体育彩票发行收益）67380.6万元，其中：体育服务营业收入64422.7万元，占95.5%，体育用品业收入2958万元，占4.5%。在四川体育产业总产出构成中，体育健身休闲业营业收入36046.2万元，占56.0%；体育竞赛表演业5335.8万元，占8.2%；体育培训业营业收入5084.5万元，占7.8%；其他17956.2万元，占28%。体育用品业按总产出计算的行业构成，体育用品制造收入491.6万元，占体育用品业的16.6%，体育用品销售收入2466.4万元，占体育用品业的83.4%。按增加值排序，依次为成都、乐山、德阳、南充、攀枝花、绵阳、泸州、资阳等市，上述城市体育产业增加值合计占全省体育产业的90%以上。

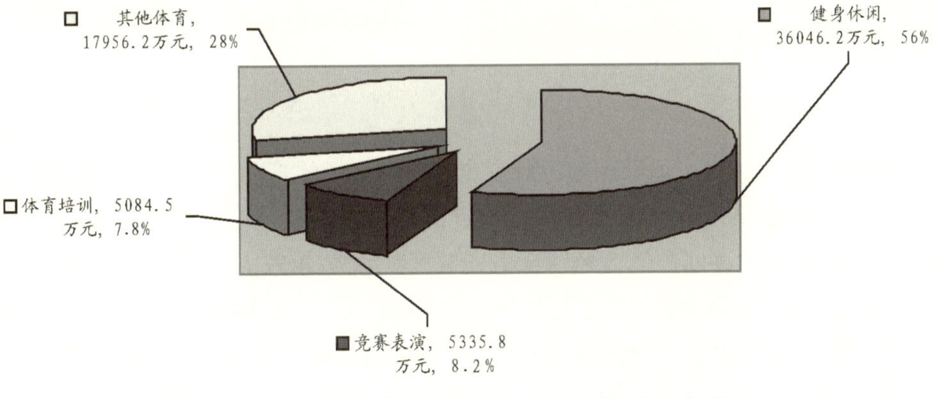

图4—1　2001年四川体育服务按总产出计算的行业构成

随着体育管理体制的改革和运行机制的市场化，民间资本、金融资本、海外资本及其他社会资本逐渐投入到四川体育产业，社会化水平逐步提高，形成四川体育产业投资主体多元化态势。2001年，四川体育系统体育活动创造的增加值5642.8万元，非体育系统体育活动创造的增加值2.3亿元，二者之比约为1:4。四川从事体育产业活动的有行政事业单位、国有企业、集体企业、联营企业、股份合作制企业、港澳台投资和外资企业、私营企业和个体户，其中行政事业单位、股份合作制企业、私营企业和其他类型企业在体育产业上的经营规模比较大。

2001年，四川体育产业增加值占全省GDP的比重仅为0.07%，占第三产业增加值的比重也仅为

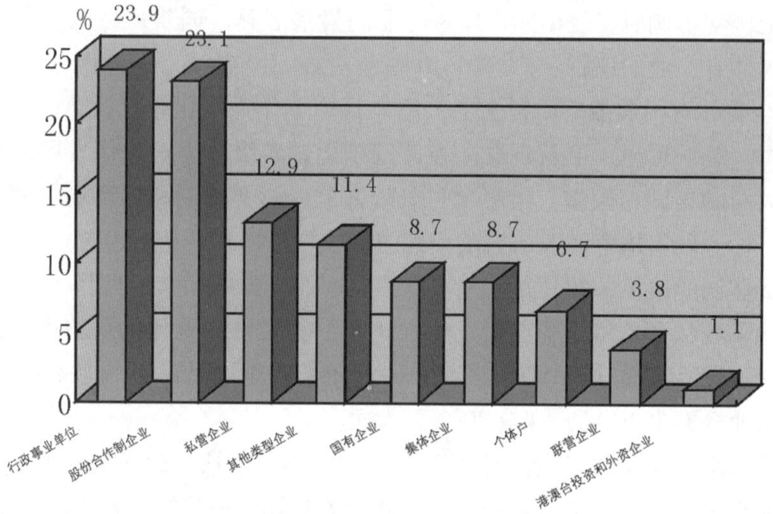

图 4—2　2001 年四川体育产业不同类型经营规模比重构成

0.17%，四川体育产业增长对全省 GDP 增长的贡献仅为 0.01%；对第三产业增加值增长的贡献也仅为 0.04%。从四川体育产业的现状看，体育产业水平低，社会贡献小、盈利能力弱，对全省 GDP 贡献率很低。

到 2005 年，四川的体育产业已经有了长足的进步，体育市场逐渐发展，以竞赛表演市场为先导，从体育健身市场为基础，体育技术培训市场、体育无形资产经营市场、体育彩票市场、体育用品市场等相继开发出来，以出售体育竞赛的电视转播权、产品专利权、广告制作权等体育无形资产开发形式出现，体育开始由“搭台”的配角，向经营的主体转化，四川体育产业走上全面发展的道路。至是年末，成都市体育经营企业 4482 家，体育俱乐部 128 家，注册资金近 4 亿元。全年营业收入近 3 亿元。

第二节　体育市场管理

1995 年，省体委设立体育市场管理处，负责全省体育市场的管理，以及本系统的体育产业管理。

1996 年 2 月，省体委报请省政府颁布《四川省体育经营活动管理办法》，明确体育行政部门管理和监督体育市场的职能，并实施体育经营合格证制度（1997 年省人大颁布实施的《四川省体育条例》确定为体育经营许可证制度），以此为主要管理手段。6 月，省体委、省工商行政管理局、省公安厅联合制发《四川省体育经营合格证管理规定》，明确以经营的体育项目划分管理范围，按照分级管理原则，组织开展对体育经营活动的清理、审批、颁证、统计、日常监督检查和年度验审等各项管理工作。1996 年、1997 年，省体委相继出台《开办经营性保龄球、游泳、网球、拳击、健美场所的基本条件（试行）》《四川省体育经营专业技术人员培训大纲（试行）》《四川省保龄球经营活动管理规定》《四川省经营性保龄球馆等级管理规定》《四川省经营性保龄球馆等级评定标准》等配套的规范性文件，体育市场管理法规体系初步形成。

《四川省体育经营合格证管理规定》把 100 多个体育项目纳入体育经营管理的范围，而真正有市场的体育经营项目并不多，且各地市场情况也有较大差异。因此，省体委要求各级体委从本地实际出发，选择市场看好、有影响、有示范作用的项目，大胆进行管理试点，以点带面，推动体育经营管理工作的起步和展开。

通过对市场分析，省体委确定保龄球为省级管理的试点项目，并以此为突破口开展工作。通过积极争取，省政府明确经营性保龄球归属体育行政部门管理的权限；省体委先后出台经营性保龄球管理规定、开办经营基本条件、经营专业技术人员专项知识常识和技能培训内容、保龄球馆等级管理规定 4 个规范性文件；按照分级管理权限，依法对成都市五区内的经营性保龄球馆进行清理、登记注册和审批颁证；组织开展对球馆技术指导员等专业技术人员的上岗资格培训和对球馆等级的评定；加强市场调研，注意把握市场发展趋势，对建馆规模采取控制审批。这些工作取得实效，使保龄球运动在四川迅速、有序地发展。从 1995 年末首家保龄球馆在四川建成开业到 1998 年末，除巴中、甘孜、阿坝 3 个市（州）外，全省已有各级各类保龄球馆 103 家、球道 1131 条，且保龄球球馆从经营到服务都达到高水平、规范化，为消费者提供优质的体育服务。保龄球管理工作的成功做法，为体育市场管理积累了经验。

1996 年，《四川省体育经营活动管理办法》颁布实施，体育行政执法工作随之展开。由于体育市场管理工作刚刚起步，体育部门没有专门的执法队伍，人手少，要对体育市场进行监管，难度很大。因此，体育部门争取法制、工商、物价、公安等相关部门的支持，组成联合执法队伍，共同对体育市场经营活动进行检查与监督，增强监管力度，并制作了《四川省体育执法文书格式》，规范了全省行政执法人员在执法检查中的文书形式。是年，成都市人民政府为加强全市游泳高危项目的管理，制定和出台《成都市游泳场馆管理办法》。

1997 年 1 月，省体委召开全省体育经营管理人员培训会议，继后又在全省各市州分四个片区举办培训班，推动全省体育经营合格证的审批工作及体育经营专业技术人员资格证审批工作。会后，绝大部分市州成立了体育市场管理处（科），其余的也都明确了人员负责此项工作。1998 年底，全省在各级体委登记注册的体育经营企业达2126 家，获各项目体育经营专业技术人员资格证的6000 余人。

1997 年夏，省体委下发《加强对游泳池开池前的检查工作的通知》、《加强对游泳教练员、救生员培训工作的通知》、《关于游泳池法人培训的通知》、《游泳池安全须知》等文件，在全省游泳场所进行开池前检查，对存在问题的场馆限期整改，对不合格的场馆下令关闭，对游泳场馆法人进行培训和要求游泳场馆必须根据场馆的面积按比例配置相应数量的游泳救生员，强化了场馆管理者的安全意识，保障了消费者的生命安全，在社会上造成了一定的声势。是年，经省、市人大批准，成都市出台《成都市体育经营活动管理条例》，在成都市行政区划内，实行属地管理，使用“成都市体育经营许可证”（到 2000 年，成都市行政区划内的体育经营单位统一使用“四川省体育经营许可证”）。

1999 年，省体委为降低游泳场所的经营风险，与中国平安保险公司成都分公司联合研究，推出了游泳场所保险，在游泳池经营活动中引入保险机制，开创了全国游泳项目保险乃至体育保险的先河。

四川拥有丰富山峰资源，到川参加登山活动的国内外爱好者众多。为加强对登山活动的管理，2000 年省政府颁布了《四川省登山管理办法》，对从事登山活动的经营单位、俱乐部必须具备相关资质，以及在攀登海拔 3500 米以上山峰进行的登山活动做出了明确规定。

2000 年末，省政府机构改革，省体委改组为省体育局，市场管理处与竞赛处合并，更名为体育市场与竞赛管理处。

2000 年，省工商行政管理局举办四川省第一期普通经纪人（体育方向）培训班。2001 年 9 月，省体育局与省工商行政管理局联合举办首届四川省体育经纪人培训班，为92名培训合格者颁发“四川省体育经纪人证”。2002年，举办第二届四川省体育经纪人培训班，培训体育经纪人101人。截至2003年，全省从事体育中介活动的组织有成都新体育旅行社、四川新奥体育发展公司、成都心缘体育文化传播公司、奥博体育经纪公司、四川欢欢咨询策划公司、成都顶点2008体育公司等。但体育中介市场规模很小，在中介公司的业务量中，开展体育经纪中介活动只是其中的很小部分，多数业务在文化、教育和旅游领域内进行，体育中介市场氛围尚未形成。

2001年10月，国家体育总局与民政部共同发布《体育类民办非企业单位登记审查与管理暂行办法》。根据有关规定，四川省体育类民办非企业的前置审批工作及年审工作由体育行政部门负责。截至2005年年末，全省有体育类民办非企业26家，涉及足球、自行车、游泳、棋牌、篮球、乒乓球、击剑等10余个项目。

同年11月，省政府成立四川省人民政府政务服务中心，省体育局的“四川省体育经营许可”审批办理工作移至省政府政务服务中心窗口办理。

2002年年初，四川省作为国家体育总局体育产业统计试点单位，在全省开展四川省体育产业调查统计工作。这次统计工作采取与省统计局调查大队联合的方式进行，增加统计工作的权威性与准确性。

2002年12月，国务院发布《关于取消第一批行政审批项目的决定》。在取消的行政审批项目中，涉及“体育经营活动审核”一项。2003年3月31日，《四川省人民政府关于决定取消第三批行政审批项目的公告》在《四川日报》上刊发，其中第十三条取消“省体育局权限范围内体育经营许可”，保留对登山活动进行审批，并移交至省政务中心综合窗口办理。

2003年起，体育市场的管理工作重点放在新时期四川体育产业发展研究方面。省体育局与省政协教科文卫专委会、省社会科学院共同完成“四川体育产业发展研究”“发展壮大四川体育旅游产业的研究”等课题。

2005年4月，四川省体育发展大会召开后，体育产业管理的工作主要集中在如何实施体育产业“品牌战略”，推进全省体育产业大启动的调研和方案研究上。10月，启动《国家体育服务标准》宣传工作，组织人员编写《国家体育服务标准培训资料》，开展前期培训工作。

第二章　体育服务

第一节　健身休闲

20 世纪 80 年代初期，台球悄然以娱乐的方式进入成都，1 张台球桌 1 小时收费 1 元的市场经营行为，使台球成为全省最早开展的体育健身休闲经营项目。随后，因受到广大消费者的喜爱而迅速发展，高、中、低档的台球球馆、球桌大量出现，路边茶馆、街边录像馆也经营起台球，遍布大街小巷。与此同时，游泳作为群众喜爱的体育项目，买门票进场游泳也逐渐地被大众所接受，对外开放的游泳场所多为大专院校、企事业单位。成都市猛追湾游泳场是当时最大的游泳场，每年接待游泳者十几万人次。为满足部分家长和学生对健身训练的需求，一些业余体校增开业余训练收费训练班。1984 年成立的“成都大学东方健美中心”和“东城区文化馆健美馆”，是最早的有偿服务健身俱乐部，3 个月 1 期，每期每人收费 15 元，年轮训人数约 800 人次。1985 年 5 月，在成都市文化宫举办四川省首届健美比赛，随后四川省健美协会成立，推动健美活动的普及与提高。成都科技大学、成都地质学院、成都师范专科学校、华西医科大学、成都气象学院、西南财经大学等高校都相继开办健身俱乐部，这些俱乐部一般只开设晚上训练班。1986 年，成都市群众艺术馆、成都市文化宫、成都铁路局和中铁二局等也开设全天向健身人群开放的健美俱乐部，3 个月 1 期，每期每人收费 30 元，一个俱乐部每天受训约 500 人次。

20 世纪 90 年代初，省体委鼓励一些有训练场地和技术力量的体育事业单位探索市场发展新路子。体育训练单位为弥补事业经费的缺口，开始向社会开放举办收费训练。各级业余体校常年举办有游泳、田径、乒乓球、网球、武术、体操、棋类、篮球等项目的有偿培训班。成都市游泳业余体校举办的各种收费训练班，年创收最高达 60 万元。一些私人投资者开始瞄准健美健身产业，他们租用场地、购买上档次的健身器材开办健身俱乐部，相继出现成都阳光健身俱乐部、成都佳姿健身俱乐部（台资）、成都奥运风健身俱乐部、成都海韵健身俱乐部、成都马老师健身学校、天滕健身俱乐部、红河谷健身俱乐部、冠军之夜健身俱乐部、加州健身俱乐部等，仅成都市区健身俱乐部就超过 50 家，每天受训人次超过万人。俱乐部实行年卡、半年卡、季卡、月卡和次卡制，年卡训练费超过千元。健美运动很快辐射全省，各地开设健身俱乐部近百家。

20 世纪 90 年代中期，以社会投资兴办为主体的体育健身娱乐业，在全省城乡特别是大中城市迅速发展。健身房、保龄球馆、网球场、足球场、台球房、乒乓球房、武术馆、轮滑场、棋牌室（馆）、游泳池（馆）、水上乐园、垂钓园等各种健身娱乐设施呈现出强劲发展势头。1995 年年末，首家保龄球馆在四川建成开业，不到 3 年时间，全省有各级各类保龄球馆 103 家、1131 条球道。全省除巴中、甘孜、阿坝 3 个市（州）外都建有保龄球馆，一些县城甚至个别乡村也有保龄球馆，保龄球成为大众消费的热门项目。

20 世纪 90 年代末、21 世纪初，上规模、上档次的大型综合性体育休闲娱乐场所兴起，企业化和市场化的产业经营模式出现。1998 年，成都的贝森广场集游泳馆（带温水池）、高尔夫练习馆、保龄球馆、网球场、棋牌室等体育设施为一体，总投资近亿元。成都双流牧马山高尔夫球场建设投资 2.5 亿元人民币。由成都高速公路建设开发有限公司、四川省大邑县公路桥梁工程公司、大邑县国有资产投资经营公司共同出资 6000 万元，成立成都西岭雪山旅游开发有限责任公司，打造西岭雪山滑雪场，占地 7 平方公里，拥有“东方阿尔卑斯”的美誉，形成“北有亚布力，南有西岭雪山”的格局，开展的体育休闲项目主要有滑雪、滑冰、滑草、漂流、热气球、滑翔伞、徒步穿越、登山和攀岩等 20 多个。景区综合收入从 2000 年的 990 万元增至 2005 年的 3855 万元，其中体育项目收入占景区收入的 50% 以上。在冬季节假日滑雪高峰期，景区一天收入高达 190 万元。接待游客从 2000 年的 10 万人次上升至 2005 年的 21.4 万余人次。

20 世纪 90 年代末，将漂流作为体育休闲项目的有虹口、攀枝花、三江等数十家漂流场所。2000 年末成立的成都都江堰虹口漂流基地运行初期，公司拥有 10 余只漂流船，全年接待漂流者 2 万人次，经营收入 20 余万元。到 2005 年公司拥有 200 余只漂流船，接待漂流者达到 60 万人次，平均日接待漂流者 3000 余人次，实现旅游综合收入 7200 万元。

城市建设的发展、生活水平的提高、人们健康意识的增强，带动社区体育场馆的建设，新建小区几乎都建有游泳池。成都市的游泳场所，从 1990 年代初的 10 多家到 2005 年已近 400 家。成都市猛追湾游泳场，年接待健身休闲者达上百万人次，收入近 1000 万元。截至 2005 年年末，成都市的体育健身休闲场所已接近 5000 家，社会办体育健身休闲项目近 70 个，年营业收入 20 多个亿，体育健身休闲业产值约占体育总产值的 70%，体育健身休闲业已成为体育产业发展的重要方面。

从 2003 年开始，英派斯、舒华健等知名健身器材生产厂家，投入巨资开设上规模、上档次的健身俱乐部，推行健身俱乐部连锁经营。出现舒华健健身俱乐部、蒂美丝健身俱乐部、先锋健身俱乐部、英派斯健身俱乐部、韦德·伍斯健身俱乐部、英德飞健身俱乐部、澳瑞特健身俱乐部等。仅成都市每天的受训人数就超过 2 万人。一般年卡费 1200 元、半年卡费 800 元、季卡费 500 元、月卡费 250 元。全省各类健身俱乐部 280 余家，常年受训人数约 5 万人，从健身俱乐部的数量、档次和受训人数，四川均处于国内领先水平。

第二节　竞赛表演

20 世纪 80 年代，随着改革开放的发展，体育竞赛工作由国家体委指令性的安排比赛过渡到将竞赛作为资源进行市场运作，为观众提供竞赛表演。

1986 年，成都市城北体育馆举办第一场商业性体育表演——美国哈林篮球表演赛，开启全省体育竞赛表演市场。

1989 年 5 月，省体育馆开馆承接的第一个赛事“四国女排国际邀请赛”，两天 4 场比赛，观众 32466 人。1990 年，在省体育馆举办的 7 项全国性比赛，观众 12 万余人，显示出竞赛表演市场的潜力。

20世纪90年代初，国家体委开始实行竞赛招标制度，把竞赛资源作为商品推向市场，促进竞赛表演市场的发展。

图4—3 1991年美国哈林职业篮球队来川进行商业体育表演

1991年10月23—24日，省体育服务公司在省体育馆举办两场商业性美国哈林篮球队表演赛，观众19000人，门票收入可观。

1992年全国足球工作会议，以足球作为竞赛改革的突破口，把足球推向市场。随后篮球、排球等项目也改革竞赛制度，实行主客场制、擂台赛制和俱乐部制，推动竞赛表演市场的发展，形成相当规模、相对稳定的观众和球迷群体，竞赛表演市场逐步扩大和升温。

图4—4 20世纪90年代中后期，成都市体育中心被誉为全国职业足球联赛“金牌球市”

1994年进行的首次全国足球甲级队联赛，在全国球市不景气的情况下，成都赛区上座率在90%以上，居全国前列，荣获中国足协授予的最佳赛区称号，被誉为“金牌球市”。这一年，成都举办多起商业性足球赛事，其中香港明星队、巴西桑托斯足球队表演赛、“假日杯”足球邀请赛，观众达数十万人次。中国南北足球明星对抗赛，得到丰田汽车（中国有限公司）的赞助，主办方中国足协和中央电视台设胜队奖金8万元、负队奖金4万元，评出的“最佳运动员”也得到赞助单位奖励。

四川全兴足球职业俱乐部建立、外籍球员加盟、电视直播等，足球市场开始受到企业、商家的关注。1995年，百能国际公共关系公司大胆投入资金，获得全国甲级足球联赛成都赛区的经营权，当年给百能公司带来百万元的经济效益。成都商业电台、成都一品豆花庄、帝都酒家、锦江区房产局、金旅公司等企事业商家为四川足球队各场比赛悬赏奖金，刺激竞赛市场。球迷和观众为购甲A足球票熬夜排队，可谓一票难求。联赛几乎所有场次爆满，位居全国球市之首。

成都球市火热，推动体育竞赛市场的兴起和发展。在球市兴旺的1995年，成都举办中国队—乌拉圭队足球对抗赛、中国四川队—意大利AC米兰队足球对抗赛、中国四川队—意大利桑普多利亚队足球对抗赛、中国队—俄罗斯奥林匹克队足球赛、中国队—泰国国家队足球比赛等5起商业性国际体育赛事，其中中意足球对抗赛得到蜀龙国际俱乐部赞助。1996年，商业赛事继续兴旺，5场商业赛事全部被企业和商家出资冠赛事杯名，分别是“万贯杯”1996中法国际足球对抗赛、“八一寻呼杯”1996中巴国际足球对抗赛、“恒源祥杯”1996中阿国家足球对抗赛、“佳佳杯”1996中意国际足球对抗赛、“西牛王杯”中美国际足球对抗赛。和声影音公司在中意国际足球对抗赛中为中国队进球悬赏。意大利AC米兰队、桑普多利亚足球队等世界知名球队和世界顶级球星马拉多纳、古力特等亮相成都球场。球迷和市民在家门口，也能观看到世界顶级球赛和球星，在成都竞赛史上是前所未有之事。

1995—1996年举行的全国足球甲A联赛（成都赛区），累计观众达80多万人次。中央电视台和美国国际管理集团合作向亚太地区53个国家和地区的两场直播，促进球市的继续火热。1998年，成都市体育中心门票销售收入达1000万元。

四川球迷包机去泰国、包专列到上海看球赛，创全国之先，一时间成为新闻媒体报道的热点。

1996年篮球职业化改革后，以完善的竞赛制度、热烈的赛场气氛，吸引众多的球迷与观众。1996—1997赛季“希尔顿”篮球甲A联赛，四川熊猫队在省体育馆的14场比赛，观众达到6万余人，平均每场4300名观众，高于全国平均上座率。1997—1998赛季“希尔顿”全国男子篮球甲A联赛，14场比赛，观众5万余人，与全国平均每场3700名观众持平。2000年诺基亚CBA全明星篮球赛，观众9200余人，上座率接近100%。

排球职业赛场上，四川男排拥有4名国家队主力，是获得全国唯一“五连冠”的球队，带动排球表演市场的兴起。1996—1997赛季的全国男子排球甲A联赛第一场比赛观众8000余人，本赛季7场比赛，观众4.6万人。1997年4月，四川男排雄起队对阵全国明星队，观众8500人。1998年赛季，全国女子排球联赛、全国男子排球联赛观众4万余人。1998—1999赛季维达杯男子排球联赛、女子排球联赛观众人数保持在4万余人。

1997年，从绵阳樊华职业足球俱乐部参加全国足球乙级联赛开始，绵阳市民表现出极大的热情，球市火爆，每逢绵阳“樊华”“丰谷”“太极”足球队主场比赛，绵阳南河体育中心足球场都有上万人观看比赛。1998年和1999年，绵阳先后承办中国足协“超霸杯”比赛和全兴足球队与南斯拉夫红星队的国际赛事活动，2.5万座的体育场爆满。

20世纪90年代末，竞赛管办分离制度的实施，一些体育中介公司进入竞赛市场，竞赛市场运作手段日趋成熟，推动着竞赛表演市场的发展。

1998年，国家体委田径管理中心、四川省体委田径办公室共同举办的“托普电脑杯”世界女飞人挑战赛在成都市体育中心举行，来自美国、巴哈马和中国的7名世界顶尖级女子100米跑运动员参加比赛。其中包括女子100米成绩排名世界第一位的马里恩·琼斯（美国）、排名世界第二位的李雪梅（中国四川）。此次比赛市场运作由体育中介公司承担，对赛事进行整体的市场策划与运作，取得良好效果。短短10余秒的比赛吸引世界的目光，路透社、《中国体育报》等200余家中外媒体的记者齐聚赛场，3万余名观众现场助威，全世界2亿名观众收看电视直播。

1999年，在省体育馆举行的世界女子排球锦标赛亚洲区预选赛，有4个国家参赛，共进行6场比赛，平均每场观众在6000人以上。中央电视台体育频道对6场比赛进行现场直播和录播。

2002年，在省体育馆举行的世界女子排球大奖赛，有美国、俄罗斯、古巴、中国参赛，共进行6场比赛。由于这些球队是观众熟悉和喜欢的球队，且代表排坛的最高水平，因此深受观众喜爱，平均每场观众超过5000人，有的场次超过8000人。中央电视台体育频道对6场比赛进行现场直播和录播。

2004年7月18—28日，在成都举行的第十三届亚洲杯足球赛（四川赛区）C组比赛和1场四分之一决赛共7场比赛，每场观众1.5万-2万人，上座率平均达到60%-70%。

第三节　场馆经营

20世纪80年代，国家体委对体育场馆提出“以体为主、多种经营”“由事业型转变为经营型”的改革要求。但在当时，四川大型体育场馆极少，仅有成都市体育场、成都市工人文化宫、成都市城北体育馆、成都市猛追湾游泳场等。体育场馆开发仅限于对体育有形资产的简单开发，如房屋出租、办展销会、招待所、餐厅等多种经营创收。

20世纪90年代，全省各地陆续建成一些大型体育场馆，场馆经营和开放成为四川深化体育改革探索的重要阵地。

1992年建成的成都市体育中心，发挥大型场馆优势，以承办商业赛事和全国职业足球甲A联赛为主，也为全国春季糖酒会、大型演唱会等提供场地，经营收入从1992年的239万元增至1997年的802万元。1995年，成都市体育中心成为成都市体委第一个自收自支单位。1998年后，球市下滑，全国糖酒会异地举办，创收下降，成都市体育中心提出“力保主业，多渠道发展”的经营创收思路。2000年后，成都市体育中心陆续新建健身房、网球场、篮球场、游泳池、羽毛球馆，开展青少年儿童体育项目有偿训练，对健身群众进行有偿培训、健身服务等，收入稳中有升，经营收入从2001年的474万元，增至2003年的601万元，为体育设施的开放与经营提供范例。特别是与深圳聚友集团的合作，投入巨资建成高档次、高规模的商贸活动场所，开发聚友俱乐部与商贸业务等多种经营，使“中心”以体育为主的产业又得到有效的发展。2005年，经营收入达到904万元。

1992年，绵阳市体育中心建成。绵阳市体委对体育中心的各场馆进行大胆地探索开发，由四川长虹电器股份有限公司冠名长虹馆、四川长钢集团冠名长钢馆、绵阳市财贸系统冠名财贸游泳池，通过场馆冠名取得场馆经营的第一桶金，这种冠名开发场馆无形资产的作法为全川首创。1999年，南充市新建的西山体育场年经营收入200多万元。

1999年，省体育馆拆除东南角千余平方米的临街旧房，建成由四川省体育彩票中心捐赠、当年成都市最大的全民健身路径。2000年，比赛馆内场对外开放，兴建7个标准羽毛球场和13个乒乓球场地，成立省体育馆全民健身中心和省体育馆国家青少年体育俱乐部，全年体育健身人数75万人次，创造经济效益310万元；到2005年，全年体育健身人数增至117万人次，创造经济效益457万元。

2002年，乐山市体育中心成为乐山“假日体育”的活动场所，体育中心体育用品专卖店从15家发展到2005年的26家，年收入由200万元增加到1000多万元。

第四节 体育培训

一、健身技能有偿培训

四川体育有偿培训始于20世纪80年代中期。1987年，成都市猛追湾游泳场最早开始对外开办收费培训班，最初参加培训的学生30多人，每人每期收费10元。

20世纪90年代初，全省各级业余体校常年举办有田径、游泳、乒乓球、网球、武术、体操、棋类、篮球等项目的收费训练，既为国家培养体育后备人才扩大选才面，同时举办训练带来的经济效益也成为训练单位的一项重要收入，有偿训练逐步成为体育产业的重要部分。1990年，成都市的游泳业余体校举办的各种收费训练班，年创收60万元。

成都市猛追湾游泳场通过不断完善设施，可供培训的游泳池、馆5个，形成初级班、双休参加班、基础班、重点班、成人班等培训体系，培训人数逐年增加。1990年，代培训人数平均每年达500人以上。进入21世纪，平均每年1000人以上。到2005年，培训人数达到3000人以上，收费也从每期几十元提高到几百元，最高级班的收费800元。从2002年开始，成都市猛追湾游泳场还先后同成都七中、七中育才学校、金牛奥林游泳池、成都华西中学等合办分场开展青少年游泳培训，至2005年参加培训人数累计4万余人次。

1993年，成都棋院棋牌俱乐部成立，开展对外培训，每年接待棋艺爱好者25万人次。

1995年，全省首家以市场化手段进行足球培训的四川省蓝剑足球俱乐部成立，为股份有限公司，采用球员集中学习、集中训练、集中住宿的方式，收取训练、生活等费用，每人每年1.6万元。在两三年时间里，相继出现凤凰足球俱乐部、国强足球俱乐部、南方足球俱乐部、超音速足球俱乐部、甲亢医院足球俱乐部、商校足球俱乐部、成龙足球俱乐部、四川嘉好足球俱乐部等十几家足球俱乐部，有的足球俱乐部培训人数多达百余人，寒暑假开设短训班，培训市场在亿元以上。由于投资者的着眼点是职业足球以外的经济利益，致使各俱乐部很少注重选才，没有承担起为职业球队培养后备人才重任，只有成龙等少数俱乐部培养了几名职业运动员。

二、专业体育后备人才培训

2002年年初，成都市足协利用社会资金与德瑞集团有限公司、法国王晓明有限公司共同组建德瑞足球培训中心。中心引进法国青少年足球培训模式，聘请法国教练，实施国际化的青少年培训计划，选拔、发掘优秀足球人才，输送到法国及欧洲国家的俱乐部进行深造，从而培养出具有国际水平的青少年足球运动员，使成都青少年足球水平提高到一个崭新的高度，打通优秀球员进入国外高水平俱乐部进行培训的通道。2002年、2003年，选拔的球员经过培训，有12人进入成都谢菲联俱乐部一线球队。2004年，该中心培养的球员王楚、姜胜两名球员进入法国甲级队梅斯俱乐部培训中心，成为该俱乐部U15梯队正式注册队员。被媒体称为“梅斯模式”，引起国内外的关注。著名足球运动员马明宇退役后，2002年开办民办非企业的“马明宇足球俱乐部”，以普及与专业两条线推广足球运动的普及和培养后备人才。

三、从事健身服务的专业技术人员上岗培训

体育管理部门和体育专业组织根据法律、法规的规定，主要培训从事保护健身者的人身安全（如游泳救生员）、在各种健身休闲场所指导、培训健身者（各类教练员）等健身服务的专业技术人员。

1985年年末，四川省健美协会举办四川省首届健美教练员培训班，培训教练员155人，并颁发四川省健美协会培训合格证书。

20世纪90年代中期，各级体育部门依法对体育市场经营活动进行管理，明确规定在体育服务场所服务的专业技术人员必须持有《四川省体育专业技术人员上岗资格证》。省体委和省劳动厅联合制订《四川省体育经营专业技术人员培训大纲》，并制订保龄球、网球、拳击、健美、游泳、乒乓球、卡丁车等项目经营专业技术人员专项知识常识和技能培训内容。

1995年，保龄球运动传入四川，并迅速发展。作为省体委确立的管理试点项目，1996年开始，省保龄球协会多次组织保龄球指导员、保龄球技术人员培训班，邀请宾士域集团（保龄球生产厂商）技术人员授课，培养200余名保龄球专业技术人员。

1996年，省体委与省健美协会联合举办全省第二期健美、健美操教练员培训班。根据《四川省体育经营专业技术人员培训大纲》要求，培训教练员80余名，经过考核，颁发《四川省体育专业技术人员上岗资格证》。1998年，全省第三期健美、健美操教练员培训班培训教练员100余名。同年，国家体育总局社体中心主办的健美指导员培训班在成都举行，有120余名健美教练员参加培训并取得合格证书。

1997年，省体委加强对广大群众喜爱的游泳项目的管理，规定游泳池的开放必须按照比例配备游泳救生员。依靠省游泳协会的技术力量，在全省开展救生员、教练员上岗资格证培训，并每年在游泳池开放前进行年检、培训。至2005年，全省有游泳救生员、教练员2000余名。

此外，对从事网球、跆拳道、拳击、乒乓球、武术等项目的教练员也进行培训，颁发《四川省体育专业技术人员上岗资格证》，实行持证上岗制度。到2005年，全省有各类体育专业技术人员12000余名。

第三章 体育彩票

第一节 机构与管理

1988年6月15日，四川省体育基金会成立。8月，发行四川体育基金奖券。1989年，承担1990年第十一届亚运会基金奖券发行任务。此后，四川省体育基金会参与发行“四川足球彩票”等多种传统型体育奖券。

1994年3月1日，四川省体育彩票管理中心开始筹建；1995年3月9日，经省编委批准正式成立，为省体委直属县级自收自支事业单位。内设有销售部、技术部、宣传部、财务部和办公室。其主要职能是研究制订四川省体育彩票管理和销售规章制度，计划、组织和监督体育彩票在四川省内的发行销售工作。省体委坚持实行省体委主任负责制，由1名副主任分管。省体彩中心在国家体委体育彩票管理中心、省财政厅和省体委的领导和监督管理下，通过在各市（州）设立的管理站，对全省体育彩票销售工作实行直接管理。各市（州）体育行政部门对当地的体育彩票工作给予协助管理。

1999年，随着电脑型体育彩票上市，四川省体育彩票管理中心通过在各市（州）设立的管理站，对全省电脑型体育彩票销售点实行直接管理。管理站负责当地体育彩票的营销、宣传、管理、培训、兑奖和维护支持。全省共设21个管理站。到2005年末，省体彩中心有员工120人，其中省中心员工30人，管理站员工90人。

省体彩中心打破现有用人机制，直接面向社会招聘所需专业人才。一大批有能力、有技术、懂管理、会经营的专业人才加入省体彩中心。高科技专业技术人才保证四川省电脑型体育彩票成功进入市场，重视优秀管理人才和经营人才的使用和培养，四川体育彩票在较短的时间里，由一个体育彩票发行一般的省份，到2000年一跃成为全国第二，创造全国体育彩票发行史上的奇迹。

省体彩中心建立健全一系列的管理规定，为体育彩票的安全、成功发行提供技术、服务、宣传、财务、后勤、安全预警六大保障系统。一是技术管理：销售终端故障处理及维护管理；销售终端维护配件管理；中心机房设备运行及维护管理；维护人员培训管理。为电脑体育彩票发行提供硬件支持。二是销售管理：销售人员上岗前资格培训认证管理；销售点移点管理、销售点巡查管理、取消票管理、兑奖票管理。为网点解除后顾之忧，为彩民提供优质服务。三是宣传管理：全省电脑型体育彩票宣传工作由省中心统筹管理，省中心负责制订全省的宣传计划，并负责面向全省和成都地区宣传方案的实施；管理站按照省中心的统一安排，负责当地宣传工作的实施。为体育彩票树立形象，营造销售氛围、保证体育彩票的正确导向。四是财务管理：销售网点销售款交存管理；财务结算管理；管理站固定资产管理；管理站经费管理。确保各方面资金安全，方便网点和彩民服务。五是人事及行政管理：聘用合同工作人员管理；劳动纪律管理；车辆使用管理；印鉴及档案管理。为体育彩票发行系统运行提供服务。六是安全管理：建立安全预警机制；制订各种安全预警应急机制，如兑奖大厅管理办法、办公区域安保办法、车辆使用管理办法等规章制度。为彩票的销售做好安全保障工作。截至 2005 年，省体彩中心没有出现过任何工作事故，是全国少有的零事故省份。

1994—2005 年，四川省体育彩票管理中心连续 11 年被国家体育总局体彩中心授予“全国体育彩票销售先进单位”称号。

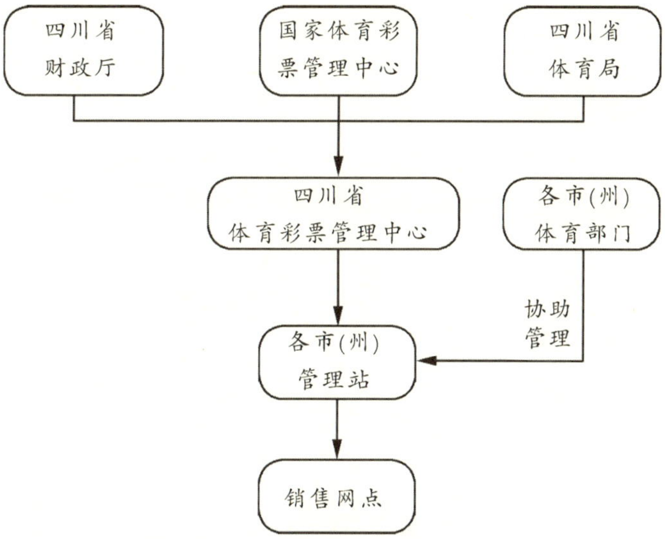

图 4—5　四川体育彩票管理模式示意图

第二节　发行方式与游戏产品

一、即开型体育彩票

1988 年 8 月，省体育基金会开始发行四川体育基金奖券，1989 年 8 月，北京举行第十一届亚运会基金奖券的首发式，被视为第一次在全国范围内发行的体育彩票。省体育基金会承担发行第十一届亚运会基金奖券，此后参与发行“四川足球彩票”等多种传统型体育奖券。1992 年 6 月，经国务院批准，中国足球协会首次发行中国、日本、朝鲜、韩国足球大赛彩票；1993 年 6 月，由中国足球协会、成都市人民政府发行的“’94 世界杯预选赛（成都赛区）足球彩票”是第一次发行的世界杯预选赛足球奖券。

1994 年，国家体委正式在全国发行即开型体育彩票。即开型彩票是由彩票机构发行的即买、即开、即奖、即兑的彩票。彩票信息存储在纸介质上的为有纸即开型彩票，其他的为无纸即开型彩票。即开型体育彩票的发行工作，采用各省每年向中国人民银行和国家体委（体育总局）彩票中心申请发行额度的方式，各省每年在批准的发行额度范围内在本省组织发行。

1994 年 1 月，四川为承办第二十二届世界跳伞锦标赛，报经国家体委、并经中国人民银行批准发行 3000 万元额度的“第二十二届世界跳伞锦标赛传统型体育彩票”，面值 5 元和 10 元。5 月 1 日，四川组织开展发行活动，此次在四川省发行的编号为 945101 的体育彩票，是全国第一套带防伪水印的体育彩票，也是全国第一套面值 5 元的传统型体育彩票；发行的编号为 945102 的体育彩票，是中国第一套面值 10 元的传统型体育彩票。截至 12 月，“第二十二届世界跳伞锦标赛传统型体育彩票”实际发行 2300 万元，筹集公益金 690 万元。

四川的体育彩票初期销售的主要形式是在人流较为集中的商店、车站“摆摊设点”分散销售，销售工作极为困难。面对困境，省体育彩票管理中心（以下简称省体彩中心）内部采取任务到人、定额包干销售的办法开拓市场，促进销售。经过逐年的市场开发，四川体育彩票销售形势逐渐好转，各地逐渐从不好卖、不愿卖向争取卖、大规模销售转变。全省即开型体育彩票销量迅速递增，销售市场扩展到全省80%的地区。

1995年，体育彩票集中（规模）销售方式开始兴起。在某个固定地点和时间段以形成一定规模的奖组形式销售的有纸即开型彩票，成为即开型彩票最主要的销售方式。4月，省体彩中心在崇州市首次进行即开型体育彩票规模销售试点，4天发行100万元，试点工作取得成功，并迅速在全省推广。1996年春节期间，在万县市举办即开型体育彩票规模销售，两天销尽400万元；1999年4月9—11日，在成都市青羊区体育场进行的即开型体育彩票规模销售，销尽2000万元；6月11—15日，在成都市青羊区体育场又进行即开型体育彩票规模销售，有数十万人参与，5000万元即开型体育彩票销售一空，创四川即开型体育彩票销售之最。1999年，销售额突破1亿元。截至1999年末，全省即开型体育彩票累计销售3.5亿元。2000年，由于电脑型体育彩票的冲击和取消实物兑奖，即开型体育彩票销售量有所下滑。2001年，国家体育总局体育彩票管理中心批准同意，四川进行即开型体育彩票分散销售的试点，探索即开型体育彩票销售的新路子，设立销售网点5000余个。由于即开型体育彩票票种、彩票配送、兑奖渠道等因素的影响，销售工作没有达到预期目标，随即停止分散销售工作。2002年，针对农村场镇赶集日人口相对集中的特点，借鉴规模销售和分散销售的优势，在全省各地推出即开型体育彩票大篷车销售方式。2004年5月15日，按照财政部和国家体育总局体彩中心的要求和安排，四川暂停即开型体育彩票规模销售工作。

图4—6　四川省从1994年开始销售体育彩票。图为即开型体育彩票集中（规模）销售火爆现场

二、电脑型体育彩票

1999年8月3日，电脑型体育彩票首发仪式在成都市川信大厦举行，电脑型体育彩票（当时为半热线）在四川正式上市销售，游戏玩法为“6+1”。电脑型体育彩票是经国家财政部批准，由国家体育彩票中心统一发行的，利用计算机技术手段实施销售、传输数据、开兑奖管理发行的体育彩票。彩票印有号码、图形或文字供人们填写、选择，自愿购买并能证明购买人拥有按照规则获取奖金权利的有价凭证。这种销售形式通过电脑终端销售体育彩票，单注最高奖金300万元（1999年调整为500万元），全省统一开奖，既方便彩民投注，又降低风险，同时激发市场人气，销售量迅猛增长。电脑型体育彩票的上市，标志着四川体育彩票迈入一个新的发展阶段。

电脑型体育彩票上市第一期（第99001期），销量为190多万元，9月17日（第99007期）第一个特等奖摇出，奖金300万元。随着彩民对电脑型体育彩票的了解，参与热情不断增长，单期销量不断提高，第99019期以2900余万元，创下全国单期销量第一。截至1999年末，四川省电脑型体育彩票销售额为2.63亿元，市场成功启动。随着彩票销售网络的建立，电脑型彩票的销售量迅速攀升，截至2000年末，四川省年销量16.54亿，列全国第二位，占当年四川彩票市场份额的95%。

国家体育总局体育彩票管理中心不断推出新的游戏玩法，省体彩中心也不断开启新的游戏玩法。2001年3月16日，推出“四花选4”游戏玩法，并创首期销售864余万元的全国新高。同年10月21日，四川作为全国12个首批试点省市之一上市销售足球彩票胜负游戏，这种胜平负玩法足球彩票，是真正意义上以体育比赛为竞猜对象的体育彩票。2002年9月1日，川藏联网销售电脑型体育彩票开通，电脑型体育彩票在西藏开始销售。

2004年，新推出6种游戏玩法，2月18日，推出足彩进球游戏；5月18日，将“6+1”玩法升级为全国联网的“7星彩”游戏；6月28日，全国联网销售的“金银彩”玩法在四川上市发行；11月21日，全国联网的“排列3”“排列5”玩法也在四川推出；11月28日，四川加入36选7“泛珠三角”区域联网；10月11日，四川地方玩法“四花选4”调整为天天开奖。

2005年3月，推出篮球单场竞猜彩票；4月21日，四川又加入全国联网玩法“22选5”；9月1日，推出足彩任选9场胜负玩法，并对原足彩14场胜负游戏和进球游戏的玩法进行调整，返奖比例从50%调整到65%，使足球彩票成为当时中国彩市返奖率最高的一种电脑彩票游戏玩法。同年，国家体育总局体育彩票管理中心开始着手进行销售系统全热线改造，11月28日，成都区域数据中心建成并验收合格，负责西部10个省、区、市（四川、云南、贵州、重庆、西藏、陕西、甘肃、青海、宁夏、新疆）全热线销售系统销售数据的汇总处理工作。

四川电脑型体育彩票共有7星彩（含附加玩法押大小）、排列3、排列5、足彩胜负游戏、足彩任选9场胜负游戏、足彩进球游戏、22选5、篮球单场竞猜游戏、四花选4、36选7共10种游戏产品。

第三节　服务与保障

一、销售网点设置

省体彩中心经过对全省市场情况调查分析，并参考了其它省市电脑型体育彩票设点的成功经验和教训，提出“个体经营、有利销售”的设点原则。1999年6月，通过报刊、电视等多种途径宣传，经过向社会发布招聘公告、个人申报、认真审查和实际考察，按照相关规定，第一批在成都市选择设置了350个体育彩票销售点（含广汉、什邡5个销售点），并通过报刊、电视等多种途径宣传。8月3日，电脑型彩票在四川上市销售，至是年末，电脑型体育彩票销售2.63亿元，市场成功启动。第二批布点工作在成都、内江、乐山、德阳、绵阳、自贡、宜宾、泸州、南充、眉山、资中11个地（市）展开，设点300个，2000年1月11日开始联网销售。第三批布点工作4月在成都、德阳、绵阳、乐山、雅安、眉山、资阳、自贡、内江、泸州、宜宾、达州、南充、遂宁、广元、广安、攀枝花、凉山州西昌市、阿坝州汶川县展开，布点400个。6月，又在巴中及以上市（州）布点50个。2000年，四川省年销量16.54亿，列全国第2位，占当年四川彩票市场份额的95%。2002月9月，随着电脑体育彩票在凉山、甘孜、阿坝的全面开通，实现真正意义上的全省联网销售。此后，省体彩中心有计划、分步骤地在全省增补销售网点，至2005年年末，全省销售网点总量增至1790个，覆盖全省21个市（州）的100多个县（区）。

二、销售网点形象建设

为全省销售网点配备统一的销售柜、统一的灯箱标识、统一的宣传看板，为全省的销售网点销售人员配备统一的工作服装。销售人员上岗前必须经过省中心及管理站的岗前培训，经培训考核合格才能挂牌挂证上岗。根据销售需要，省中心（含管理站）组织销售人员进行专项培训：新玩法上市培训；新终端机使用培训；销售量排名后20位销售点专项培训。省中心印发《销售人员培训手册》《足球彩票培训手册》等培训资料。从2002年开始着手进行彩票销售专卖店建设，单独的铺面，专营体育彩票，统一的店招，统一的宣传看板，配备桌椅、纸笔、茶水，供彩民使用，配备电视、上网电脑，免费供彩民使用，准备各类体彩资料供彩民查询，为彩民提供电话委托投注、送票上门、投注咨询、为足彩投注小组提供聚会场所等服务，2005年末已建成专卖店100余个。2002年世界杯足球赛前，四川省开始进行足彩沙龙建设。全省建立6个足彩沙龙：成都市的名仕足彩沙龙、聚友足彩沙龙、城北体育馆足彩沙龙，资阳市的金鑫足彩沙龙，德阳市的市体育中心足彩沙龙，绵阳市的足彩沙龙。醒目的招牌、一定规模的场地（多以茶楼为依托），配备电视、上网电脑、各类足彩资料、信息公告牌等，沙龙多实行会员制，为会员提供完善的购彩服务；沙龙定期举办会员活动，为会员提供一个观看比赛、交流彩经的理想场所；沙龙定期或不定期邀请全国知名足球专家与会员座谈交流，开展多种形式的球迷活动，沙龙还为会员建立资料库，详细记录会员购买彩票的金额、时间、中奖情况等资料，让会员随时掌握其个人购彩情况。

三、开奖

1999年8月3日，四川电脑型体育彩票（“6+1”玩法）上市销售，通过四川有线体育频道录播开奖实况（每周五16:00在省体育彩票管理中心开奖，当日19:30四川有线体育频道播出开奖实况）。从2000年1月11日（第00001期）开始，为满足彩民在第一时间观看开奖实况的要求，省体育彩票管理中心将电视录播开奖改为现场直播开奖（每周二、五19:30通过四川有线体育频道对当期开奖过程进行现场直播）。从2000年7月14日（第00053期）开始，随着四川电脑型体育彩票销售点扩展到全省各地，为满足各地彩民收看开奖直播的要求，省体育彩票管理中心将开奖直播电视频道由四川有线体育频道调整到能有效覆盖全省的四川卫视，开奖直播时间调整为每周二、五22:50。2001年3月16日，四川电脑体育彩票新增玩法“四花选4”上市，每周一、四22:50通过四川卫视对开奖过程进行直播。从2004年1月1日（04001期）开始，为满足川藏彩民及时收看“6+1”玩法开奖直播的要求，“6+1”玩法开奖直播由四川卫视调整到中央电视台体育频道（CCTV-5）《早安中国》栏目，开奖直播时间也调整为每周三、六7:15。从2004年2月4日（04007期）开始，“6+1”玩法开奖直播时间周三调整为7:30，周六调整为8:00。从2004年1月1日（04001期）开始，经国家体育彩票管理中心批准，“四花选

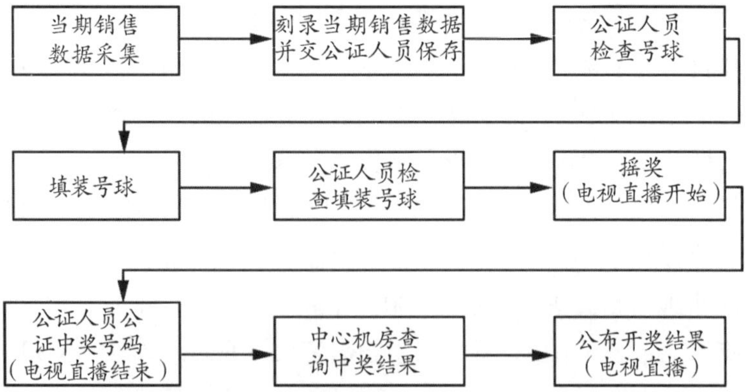

图4—7 四川省电脑型体育彩票开奖流程示意图

4”玩法开奖由以前的四川卫视直播开奖调整为每周一、四22:50在省体育彩票管理中心开奖，公证人员现场公证，开奖结果通过新闻媒体、销售点等及时对外公告。

为确保开奖的公开、公正、公平性，邀请公证人员全程监督开奖过程，每一期电脑型体育彩票开奖之前，所有销售数据均要刻成光盘交由省公证处公证人员封存，同时封存的还有当期每个销售终端的销售截止票号以及取消票号。每次开奖时，省公证处均派出2名公证人员到开奖现场，启封号球箱并检查号球是否完整，当众宣布检查结果；待号球全部装入摇奖机后，公证人员再次对装入摇奖机的号球进行检查，检查无误后宣布可以开奖；摇奖开始后，公证人员对摇出的每一个数字进行确认并宣布；中奖号码产生后，公证人员宣读公证词，摇奖结束。

第四节　营销和手段

彩票作为特殊的商品，其营销理念和营销手段至关重要。省体育彩票管理中心一开始就以先进的4C现代营销理论（强调顾客customer、成本cost、便利convenience、沟通communication）指导四川体育彩票市场运作，使四川体育彩票销售工作一直居全国先进行列。

体育彩票进入四川市场，销售服务确立以顾客（彩民）为主线，即“顾客（彩民）就是上帝”的经营理念。销售时间上，经财政部批准，电脑型体育彩票除春节休市1周外，销售和开奖均不间断，满足彩民购彩的需要。省中心要求各销售点要做到早开门、晚关门，星期天不能关门，尽量延长销售时间，方便彩民购彩。资料查询上，各销售点均备有省中心统一印制的玩法规则、历期中奖号码、足彩对阵表等资料，以及销售点自行购买的体育彩票相关报刊资料，供彩民查询。耐心解答彩民提出的各种问题。销售人员向彩民群众散发宣传资料，解释游戏规则。各销售网点积极进行配套服务，各销售点均能为彩民提供走势图表、桌椅、纸笔、茶水等服务，方便彩民投注。进行专卖店建设，专卖店除提供一般销售点的服务外，还提供以下更好的服务：统一、醒目的店招；宽敞、整洁的店堂布置；统一、规范的宣传看板；完备的体育彩票资料及报刊资料；销售人员或业主牵头成立投注小组，并提供联络、场地等服务。建设足彩沙龙，以茶楼为依托，多采取会员制，除提供一般销售点和专卖店的服务外，还为会员提供电话委托投注等服务；同时定期不定期举行相关活动，邀请会员参加，为彩民提供更好的购彩环境和休闲服务。

兑奖服务以彩民为中心，为彩民提供最便捷、周到的服务。兑奖时间上，省中心和各地管理站均实行周一至周六兑奖制度，每天兑奖时间为9:30—15:00。为方便彩民兑奖，省中心实行分级兑奖制度：凡单张彩票中奖金额在1000元以下（含1000元）的，凭中奖彩票在原购票点兑奖；凡单张彩票中奖金额在1000元以上，10000元以下（不含10000元）的，成都市销售点售出的在省中心兑奖，其他各市（州）售出的在当地管理站兑奖（凭中奖彩票和本人有效身份证明兑奖）；奖金在10000元以上（含10000元）的，在省中心兑奖（凭中奖彩票和本人有效身份证明兑奖）。从2002年6月开始投入使用的新兑奖大厅，配备休闲桌椅、背投电视、报刊资料、体育彩票宣传看板、中奖号码公告牌、饮水机等服务设施，为彩民提供一流、安全的兑奖服务。大奖兑取特别服务：专门的兑奖室，兑奖程序简单，一站式服务（兑奖彩民交验中奖彩票和本人有效身份证明后，由省中心工作人员为其办好相关手续，开好现金支票交给兑奖彩民）；专车将兑奖彩民送到指定银行办理提款手续；为需要的彩民提供化妆道具；严格为兑奖彩民保密。

图4—8　四川省体彩中心通过电视、报纸、电台、户外广告等多种形式宣传体育彩票，扩大体育彩票影响。图为体育彩票公交车身广告

四川省体育彩票中心运用多种手段、方式进行宣传，扩大电脑型体育彩票知名度，让彩民群众了解体育彩票；让彩民群众了解电脑型体育彩票的玩法规则、投注方法、购票地点、开奖信息、中奖情况等；塑造电脑型体育彩票“公开、公正、公平、诚信”和“取之于民、用之于民”的社会形象。宣传的重点集中在玩法规则介绍、投注方法介绍、销售点分布介绍、体育彩票公正性、开奖现场电视转播、开奖公告、中奖彩民采访、公益金管理与使用等方面。宣传形式主要有，印刷宣传品：宣传海报、宣传 DM 单；媒体宣传：报纸广告、电视广告、电台广告、报纸软性宣传（刊发消息、人物专访、彩票专版）、电视宣传节目、电台宣传节目；户外广告：宣传吊旗、三轮车车身广告、公交车车身广告、大型灯箱广告牌、自行车车篮广告、航空飞艇气球广告、动力伞广告；宣传活动：首发仪式、新闻发布会、周年庆祝活动、3·15 宣传活动及游戏产品促销活动。

1999 年 8 月 3 日，四川电脑型体彩首发仪式在成都举行；8—9 月，为配合电脑型体育彩票在四川首发上市，省体彩中心在成都发布航空飞艇气球、动力伞等形式新颖的广告。在电脑型体育彩票上市初期，省体彩中心制作播放介绍玩法规则的卡通电视广告片。在电脑型体彩新玩法上市或开展促销活动时，省体彩中心统一在各市（州）电视台播放相关字幕广告。省体彩中心与四川广播电台联办体彩专题栏目，播出体育彩票开奖信息、中奖故事等；省体彩中心在四川广播电台、成都交通电台播出每期开奖公告，并支持、协助四川广播电台、成都广播电台开办体彩、足彩专题栏目。

2000 年 1—7 月，体育彩票开奖节目由四川有线电视台录播改为直播，并在开奖节目中设立顺兴老茶馆谈话节目。2001 年 3 月 16 日，四川电脑型体彩新游戏“四花选 4”首发仪式在成都举行；4 月，省中心与四川电视台黄金 10 频道合作，制作播出 1 期《非常话题》体彩专题节目；8 月，省中心通过成都电视台《心动在线》栏目制作播出“四川电脑型体彩发行两周年”专题节目；10 月 22 日，作为全国首批足球彩票试点省市之一，足球彩票在四川上市销售。当天，足球彩票首发仪式在成都举行。从 2002 年初开始，省体彩中心与成都电视台《午间体育》栏目合作，每天中午播出体彩专题栏目。9 月，四川卫视《综艺大世界》制作播出“四川电脑型体彩发行三周年”电视晚会；2003 年，省体彩中心向成都老年骑游俱乐部赞助印有体彩广告的自行车车篮 2000 个。

第五节　销售、获奖及公益金使用

一、销售、获奖

四川省体育彩票自发行以来，从管理、销售、玩法等方面逐步完善，在全省形成比较完善的销售系统，体育彩票发行销售资金和公益金逐年上升。至 2005 年年末，四川省累计发行体育彩票 70.6910 亿元，列广东、福建、江苏、浙江之后，排全国第五位；筹集公益金 22.981 亿元；代扣代缴中奖彩民个人偶然所得税 3.7116 亿元。

1999 年 8 月至 2005 年 12 月 31 日，四川彩民共中取 7 星彩特等奖 283 注，其中 500 万元特等奖 163 注。加上四川彩民中取的 2 注 500 万元足彩一等奖，四川彩民共中取体育彩票 500 万元封顶大奖 165 注。

至 2005 年末，四川体育彩票共筹集国家、省、地方三级公益金 22.981 亿元。

1994—2005 年四川省体育彩票销售情况统计一览表

表 4—1

年度	即开型体育彩票销售量（万元）	电脑型体育彩票销售量（万元）	合计（万元）	在全国排位（位）
1994	2300	–	2300	11
1995	1000	–	1000	
1996	5720	–	5720	4
1997	6020	–	6020	5
1998	9900	–	9900	5
1999	10000	26300	36300	6
2000	3069	162370	165439	2
2001	4274	121223	125497	5
2002	5567	97359	102926	6
2003	5506	88623	94129	7
2004	626	60953	61579	8
2005	271	95829	96100	10
合计	54253	652657	706910	5

二、公益金筹集与使用

1998 年前，体育彩票公益金由省体彩中心专户存储，由省体委根据全民健身、奥运争光计划实施的需要决定使用。1999 年开始，根据《体育彩票公益金管理暂行办法》和省人大颁布的《四川省预算外资金管理条例》，省本级公益金全部上缴省财政专户，省体育局报专项计划经省财政厅审批使用。体育彩票公益金主要用于实施《全民健身计划纲要》和《奥运争光计划纲要》，范围包括：资助开展全民健身活动，弥补大型体育运动会比赛经费不足，维护建设体育设施，体育扶贫工程专项支出。2001 年，体育彩票公益金开始用于社会保障事业。

1994—2005 年，省体育局本级累计使用体育彩票公益金 5. 55 亿元。其中，用于奥运争光计划 1. 86 亿元（包括奥运会、亚运会、全运会备战参赛，优秀运动队器材设备购置、训练保障、人才引进、优秀运动员退役费、伤残费等）；用于开展群众体育活动、业余体育训练等 0. 61 亿元；用于体育扶贫、救灾 0. 10 亿元；用于体育场地设施建设及维修 2. 98 亿元。

1994—2005 年四川体育彩票公益金筹集情况统计表

表 4—2　　　　单位：万元

年度	公益金筹集金额	年度	公益金筹集金额
1994	690	2001	37649
1995	300	2002	36024
1996	1716	2003	32945
1997	1806	2004	21553
1998	2970	2005	33635
1999	10890	合计	229810
2000	49632		

第六节　综合社会效益

为社会提供就业机会。按照电脑型体育彩票每一销售网点需要 2 名销售员的比例配备，至 2005 年末，全省 1790 个电脑型体育彩票销售网点向社会提供3500 余个就业机会。在销售点业主的选择过程中，省体彩中心将相当一部分销售点交由下岗职工经营，对缓解就业压力，促进社会稳定起到积极作用。

增加税收。1994—2005 年，四川中奖彩民累计向政府缴纳个人偶然所得税累计 3. 71 亿元，省体彩中心连续 7 年被评为纳税大户。

促进公益事业发展。从 2001 年开始，体育彩票公益金开始用于社会保障等公益事业，为社会保障基金、红十字会人道主义救助、青少年学生校外活动场所建设及维修、残疾人事业、地方农村医疗救助基金等做出巨大贡献。

带动相关产业。按照体育彩票发行办法的规定，体育彩票奖金金额的返还率不低于 50%。照此计算，四川省电脑型体育彩票在 1994—2005 年销售 70 亿余元，在为国家筹集 21 亿元社会公益资金的同时，又向市场投入 30 亿余元的消费资金（奖金）。在体育彩票销售过程中，直接对新闻媒体、出版印刷、通讯、金融、交通、信息查询、房地产、彩票收藏等行业产生拉动作用。

第四章 体育用品

第一节 体育用品生产

20世纪60年代，体育用品生产厂家主要有成都滑翔机制造厂、成都市象棋厂、成都市羽毛球厂、成都市体育器材一厂、成都市体育器材二厂等国营、街道小型生产企业，主要生产象棋、羽毛球、羽毛球拍、乒乓球、乒乓球拍、乒乓球桌、板羽球、篮球、足球等体育器材。其中成都滑翔机制造厂为国家体委直属企业。1966年，国家体委成都滑翔机制造厂成立，主要生产航空运动器材，当年就试制、试飞成功“解放”7型玻璃钢滑翔机，为中国第一架全玻璃钢滑翔机，随后生产出中国第一艘玻璃钢多人快艇、第一条玻璃钢帆板。1986年，从日本引进SMC模压座椅技术，生产出中国第一张模压玻璃钢座椅，建成中国第一条专业的活动看台生产线，活动看台及座椅系列产品被体育场馆及公共场所普遍采用，为1990年北京亚运会场馆座椅供应商，获亚运会工程“优秀产品贡献奖”。

20世纪90年代，随着改革开放和经济发展，以及《全民健身计划纲要》的推行，体育生产企业特别是健身器材生产企业发展较快，出现成都健美体育运动器械厂、青龙体育器材厂、成都市高新区娇龙体育用品厂、东丁棒垒球器材厂、成都西营体育器材厂、崇州三箭体育用品厂、金星体育用品厂、绵阳英才文体用品厂、乐山无线电健身器材厂分厂、成都宏明电子实业总公司航模中心、成都晨明体育用品厂、成都力力体育用品厂、一三二厂卡丁车厂、成都市张力保龄球设备厂、成都锐峰体育用品厂、成都铁路荣瑞实业开发有限公司、成都市恒丰泳池设备安装有限公司、成都市继飞体育用品厂、成都市朝阳文体厂、成都市龙凤棋业有限公司、成都伟事达电子有限公司、四川省达州地区青花自强有限公司、四川仁寿强健文教体育用品有限公司、中国人民解放军5701工厂等体育用品生产企业。生产产品种类扩大到篮球架、柔道、拳击用品、棒垒球、卡丁车、保龄球设备、运动服装、航模器械、台球桌、体育场馆电子显示设备、体育场馆座椅、健身器材、健身路径等。东丁棒垒球器材厂是全国唯一一家生产棒球、垒球的厂家。

1998年，国家体委成都滑翔机制造厂更名为中体产业集团股份有限公司成都滑翔机制造厂。同年从日本全套引进中空吹塑座椅生产线设备和技术资料，年生产能力为200万张，成为国内生产量最大的玻璃钢座椅及活动看台生产厂。其生产的活动看台及座椅系列产品广泛应用于体育场馆和各类公共场所，2001年相继装备第九届全运会广东奥林匹克体育场、佛山体育馆、华南师大体育馆、广州棒球场等重要场馆。获1992年北京国际体育器材用品展览会“促进我国体育用品的发展做出贡献奖”，1999年获“四川省工业企业最佳效益500强”称号。

1990年，成都西营体育器材厂成立，是四川省最早从事体育健身器材的生产企业之一。1993

年，企业更名为成都大力士健身器材有限公司，年营销额70万~80万元。1995年，四川省先后出现几家生产健身器材的厂家，加之“英派斯”“澳瑞特”“生力”“中山”等省外产品相继进入四川，健身器材市场竞争激烈，本地产品感到巨大的压力。20世纪90年代末，四川地区原有的几家健身器材生产厂先后退出市场。2001年年末，全省有10余家年产值百万元左右的体育用品生产厂家，如四川阳光文化企业有限公司、成都健美体育器械厂、成都金星体育器材厂等。成都大力士健身器材有限公司年营销额稳定在200万元左右，并不断发展壮大，产品发展到健身房专用、户外健身、专业运动队训练器材等三大系列近200个品种，年营销额450万元。2002年，公司顺利通过“国家体育用品质量监督检验中心”的检验，获得体育行业产品质量合格证，成为四川最大的健身器材专业生产企业。

1986—2005年四川省生产体育用品厂家及产品一览表

表4—3

厂名	产品	商标
中体产业集团股份有限公司成都滑翔机制造厂	滑翔机、玻璃钢座椅	解放7型、飞翔
燎原机械厂	气枪弹、猎枪弹、手枪弹	环球、山峰
成都健美体育运动器械厂	篮球架、健身路径	汉光
青龙体育器材厂	户外乒乓球台、篮球架、健身路径	青龙
成都市高新区娇龙体育用品厂	体操垫、摔跤服、拳击系列用品	娇龙
东丁棒垒球器材厂	棒球、垒球、软式棒球、手套等	星月
成都大力士健身器材有限公司（成都西营体育器材厂）	室内、室外健身器材	大力士
崇州三箭体育用品厂	篮球架、健身路径、户外乒乓球台	三箭
金星体育用品厂	篮球架、健身路径	金星
绵阳英才文体用品厂	篮球架、健身路径、户外乒乓球台、乒乓球拍等	英才
乐山无线电健身器材厂分厂	室内健身器材	乐康
成都宏明电子实业总公司航模中心	模型飞机	
成都晨明体育用品厂	台球桌	晨明
成都力力体育用品厂	体操鞋、拳击系列用品	力力
一三二厂卡丁车厂	卡丁车	
成都市张力保龄球设备厂	保龄球设备	张力
成都锐峰体育用品厂	篮球架、健身路径	锐峰
成都市继飞体育用品厂	体操垫、拳击系列用品	继飞

续表4—3

厂名	产品	商标
成都市恒丰泳池设备安装有限公司	游泳池设备	
成都市龙凤棋业有限公司	象棋、围棋	龙凤
成都伟事达电子有限公司	电子显示屏	
四川仁寿强健文教体育用品有限公司	象棋、围棋	强健
中国人民解放军5701工厂	健身器材	
成都阳光体育健身器材有限公司	健身器材	阳光

第二节 体育用品经营

20世纪50年代，成都市体育文化用品商店是全省最大的体育用品经营商店，主要经营篮球、足球、排球、乒乓球、羽毛球、棋类和牌类等大众体育锻炼用的体育器材，同时经营一些运动服装。

20世纪70年代至80年代前期，四川的体育用品主要由四川省百货公司的各供应站负责采购，再分配给各百货公司文体商店销售。

20世纪80年代中期，省体委为顺应体育改革的潮流，利用自身行业优势，出资创办四川奥林体育商场，从事体育服装销售。商场设在成都市后子门街，由于当时体育服装销售商店极少，它成为人们购买体育服装的首选，并带动体育服装销售商云集在后子门开店，逐渐形成成都市著名的“后子门体育服装商店一条街”。

1983年，为解决省体委系统职工子女就业问题，成立四川健美服务部，从事体育服装用品销售。1989年，更名为四川健美体育用品商店。

20世纪90年代，体育用品生产企业直接招商、洽谈、签订销售合同，为商家的发展提供广阔的空间，形成直销、代销、联营、代理等形式的销售方式。2003年，成都市有体育用品销售商店、柜台480余个。具有一定规模的经营公司有成都劲浪体育公司、成都市纵横体育用品有限公司、四川金健实业有限公司、成都华南体育、成都司髦特商贸有限责任公司、成都朝阳体育信息产业公司、成都新天地商贸有限公司、四川先拓体育用品有限公司等。成都劲浪体育公司成为李宁、康威等中国著名品牌的四川（西南地区）代理商，在大多数市（州）建立劲浪体育公司分公司，形成较为完善的区域销售网络，是四川最大的体育用品销售企业。

1997年，省体委举办四川省首届体育用品博览会，取得一定的经济效益。1999年，省体委承办“成都’99中国体育用品博览会”，招展展位2100个，参展厂家543家，参展商家2000余家。它以“展位数为历届第一、参展商为历届第一、第一次进入会展中心、第一次由体育系统与会展中心联办”载入中国体育用品博览会史册，促进四川体育用品业的发展。

2001年10月，由四川省体育产业开发总公司、成都外贸集团总公司、国家体育总局体育器材装备中心共建成都体育商城。成都体育商城经营面积1.10万平方米，开业入驻商家有李宁运动有限公司、康威运动有限公司、澳瑞特健身器材有限公司等知名厂家。这是全国首家体育用品商城。

2002 年 11 月 4—7 日，四川省展览中心、四川省体育馆、千秋展览策划有限公司共同举办“2002 年成都体育用品博览会”。

2005 年 4 月，省体育局在四川省体育发展大会上提出，要瞄准广阔的体育用品市场，大力扶持四川体育用品生产、经营企业，并开始启动体育品牌培育计划。

第五章　体育无形资产开发

第一节　运动队无形资产开发

随着体育改革的深化，体育所蕴藏的无形资产价值逐渐被社会认同，企业通过参与赞助、冠名体育赛事、体育运动队等，提高知名度，增加营业收入，从而促进企业的发展；体育通过企业的资金支持，弥补自身经费的不足，促进运动水平的提高，这种双赢的体育开发，拓宽了体育产业领域。

1986 年，四川足球队由攀枝花金沙公司赞助约 5 万元，开创运动队无形资产开发的先河。1987 年，四川男、女篮球队，男子排球队，男、女网球队，技巧队等参加全国比赛，都得到企业的冠名赞助。此后受赞助的运动队范围更广，涉及足球、乒乓球、射箭、武术、棒球、网球、象棋、体操、羽毛球、拳击、射击、举重、跳水、围棋、花样游泳、跳伞、游泳、田径、皮划艇、垒球、保龄球、现代五项、马术等项目。

图 4—9　1992 年 1 月，四川省田径队与北京高登企业有限公司联合办队签字仪式在成都玉泉酒店举行

1992 年 9 月 7—9 日，省体委在成都召开全省足球工作会议，确定“足球实体化，建立足球俱乐部体制”。11 月，南德集团出资 1000 万元，与省足球队共同组建四川第一个职业俱乐部——四川南德足球俱乐部。1993 年，因诸多原因中途解散。1993 年 11 月 8 日，省运动技术学院与成都全兴酒厂正式签署协议，共建四川全兴足球俱乐部。成都全兴酒厂每年投入 100 万元，协议期 8 年。1994 年，四川全兴足球俱乐部正式亮相于全国足球甲 A 联赛。除成都全兴酒厂的投入外，俱乐部先后获得蓝剑、郎酒、长富、水井坊、商务通等冠名，加上门票、广告、电视转播、球员转会等收入，最高一年收入 1000 多万元。随着球员收入的逐年增多（最多的一年工资、奖金、广告等收入上百万元），再加上引进外籍球员、聘请外籍教练等，俱乐部的开支也逐年增加，成都全兴集团的投入也逐年加大。在 8 年的职业联赛中，成都全兴集团共投入 12250 万元。成都全兴集团的巨大投入，获得巨大的社会影响，除提高企业的知名度外，也带来巨大的经济效益，其资产由 3000 多万元扩张到 30 多亿元，增长约 100 倍。

继足球进行职业化改革后，篮球、排球、网球、乒乓球、桥牌、围棋、拳击、棒球等运动项目也相继进行职业化改革，与企业联手共建俱乐部。企业直接参与俱乐部经营，运动队无形资产得以向深层次开发。

1994 年 3 月 28 日，成都科利多贸易发展公司投资 100 万元，与省女子排球队联办，成立四川科利多女子排球俱乐部，成为国内第一个排球俱乐部。1994 年 9 月 23 日，四川威玻女子足球俱乐部成立。由四川威玻（集团）股份有限公司与省女子足球队合作，公司每年提供 50 万元资金。12 月 3 日，四川中国红花岗石女子篮球俱乐部成立，由四川中国红花岗石股份开发总公司（芦山）、四川威远县建业总公司与省女子篮球队合作，投资方每年投入资金 35 万元。1996 年 3 月 23 日，四川士百达拳击俱乐部成立，由四川士百达置业有限公司与省拳击队联办，为全国第一家省级拳击俱乐部，公司每年提供资金 200 万元。1996 年 6 月 12 日，四川蛇口泰山男子排球俱乐部挂牌。由成都蛇口泰山集团公司与省男子排球队联办，公司每年注入资金 100 万元。1996 年 5 月 28 日，四川（熊猫）男子篮球俱乐部成立，由美国（香港）营销咨询有限公司与省男子篮球队联办，为全国第一家中外合资篮球俱乐部，注册资金 350 万元。1996 年 6 月 22 日，四川省汇通男子网球俱乐部成立，由成都汇通城市合作银行与省运动技术学院联办，为中国第一家职业网球俱乐部，俱乐部按股份制方式运作，实行董事会领导下的总经理负责制，银行注入资金 120 万元，省运动技术学院提供资金 80 万元。1997 年 4 月 23 日，四川成都五牛围棋俱乐部成立，由成都卷烟厂会同四川日报社、成都棋院、成都蓉光房地产公司、成都围棋联合总会、四川玖源房地产公司、成都国利空调制冷工程公司等共同投资 300 万元办起国内第一家职业围棋俱乐部。1998 年 12 月 19 日，四川电通寻呼乒乓球俱乐部成立，由四川电通寻呼台与省运动技术学院联办。1999 年，四川江口醇围棋俱乐部成立，由江口醇酒厂与省棋队联办。

1995 年初，四川全兴足球俱乐部运动员马明宇以 42 万元身价转会广东宏远，开创国内球员转会先河。1997 年，黎兵、马明宇均以 150 万元由广东宏远队转会四川全兴队效力。2000 年 1—3 月，四川全兴队黎兵以 10 万马克年金租借到德国奥芬巴赫队，参加德国足球乙级联赛。2000 年 8 月，四川全兴队马明宇与意大利佩鲁贾俱乐部签约，参加意大利足球甲级联赛，成为第一位到意大利甲级足球联赛踢球的中国运动员。

1999 年，全兴集团追加对全兴足球队的投入，达 4000 多万元。2000 年 2 月 18 日，全兴集团以 3200 万元从省体委买断球队产权，俱乐部经过改制后正式步入职业体系。2001 年 12 月，四川全兴集团将四川全兴足球俱乐部股权转让。2002 年 2 月 21 日，被大连实德集团旗下的四川大河投资公司以 400 万元价格收购，四川全兴足球俱乐部更名为四川大河足球俱乐部，并出资 3800 万元买下四川浦江基地。2003 年 1 月末，冠城集团以 1000 万元正式接手四川大河足球俱乐部，更名为四川冠城足球俱乐部。

1996 年 11 月 16 日，绵阳市职业足球俱乐部有限责任公司在绵阳市高新区正式挂牌成立，由绵阳樊华集团出资 300 万冠名绵阳市樊华足球俱乐部，它是中国西部地级城市首支足球职业俱乐部。1997 年参加全国乙级联赛。1998—2000 年，绵阳丰谷酒厂每年出资 500 万元，绵阳市樊华足球队更名为绵阳丰谷足球俱乐部，2000 年晋级甲 B。2001 年，四川绵阳太极药业集团出资 600 万冠名，绵阳丰谷足球俱乐部更名为绵阳太极足球俱乐部，同年参加全国甲 B 联赛。2002 年，太极足球队解散。

1998 年，四川三大球男女 6 支队伍冠名赞助获 3000 多万元。四川省参加第八届全运会代表团也获得企业服装、器材和资金的支持。

2005年4月，省体育局在省优秀运动队中精选20多支重点竞技项目队，整体包装进行市场运作，寻求全社会的精诚合作，扩展合作形式，达到体育和企业乃至全社会的双赢和多赢，促成十几个项目队与企业联姻共建。

2005年4月18日，四川省航空运动学校整合资源，由社会资金出资1500万元，组建四川奥林通用航空有限责任公司，这是西南地区第一家私营通用航空公司。公司在保证跳伞队训练的前提下从事市场开发，并每年为跳伞队提供一定的训练经费。

第二节　赛事无形资产开发

由于四川经济的欠发达和企业对体育赞助存在认识上的偏差，体育赛事无形资产开发之初比较困难。大型赛事一般通过政府出台一些对赞助单位的优惠政策支持，引导企业积极参与。

1991年，为筹办第七届全国运动会（四川赛区），七运会筹委会成立集资部，负责筹集办会所需资金。1992年1月，省政府印发《关于开展“七运为蜀添光彩，我为七运做贡献”捐赠活动的通知》；2月，省政府召开百家企业负责人参加的捐赠活动动员大会，在全省掀起大规模的捐赠活动。攀枝花钢铁公司、西南民航、国营长虹机器厂、广东健力宝集团公司、北京南德国际经济集团等省内外大型企业都以巨资相助。七运会集资部对运动会的无形资产进行开发、运作，通过开幕式冠名、决赛项目杯名冠名、场地广告、礼品开发等方式，共筹得资金3079万元。

图4—10　1992年10月，省体委主任郭炎（右）接受社会各界向第七届全运会四川赛区筹委会的捐赠

1994年，由中国足协和中央电视台主办、成都市体育中心承办的南北足球明星对抗赛，得到丰田汽车（中国有限公司）的赞助，还设胜队奖金8万元、负队4万元的奖金，评出的“最佳运动员”得到赞助单位的奖励。

1997年9月，日本烟草国际股份有限公司出资200万元，由香港国际管理集团将“七星国际越野挑战赛”引入四川西昌。来自世界各地的20支队伍，参加为期4天，以河上划艇、山地车、湖上划艇、越野跑、攀岩、泥路直排旱冰、山地车/赛跑交替赛7个项目、赛程全长250公里的越野挑战赛。

1997年，成都市足协举办成都市城郊信用联社出资赞助并冠名的成都“联社储蓄杯”中小学足球周末赛。2000年，成都市足协成立“绿茵广告公司”，开展足球比赛方面的广告业务和赛事冠名。

当年，中美合资四川百事可乐饮料有限公司、韩国凯克体育公司、成都卷烟厂、国腾通讯公司、成都市电信局、劲浪体育用品公司等同足球赛事签约，出资赞助比赛。经过几年的发展，成都市足协在经营体育赛事过程中，资产逐年增加，固定资产、流动资金从零起步，到2000年已拥有固定资产300多万元，成为年创收在200多万元的经济实体。

1998年，国家体委田径管理中心、四川省体委田径办公室共同举办的“托普电脑杯”世界女飞人挑战赛在成都市体育中心举行，来自美国、巴哈马和中国的7名世界顶尖级女子100米跑运动员参加比赛。其中包括女子100米成绩排名世界第一位的马里恩·琼斯（美国）、排名世界第二位的李雪梅（中国四川）。此次比赛，共筹集资金380万元人民币，其中托普电脑集团赞助100万元，并为现场观众抽奖提供价值20万元的电脑，场地广告出让获集资180万元，赛事转播权出让给四川电视台80万元。此次比赛进行的商业运作，开创中国田径界商业运作的先河。

1999年，在成都市四川省体育馆举行的世界女子排球锦标赛亚洲区预选赛，有4个国家参赛，共进行6场比赛。由泰达集团冠名100万元赞助。

2000年，绵阳市为承办第四届全国农民运动会，组委会多方筹措资金，除政府拨款外，通过发行体育彩票筹集资金800万元，社会赞助、捐赠集资4000余万元。

2002年，绵阳市为筹办第二届全国体育大会，借鉴农运会运作模式，通过社会赞助、捐赠、广告集资1600余万元。是年，在成都市四川省体育馆举行的世界女子排球大奖赛，有美国、俄罗斯、古巴、中国参赛，共进行6场比赛。此次赛事由中银公司进行赛事运作，由中房集团冠名100万元赞助，还有场地广告、票务等收入。

2004年7月18—30日，在成都举行的第十三届亚洲杯足球赛（四川赛区）C组比赛和一场四分之一决赛共7场比赛，由于亚足联对比赛开发权严格控制，赛区主要收入来源于门票销售。四川赛区有来自沙特阿拉伯、伊拉克、土库曼斯坦、乌兹别克斯坦及阿曼、泰国等为球迷所熟悉的队伍参赛，受赛场离市区较远、门票价格较高等因素制约，门票销售较为困难。票务部门在全省10余个市开设门票销售点，仅成都就设立800余个销售点。此次比赛票房收入约200万元人民币。

第五篇　科教文化与交流

统筹各项体育工作协调发展，是全面推动四川体育事业进步的必要保障。坚持“体教结合”，不断创新青少年体育后备人才培养途径；体育科研工作紧密围绕优秀运动队在重大比赛中创造优异成绩，组织实施科技攻关和科研服务；以体育竞技交往为主要内容的体育对外交往活动逐步向体育竞赛、人才交流、讲学进修、群体活动观摩等多领域拓展；体育宣传文化工作着力传播和扩大体育社会影响，体育软实力不断提升。

第一章　体育教育

第一节　体育教育的组织实施

1988年，国务院颁布实施《学校体育工作条例》及《学校卫生工作条例》后，1991年5月省政府批转省教委、省体委和省卫生厅关于贯彻两个《条例》的《意见》，成立由分管副省长为组长，教育、体育、卫生等部门负责人参加的四川省学校体育卫生工作领导小组。各地贯彻落实关于“建立健全机构，加强领导和管理”的要求，结合实际采取措施，加强体育教育的领导和规范管理。

1989年1月，省体委加强学校体育工作，将原群众体育处的学校体育职能划归训练二处，并更名为学校体育处。1991年5月28日，省体委、省教委、省卫生厅联合召开四川省学校体育工作会议，对贯彻执行《关于加强学校体育工作的意见》情况进行总结、检查，表彰学校体育先进集体53个、先进个人170名。同年12月，省体委学校体育处与省教委体育卫生艺术处在成都市温江县首次召开两委职能部门工作联席会，探讨和协调“体教结合”的重大问题，并形成每年一次联席会制度。

1993年11月，省教委、省体委、省卫生厅联合检查组到泸州、乐山、雅安检查《学校体育工作条例》和《学校卫生工作条例》的贯彻落实情况，形成各级体育、教育、卫生部门齐抓共管“体教结合”的组织体系和管理格局。为保证体育课课时数量和教学质量，各级教育、体育部门采取措施，充实体育师资力量，开展体育教学研究，至1997年，全省中小学体育课开课率达87%。为推动课余体育活动和青少年业余训练，各级各类学校坚持实施《学生体育合格标准》，校运会、县（区）中小学生体育比赛、全省中学生“三好杯”比赛和中小学生“萌芽杯”足球比赛等制度相继恢复。

20世纪80年代中后期，中小学校在传统课间操的基础上逐步形成和发展起“大课间操体育活动”，1999年正式定名为“大课间活动课”，并列入体育课课程计划。为适应社会发展对高素质体育后备人才的需求，20世纪90年代，四川省为鼓励“通过学校教育培养体育后备人才”，实行体育尖子给予高考加分照顾的政策（部分地区在初中、小学升学时也实行类似体育加分照顾政策），并相继在6所高校、23所中学建立“体育后备人才培养基地”，这一激励措施，调动各地、各学校组织课余训练的积极性，涌现出一批体育特色学校，培养出一批体育后备人才，调动社会、家庭和学生参与体育训练的积极性，促进学校体育工作的发展。为尽快达到《四川省义务教育办学条件规范》所规定的“体卫器材设施标准”，省教委在制订全省“普九”验收标准、“校风文明示范学校评估标准”中，把体育场地、设施、器材配备目录纳入其中，把发展基础教育（包括体育教育）的责任划归由地方政府统筹，实行“一把尺子，全面衡量”，从而使全省体育教育物质条件得到改善。据2000年抽样调查统计，全省实施“国家贫困地区义务教育工程”的41个县新建的56所学校中，92.3%建有200—400米环形跑道运动场。在改（扩）建的5836所学校中，同时扩建运动场的学校达81.5%。2000年9月，四川省承办的第六届全国大学生运动会，促进高校新建改建体育馆13座、新建改建运动场7个，总投资1.81亿元。截至2003年末，全国第四次体育场地普查显示，四川省教育系统拥有标准体育场馆21494个，其中高等院校1130个、中专中技校644个、中小学校19362个、其他358个。

第二节　体育课与课外活动

20世纪90年代初期，体育课时得不到保证的现象比较普遍，特别是农村地区和边远地区。1989年，以体育教育实践中重要问题为课题的教育科研，纳入四川省“普教科研四级管理网络”。1995年5月，四川省第一届中小学体育教学评优活动在四川简阳举行，全省21个市（地、州）参加评优活动。各市（地、州）中小学各选派1名体育教师参加现场课评比；1700多名体育教师现场观摩；国家教委体育卫生与艺术教育司、中央教育科学研究所体育卫生研究中心分别发来贺电。此次教研活动，将20世纪90年代以来的各种体育教学新思路、新观念，通过体育现场课形式生动、直观展现出来，激发体育教师努力提高体育课教学质量的积极性，推动体育教研活动从单一的“说课”形式，发展为多种形式的体育课成果展示、论文评比、现场培训等。1996年3月，四川省体育课程研讨会在遂宁市召开，就“体育学科课程与活动类课程”的课时分配、开课要求、师资配备方案、教材使用等进行全面研讨，提出对策、建议。1997年，省教委提出“开齐开足体育课时”的基本要求，全省中小学体育课开课率达到87%。1998年四川体育教师合编的《大学生体育实践教程》通过国家教委审定；2000年《体育与健康》教材通过教育部教材审查委员会审查，并在全国使用。

图5—1　南充市小学生在体育课中练习小学生垫上运动

在推进体育课保证数量、提高质量的同时，各级教育部门和学校重视课余体育活动的持续、健康和创新发展。面向全体学生，坚持实施《学生体育合格标准》。20世纪80年代中后期，中小学校在传统课间操基础上，逐步形成和发展“大课间操体育活动”。与传统课间操相比，大课间体育活动时间长，活动内容多，组织形式活，练习强度适宜，收到调节学生学习情绪，促进学生身心健康的双重效果。1999年，“大课间活动”被提到大课间活动课的层面，列入课程计划，内容包括“规定内容和自选内容”两部分。规定内容为眼保健操和广播操；自选内容可根据各地各校实际情况自行设计。大课间活动将集体活动与分组活动相结合，既有全校统一的体操又有以班级为单位的班级表演；既有年级分班分项目的统一活动，又有年级按照兴趣自主选择的活动项目。2000年后，为配合素质教育，培养全面发展的青少年学生，各级各类学校在坚持实施校运动会、中学生“三好杯”比赛等竞赛制度基础上，按照竞技性体育和教育性运动会的不同要求，将传统的学校学生运动会拓展为“健身日”“体育节”，要求领导、教师乃至家长全员参加。改革运动项目和表演内容，增多集体项目，融入民族民间体育项目，利用校内设施器材资源，办成具有丰富内容、寓教于乐的教育性运动会。省教育厅、省体育局、团省委联合举办的四川省第二届大学生运动会，既有田径、球类、游泳、健美操等竞赛项目，又有快乐体育、健身活动、健康教育等表演交流，参赛参演学生6000余名，展示高校体育和艺术的创新特色。

第三节　青少年业余训练

1987年，四川省体育运动学校设立；1988年9月，招收第一批正式生74名、预备生35名，这是解决全省青少年业余训练体系中高层次薄弱状况的一项重要举措。1988年11月10—15日，为深化训练体制改革，理顺专业训练与业余训练人才培养关系，全省业余训练工作会议在新都县召开。会议总结1985年以来的业余训练工作，特别是体操、田径、游泳、武术、足球和射击6个项目（含12个小项）试行优秀运动队、业余体育学校、体育传统项目学校一条龙训练体制；以优秀运动队的系校牵头，实施单项运动协会承包和单项运动协会扩权两种管理模式；下放业余训练8项职能，明确各训练层次的责、权、利，建立单项纵向管理新体制。6个试点项目分别制订本项目的《一条龙训练体制试行细则》，并对实施情况进行检查。提出业余训练“扩大初级、提高中级、加强高级、完善体系”的总要求。讨论修改强化业余训练的5个文件，规范业余训练分层次管理，初步改变优秀运动队与青少年业余训练人才培养严重脱节的状况，促进青少年体育后备人才的壮大与发展。至是年末，全省青少年业余训练体系中，初级层次有县（区）业余体校235所，体育传统项目学校800所；中级层次有市（地、州）重点业余体校（班）74所（个），在训学生4728人；高级层次建有省和重庆市体育运动学校2所、省单项运动学校4所、省单项集训点3个。全省有511人参加24项32次全国性业余体校比赛，获得金牌25枚、银牌24枚、铜牌28枚；1人1次破1项举重40公斤级抓举全国少年最高纪录；3人参加中日少年田径对抗赛获得金牌4枚。

1989年9月，省体委牵头承办西南、西北地区第一届业余训练和学校体育工作研讨会，达成“建立年会制度”的共识。

1991年10月7—14日，全国业余训练工作研讨会在四川举行，29个省（市、自治区）和14个单列城市体委分管业余训练的负责人参加会议。会议总结交流“七五”期间业余训练工作，讨论“八五”业余训练工作计划。国家体委指定四川省大会发言，并对四川少年儿童竞赛改革措施和创办单项体育运动学校给予肯定。

1993年6月，省体委印发《四川省业余训练工作文件汇编》，主要内容有《四川省少年儿童业余训练考评试行办法》《四川省业余训练一类苗子管理办法（田径、游泳、跳水、体操、举重、击剑、摔跤、柔道、拳击、乒乓球、羽毛球11个项目）》《四川省业余训练教练员输送成才跟踪奖励办法》等。1995年，全省各市（地、州）业余体校重点班训练人数首次突破6000人，达6081人；县（区）业余训练人数13282人；省单项学校和运动学校训练人数400人；全省各级业余训练人数达到25000人，为优秀运动队高水平后备人才培养与输送打下基础。

1997 年重庆市直辖后，根据四川行政区划调整变化新情况，省体委调整市（地、州）业余训练布局，突出优势项目和奥运项目，建立 8 个重点项目的 20 个高水平体育后备人才基地，举办科学选材培训班，加大科学选材力度。

1998 年 9 月，在昆明召开的全国业余训练工作会议上，国家体委对在培养和输送运动后备人才做出贡献的四川省成都市业余体校、成都市猛追湾游泳学校、重庆市业余体校、自贡市业余体校、自贡市游泳场业余体校、内江市业余体校、雅安市射击射箭学校、省体操学校、省棒球集训点 9 个单位授予“全国业余训练先进集体”称号；自贡市杨强、内江市巫兴礼被授予“国家体育运动一等奖章”。

21 世纪，随社会主义市场经济体制的发展，社会对体育人才需求产生新变化，业余训练出现新的办学形式和育人要求，传统的“三集中”（体育部门独立办的“集中训练、集中学习、集中食宿”的青少年业余体育学校）业余训练模式受到一定影响。

2002 年 1 月，省体育局制订《四川省业余训练“十五”规划》，确立今后 5 年业余训练“扩大初级、巩固中级、强化高级，突出重点，着眼奥运”的指导思想。

2003 年，在开创多层次、多形式业余训练的指导思想下，开展全省青少年体育俱乐部夏令营活动，组织 200 多名有发展前途的新苗集训；对原《四川省体育后备人才培养输送奖励办法》实施两年多的情况进行总结，并予以调整和修改。

2004 年，省体育局印发实施《四川省高水平体育后备人才基地考核评估办法》，对省级基地进行考评，完成 23 个项目业余训练管理职能的调整，对全省申报“国家奥林匹克运动后备人才基地”进行初评审查和申报工作。

2005 年，按照省委、省政府提出的加强全省业余训练工作的要求，省体育局明确提出各市（州）至少要确定 1 所学校为奥林匹克学校；各市（州）要着重抓好优势项目，建设 2—3 个高水平后备人才基地；各县（市、区）要依托中小学校办好业余体校。省、市、县各级体育部门必须安排一定财政经费和体育彩票公益金用于业余训练。省体育局制订《四川省高水平体育后备人才基地认定办法》《四川省体育学校认定办法》《四川省（2006—2010）教练员培训计划》，出台《四川省体育局开办少年儿童学校行政审批办事指南》。全年举办省级青少年体育竞赛 55 次，其中有 21 个项目近万名运动员参加省级单项比赛。至是年末，全省有国家级体育传统项目学校 8 所，省级体育传统项目学校 202 所。全省共建国家级青少年体育俱乐部 119 个，会员 200 多万人。

第四节　优秀运动队文化教育

四川省运动技术学院　1978 年，为适应社会发展、提高科学训练水平和运动员文化素质、缓解运动员“二次就业”矛盾，国家体委提出“优秀运动队向院校化过渡”的方针，实行“竞技体系与教育体系相结合的体制”。1981 年 10 月，经省政府批准，在省体工队基础上成立运动技术学院（简称学院），隶属省体委，按省属大专院校一级待遇，主要任务是培养高等专科学历体育专业人才，完成高等学院同类专业学业者，经国家考试合格颁发毕业文凭，按大专院校同类专业毕业生待遇。1984 年 1 月，学院设体育系，负责此项工作，报经省教育厅同意招收第一批专科生 19 名。1986 年 1

月24日，省高教局同意学院备案为“四川省职工体育运动技术学院”，设置竞技运动、体育教育、体育管理专业；入学条件为：（1）必须参加当年全国成人统一高考，考分在录取分数线以上，（2）全国比赛获单项名次，集体项目进入甲级队的主力队员，（3）获得一级运动员以上称号，（4）国家集训队队员，（5）留机关工作，一贯表现积极，工作骨干、有贡献的退役运动员。1986年3月18日，国家教委批准四川省职工体育运动技术学院备案，列入成人高教序列。

1989年9月，根据国家教委《关于对试办的成人高等学校教学质量进行考核验收工作的意见》，省教委对学院教学质量进行了考核验收。考核组认为：学院的教学计划、教学大纲和教材基本达到大学专科层次规格，符合办学要求。该校教学质量有保证、办学认真、学籍管理严格。1991年，学院继续招收脱产和半脱产大专生100名，统考生20名。1992年、1993年获四川省教育厅“成人高等教育先进单位”；1997年在全国成人高等教育评估检查中获四川省教委颁发的“良好学校”称号。随着体育事业发展需要，学院开设体育教育、运动训练和体育管理三个专业，体育管理、体育教育两个专业招收退役运动员、教练员和其他体育专业人员，同时对外招生，各开设课程15—16门，参加地方成人统一高考，按照成人高等教育模式运作，毕业后颁发教育部制发的成人高等教育大专文凭。运动训练大专班由国家体委（体育总局）统一命题考试录取，半脱产学习。2001年，学院与成都体育学院共同建立了专升本函授教学点，招收本院专科毕业的运动员升本学习，学业合格后由成都体育学院颁发毕业证书。

学院长期坚持义务教育和高中教育，面向小学四年级以上至高中年龄段的优秀运动员文化补习。所开课程主要是基础文化课，学时安排达到周学时不少于10学时、全年文化课学时不少于300学时的有关规定。采用集中学习、随队学习、单独补课等多种授课形式。制订一套严格的教学管理制度。由于是行业自主办学，其课程设置、授课形式、考核办法全部根据实际情况自定，不颁发毕业文凭，国家也不承认其学历。

四川省体育运动学校 1987年，省高教局批准成立四川省体育运动学校，系中专序列，主要培养高水平体育运动后备人才，学校经费纳入教育事业费。1988年，省教育厅同意四川省体育运动学校挂靠四川省运动技术学院体育系，实行两块牌子、一套班子的办学体制。基本学制四年，特殊情况可以适当延长学制。建校初期，省体委从当时全省竞技体育实际情况出发，不搞“大而全”，采取分散各基地办学的形式，形成以校本部为管理主体，下设田径、游泳、体操、重竞技、陆校、航校、水校运动分部和内江、攀枝花、绵阳、乐山、德阳、雅安6个地区设立分班的格局，收到良好的社会效益。陆校、航校、重竞技系分部在校学生近百人，6个分班在校训练学生400多人。1994年调整为以校本部为基础，依托各系校和部分有条件的市级体校开办中专教学点。1999年，省体校与成都体育学院合办体育教育专业专科函授班，使在校中专生提升了学历层次。为顺应四川省运动队的布局和市、州级体校发展需求，通过“统一招生，统一学籍，统一教学，统一毕业”的措施，实现对分班的学籍管理和教学保障。

教练员岗位培训 1989年，省体委委托省运动技术学院举办首届竞技体育专业成人高等教育专业证书教学班，学制脱产一年半，招生50名。1990年，省体委印发的《关于加强教育培训工作提高教练员队伍科学文化素质的意见》规定：体育系统内凡是男50岁以下、女45岁以下未获得大专学历的教练员必须分期参加专业证书培训。凡未取得本岗位相应学历者，职称不得连聘和晋升。1996—2004年后，根据国家体委提出的以短期岗位培训为主开展教练员岗位培训工作和鼓励各地联合办班的意见，由省体委（体育局）倡导牵头建立的西南地区教练员岗位培训协作小组（四川、云南、贵州、重庆、西藏和成都体院、四川省运动技术学院）采用联合办班模式，先后举办游泳、田径、射击、手球、足球、篮球、排球、体操8个项目培训班，培训教练员436名。四川省参加同类项目岗位培训教练员占该类项目教练员总数的80%。2000年6月，国家体育总局授予四川省体育局“全国教练员岗位培训工作先进单位”。

第五节　高等体育专业人才培养

随着教育事业不断发展，特别是1996年国家对高等教育实行“扩招”政策后，四川省高等学校体育专业人才培养进入快速发展时期。至2005年年末，全省有33所高校招收体育专业考生，设置各类相关体育专业近20个。

作为四川省唯一的体育专业院校，成都体育学院已发展成为以体育学为主体，体、医、人文协调发展，以培养一专多能的应用型人才为主的高等体育学府。

图5—2　成都体育学院已发展成为以培养一专多能应用型人才为主的高等体育学府

成都体育学院本科教育层次设有体育系、运动医学系、运动系、武术系、经济管理系、新闻系、外语系及航空港校区等教学单位，开设有体育教育、社会体育、运动训练、民族传统体育、中医学（中医骨伤科学方向）、运动人体科学、新闻学（体育新闻方向）、公共事业管理（体育管理方向）、经济学（体育经济方向）、英语（体育外语外事方向）、旅游管理（体育旅游方向）、表演（形体与动作表演方向）、舞蹈学（现代舞、国际标准舞方向）13个本科专业，跨教育学、医学、文学、管理学、经济学五大学科门类。其中体育教育、运动人体科学（运动医学）、运动训练学专业为四川省本科人才培养基地。体育学享有一级学科硕士授予权；有体育人文社会学、运动人体科学、体育教育训练学、民族传统体育学和运动医学、中西医结合临床、新闻学7个硕士学位授予点；可培养体育人文社会学、体育教育训练学、运动人体科学博士研究生。“十五”期间，成都体育学院毕业生保持90%以上就业率。

第二章 体育科研

第一节 科研机构、组织

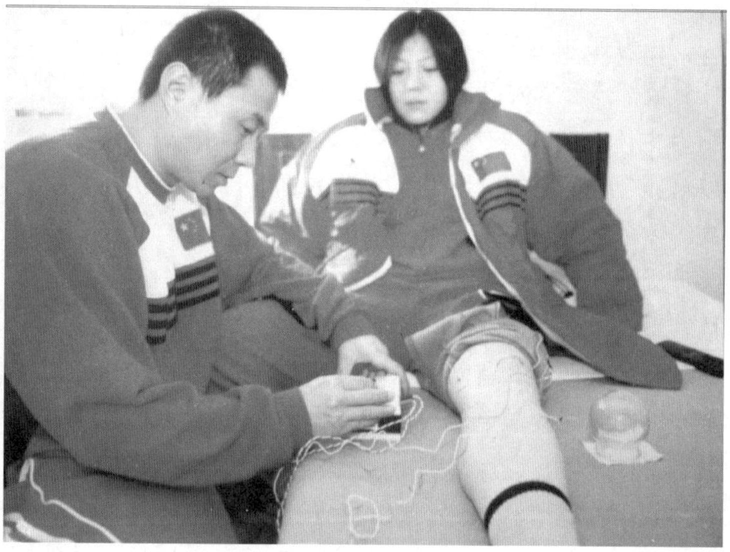

图5—3 担任中国女足队医的成都运动创伤研究所王小勇医师为运动员疗伤

成都运动创伤研究所（四川省骨科医院） 1958年，在贺龙关怀下创建成都体育学院附属体育医院，由中医骨伤专家郑怀贤担任院长，是四川较早的体育科研机构，也是国内唯一运用中医药开展运动创伤防治和运动性疲劳恢复研究的科研医疗机构。1984年经国家科委批准改建为国家体委成都运动创伤研究所（另名成都体育医院），1998年顺应国务院机构改革，更名为国家体育总局成都运动创伤研究所（国家体育总局成都体育医院）。2003年12月，根据国家关于科研院所改制的规定，隶属于国家体育总局的成都运动创伤研究所，划归四川省管理，成为四川省中医药管理局直属单位，更名为“四川省骨科医院”，成为集医疗、科研、教学为一体的医院。该所拥有一大批运动创伤防治和运动性疲劳恢复研究的专家学者，是中国体育代表团参加奥运会的一支重要医疗科研攻关和医疗保障力量。

四川省体育科学研究所 1979年成立，1986年9月完成体育科研事业费划转手续，是全省唯一的社会公益性体育科学研究机构。2000年，为适应贯彻实施《奥运争光计划》和《全民健身计划纲要》，调整设置的业务机构，设置竞技体育部和社会体育部。竞技体育部内设：运动医学研究室、选材研究室、运动训练研究室和体育信息研究室。社会体育部内设：体能研究室、心理研究室、矮身材预测与监控室和亚健康研究室。四川省体育科学研究所还承担和参与反兴奋剂工作、青少年比赛骨龄检查、运动员代表资格审查管理等工作。

四川省体育科学学会 1982年成立，挂靠省体委科技教育处，是四川体育科技工作的群众性组织，在促进四川体育科技进步方面发挥着“桥梁”和“纽带”作用。1994年6月，召开四川省体育科学学会第四次代表大会，对各研究会、专业委员会挂靠单位进行调整。训练科学研究会、体育气功科学研究会、学校体育研究会挂靠省体委；运动生物力学专业委员会、运动心理专业委员会、体育理论专业委员会、体育情报专业委员会挂靠成都体育学院；运动医学专业委员会挂靠成都运动创伤研究所（后更名为“四川省骨科医院”）；体质研究专业委员会挂靠省卫生防疫站；计算机专业委员会挂靠成都联想高科技公司。这一调整体现体育科学学会组织的广泛性和社会性，有利于依靠和发挥社会科技力量和科技资源，共同服务于四川体育科技工作。1995 年 1 月，省体育科学学会选址成都市新津县宝山山庄，双方合作共建“四川省体育学术活动中心”和“四川省民族体育发展中心”，省人大常委会副主任、省科协主席康振黄出席了奠基仪式，并题词“民族体育绚丽多彩”。2000 年机构改革，省体育局科技教育处撤消，省体育科学学会挂靠省体育科学研究所，承担学会的日常工作。

四川大学体育科学研究所 1994 年成立，是集体育科学研究和体育科研专业人才培养于一体的科研教学机构。1996 年，被授予体育教育训练学专业硕士研究生授权点，1997 年开始招生。2003 年后，四川大学体育科学研究所人才培养和科研方向，以体育人文社会学和运动人体科学为重点，其研究领域包括公共体育事业管理、体育经济、体育伦理学、体育系统工程、人体测量与评价、运动营养与卫生、民族传统体育文化理论等学科。

四川省国民体质监测中心 1997 年，省体委社会体育处和科技教育处建议并经省体委党组同意，将“四川省成年人体质测试中心”挂牌于省体育科学研究所，依托省体育科学学会和省体育科学研究所的科研力量，负责组织实施四川省国民体质测试工作。1999 年四川省成年人体质测试中心更名为四川省国民体质监测中心。四川省国民体质监测网络由国家、省、市（州）三级国民体质监测中心和县（区）国民体质监测点构成。四川省的成都市、自贡市和广元市为国家国民体质监测点。

成都体育学院的体育科研组织 成都体育学院原隶属国家体委。2001 年，根据国务院办公厅关于调整国家体育总局所属学校管理体制的有关规定，成都体育学院管理体制实行中央与地方共建，以地方为主。6 月 20 日国家体育总局副局长段世杰与四川省副省长杨崇汇，签订共建成都体育学院协议，由国家体育总局与四川省人民政府共建，以四川省管理为主。

成都体育学院的科研组织机构比较健全，先后成立的科研机构有科研处、运动创伤研究所、体育史研究所和体育学研究室、武术研究室，是四川省一支重要的体育研究队伍。2002 年 3 月，国家体育总局建立全国首批体育社会科学重点研究基地，成都体育学院为 6 个基地之一，亦为西部地区唯一的体育社会科学研究基地。该院的体育史学、中医骨伤科学、武术和运动生理学被确立为国家体育总局重点学科。体育人文社会科学、运动人体科学为四川省重点建设学科。运动人体科学实验室是四川省重点实验室。

成都市国民体质监测中心 2003 年 6 月 6 日成立，系成都市体育局下属县级事业单位，也是四川省唯一的列入机构编制内的国民体质监测机构。其主要任务和职能是：研究和制定成都市国民体质监测规划，实施国民体质监测工作，将国民体质监测指标纳入社会统计指标体系；开展国民体质监测工作，对市民进行国民体质测试，对测试人员进行体质评定和科学健身指导，对群众健身效果进行评价，为成都市全民健身运动开展提供科学的指导；建立国民素质测试数据库，充分利用测试数据，为体育科学研究提供依据，推动“科技兴体”工作的开展；开展与国民体质监测相关的服务项目，完善国民体质监测工作的服务体系。

第二节 科研活动

一、学术活动

1988 年，省体育科学研究所叶国治、何仲涛等承担国家体育运动委员会重点课题《四川省青少年运动员科学选材综合研究》，获 1995 年国家体育运动委员会体育科学技术进步奖三等奖。1989 年"划船模拟训练系统"研究人员出席在美国召开的奥林匹克科学大会（全国 6 名之一）。

1990 年，省体育科学研究所叶国治、张艺宏等 5 人共 5 篇论文、中学教师徐明运用灰色关联数学完成的论文《国内外优秀运动员百米成绩主要因素相关分析》，入选北京亚运会体育科学大会。1992 年，省体育科学学会 6 篇体育研究学术论文入选巴塞罗那第 25 届奥林匹克科学大会。其中西南民族学院体育教授黄绍勤撰写的《中国大学体育的现状和发展》论文被指定为 8 位发言人之一，奥运会科学大会组织者在致黄绍勤的邀请函中写道："你的研究将对本次大会做出伟大贡献；希望你的发言能促进人们对世界大学生健康素质的关注"。

1993 年，第七届全国运动会后，省运动技术学院建立每两年举办一次教练员学术研讨会和论文报告会制度，旨在提高竞技体育水平，加强教练员培训工作和教练员科研活动。要求各项目队教练员结合训练实际，运用先进的训练理论，科学总结训练工作，并将每次教练员论文报告会优秀论文汇编成集，发送到各项目队学习。1994 年，省体育科学研究所叶国治、何仲涛等承担省体育运动委员会课题《四川省青少年运动员科学选材及应用研究》，获 1996 年省政府科学技术进步奖三等奖。1995 年，省体育科学研究所何仲涛、胡俊梅的论文分别入选并出席第五届国际运动生理生化和营养学学术会议。1996 年，省体育科学研究所余莉萍、张艺宏等承担省科技厅课题《CTR 全自动电子计时仪》，获 1999 年国家体育总局体育科学技术进步奖三等奖。中学教师徐明论文入选第 26 届亚特兰大奥林匹克科学大会。

2000 年，省体育科学研究所余莉萍、胡俊梅的论文分别入选第 27 届悉尼奥林匹克科学大会，并出席大会。2003 年，省骨科医院张世明承担科技部"十五"攻关计划项目《中医消除运动性疲劳的应用研究》。2004 年，省体育科学研究所胡俊梅的论文入选第 28 届雅典奥林匹克科学大会。在组织开展体育学术研究活动方面，省体育科学学会发挥着重要作用。1988—1994 年，省体育科学学会及相关专业委员会举办学术论文报告会 32 次、学术研讨会 14 次，省体育科学学会会员参加全国学术会议并在全国刊物发表的论文 400 多篇。

2000 年后，成都体育学院承担各级各类科研项目 247 项，主持省部级以上项目 97 项，其中主持国家社会科学基金项目 15 项，合作完成国家自然科学基金项目 2 项，有 22 项获得省部级以上奖项，发表学术论文 1000 余篇，出版学术专著和译著 33 部。成都体育学院教授周西宽曾经担任国务院学位委员会体育学科评议组召集人。从 1995 年起，由周西宽主编并主持编写《中华大典・教育体育卷》（体育部分），共 700 多万字，2000 年出版。

二、科技服务

围绕优秀运动队在重大比赛中创造优异成绩开展的科技服务和科技攻关工作，是四川体育科技活动的传统优势，成效和贡献显著。为优秀运动队提供科技服务，主要体现在为国家队服务和为四川省队服务两个方面。为国家队服务的科技力量主要来自成都运动创伤研究所（省骨科医院）和成都体育学院。从1988年第二十四届奥运会和1990年第十一届亚运会开始，中国体育代表团备战和参加历届奥运会、冬季奥运会和亚运会，国家体育总局均抽调成都运动创伤研究所（省骨科医院）的科研人员和医生驻队跟队承担运动创伤防治和运动性疲劳恢复治疗工作。2002年，张世明主任医师担任第十九届冬季奥运会中国体育代表团医务总监，组织实施科技攻关和医疗保障工作，为中国队在本届冬季奥运会上实现金牌“零”的突破做出重大贡献。2004年第二十八届奥运会，张世明与另两位专家担任中国代表团医疗专家组成员，参与代表团的全面训练服务和医疗保障工作，并兼管女子排球、女子足球、女子曲棍球、自行车、羽毛球等项目队的医疗监督。在随团出征的26名医务人员中，成都运动创伤研究所（省骨科医院）就有3名，分别是张世明、王小勇和戴国刚。

1990年北京第十一届亚运会，成都体育学院提前两年成立中国击剑队科技攻关和科技服务课题组，课题组成员包括运动人体解剖学、运动生理学、运动生物力学等方面的专家教授，他们与运动队紧密合作两年，从击剑技战术、运动创伤防治和运动量测控方面给予科技支持，为中国击剑队在北京亚运会上获得7枚金牌做出贡献。1995年，成都体育学院组建的科技攻关服务课题组，选择中国手球队为服务对象，获得科研成果。为备战2004年第二十八届奥运会，成都体育学院2000年组成科技服务组到国家田径队、举重队、跳水队、女子曲棍球队进行科技攻关和科技服务。后成立“我国优秀网球女子双打竞技水平的研究与应用课题组”，到国家网球队对女子双打组开展专题科研活动和科技服务工作。

四川省体育科学研究所的常态工作是为四川省运动队开展科技服务。科技服务工作主要有三种途径：一是科研人员驻队，将专业科研人员派驻田径、游泳、重竞技等重点项目队，全程随队服务，其科技服务成效与运动队训练和比赛成绩挂钩，少数水平高的科研人员被选拔担任科研教练。二是科研人员跟队。运动队在参加重大比赛特别是参加全运会前，科研人员集中时间派驻指定运动队，重点负责运动队赛前和参赛过程中的科技服务保障工作。2005年第十届全运会前夕，省体育科学研究所为男子篮球、射击、羽毛球、女子柔道、网球、赛艇等项目重点队员进行短波、微波、低周波、光波浴、超声波、温热磁场振动、血循环、颈腰部牵引等各种康复理疗200人次，其中射击、步枪和网球队员康复效果十分明显，为在全运会上创造佳绩提供保障。三是开展运动队训练科学监控和机能评定工作。2004年11月至2005年11月，省体育科学研究所为田径、篮球、排球、网球、羽毛球、射击、赛艇、皮划艇激流回旋、曲棍球等22个项目队的1577名重点运动员进行5764人次生化测试，其中血常规测试1491人次、尿素测试1457人次、肌酸激酶测试1449人次、肌酐测试227人次、血清睾酮测试918人次、皮质醇测试218人次、乳酸脱氢酶测试4人次，为科学分析、评定训练量和训练强度获得指标，为改进和完善科学训练方法提供理论指导。

在四川体育代表团备战参加第七届（1993年）、第八届（1997年）、第九届（2001年）、第十届全国运动会（2005年）期间，省体委（体育局）依靠成都运动创伤研究所（省骨科医院）和成都体育学院科研医务力量，采取多种合作形式，为四川省各运动队提供科技攻关、科技服务和医务监督保障。

三、国民体质监测

国民体质监测项目分为形态、机能、身体素质和问卷调查四大类。按照不同年龄身体体质特征，将测试人群分为四类，即：幼儿组（3—6 岁）、学生组（7—19 岁）、成年组（20—59 岁）和老年组（60—69 岁）。各年龄段测试指标有所区别，其中学生组测试指标，依据教育部颁布的《学生体质健康标准》。各地可根据本地实际情况在日常体质监测过程中增加人体成分测试、骨密度测试、心血管测试、亚健康测试、儿童和青少年骨龄测试及身高测试等项目。

根据国家体委（体育总局）统一部署，2000 年通过对全省城乡幼儿组（3—6 岁）、学生组（7—19 岁）、成年组（20—59 岁）和老年组（60—69 岁）5 万多人的测定，“四川省国民体质监测中心”首次完成国家国民体质监测工作四川省监测任务，出版《2000 年四川省国民体质监测报告》，2001 年被评为国家国民体质监测工作先进单位。

2005 年，国家第二次国民体质监测工作展开，四川省抽样监测城乡幼儿组、学生组、成年组和老年组近 4 万多人，编制《2005 年四川省国民体质监测报告》。监测结果显示：四川省幼儿、成年人、老年人体质状况总体合格率较好，分别达到 87.5%、83.2% 和 82.7%（学生组测试指标依据教育部颁布的《学生体质健康标准》），但不合格率均高于全国平均水平，分别高出 2.4、3.6 和 1.7 个百分点。虽然 2005 年与 2000 年相比，四川人长高了（平均身高男性 168.9 厘米、女性 157.7 厘米），身体素质也有所提高，但无论男性还是女性，无论城镇还是乡村，四川省居民国民体质综合指数都低于全国平均水平。综合指数排位，在全国 31 个省（市、自治区）中排名第 19 位，居中偏下水平。经过 2000 年、2005 年两次参与全国大规模国民体质监测活动，四川省初步形成一套较为完整、成熟的测试评价与统计体系，形成省、市、县（区）、乡监测网络和监测队伍。国家和省国民体质监测点、国民体质监测中心的国民体质监测和国民体质健康管理工作，已经步入常规化、规范化轨道。

四川省国民体质测试项目一览表

表 5—1

类别	测试指标	幼儿组 3—6 岁	成年（甲）组 20—39 岁	成年（乙）组 40—59 岁	老年组 60—69 岁
形态	身高	●	●	●	●
	坐高	●			
	体重	●	●	●	●
	胸围	●	●	●	●
形态	腰围		●	●	●
	臀围		●	●	●
	皮厚度	●	●	●	●
机能	脉搏（心率）	●	●	●	●
	血压		●	●	●
	肺活量		●	●	●
	台阶实验		●	●	●

续表5—1

类别	测试指标	幼儿组 3—6岁	成年（甲）组 20—39岁	成年（乙）组 40—59岁	老年组 60—69岁
体能	立定跳远	●			
	网球掷远	●			
	坐位体前屈	●	●	●	●
	10米折返跑	●			
	走平衡木	●			
	双脚连续跳	●			
	握力		●	●	●
	臂力		●		
	纵跳		●		
	闭眼单脚跳		●	●	●
	选择反应时		●	●	●
	俯卧撑／仰卧起坐		●		

说明：“●”为该组别测试项目

第三节　科技成果

1988—1994年，全省被评为省级以上的优秀论文有500多篇。成都体育学院体育史研究所2003年承担的国家社会科学基金重点项目《中国体育简明通史》编写，填补四川省省属高校承担国家社会科学基金重点项目的空白。

1990年北京十一届亚运会，成都体育学院成立的中国击剑队科技攻关和科技服务课题组，课题获1991年国家体委体育科技进步三等奖；1995年，成都体育学院组建的科技攻关服务课题组，在手球项目服务方面做出贡献，其科研成果获1997年国家体委体育科技进步三等奖。1996年11月，成都运动创伤研究所（省骨科医院）受到国家体委表彰，获得第二十六届奥运会科研攻关与科技服务三等奖。2004年第二十八届奥运会，随中国代表团出征的成都运动创伤研究所（省骨科医院）专家张世明、王小勇和戴国刚，均因工作表现突出，获得国家体育总局第二十八届奥运会突出贡献奖。

1988—2005年四川省获省部级以上科技成果奖的科技成果一览表

表5—2

项目名称	主研人员	获奖（专利）名称及等级	获奖时间(年)
坚持教学、科研、训练相结合，努力培育武术英才	习云太	四川省普通高等院校优秀教学成果一等奖	1989
提取组织间液新技术的建立及其在疲劳机理研究中的初步应用	殷　劲	国家体委科技进步奖二等奖	1991

续表5—2

项目名称	主研人员	获奖（专利）名称及等级	获奖时间(年)
数学模型法在运动员机能评定中应用的研究	孙学川	国家体委科技进步奖二等奖	1992
道教与中国传统文化	郝　勤	四川省第五次哲学社会科学优秀科研成果二等奖	1992
体育学院教育教学改革实践与探索	杨　桦	国家体委教学成果一等奖	1995
四川省青少年运动员科学选材综合研究	叶国治 何仲涛	国家体委体育科学技术进步奖三等奖	1995
		四川省人民政府科学技术进步奖三等奖	1996
非手术治疗膝半月板损伤的动物试验及临床研究	梁　翼	国家体委科技进步三等奖	1996
应用计算机模拟和可视技术改革运动生理实验教学	苏全生	普通高等院校国家级教学成果二等奖	1997
对国家女手备战第二十六届奥运会训练进程的监控及体能恢复的研究	苏全生	国家体委体育科学技术进步奖三等奖	1997
剧烈运动致疲劳肌体肝、肾功能变化的研究	殷　劲	国家体委体育科学技术进步奖三等奖	1997
发展肌肉爆发力“最大动量训练法”实施手段的研究	刘北湘	国家体育总局体育科学技术进步奖三等奖	1999
CTR 全自动电子计时仪	余莉萍 张艺宏	国家体育总局体育科学技术进步奖三等奖	1999
体育院校（本科）教学工作评估软件的研制与运用	杨　桦	国家体育总局教学成果一等奖	2000
构建“宽、适、活”教学模式优化体育教育专业人才培养	陈　宁	国家体育总局教学成果一等奖	2000
川南贫困县实施全民健身计划的实证研究	陈　宁	国家体育总局体育社会科学、软科学研究优秀成果二等奖	2000
关于有中国特色社会主义体育市场的研究	张　岩	四川省第九次哲学社会科学优秀科研成果二等奖	2000
《全民健身概论》课程建设的理论与实践	陈　宁	四川省高等教育教学成果一等奖	2004
体操多媒体系列教学软件的研制与运用	潘小非	四川省高等教育教学成果一等奖	2004
提高我国优秀网球女子双打竞技水平的研究与应用	刘　青	四川省科技进步二等奖	2005

1987—2005 年四川省影响较大的体育专著一览表

表 5—3

著作名称	作者（编著者）	出版单位	出版时间（年）	备注
《现代科学丛书》	胡晓风　周西宽	四川教育出版社	1987—1993	陆续出版、全套共 20 册
《四川武术大全》	四川省体育运动委员会 四川省武术遗产挖整组	四川科技出版社	1989	
《四川百科全书・体育篇》	荀建侯　安维胜等	四川辞书出版社	1997	
《四川省志・体育志》	四川省体育运动委员会	四川科学技术出版社	1998	
《巴蜀文化大典》（四川体育条目）	张家齐　安维胜等	四川人民出版社	1998	
《中华大典・教育体育卷》	周西宽	上海古籍出版社	2000	体育部分
《四川省国民体质监测报告》（2000 年）	陈保明主编；四川省体育局、四川省国民体质监测中心编	四川科学技术出版社	2003	
《体育基本理论教程》	周西宽	人民体育出版社	2004	

第三章　体育外事和港澳台工作

第一节　出　访

四川省运动员、教练员和其他体育工作者的出访活动，主要是四川体育代表团出访和随中国体育代表团出访。截至2005年年末，四川省有运动员、教练员和其他体育工作人员555批次，出访147个国家。

一、四川体育代表团（队）出访

1959年，在第一届全国运动会上，四川男子篮球队获得冠军。1960年6月，受国家体委派遣，四川男篮以成都市代表队的名义出访缅甸、柬埔寨，以17战全胜的成绩赢得广大侨胞的高度赞誉，这是中华人民共和国成立后四川省第一支出访的运动队。此后，四川的排球、国际象棋、乒乓球、花样游泳等优势项目队受国家体委（国家体育局）委派组队出访比赛。至2005年年末，四川体育出访团（队）126批次，有篮球、排球、体操、武术、游泳、跳水、摔跤、乒乓球、国际象棋、花样游泳、水球、足球、田径、举重、拳击、网球、曲棍球、射击、射箭19个项目，出访过缅甸、柬埔寨、朝鲜、韩国、伊拉克、瑞典、丹麦、新加坡、日本、意大利、波兰、法国、美国、澳大利亚、俄罗斯等39个国家。①

四川体育代表团（队）重要出访有：

1960年6月，省体委副主任李镇任团长，率四川男子篮球队赴缅甸、柬埔寨访问比赛。

1964年7月，省体工队主任魏振铎带队，率四川女子排球队赴朝鲜访问比赛。

1975年上半年，省体委副主任郭炎任团长，率四川女子排球队赴伊拉克访问比赛。

1976年，省体委主任赵宝凯任团长，率四川男子篮球队赴瑞典、丹麦访问比赛。

1976年下半年，省体委副主任邓自力任团长，率四川女子篮球队赴新加坡比赛。

1979年，省体委副主任王廷弼任团长，率四川男子篮球队赴约旦访问比赛。

1982年10月6—21日，省体工队副主任吴汉文率四川男子篮球队赴巴基斯坦访问比赛。

1983年4月，省体工队主任王学集率四川足球队赴尼泊尔参加“加德满都”足球赛。

1984年上半年，省体委主任郭炎任团长，率四川女子排球队赴日本访问比赛。

1985年9月，省体委机关党委书记雷大燮率四川青年武术队赴日本访问比赛。

1986年4月16—30日，省体委副主任潘毅平任团长，率四川男、女排球队一行35人，赴日本

① 因随团出访人数、次数很多，也较分散，难以做出准确的统计，随团秘书、医生、翻译人员往往被漏计

访问比赛。

1987 年 6 月 8—25 日，省国际象棋队运动员刘适兰等 3 人赴波兰参加波兰国际象棋邀请赛。

1988 年 6 月 24—29 日，以省运动技术学院田雪丰为领队的省艺术体操队一行 12 人，参加在朝鲜平壤举行的第九届国际艺术体操邀请赛。参加邀请赛的有苏联、保加利亚、波兰、中国和朝鲜一队、二队 5 个国家 6 支队伍，四川队只参加集体项目的比赛，取得第四名的成绩。

1989 年 9 月 20—28 日，以省运动技术学院院长任国钰为领队的四川水球队一行 12 人赴泰国参加国际水球比赛。先后参加 3 场公开赛和 1 场练习赛，均获胜。

1990 年 4 月 13—23 日，应日本拓殖大学的邀请，以省运动技术学院赵峻岭为领队的四川省拳击队一行 15 人赴日本进行访问比赛。

1991 年 4 月 29 日至 5 月 6 日，应日本广岛县体育协会的邀请，以省运动技术学院院长肖阳宗为团长的四川田径队一行 15 人赴日本参加国际田径邀请赛。

1992 年，接国家体委通知，以省体委副主任朱玲为团长的四川省男子排球队一行 18 人赴日本参加第四届广岛亚洲俱乐部“和平杯”排球赛。

1994 年 6 月 18 日至 7 月 2 日，应泰国游泳协会的邀请，以省运动技术学院副院长张昌炎为团长的四川省跳水队一行 12 人赴泰国参加泰国游泳、跳水公开赛。

1995 年 2 月 17—26 日，应泰国足球协会的邀请，以省运动技术学院院长肖阳宗为团长的一行 25 人赴泰国参加在曼谷举行的“泰王杯”足球邀请赛。

1996 年 2 月 16 日至 3 月 9 日，应澳大利亚国家女排、美国新墨西哥州大学的邀请，以四川省运动技术学院院长肖阳宗为团长的科利多女排一行 17 人赴澳大利亚、美国进行访问比赛。

1997 年 6 月 6 日，应日本仙台育英学园高等学校体育部的邀请，以省运动技术学院蔡世民为团长的一行 6 人赴日本训练、比赛。

1998 年 7 月，省运动技术学院田径系党总支书记刘殿龙一行 5 人赴法国进行访问比赛。

1999 年 11 月，应美国北美乒乓球队的邀请，以省体委监察审计处处长熊守桂为团长的四川乒乓球队一行 21 人赴美国参加比赛。

2000 年 9 月，应日本山梨县教育委员会的邀请，由省体育局组团一行 20 人赴日本进行访问比赛及其他体育双边交流活动。

2001 年 4 月 1—5 日，应泰国政府的邀请和省政府的委派，省剑南春女子足球队赴泰国参加“庆祝泰中建交 25 周年诗琳通公主杯女子足球友谊赛”。

2002 年 12 月，以省运动技术学院拳击教练王家波为团长的四川拳击代表队一行 8 人赴乌兹别克斯坦训练、比赛。

2003 年 4 月 1—8 日，应日本游泳联合会的邀请，四川省运动技术学院运动员罗玺、蒋婷婷、蒋文文 3 人赴日本参加日本花样游泳公开赛。

2004 年 5 月 31 至 6 月 4 日，受中国田径协会的派遣，以省运动技术学院杜云榜为团长的四川田径队一行 6 人赴菲律宾参加菲律宾田径公开赛。

2005 年 3 月，应日本游泳联合会的邀请，以省体育局副局长刘践为团长的一行 13 人赴日本参加比赛。

1960—2005年四川体育代表团（队）出访统计一览表

表5—4

年度	项目数（项）	批次（次）	出访国家数（个）
1960	1	1	2
1964	1	1	1
1975	1	1	1
1976	2	2	3
1979	1	1	1
1982	1	1	1
1983	1	1	1
1984	1	1	1
1985	4	4	5
1986	2	2	3
1987	3	3	3
1988	1	1	1
1989	3	3	3
1990	5	5	2
1991	6	7	8
1992	8	7	5
1993	2	3	3
1994	1	1	1
1995	9	10	8
1996	3	4	4
1997	2	4	3
1998	7	12	9
1999	3	3	4
2000	5	7	4
2001	4	5	3
2002	5	6	5
2003	7	12	7
2004	6	12	11
2005	3	6	4

说明：因第一轮志书无体育外事内容，故所记内容有所上溯

二、随中国体育代表团（队）出访

1958年夏，省体委副主任王廷弼受国家体委委派担任团长，率中国男、女排球队赴苏联哈萨克斯坦、吉尔吉斯斯坦、塔吉克斯坦，土库曼斯坦、乌兹别克斯坦5个加盟共和国访问比赛。这是四

川体育工作者第一次随团出访活动。从20世纪80年代中期开始，出访日益增多，对外交往不断扩大。特别是1988年、1992年、1996年、2000年、2004年，四川有66名运动员随中国体育代表团赴奥运会举办国参加第二十四届、第二十五届、第二十六届、第二十七届和第二十八届奥运会。为祖国、为四川赢得荣誉。至2005年年末，四川有377批次、791人随中国体育代表团（队）出访科威特、菲律宾、秘鲁、瑞士、比利时、文莱、印度、雅典、芬兰、伊朗、白俄罗斯等68个国家和地区，涉及举重、摔跤、乒乓球、游泳、排球、足球等23个项目。

随中国体育代表团（队）重要出访有：

1960年8月，省体委副主任王廷弼任团长，率中国青年男、女篮球队赴罗马尼亚和阿尔巴尼亚访问比赛。

1961年，省体委副主任王廷弼任团长，率中国男、女排球队赴越南参加中、朝、越、蒙四国排球友谊赛。

1976年8月，省体委主任李培根任团长，率中国游泳队赴新加坡访问比赛。

1977年7月，省航空运动学校校长吴义阁随中国航空协会赴意大利考察。

1979年，省体委副主任李铁民任团长，率中国男、女排球冠军队（男排为福建队，女排为四川队）赴巴西、秘鲁、委内瑞拉、墨西哥访问比赛。

1984年下半年，省体委主任郭炎随国家体育代表团赴美国参观第二十三届奥运会。

1985年，省体委主任郭炎任团长，率中国青年田径队赴日本访问比赛。

1989年10月27日至11月7日，省体科所夏先福随国家体委副主任张彩珍为团长的中国体育代表团赴美国科罗拉多·斯普林斯出席“第一届世界奥林匹克体育科学大会”。

1991年4月30日至5月5日，省运动技术学院郑永修随国家体委代表团出席在日本东京举行的第八届技巧世界杯赛。

1992年9月20日至10月5日，省运动技术学院田径运动员高寒随国家体委组团（以王致祥为团长的中国田径队一行32人）赴古巴、墨西哥参加世界杯田径赛、墨西哥邀请赛。

1993年8月20—30日，省运动技术学院摔跤运动员廖凯忠随国家体委组团（以何国香为团长一行10人）赴加拿大参加自由式摔跤世界锦标赛。

1994年9月6—12日，省运动技术学院田径运动员李涛、陈燕、刘晓梅、黄晓燕4人随国家体委组团一行30人赴英国参加世界杯田径比赛。

1995年5月31日至6月6日，省运动技术学院跳水运动员饶琅、桂鹰2人随国家体委组团（以马涅光为团长一行11人）赴西班牙参加国际跳水大奖赛。

1996年3月28日至4月2日，省运动技术学院张建鸣、李红、郑洁、曹梦菲、兰云5人随国家体委组团（以赵嘉伟为团长一行8人）赴俄罗斯参加“96世界明星”体操比赛。

1997年2月5—26日，省运动技术学院蒋健、唐琳2人随国家体委组团（以何国香为团长一行15人）赴法国、德国参加国际柔道A级赛。

1998年1月3—23日，省运动技术学院运动员及教练员周义霖、霍长福、饶琅、陈莉、罗玺、郑嘉等6人随国家体委组团（以石天曙为团长一行18人）赴澳大利亚参加世界游泳锦标赛。

1999年11月2—20日，省运动技术学院刘蒂、熊姿、迟蓉3名运动员、教练员随国家体委组团（以高沈阳为团长一行10人）赴巴西参加世界沙滩排球巡回赛。

2000 年 1 月 20 日至 2 月 17 日，省运动技术学院徐翔随国家体委组团（以石天曙为团长一行 31 人）赴澳大利亚参加世界杯跳水赛。

2001 年 2 月 6—28 日，省运动技术学院张中文随国家体委组团（以秦元昌为团长一行 17 人）赴意大利、乌克兰参加国际自由摔跤 A 级赛。

2002 年 9 月 11—18 日，省运动技术学院李茜随国家体委组团（以吕林为团长一行 16 人）赴日本参加日本乒乓球大奖赛。

2003 年 6 月 10—17 日，省运动技术学院蒋文文、蒋婷婷、牛玉蝉 3 人随国家体育总局组团（以俞丽为团长一行 16 人）赴瑞典参加世界花样游泳公开赛。

2004 年 2 月 24 日至 3 月 10 日，省运动技术学院肖战随国家体育总局组团（以刘凤岩为团长一行 30 人）赴卡塔尔参加世界乒乓球团体锦标赛。

2005 年 8 月 29 日至 9 月 7 日，省运动技术学院王树金、李建、顾俊杰、钟梅 4 人随国家体育总局组团（以叶秋利为团长一行 70 人）赴韩国参加亚洲田径锦标赛。

1988—2005 年四川省运动员、教练员和体育工作者
随中国体育代表团（队）出访人员统计一览表

表 5—5

年度	项目数（项）	批次（次）	人数（人）	出访国家数（个）
1988	12	1	15	1
1989	1	1	1	1
1992	8	17	31	12
1993	11	23	45	21
1994	12	29	53	17
1995	15	38	82	20
1996	12	29	56	21
1997	13	36	72	22
1998	11	30	63	24
1999	13	48	94	30
2000	4	8	16	8
2001	1	1	1	2
2002	11	23	40	15
2003	9	30	51	26
2004	8	36	98	24
2005	9	27	73	20

三、其他出访活动

随着中国的改革开放和经济发展，四川对外交流领域不断扩展，四川的教练员、运动员、裁判员和体育学者还广泛参加国际体育表演、学术交流、访问考察、学习等活动。至 2005 年年末，四川运动员、教练员和其他体育工作者有 52 批次、251 人出访 40 个国家和地区，进行体育表演、学术交流、访问考察、学习等活动。主要活动有：

1986 年 9 月，省体育科学学会一行 3 人，赴澳大利亚参加第二十三届运动医学学术报告会。

1989 年 11 月 24 日至 12 月 24 日，应美国博村乒乓球俱乐部的邀请，省运动技术学院乒乓球教练员成应华参加美国乒乓球公开赛及学术交流活动。

1990 年 3 月 1 日至 6 月 30 日，应美国加利福尼亚大学的邀请，省运动技术学院重竞系医生黄新赴美国进行学术交流。

1991 年 9 月 7—15 日，省体育科研所秦大华赴美国参加世界体操锦标赛科研工作。

1994 年 7 月 1 日至 1995 年 4 月 1 日，应墨西哥发达实业股份有限公司的邀请，以省运动技术学院院长任国钰为团长的学院所属全兴体育表演团一行 64 人赴墨西哥访问和商业演出。

1995 年 3—12 月，应美国约翰・纽康、欧文・戴森国际网球学院的邀请，省运动技术学院网球教练姜渝赴美国学习训练 9 个月。

1996 年 9 月 18—24 日，省运动技术学院罗金赴俄罗斯参加教练、裁判讲习班。

1997 年 9 月 5—14 日，省运动技术学院吴景栋赴波兰执行世界青年女排锦标赛国际裁判工作。

1998 年 10 月 14—18 日，省体委委派省体委社会体育处邓华赴马来西亚参加国际舞狮裁判员培训班。

2004 年 11 月 3—13 日，受国家体育总局派遣，省运动技术学院肖战赴荷兰执行双边协议乒乓球讲学任务。

2005 年 1 月 16—26 日，省运动技术学院晋超、谭建、周杨 3 人随国家体育总局组团赴澳大利亚参加澳大利亚青年奥林匹克节。

1986—2005 年四川省运动员、教练员和体育工作者其他出访活动统计一览表

表 5—6

年度	批次（次）	人数（人）	出访国家数（个）
1986	1	3	1
1989	1	1	1
1990	2	3	2
1991	1	1	1
1992	3	43	3
1993	1	25	1
1994	5	89	3
1995	4	7	4
1996	3	3	2
1997	2	2	2
1998	6	5	6
1999	1	3	1

续表5—6

年度	批次（次）	人数（人）	出访国家数（个）
2000	4	40	2
2001	2	4	2
2002	1	1	1
2003	5	6	4
2004	5	6	4
2005	5	9	4

第二节　来　访

位于中国西部的四川，以开放、学习的姿态，以多种形式“请进来”“引进来”，学习国外先进经验和技术，不断提高四川体育水平。随着改革开放和经济发展，四川的优势项目资源和训练设施条件吸引一批国外运动队到四川训练。1988 年 5 月，应中国奥委会新闻委员会邀请，美国《体育画报》记者团一行 15 人到中国采访。1993 年第七届全运会四川赛区比赛期间，组委会和四川省体委邀请美国、英国、德国、意大利、日本、俄罗斯、乌兹别克斯坦、哈萨克斯坦、韩国、泰国、马来西亚等国家约 50 名体育官员到四川观摩比赛、进行体育交流。在来访活动中，承办国际体育大赛是一种主要形式。1994 年 5 月 29 日至 6 月 7 日举行的第二十二届世界跳伞锦标赛，是四川省第一次承办的规模最大的国际大赛，也是来访国家和地区最多的一次体育盛会。1995 年，四川相继承办第六届亚洲皮划艇锦标赛、亚洲飞碟射击锦标赛、中国羽毛球公开赛、“中国杯”国际体操邀请赛，先后有几十个国家和地区的运动员到四川参加比赛。至 2005 年年末，有乌兹别克斯坦、日本、美国、俄罗斯、法国、古巴、秘鲁、意大利、菲律宾、韩国、新加坡、印尼、缅甸、埃及等 195 个国家和地区 286 批次 3299 人到四川进行训练比赛和体育交往活动。

一、来访训练及比赛

20 世纪 80 年代中后期，随着四川省体育馆、成都市体育中心等一系列大型体育设施的建成，以及四川体育事业的不断发展，国外运动队到四川进行的国际比赛和交流活动逐渐增多，四川承办国际体育大赛也逐年增加。1994 年 5 月 29 日至 6 月 7 日，第二十二届世界跳伞锦标赛在四川举行，来自 40 多个国家和地区的运动员、裁判员和官员参加比赛。这是四川省在中华人民共和国成立后承办的规模最大的国际大赛，也是来访国家和地区最多的一次体育盛会。1995 年四川相继承办第六届亚洲皮划艇锦标赛、亚洲飞碟射击锦标赛、中国羽毛球公开赛、“中国杯”国际体操邀请赛，先后有几十个国家和地区的运动员到四川参加比赛。至 2005 年年末，到四川参赛的有乌兹别克斯坦、日本、美国、俄罗斯、越南、加拿大、澳大利亚、德国、意大利、英国、缅甸、埃及、韩国等 164 个国家和地区，参与项目有排球、篮球、足球、乒乓球、羽毛球、田径、游泳、跳水、体操、网球、曲棍球、拳击、射箭、射击、皮划艇、高尔夫球等 73 个项目，共 224 批次 2913 人到四川进行训练、比赛。重要的来访训练、比赛有：

1988 年 8 月 4—12 日，应中国羽毛球协会邀请，英国青年羽毛球队到四川进行为期 9 天的访问比赛。

1989 年 5 月 23—24 日，应中国排球协会的邀请，古巴、日本、美国女子排球队在成都参加“国际女排邀请赛”。在邀请赛前，古巴女排还赴广汉市、自贡市与中国国家女排和四川女排进行友谊比赛。

1989 年 10 月 12—19 日，经国务院批准，第五届世界杯跳伞冠军赛在成都市省航空运动学校举行。有来自澳大利亚、比利时、丹麦、联邦德国、民主德国、伊拉克、意大利、日本、瑞士、泰国、土耳其、英国、苏联、美国等 15 个国家近 80 名运动员和官员参加。这是四川省首次承办的世界杯比赛。

1990 年 7 月 1—10 日，应四川省体委的邀请，日本马自达财团足球队一行 24 人到四川进行友好访问比赛。

1991 年 6 月 10—12 日，中国跳水公开赛在成都四川省游泳馆举行。应中国游泳协会邀请，澳大利亚、加拿大、法国、德国、印度尼西亚、伊朗、意大利、日本、泰国、苏联、美国等国家的 12 支跳水队 101 人参赛。国际游联副主席阿蒂·沙乌（新西兰）偕夫人作为贵宾前来参加有关活动。

1991 年 10 月 22—31 日，四川为备战奥运会和第七届全国运动会，应四川省体委邀请，日本山梨县皮划艇队一行 20 人到四川进行交流比赛。该队来访时还赠送给四川省体委两艘激流皮艇。

1992 年 8 月 6—16 日，以日本广岛县田径竞技协会副会长龟田郁夫为团长的广岛青年田径队一行 21 人到四川进行访问比赛。

1993 年 5 月 24—28 日，应国家体委和中国地掷球协会邀请，国际地掷球联合会代表团一行 8 人到四川进行访问比赛。

1993 年 6 月 26 日至 7 月 2 日，应中国排球协会邀请，古巴、日本、秘鲁女子排球队到四川绵阳参加国际女排邀请赛。

1994 年 5 月 29 日至 6 月 7 日，由国家体委主办，四川省体委承办的第二十二届世界特技定点跳伞锦标赛在成都市省航空运动学校举行。来自 40 多个国家和地区近 400 名官员和运动员、裁判员参加比赛。国际航空运动联合会和国际跳伞委员会领导人前来指导和观看比赛。

1994 年 2 月 28 至 3 月 2 日，应省体委邀请，韩国网球队在韩国中高等学校网球联盟会会长徐文教为团长的率领下一行 15 人，到四川进行训练比赛。

1995 年 5 月 24—29 日，“中国杯”国际体操邀请赛在四川成都举行。此次比赛是经国际体操联合会认可并指定在中国举办的一项高水平重要赛事，来自十几个国家和地区的运动员参赛。

1995 年 7 月 3—12 日，亚洲飞碟射击锦标赛在成都举行。应中国射击协会邀请，来自日本、新加坡、马来西亚、泰国、韩国、印度等国家和地区的运动员参加比赛。

1995 年 10 月 2—8 日，第六届亚洲皮划艇锦标赛在新津县省水上运动学校举行。来自日本、韩国、印度、伊朗、巴基斯坦、土库曼斯坦、吉尔吉斯斯坦、乌兹别克斯坦、缅甸、斯里兰卡、蒙古、印度尼西亚、马来西亚等国家和地区的运动员、教练员及国际和亚洲划船联合会的官员 300 多人参加比赛。

1995 年 11 月 6—11 日，中国羽毛球公开赛在四川省体育馆举行。来自泰国、新加坡、印尼、马来西亚、印度、美国、日本、韩国、丹麦、英国、瑞典、意大利、芬兰、保加利亚、俄罗斯、德国和荷兰等国家和地区的世界优秀选手参加比赛。此项赛事是国际羽毛球联合会年度系列大奖赛中重要的一站，同时又是亚特兰大奥运会该项目积分资格赛之一。本届比赛分男、女单打，男、女双打和混合双打，是历年来在四川举行的水平最高的一次羽毛球公开赛。

1996 年 3 月 25—29 日，日本富山县龙谷富山女子高中篮球队一行 22 人到成都、重庆进行交流比赛。

1997 年 3 月 10 日至 4 月 1 日，应韩国游泳协会要求，韩国跳水队一行 10 人到成都训练。

1997 年 5 月 8—12 日，应中国高尔夫球协会邀请，来自澳大利亚、英国、美国、马来西亚、泰国、菲律宾、日本、韩国等国家和地区的 120 多名职业高尔夫球员到四川成都进行中国高尔夫球巡回赛第四站的比赛。

1997 年 11 月 28 日至 12 月 2 日，根据中日双边体育交流计划，四川队恰逢备战第八届全国运动会，为进一步促进双边体育交流，锻炼双边队伍，日本广岛县女子曲棍球队一行 20 人，在广岛县体育协会常务理事田中启之为团长的带领下到四川在省航空运动学校进行交流比赛。

1998 年 10 月 10 日至 11 月 20 日，由国家体育总局组织的“美国美洲风暴队篮球巡回挑战赛”在全国部分省市进行。11 月 6—8 日该篮球队到四川与四川蓝剑男子篮球队在隆昌体育馆举行两场比赛。

2000 年 5 月 17—24 日，应中国地掷球协会邀请，法国女子地掷球队一行 7 人在攀枝花市第四中学进行对抗赛。

2002 年 9 月 4—27 日，菲律宾国家跳水队一行 7 人到四川训练、比赛。

2003 年 10 月 30 日至 11 月 15 日，印度尼西亚国家男子排球队一行 16 人到四川训练、比赛。

2004 年 8 月 23—29 日，日本体育大学乒乓球队一行 18 人到四川训练、比赛。

2005 年 8 月 9—19 日，应四川女子排球俱乐部的邀请，俄罗斯（伯力）女排一行 18 人到四川访问比赛。

1988—2005 年国外运动员（队）到四川训练、比赛统计一览表

表 5—7

年度	项目数（项）	批次（次）	人数（人）	来访国家数（个）
1988	6	7	154	8
1989	4	20	192	15
1990	2	2	39	2
1991	7	18	208	9
1992	7	8	159	4
1993	6	8	141	7
1994	9	56	547	48
1995	10	68	902	38
1996	2	2	38	1
1997	7	10	251	12
1998	3	7	137	5

续表5—7

年度	项目数（项）	批次（次）	人数（人）	来访国家数（个）
2000	1	1	7	1
2002	3	6	52	4
2003	3	5	41	4
2004	1	2	20	2
2005	2	4	25	3

二、其他来访活动

为了学习国外先进的体育理念、竞赛营运方式，四川体委（体育局）历来重视与国外同行的学习与交流。20 世纪 80 年代开始，不断邀请世界一些知名学者到四川讲学，邀请知名体育团队到四川交流访问。共有来自 31 个国家和地区、62 批次、386 人到四川进行访问活动。重要来访活动有：

1987 年 6 月，美国时代周刊摄影记者到四川访问四川省技巧队。

图 5—4　1987 年 6 月，美国时代周刊摄影记者（右二）到四川访问四川省技巧队

1988 年 5 月 26 日至 7 月 4 日，应中国奥委会新闻委员会邀请，美国《体育画报》记者团一行 15 人到中国采访。本次采访分 6 个小组，其中两个组对成都市温江体育先进县的建设情况及重庆市城市体育情况等进行采访。

1989 年 4 月 6—10 日，英国拉夫堡大学威廉斯教授到四川进行讲学访问。此次应邀来访的威廉斯教授是该大学体育系主任，世界一流水平的运动生理学专家。该大学体育系是英国各大学中办学最好的体育系，教学、场馆、科研设备先进，培养过大批优秀运动人才。

1990 年 10 月 5—20 日，英国莱斯特郡太极、气功俱乐部负责人大卫·马丁到四川访问。

1991 年 10 月 5—15 日，应中华全国体育总会科教部的邀请，英国教练员基金会高级技术官员潘妮里菲尔德一行 2 人到中国访问后，还到省运动技术学院参加全国第三届教练员、运动员优秀毕业论文报告会并作学术讲演。

1992 年 10 月 11—21 日，以俄罗斯伏尔加格勒州体委主任伊万诺夫夫妇为首的俄罗斯体育专家组到四川访问交流。足球教练拉辛莫夫，田径教练多尔马托夫、卡拉塔耶夫、特洛菲莫夫、达哥金，游泳教练杜宾宁、舍夫兹到四川执教 1 年，游泳教练叶里基到四川执教半年。

1993 年 8 月 10—26 日，第七届全国运动会由北京市承办、四川省协办。在四川赛区比赛期间，应赛区组委会邀请，来自美国、英国、德国、意大利、日本、俄罗斯、乌兹别克斯坦、哈萨克斯坦、韩国、泰国、马来西亚等国家和地区约 50 名来宾到成都观摩。

1994 年 3 月 31 至 4 月 14 日，美国花样游泳协会技术主任玛果·艾莉克森到四川成都主持全国花样游泳教练员及裁判员学习班，并辅导中国国家花样游泳集训队训练。

1994 年 12 月 6—16 日，应省体委邀请，英国拉夫堡大学体育学院罗宾·琼斯一行 4 人到四川访问，并商谈双方今后交流事宜。

1995 年 10 月 4—8 日，日本众议院前议长、日本国际贸易促进会会长、日本众议院议员、亚洲皮划艇联合会主席樱内义雄和随同日本国际贸易促进协会理事长中田庆雄、会长秘书伊藤雅子等到四川观摩第六届亚洲皮划艇锦标赛。

1996 年 5 月，经省政府同意，日本小寺正夫无偿捐赠一批拳击训练器材，价值 30 余万日元。

1997 年 9 月 5 日至 10 月 5 日，国际登山联合会组织由瑞士、澳大利亚、荷兰、斯洛文尼亚、南非、比利时、法国、韩国、爱尔兰、德国的登山爱好者 31 人在四川雀儿山进行登山活动。

1999 年 10 月 18—24 日，由越南河内市体委主任黄永红、越南国家体育科学院副院长阮公都、越南国家体育公司经理武成中、越南国家体育公司咨询公司经理阮家春组成的代表团一行 4 人到四川参加中国体育用品博览会。

2000 年 4 月，省体委邀请俄罗斯伏尔加格勒州运动医学博士伊戈尔·杜比到四川访问，对四川完成第九届全运会任务的训练、医务科研方面进行指导。

1988—2000 年国外体育代表团到四川其他访问活动统计一览表

表 5—8

年度	批次（次）	人数（人）	来访国家数（个）
1988	6	25	5
1989	3	17	6
1990	3	56	2
1991	17	91	8
1992	5	26	5
1993	1	50	11
1994	4	17	4
1995	7	34	9
1996	1	1	1
1997	3	38	11
1999	3	29	3
2000	2	2	2

第三节 援外与引进

随着国内竞赛制度的改革，特别是足球、篮球、排球等项目实行联赛制度后，四川体育开始面向世界引进优秀球员加盟四川队，引进优秀教练员执教四川队。四川体育不断吸取先进的管理经验和前沿运动技术，给四川体育带来新的发展。同时，四川向国外派遣优秀教练员进行援外工作。

一、四川教练员赴国外任教

四川教练员赴国外任教主要有两种途径：一是国家体委（国家体育总局）委派；二是四川和有关国家或地区双边体育组织互派、应邀。四川相继选派乒乓球、排球、篮球、体操、水球、跳水、羽毛球、游泳、举重、田径10个项目的51名教练员，分35批次赴南斯拉夫、斯洛文尼亚、缅甸、科威特、泰国、印度尼西亚、韩国、孟加拉、摩洛哥、埃及、墨西哥、沙特阿拉伯、阿曼等14个国家和地区援外执教。

主要赴国外任教有：

1987年7月至1988年4月，省运动技术学院田径教练康福荣随国家体委组团赴北也门执教300天。

1989年8月，应南斯拉夫斯洛文尼亚运动协会主席邀请，省运动技术学院排球教练何治华前往执教200天。

1991年3—12月，应缅甸体育局邀请，省运动技术学院体操教练员梁萍赴缅甸执教3个月。之后又应缅甸体育局的邀请，执教时间延长6个月。

1992年7月16日至1994年7月16日，省运动技术院乒乓球教练员高亚翔赴科威特执教2年。

1993年3月15日至1995年3月15日，省运动技术学院跳水教练王世凯随国家体委组团赴科威特执教2年。

1994年7月7日至1995年7月7日，应泰国素攀体育学院体操培训中心的邀请，省运动技术学院体操教练陈鸿武赴泰执教1年。

1995年9月至1996年9月，省运动技术学院篮球教练武连斌、游泳教练卢和光、羽毛球教练杜耘乐、跳水教练谢渝随国家体委组团赴泰国执教1年。

1996年8月26日至1998年8月26日，省运动技术学院排球教练李秋江赴印度尼西亚执教2年。

1997年6月1日至11月27日，应韩国游泳协会的邀请，省体委委派自贡市体委跳水高级教练员杨强赴韩国执教。

1998年9月15日至2001年9月15日，省运动技术学院体操教练李红受国家体委委派，赴摩洛哥援教3年。

1999年7月至2001年7月，应埃及体操协会的邀请，省运动技术学院体操教练周小琴赴埃及执教2年。

2002年7月15日至2004年7月15日，省运动技术学院谢渝赴科威特执教2年。

2003年1月20日至2005年1月20日，省运动技术学院乒乓球教练尹庆、排球教练乔玉川、游泳教练陈德立赴墨西哥执教2年。

2004年4月至2005年4月，应越南河内市体委的邀请，省运动技术学院游泳教练陈光伟赴越执教1年。

2005年12月1日，省运动技术学院教练王渝、方学超随国家体育总局组团（以汪学安为团长一行9人）赴埃及执教240天。

1989—2005 年四川教练员赴国外任教统计一览表

表 5—9

年度	项目数（项）	批次（次）	人数（人）	援外国家数（个）
1989	1	1	1	1
1991	1	2	1	1
1992	2	2	3	2
1993	1	1	1	1
1994	1	1	1	1
1995	4	2	6	1
1996	1	1	1	1
1997	2	2	4	2
1998	1	2	3	2
1999	4	6	10	5
2002	2	2	2	2
2003	5	4	6	3
2004	4	5	5	5
2005	3	4	7	3

二、引进国外教练员、运动员

1988 年，四川游泳队、皮划艇队和拳击队分别从苏联、荷兰、日本引进 3 名外籍教练到四川执教。1995 年，四川全兴足球队在全国甲 A 联赛中首次引进 3 名巴西籍球员。1996 年 5 月，四川男篮由美国国际管理集团注入资金，成立四川熊猫男子篮球俱乐部，为全国第一家中外合资篮球俱乐部，并率先引进美国教练任四川篮球主教练。2001 年，四川乒乓球队引进韩国著名运动员柳承敏参加全国乒超联赛。至 2005 年年末，四川先后从俄罗斯、哈萨克斯坦、乌兹别克斯坦、德国、荷兰、日本、苏联、白俄罗斯、朝鲜、克罗地亚、乌克兰、巴西 12 个国家和地区引进足球、田径、游泳、体操、皮划艇、激流回旋皮艇、拳击、柔道、射击、蹦床、摔跤 11 个项目 40 批次的外籍教练到四川执教。

（一）引进国外教练员

1988 年 6 月至 1989 年 4 月，应中国奥委会邀请，联邦德国游泳专家安德烈斯·彼克到四川执教。

1991 年 10 月中旬至 1992 年 4 月，为备战第七届全国运动会，提高四川省划船运动水平，省体委邀请苏联基辅体育学院皮划艇教练员 B·H·别古诺夫到省水上运动学校执教半年。

1992 年 11 月 23 日至 1993 年 11 月 23 日，应省体委的邀请，哈萨克斯坦体操专家伏拉洛夫·维克托到省运动技术学院执教 1 年。

1992 年 12 月 7 日至 1993 年 6 月 7 日，应省体委的邀请，俄罗斯游泳教练叶里基到重庆市体委所属游泳学校执教半年。

1992 年 5 月 1 日至 1993 年 5 月 1 日，应省体委邀请，俄罗斯足球教练拉辛莫夫到四川执教 1 年。

1993年5—10月，续聘乌兹别克斯坦体操教练阿科甫·索耳基索维奇到省运动技术学院任教。

1994年3月28日至8月30日，为备战第八届全国运动会，根据四川省智力引进的有关精神，省体委邀请日本山梨县柔道教练小林义则，到省运动技术学院重竞技系执教。

1994年7月1日至1995年7月1日，为备战第八届全国运动会、提高省射击运动队水平，应省体委邀请，俄罗斯射击教练安德烈·格鲁杰夫到省陆上运动学校射击队执教3个月。

1996年10月至1997年10月，为备战第八届全运会，提高省皮划艇运动水平，经省外办批准，省体委邀请俄罗斯皮划艇教练多利亚·雅科夫列夫和瓦西里·卡梁金到四川执教1年。

1997年5月22日至10月30日，应省体委的邀请，朝鲜国家体委拳击协会郑永焕、闫正焕两名拳击教练到四川执教。

1998年1月1日至12月31日，应四川全兴足球俱乐部的邀请，克罗地亚足球教练员米罗西到四川执教。

1999年12月至2000年12月，为备战第九届全运会，提高省游泳队运动水平，省体委与俄罗斯联系，聘请伏尔加格勒州体委游泳教练茹奇科夫·特洛采维奇到四川执教。

1999年12月15日至2000年12月31日，为在2000年全国足球甲A联赛中取得好成绩，四川全兴足球俱乐部聘请克罗地亚足球教练米罗西、德拉科、马瑞安为四川全兴队足球教练。

2000年12月1日至2001年1月30日，应省运动技术学院田径系的邀请，俄罗斯田径协会总教练库里琴科、投掷主教练尤里到四川执教。

2005年1月1日至10月30日，聘请乌兹别克斯坦拳击教练木拉特为四川拳击队主教练。

（二）引进国外运动员

1994年7月至11月30日，乌克兰足球俱乐部运动员乌里茨基·谢尔盖加盟四川全兴足球俱乐部。

1995年7月30日至11月30日，应四川全兴足球俱乐部的邀请，聘请巴西里约热内卢博思苏赛索足球俱乐部马科斯·罗贝托·莫莱拉·科斯达、马塞罗·马麦罗·塞尔瓦和路易斯·法比亚努·古埃柳·阿吉维都3名运动员加盟全兴足球队。

1996年2月1日至11月30日，应四川全兴足球俱乐部的邀请，续聘巴西里约热内卢博思苏赛索足球俱乐部马塞罗·马麦罗·塞尔瓦和路易斯·法比亚奴·古埃柳·阿吉维都2名运动员加盟全兴足球队。

1999年2月11日至12月31日，应四川全兴足球俱乐部的邀请，摩洛哥足球运动员埃那吉·阿布德拉贾利尔加盟全兴足球队。

2001年6月19日至9月30日，应省运动技术学院小球系的邀请，韩国乒乓球运动员柳承敏加盟四川乒乓球队。

1988—2005 年四川各运动队引进外国教练员、运动员统计一览表

表 5—10

年度	项目数（项）	批次（次）	人数（人）	国家（个）
1988	3	3	3	3
1991	3	2	4	2
1992	5	8	12	3
1993	1	1	1	1
1994	4	4	4	3
1995	1	2	5	2
1996	4	4	6	4
1997	2	3	4	2
1998	2	3	3	3
1999	5	7	8	6
2000	3	3	3	3
2001	1	1	1	1
2005	2	2	3	2

第四节　港澳台地区交流

1993 年 8 月，第七届全国运动会四川赛区举行比赛期间，应省体委邀请，中国香港、中国澳门、中国台湾体育界知名人士到四川观摩这一体育盛会；国家体委主任伍绍祖等宴请包括港澳台地区的来宾。在四川与中国台湾的体育交往中，交往较多的是乒乓球项目。1994 年 4 月，中国台湾乒乓球协会女子乒乓球队 13 人在省运动技术学院自费训练 1 个月；1995 年 4 月 30 日，中国首届跳伞精英大会演在成都举行。根据大会组委会邀请，霍英东出任此次大会名誉主任，并委派其子霍震霆到四川参加此次大会。2005 年 7—8 月，四川接待中国台湾乒乓球运动员 4 批次到四川训练和比赛。至 2005 年年末，港澳台地区共有 35 项、44 批次、450 人到四川参加体育竞赛、训练和交流。主要交流活动有：

1988 年 6 月 13—29 日，应中华全国体育总会联络部邀请，中国台湾悬挂滑翔运动员王容南等一行 4 人到四川访问。

1989 年 10 月 18—22 日，中国台湾围棋队一行 21 人在中环股份有限公司董事长翁明显为团长的率领下到成都进行访问比赛。此次交流活动是中国台湾围棋界出面主办的海峡两岸第一次围棋直接交流活动。

1990 年 7 月 15—20 日，应国家体委航空处和中国国际体育旅游公司邀请，中国台湾花莲山坡滑翔团一行 18 人到四川进行技术交流和座谈。

1991 年 6 月 10—12 日，中国跳水公开赛在成都举行。中国香港、中国台湾地区的 2 支跳水队前来参赛。

1992 年 10 月 17—24 日，应国家体委邀请，中国香港体育观光团一行 20 人到四川观光。霍震霆率 15 名私人朋友也随团活动。此次来内地的中国香港观光团是由中国香港年轻一代体育骨干组成。

1993 年 8 月 10—26 日，第七届全国运动会四川赛区比赛期间，应赛区主委会邀请，来自中国香港和中国台湾的来宾到四川观摩全运会。

1994 年 4 月 14 日至 5 月 14 日，应省体委邀请，中国台湾乒乓球协会女子乒乓球队一行 13 人到省运动技术学院自费训练。

1995 年 7 月 3—12 日，亚洲飞碟射击锦标赛在成都举行。应中国射击协会邀请，中国香港、中国台湾地区的运动员和官员参加比赛。

1996 年 3 月，中国台湾独资体育用品有限公司董事长罗光男无偿捐赠由其公司生产的价值 2250 美元的 PRO DENNEX 羽毛球拍 150 副，供省体委所属运动技术学院小球系羽毛球队训练、比赛。

1997 年 2 月，应中国香港网球总会的邀请，以省运动技术学院陈裕文为团长的四川省网球队一行 10 人赴中国香港地区进行交流比赛。

1997 年 5 月 8—12 日，中国高尔夫球巡回赛北大方正公开赛第四站在四川成都举行。应中国高尔夫球协会邀请，中国台湾及中国香港地区的 20 名职业高尔夫球员参加比赛。

1998 年 7 月 14—19 日，应亚洲排球联合会邀请，以省运动技术学院魏则徐为团长的四川省排球队代表团一行 16 人赴中国澳门参加第一届亚洲东区大学生排球锦标赛。

1999 年 8 月 14—25 日，以欧源荣为团长，郑肇家、胡光庭为副团长的中国台湾南投县立大成国民中学组成的中国台湾青少年射箭队一行 13 人到四川进行访问比赛。

2000 年 11 月 27 日至 12 月 7 日，应中国台湾女子足球俱乐部的邀请，以省体育局局长陈保明为团长的四川剑南春女子足球队一行 30 人赴中国台湾进行访问比赛。

2002 年 10 月 15—31 日，中国台湾乒乓球协会一行 2 人到四川训练比赛。

2002 年 3 月 27 日至 4 月 4 日，应中国香港网球总会邀请，以省运动技术学院顾小华为团长的省网球代表团一行 6 人赴中国香港参加“伟士杯埠际青少年网球邀请赛”。

2004 年 7 月 3—20 日，中国台湾地区高中乒乓球队一行 12 人到四川训练比赛。

2005 年 10 月 28 日至 11 月 6 日，省运动技术学院田径系教练员和运动员一行 4 人随国家体育总局组团赴中国澳门地区参加东亚运动会。

1988—2005 年四川省与港澳台地区体育交流统计一览表

表 5—11

年度	项目数（项）	批次（次）	人数（人）
1988	1	1	4
1989	1	2	22
1990	2	2	28
1991	1	2	16

续表5—11

年度	项目数（项）	批次（次）	人数（人）
1992	1	1	35
1993	1	2	67
1994	2	2	29
1995	6	10	75
1996	1	1	1
1997	3	4	31
1998	2	2	24
1999	1	1	13
2000	2	2	60
2002	3	3	17
2004	1	1	12
2005	5	8	16

第四章　体育宣传

1985 年，省体委根据国家体委关于加强体育宣传工作的要求，恢复宣传处建制，负责体育宣传和体育文化工作；1989 年，《四川体育报》复刊，面向全省发行。

1990 年，中央驻川媒体，省和成都市、重庆市 23 家报刊、广播电台、电视台有了固定体育版面和时段。1994 年后，关注中国足球甲 A 联赛的公众群不断增加，各新闻单位随着迅速上升的收视（听）率和发行量，逐渐扩大体育报道版面和时段。1998 年，以足球甲 A 联赛为主的体育报道，成为各新闻媒体的重要栏目，有的报、台还将其作为支柱性报道内容。当时，四川省有 2 家专业体育报和 5 家体育期刊；12 家开设体育版的报纸、期刊；7 家省、市电视台、电台开办 21 个体育栏目和 2 个体育声讯台。宜宾市、凉山彝族自治州和成都市彭州、新都等地电视台也短暂办过《体坛纵横》《体育天地》《文体博览》《体坛周刊》等栏目。1999 年，全省专职体育记者、编辑、播音员、主持人及技术人员发展到 200 余人。

这一时期，各新闻单位报道赛事进程、优秀运动队、著名运动员或足球、围棋等热门项目较多，农村体育、民族体育、企业职工体育、中小学校体育以及民间传统体育也有所反映。2000 年后，各报、刊、台的体育宣传报道表现出发掘故事因素、娱乐因素和市场因素的泛体育化特点。2005 年，《四川日报》《华西都市报》《成都晚报》《成都商报》等继续保留专职体育新闻部门，另有 11 家媒体还在进行体育报道。

1986—2005 年，历届全国运动会四川省代表团、省级综合性运动会、在四川举行的重大国际国内体育赛事、体育博览会等赛事活动均设置新闻宣传机构，引导舆论。

第一节　主要报纸

《四川日报》　1988 年，成立体育编辑室，国际国内版特辟《体育角》专栏，配 3 名体育记者负责采编工作。1993 年 10 月，体育编辑室与报社子报《棋牌报》合并，成立有 11 名编辑记者组成的体育部除承担 4 开 4 版的《棋牌报》周报的报道工作外，还负责《四川日报》每天半版的常规体育报道。1995 年，《棋牌报》停刊，体育部保留。2003 年 11 月，体育部与副刊部合并，成立文体部。《四川日报》体育报道本着主流、责任、真实、权威的理念，注重分析体育事件和受众心理，靠广度立足，以深度见长。1993 年，《四川日报》刊发的《断断续续漂完大渡河》，社会反响强烈。获当年全国日报体育好新闻奖。1995 年 6 月，国家颁布《全民健身计划纲要》，四川日报社随即派出记者在全省各地采访，推出系列报道《全民健身四川行》，这是《四川日报》首次系统报道全省基层体育工作及特色体育活动，该系列报道被业界称为“探出了日报体育报道的新路”。2004 年，《四川日报》改版，文体部版面设 1 个整版，文体各半。全运会、亚运会、奥运会、世界杯等重大国际国内比赛期间，体育报道占据整版，甚至加版。加版时，除 4 名专职体育编辑记者外，报社还加派人员共同完成报道任务。

《四川体育报》 1956 年创刊。历经 1957 年、1959 年、1967 年和 1984 年 4 次停刊后，1989 年 9 月 6 日再次复刊。复刊后的《四川体育报》为周报，4 开 4 版，发行量 8600 份，是省体委主办的内部报纸，办报主导思想仍然是宣传党和国家的体育方针政策，报道省内体育活动及交流全省各地体育工作经验。主要栏目有大赛风云、明星事迹、晚霞增辉、社会及学校体育、业余体校园地等。1992 年 1 月 1 日，报纸获准公开发行，版面仍为 4 开 4 版。1994 年，中国始办职业足球联赛；翌年，《四川体育报》开办副刊《足球风》，主要栏目有欧战风云、环球风火、当代球星、焦点人物、球迷广场、川江号子等。版面扩为对开 4 版，每周发行两期，报社主要力量也转向足球赛事报道。当年，报纸零售量超过 3.3 万份，广告收入 50 余万元。1996 年，《四川体育报》及副刊《足球风》的规模达到采编、发行、广告及管理人员 26 人，对开 8 版版面，零售量 8 万份，广告收入 120 万。以后报社还先后在上海、天津、大连、济南、重庆、武汉、深圳等地开设分印点。1999 年 8 月，国家出台调整报刊政策，四川日报报业集团整体接收《四川体育报》。至 2001 年末，《四川体育报》已办 1054 期。2002 年 3 月 4 日，《四川体育报》更名为《21 世纪体育》，9 月 28 日停刊。

《华西都市报》 1995 年 1 月创刊，隶属四川日报报业集团。《华西都市报》创刊伊始即设立有 6 名采编人员的体育部，固定 2 个版面报道国内外竞技体育运动及赛事，其中全国甲 A 联赛和棋类赛事的内容要多一些。

2000 年 9 月，《华西都市报》体育部派 3 名记者赴悉尼采访第二十七届奥运会，与后方 15 名采编人员共同完成每天 8 版的奥运特刊报道，报道量超过 20 万字。2001 年 8 月，第十七届世界杯亚洲区预选赛开赛，这是中国足球队第七次冲击世界杯。体育部组织 10 名采编人员编发 10 万余字的特刊报道，当中国足球队获 2002 年世界杯赛入场券时，报社立即赶印 4 万份号外散发。2002 年后，《华西都市报》的体育报道渐显娱乐、健身和商业等元素。风格也从传统的赛事进程报道转为故事性报道。2005 年，《华西都市报》体育部有 10 名采编人员，仍是 2 个固定版面，并大量增加本地的全民健身活动和竞技体育运动内容。

《成都晚报》 1984 年成立有 6 位编辑记者的体育部，固定每天 1 个 4 开整版的体育报道。20 世纪 80 年代中期，《成都晚报》在全省新闻媒体中第一次详细报道四川的所有优秀运动队，3 万多字的系列专访连载月余，展示当时的四川竞技体育全貌。1991 年，该报纪实连载《黑白世界的职业杀手》，借鉴章回小说模式，描述当时的四川围棋运动状况和发展规律。全国众多报刊转载，并获当年全国晚报好新闻一等奖。

1988—1998 年，《成都晚报》体育部在每年年底刊发长篇述评，向公众如实介绍本年度四川体育成就和需要努力之处。1996 年，记者许勇赴亚特兰大采访第二十六届奥运会，《成都晚报》成为中国西部第一个获得奥运会报道权的地方媒体。赛事期间，体育部完成 7 万多字报道量。2005 年，《成都晚报》体育部有 13 名采编人员，版面也扩大到 2 个 4 开版。

《成都商报》 1994 年初创刊时即设置体育部。体育报道为 2 个版面。市场化运行机制促使《成都商报》体育部不断拓展报道空间。1996 年，《成都商报》体育部在中国西部地区首先推出随报体育周刊。9 月 1 日，四川全兴足球队客场济南 0∶1 不敌山东泰山队。因对裁判于敬崟多次判罚不满，巴西籍球员马麦罗和法比亚努与主裁判及安保人员发生冲突。记者由此采编的连续报道《川鲁足球风波》引起读者巨大反响，事后川鲁媒体笔战周余。这组社会化和娱乐化的泛体育新闻，使报纸发行量日增 3 万份。从此，运用真实的细节、故事、花絮揭示体育新闻的独家属性即幕后新闻，成为《成都商报》体育报道的重要风格。2001 年全国足球甲 A 联赛期间，《成都商报》斥资 32 万元，获全兴队贴身采访权，成为国内首家主动付费采访体育赛事的媒体。2002 年，体育部认为成都地区篮球运动市场潜力巨大，遂派记者常驻 NBA，成为国内首个有记者常驻世界顶级篮球赛事的媒体。至 2005 年，《成都商报》体育部有 20 名采编人员。

第二节　主要期刊

《四川画报》　1972 年创刊，大 16 开，全彩色双月刊。1980 年前，《四川画报》的体育报道依靠省体委、成都市体委和西昌地区的摄影作者零星投稿，1 名本刊记者兼顾。1982 年始以专题形式报道体育活动。1985 年，设《体坛纵横》栏目，篇幅为 2 个页码。次年，四川省组团参加第六届全国运动会，栏目获社会资助 5000 元，遂派 2 名记者随团采访，栏目也增至 4 个页码。此后，《四川画报》将体育栏目扩至 8 个页码，内容涉及四川体育的所有项目，体育报道成为《四川画报》的重要看点。1993 年，四川省协办第七届全运会，《四川画报》体育栏目共刊发 200 余幅照片，2 万余字的文字说明。2000 年，《四川画报》与省体育局合办 12 期名称为《体育视窗》的专栏。1985—1997 年，《四川画报》先后以《体坛纵横》《体坛风云》《体坛集锦》《体育赛事》《体育摄影》等名称，办了 90 期体育栏目，出版 4 册四川体育专题画册、画报，刊发 2500 幅图片，近 20 万字的文字说明。1998 年，改制后的《四川画报》体育报道逐渐减少。2003 年，《四川画报》放弃体育报道。

《高尔夫时尚》　前身为《体育爱好者》，于 1985 年创办，是四川省体育总会与香港玉郎机构合办的综合性体育月刊。1986 年，杂志的月发行量突破 3 万册。1989 年 9 月至 1993 年 8 月，《体育爱好者》杂志的港方合作者，先后变更为香港名胜贸易公司和香港明采发展公司。1995 年，《体育爱好者》被评为四川省优秀期刊，其时，杂志已有包括 1 名正高职称，3 名副高职称共 13 位采、编和发行、管理人员。同年末，《体育爱好者》杂志在出版 132 期后，更名改版为《健美风采》。2001 年，又更名为《高尔夫时尚》杂志。到 2005 年 12 月，《高尔夫时尚》杂志已出版 56 期。

图 5—5　《体育爱好者》《健美风采》《高尔夫时尚》杂志

《中国围棋年鉴》　1988 年创刊，由中国围棋协会主编，蜀蓉棋艺出版社出版，每年出版 1 部，大 32 开本，每部约 40 万字。系全面介绍当年度中国围棋运动发展状况、最新信息、大型比赛、重要棋谱以及国际围棋活动的大型期刊。至2004年，《中国围棋年鉴》共出版16期。

第三节 广播电台电视台

四川人民广播电台 1986年首设专、兼职体育记者各1名。次年5月，开设体育专题类节目《天南地北》，后更名为《午间大世界》。每天中午12:00至12:30播出。节目以录播为主，内容涵盖国内外重大赛事。1996年该节目被取消。1987年10月，四川人民广播电台2名记者全程采访第六届全国运动会，并在早间新闻节目中开辟“六运会专栏”，午间时段开设“六运会”专题节目。这种专栏加专题的报道方式，成为该台报道重大体育赛事的模式。1990年后，在每天早晨7:30—8:15早间新闻板块中采用直播、录音专访等形式，专辟《体坛纵横》《体坛风云》等栏目。1990年10月，第十一届亚运会在北京举行。四川人民广播电台根据拟定的以报道四川运动员为主、大量采用评论、录音报道、现场报道的方式。在早、中、晚开辟专栏、专题或特别节目。记者贺春源对中国足球队爆冷负于泰国队，无缘亚运会四强的现场录音报道，是全国广播系统对本场比赛的独家现场报道。四川籍射击选手张山夺冠后，记者吴涛在第一时间对其进行录音采访，并用电话让张山直接与后方演播室通话接受采访，这在当时尚属罕见。到2005年，四川人民广播电台体育报道除在每天逢整点播出的《第一报道》滚动播出之外，每天半小时的《体育大世界》栏目，也是最具时效和现场性的主持人与记者连线直播。

四川电视台 1986年3月，用刚装备的现场转播系统在成都市劳动人民文化宫灯光球场现场录播中华人民共和国成立后全省首届武术擂台赛。从此，四川省的历届大型综合性运动会，重大体育活动和在四川举行的重大国际国内赛事均有现场直播、录播。四川电视台的体育新闻报道内容主要是在四川进行的全国赛事或国际赛事。1986—1994年，省体委每年提供60余条反映四川优秀运动队、业余训练、农村体育、民族体育、民间传统武术和体育美术的新闻类节目或纪录片播出。1992年，四川电视台在文艺部序列设置体育专栏节目《体育广角》。1995年后，根据观众对不同时期体育热点信息的需求，《体育广角》栏目先后改版为《体坛雄风》《体育走廊》《体育十分钟》和《今日体育》。2000年，四川电视台首次采用现场直播方式，推出时效性较强的新闻类节目《体育新闻》。2001年，第九届全国运动会在广州举行，四川电视台新引进的卫星转播车开到广州，将赛事信号传回四川，实现四川有史以来首次体育赛事异地同步直播。2004年6月，第十三届亚洲杯足球赛在中国举行，四川电视台完成成都分赛区比赛的国际信号制作和传输任务。这是该台第一次独立制作和传输重大国际体育赛事信号。10月13日，在雅典奥运会上为中国代表团揽获6枚金牌的中国跳水队队员、教练及各输送单位、训练基地代表和科研医疗人员齐聚成都，参加由国家体育总局游泳运动管理中心、中国游泳协会主办，四川省体育局、省游泳协会承办，长安福特汽车有限公司独家冠名，家园国际酒店协办的“长安福特·蒙迪欧之夜”——《腾飞到未来》中国跳水队奥运庆功晚会，四川电视台进行了录播。

四川有线电视台 1993年9月成立。1995年7月，该台开办《有线体育网》栏目。主要报道国内外体育赛事消息、体坛热点和四川体育动态。1999年3月，栏目发展成《运动休闲》频道，每天轮流播出16小时以上的竞技运动、全民健身运动和老百姓体育休闲娱乐等节目，《有线体育网》栏目则改为《体育新闻》栏目，时长15分钟，每日播出。四川有线电视台获美国娱乐体育电视网（ESPN）在四川省的独家转播权，遂将《运动休闲》频道改称《体育频道》，配备20名采编人员。《体育频道》全天播出18个小时，由光纤网和微波（MMDS）覆盖全省各地。同年9月，四川有线电视台开设全国第一个体育彩票开奖现场电视直播栏目《中国体育彩票》，每周四播出，时长20分钟。2002年，《体育频道》联合峨嵋电影制片厂摄制20集电视系列短剧《球经外传》。2003年12月，四川有线电视台体育频道（SCCTV－4）变更为四川电视台体育频道（SCTV－6）。1999—2005年，该台还开办《缤纷体坛》和《大赛场》体育节目，主要介绍世界各地极限类、集锦类体育节目，直至2005年停播。

成都电视台　1989年10月，成都电视台和省航空运动学校联办第五届世界杯跳伞冠军赛。比赛开幕当日，30多万观众涌向成都太平寺机场观看。当时成都电视台尚无转播车，但仍然完成全程新闻和系列专题节目报道。央视也很快播出该项赛事的大型专题节目。成都电视台由此开始进行体育报道。1990年6月，成都电视台首个体育栏目《体坛博览》开播。该栏目为周播节目，有10位采编人员。主要报道和评论国内外及本地重大体育赛事。1994年，成都电视台《体坛博览》栏目举办并直播晚会《记忆辉煌》。特邀中央电视台体育节目主持人宋世雄，奥运冠军张山主持，歌唱家李谷一、本土喜剧演员刘德一到场演出；3天后央视予以转播。1996年，成都电视台设置有10名采编人员的体育部。这是中国西南地区众多电视台中的第一个体育节目部门。该部建立后相继策划实施以本地为主的足球、排球、围棋、武术、户外运动等大型体育活动及现场直播各类体育赛事。同年5月，开设日播体育新闻评论栏目《运动时空》，点评热门体育事件。2001年元旦，成都电视台体育部策划、组织并现场直播大型武术比赛“打金章”，使这个在中华人民共和国成立前夕中断的、地域特色浓郁的传统武术活动又回到四川人的文化生活中。2002年12月，成都电视台体育频道改为公共频道。2003年6月，《体坛博览》栏目在播出670期后停播。2005年1月，成都电视台体育部变更为该台生活频道。

成都经济电视台（33频道）　1996年3月，开办日播体育节目《每日体坛》，至2005年，共制作播出1000多期节目。1995年末，成都经济电视台联合成都市足球协会、成都卷烟厂创办成都五牛足球队，由此开始依托电视体育节目参与体育赛事经营的探索。五牛足球队参加1996—2005年的中国足球乙级、甲级联赛。成都经济电视台作为股东单位，现场直播、异地转播这段时期的7个赛季近200场比赛。1996年6月，该台联合本地企业，斥资300万元在成都市体育中心举办意大利AC米兰队与四川全兴队的足球对抗赛。1998年9月，与中国健美操协会、成都地奥集团联合举办全国第二届健美操运动会暨全国健美操锦标赛。1999年8月，成都经济电视台现场直播“成都市首届府南河龙舟赛”，此后每年的府南河龙舟赛均会直播。2000年7月，该台以《我们等待那一天》为题，持续12小时转播中国奥申委在莫斯科申办2008年奥运会的全部活动。

成都有线电视台　1996年7月开办“全球体育频道”节目，全天播出14小时，1997年8月1日，该台组建成都电视体育频道。日播17小时，主要栏目有《体育新闻》《视野》《一家之言》《黄金赛场》等。其后又结合赛事，相继开办《足球聊斋》《甲A龙门阵》《体育杂志》等栏目。

成都人民广播电台　1984年7月，以《奥运之声》为题，同步直播洛杉矶奥运会，这在四川尚属首次。以后每当奥运年或亚运年，该台都要开设专题节目报道赛事。1993年，成都人民广播电台实施系列台组合，新闻频道在午间12:00开设《792体育大世界》栏目，时长30分钟，主要报道国内外重大赛事，全民健身，体坛逸闻趣事等。1994 年，成都人民广播电台直播全国足球甲级联赛主客场直播，此为全国同业首创。2000 年，《792 体育大世界》改为《空中体坛》。2001 年 7 月，北京申奥成功，成都人民广播电台的直播节目《守候奥运》获“中国新闻奖三等奖”。这是从 1950 年建台至 2005 年，该台在全国新闻奖评选中获得的最好奖项。1994—2005 年，成都人民广播电台的体育节目总播出量 2024 小时。

1988—2005 年四川体育报道作品获奖情况一览表

表 5—12

稿件名称	作者	奖项	刊发（播出）单位	授奖单位
《爱与爱》	程海军	全国体育好新闻奖（1988 年 8 月）	《体育爱好者》杂志 1986 年第六期	中国体育记者协会
《一颗心灵的苏醒》	王　波	全国晚报头条新闻大赛一等奖、全国晚报体育好新闻一等奖、中国好新闻二等奖	《成都晚报》1988 年	全国晚报体育记者协会
《人生第二轮回》	刘传本	全国晚报体育好新闻一等奖	《成都晚报》1990 年 5 月	全国晚报体育记者协会
《悲剧英雄》	许　勇	全国晚报体育好新闻一等奖	《成都晚报》1990 年 5 月	全国晚报体育记者协会
《不畏金牌遮望眼　只缘志在最高层》	许　勇	全国晚报体育好新闻二等奖	《成都晚报》1990 年 5 月	全国晚报体育记者协会
《东电集团的工间操》录音报道	吴　涛 冀渝生	全国广播好新闻一等奖（1991 年）	四川人民广播电台 1991 年 11 月	中国广播体育协会
《黑白世界的职业杀手》	刘传本	全国晚报好新闻一等奖	《成都晚报》1991 年	全国晚报体育记者协会
《荣誉背后的阴影》	刘传本	全国晚报体育好新闻二等奖	《成都晚报》1991 年	全国晚报体育记者协会
《城运会能否发现人才》	刘传本	全国晚报体育好新闻二等奖	《成都晚报》1991 年	全国晚报体育记者协会
《悲剧不会永远动人》	许　勇	全国晚报体育好新闻二等奖	《成都晚报》1992 年	全国晚报体育记者协会
《捷足先登》	王瑞林	中国新闻摄影金奖	《中国体育报》《成都晚报》1992 年 4 月	中国新闻摄影学会
《断断续续漂完大渡河》	苏桂明	全国日报体育好新闻奖（1993 年）	《四川日报》1993 年 11 月 5 日三版	全国日报体育新闻学会
《爱也足球，恨也足球》	温峻峰	首届全国体育报刊好新闻二等奖（1993 年）	《四川体育报》1993 年	全国省市体育报刊协会
《莫道桑榆晚》6 集系列电视纪录片	张　军 陈又华 陈　斌 刘　磊	全国优秀体育电视节目二等奖	四川电视台 1994 年	中国广播电视学会

续表5—12

稿件名称	作者	奖项	刊发（播出）单位	授奖单位
《赢了也非“大哥大”》	王若男	全国晚报体育好新闻二等奖	《成都晚报》1994年	全国晚报体育记者协会
《中国足球走向世界的开始》录音报道	吴　涛 许　勇	全国足球好新闻二等奖(1994年)	四川人民广播电台1994年11月	中国足协甲A联赛组委会
《冷眼看裁判众口说公正》	王若男 周　葱	全国晚报好新闻一等奖	《成都晚报》1996年	全国晚报体育记者协会
《川军主帅怒喊辞职》	孟武斌	全国晚报体育好新闻一等奖	《成都晚报》1998年	全国晚报体育记者协会
《喜极而泣》等5幅	王瑞林	中国摄影记者《金眼奖》	《中国体育报》 《成都晚报》1999年11月	中国新闻摄影学会
《俊男缘何“婚配难”》	苏桂明	全国日报好新闻二等奖(2000年)	《四川日报》 1999年12月27日	全国日报体育新闻学会
《守候奥运》	杨　昱 王　怡 陈伟时	中国新闻奖三等奖	成都人民广播电台2001年7月13日	中国新闻学会
《今天是足球公平日》	钱　晞	全国日报好新闻三等奖(2001年)	《四川日报》2001年9月30日	全国日报体育新闻学会
《川乒崛起从始》	钱　晞	全国日报好新闻三等奖(2003年)	《四川日报》2003年5月30日	全国日报体育新闻学会
《百米跑了一小时》	殷　旭	全国日报好新闻一等奖(2003年)	《四川日报》2003年8月26日	全国日报体育新闻学会
《乐山：假日体育启示录》	钱　晞	全国全民健身好新闻文字作品三等奖（2005年）	《四川日报》2005年1月26日	中国体育记者协会
《谁还在做工间操》	殷　旭	全国全民健身好新闻文字作品三等奖（2005年）	《四川日报》2005年4月13日	中国体育记者协会

说明：获奖作品统计不完整

第四节　大型赛事宣传

第七届全国运动会（四川赛区）新闻宣传部　1992年5月，中共四川省委宣传部牵头成立第七届全国运动会（四川赛区）新闻宣传部，下设综合处、新闻处、接待处和电视处。主要职责和任务是协调各新闻单位制订报道计划，组织新闻发布会，筹建新闻中心，接待中外记者；指导各新闻分中心的业务工作和各竞赛委员会的宣传工作；开办四川赛区快报；征集、审定四川赛区标志、宣传口号；编印散发10万份第七届全运会（四川赛区）宣传提纲，编辑出版《93七届全运会四川特辑》画册、《记者手册》《成都观光游览图》等；与人民体育出版社合作出版中华人民共和国第七届运动会大型画册《腾飞中华》，与中国体育摄影协会联合举办“第七届全国体育摄影作品评选及展览”。1993 年 8 月 10 日，新闻宣传部组建的“深特金鹏新闻中心”在成都大酒店正式运行，该中心由深圳特区金鹏股份有限公司赞助 180 万元。来自全国各地的 800 余名记者采访报道第七届全国运动会（四川赛区）的赛事，其中台湾、香港地区记者 20 余人。中央电视台、四川电视台直播开幕式，并开办第七届全国运动会电视专题、第七届全国运动会赛事新闻等节目。《四川日报》《成都晚报》每天开辟半版以上“第七届全国运动会专栏”。第七届全国运动会（四川赛区）期间，各媒体共刊发万余篇报道。

全国足球甲 A 联赛四川赛区新闻宣传部 1994—2005 年，每年的甲 A 联赛四川赛区新闻宣传部在赛前召开工作会议，通报情况，下发新闻宣传计划，赛后评选足球好新闻。每场比赛有 60 余省内外记者采访，央视和四川台数十人参与直播工作。

中国体育用品博览会新闻宣传委员会 1999 年，四川省承办第七届中国体育用品博览会。近百名省内外记者采访报道，会后举办本届博览会“好家庭杯”好新闻评选活动。

第十三届亚洲杯足球赛四川（成都）赛区新闻宣传部 2004 年 7 月，第十三届亚洲杯足球赛四川（成都）赛区在成都市龙泉驿专用足球场举行。是年 3 月 1 日，四川（成都）赛区组委会成立，下设中共四川省委宣传部牵头的“第十三届亚洲杯足球赛四川（成都）赛区新闻宣传部”。6 月 10 日，新闻宣传部召开第十三届亚洲杯足球赛四川（成都）赛区新闻发布会，会后拟订《关于对亚洲杯足球赛新闻宣传报道的几条意见》，规范媒体采访报道活动。6 月 30 日，新闻宣传部召开新闻通气会，对各媒体提出要求。赛事启动后，完善新闻中心、文字记者席、摄影区、混合采访区、新闻发布厅的设施配置；赛区开办《新闻通讯》；编印中英文媒体指南。5—7 月，成都双流机场、人民南路、东西干道，各接待宾馆、比赛及训练场均悬挂以“亚洲杯”会徽、吉祥物和宣传口号为主要内容的广告牌、广告旗，为“亚洲杯”营造良好氛围。

本次比赛有 15 个国家和地区派记者前来采访，国内 29 家新闻媒体的 100 余名记者莅临赛会。中央电视台、四川电视台直（转）播全部 7 场比赛；四川省、成都市各媒体特辟“亚洲杯”专栏。赛会期间，四川卫视播出新闻 148 条、688 分钟，5 集 120 分钟的专题节目。《华西都市报》《成都商报》等 6 家日报，刊发报道 6 万多文字，新闻照片 40 多幅。

第五节　四川省十佳运动员评选活动

1982 年起，每年举办一次四川省十佳运动员评选活动，至 1987 年已举办 6 届。1988—2003 年，四川省举办 11 届“十佳”运动员评选，有 107 位运动员当选。他们分属田径、跳水、花样游泳、体操、技巧、乒乓球、羽毛球、网球、排球、足球、举重、摔跤、柔道、拳击、垒球、曲棍球、武术、滑水、帆板、赛艇、皮划艇、蹼泳、自行车、射击、射箭、围棋、跳伞等项目。2000 年起，四川省“十佳”运动员产生方式由体育记者评选改为公众投票，当年 10 余万人通过短信、网络和报纸投票参与。

1988—2003 年四川省“十佳”运动员名单一览表

表 5—13

届数	年度	运动员姓名及项目
第七届	1988	高　敏（女 跳水） 陈龙灿（乒乓球） 巫　丹（女 排球） 刘寿斌（举重） 熊其英（女 田径） 李　涛（田径） 王　涛（滑水）
第八届	1989	高　敏（女 跳水） 陈龙灿（乒乓球） 张　山（女 射击） 赖晓莉（女 跳伞） 崔　敏（女 蹼游） 李　涛（田径） 刘寿斌（举重） 巫　丹（女 排球） 谭　敏（女 花样游泳） 杨　毅（跳伞）
第九届	1990	高　敏（女 跳水） 刘寿斌（举重） 黎艺佳（女 技巧） 吴向东（技巧） 崔　敏（女 蹼泳） 张　山（女 射击） 巫　丹（女 排球） 熊其英（女 田径） 李　舸（体操） 王　萍（女 武术）
第十届	1991	高　敏（女 跳水） 刘寿斌（举重） 廖晓丽（女 赛艇） 郑　弘（围棋） 周建安（排球） 王雪梅（女 自行车） 巫　丹（女 排球） 张　山（女 射击）
第十一届	1995	陈兴东（羽毛球） 刘　犇（跳水） 刘世彬（女 射击） 姚　夏（足球） 叶新春（拳击） 张　翔（排球） 郭峥嵘（田径） 周建安（排球） 饶　琅（女 跳水） 李亚莉（女 田径）
第十二届	1996	张　翔（排球） 陈兴东（羽毛球） 刘稀蓉（女 赛艇） 周建安（排球） 黄　英（女 帆板） 叶新春（拳击） 桂　鹰（跳水） 饶　琅（女 跳水） 钟　梅（女 田径） 郭峥嵘（田径）
第十三届	1997	李雪梅（女 田径） 张　翔（排球） 张　勇（举重） 刘晓梅（女 田径） 熊　姿（女 排球） 叶新春（拳击） 殷谢飞（自行车） 赵晓莉（女 皮划艇） 曾　艳（女 田径） 张利明（排球）
第十四届	1998	李雪梅（女 田径） 周义霖（跳水） 周建安（排球） 唐　琳（女 柔道） 朱　刚（排球） 张　山（女 射击） 李亚丽（女 田径） 邓小玲（女 垒球） 黄　英（女 帆板） 张　勇（举重）
第十五届	1999	周义霖（跳水） 张　山（女 射击） 杨　波（射箭） 曾秀君（女 田径） 张利明（排球） 黄　英（女 帆板） 邓小玲（女 垒球） 唐　琳（女 柔道） 杨存康（举重） 姚　夏（足球）
第十六届	2000	唐　琳（女 柔道） 陈星强（摔跤） 马明宇（足球） 李雪梅（女 田径） 张　山（女 射击） 巫　丹（女 排球） 杨红兵（女 曲棍球） 邓小玲（女 垒球） 贺　伟（跳水） 方　敏（女 跳水）
第十七届	2003	陈　静（女 排球） 徐　翔（跳水） 顾俊杰（田径） 肖　珍（女 足球） 陈忠云（皮划艇） 陈朝霞（女 曲棍球） 邱贻可（乒乓球） 郑　洁（女 网球） 王刺荔（女 体操） 邹侑根（足球）

说明：1988 年“十佳”运动员评选中，评出 7 名，另 3 名空缺。1992 年、1993 年、1994 年、2001 年、2002 年未举办该项活动，2003 年后未举行该项活动

第五章　体育文化

第一节　体育书籍出版

图 5—6　1986—2005 年编辑的《四川体育年鉴》

1985 年，蜀蓉棋艺出版社成立，是全国唯一的专业棋艺出版社，也是四川省唯一的体育出版机构。该出版社发行的书刊主要集中于围棋、象棋、国际象棋和桥牌等方面专业及普及读物。2001 年，蜀蓉棋艺出版社更名为成都时代出版社。1985—2005 年，以“体育”为选题的各类书籍创作活动比较活跃，特别是在体育基础知识、体育理论、体育历史、体育志书、运动项目等方面创作生产一批有一定影响的作品，国家和省内的多家出版社予以公开出版发行。从 1986 年开始，省体育局逐年编辑出版《四川体育年鉴》。1989 年，四川科技出版社出版发行《四川武术大全》，全书 157.4 万字，收集 68 个门派，1900 个徒手器械对练套路、练功方法和技击项目，这是四川有史以来第一部比较全面系统地介绍峨眉武术的专著。1997 年，四川辞书出版社出版发行《四川百科全书・体育篇》共 112 个条目，约 7 万字。1998 年，四川人民出版社出版发行《巴蜀文化大典》，收入 343 个四川体育条目，约 12 万字。1998 年，四川科学技术出版社出版发行《四川省志・体育志》，全书 43 万余字，这是中华人民共和国成立以来四川编纂的第一部体育志书。此外，人民体育出版社、中国书籍出版社、四川教育出版社、四川少儿出版社、巴蜀书社、蜀蓉棋艺出版社、西南财经大学出版社等相继出版发行《现代体育科学丛书》《峨眉拳实战技击法》《敦煌碁经笺证》《中华人民共和国体育史・地方卷》《中国体育史话》《秘传道家内丹筋经功》《世界奥林匹克纪念币精粹》《辉煌的世界第一运动》《五环向历史报告》等一批书籍。但是，在体育出版作品活动中，有关体育普及读物、大众健身知识读物及体育文学作品创作等方面显得十分薄弱，所出版发行的体育书籍囿于专业知识局限，印刷量不大，印数均在 3000 册左右，虽产生一定社会影响但经济效益几乎未显现。

第二节　体育美术创作

图 5—7　《箭在弦上》，2001 年“新北京新奥运”体育雕塑展获二等奖，被国际奥林匹克博物馆收藏

1985—2005 年，省体委（省体育局）与省美术家协会合作，动员组织全省美术工作者开展体育美术创作，举办第二届至第六届全省体育美术展览，上千件作品参展，其中有百余件作品参加第二届至第六届全国体育美术展览。四川省体育美术作品在全国体育美术展览作品的入选数量、获奖作品数量、被国际奥委会奥林匹克博物馆永久收藏作品数量等方面，均居全国第一。朱成的《千钧一箭》，谭云的《梦要成真》，许宝忠的《箭在弦上》，张建国的《枪韵》等体育雕塑，以及庞家夷、庞家俄合创的体育漫画《散・聚》等作品，被国际奥委会奥林匹克博物馆永久收藏。

1990 年，第十一届亚运会在北京举行，第二届全国体育美术展览同期展出。四川省在“第十一届亚运会四川体育美术展览”的 300 件参展作品中，精选 55 件作品参展，有 7 件作品获奖。峨眉电影制片厂吴绪经创作的工笔画《竞技图》获特等奖，四川诗书画院彭先成创作的中国画《马球图》获一等奖，成都电影公司张自启的中国画《醉酒戏高俅》、四川省游泳馆鄢和曦的油画《升腾》获二等奖。四川省入选参展作品与获奖作品数量均为全国之首，并获得第十一届亚运会组委会授予的“最佳组织工作奖”“特别贡献奖”。省体委张川康、曾志斌、谷三摄制的中国体育美术电视纪录片《升腾》，在亚运会期间由央视各频道先后播出 5 次，四川电视台播出 2 次，获当年全国优秀电视纪录片二等奖。

2001 年 11 月，第五届全国体育美术展览在广东省美术馆举行。四川有 21 件作品入选参展，袁成龙的雕塑《力争上游》获一等奖，邹勇的雕塑《舟影》获二等奖，严永明的雕塑《乐章》获三等奖。至此，四川体育美术作品在全国体育美术展览上的获奖数量已连续五届位居榜首。

1985—2005 年国际奥委会奥林匹克博物馆收藏陈列的四川体育美术作品一览表

表 5—14

作品名称	作者	所获奖项	获奖时间（年）
《千钧一箭》（雕塑）	朱　成	第一届中国体育美展特等奖	1985
《梦要成真》（雕塑）	谭　云	第三届中国体育美术展银奖	1993

续表5—14

作品名称	作者	所获奖项	获奖时间（年）
《箭在弦上》（雕塑）	许宝忠	第三届中国体育美术展铜奖	1993
《散·聚》（体育漫画）	庞家夷　庞家俄	第四届中国体育美术展金奖	1997
《枪　韵》（雕塑）	张建国	入选悉尼奥运会“体育与艺术展”	2000

1990—2005 年四川省体育美术展览举办情况一览表

表 5—15

展览名称	举办日期	主办单位	展览地点	参展作品数量（件）
迎接第十一届亚运会四川省第二届体育美术展览	1990. 5. 10	四川省体委、四川省美术家协会	四川省美术馆	300
四川省第三届体育美术展览	1993. 4	四川省体委、四川省美术家协会	四川省美术馆	291
四川省第四届体育美术展览	1997. 7. 15	四川省体委、四川省美术家协会	四川省美术馆	270
四川省第五届体育美术展览	2001. 9. 6	四川省体育局、四川省美术家协会	四川省美术馆	133
四川省第六届体育美术展览	2005. 7. 22	四川省体育局、四川省美术家协会	四川省美术馆	103

1990—2005 年四川省参加全国体育美术展览参展、获奖一览表

表 5—16

展览名称	举办日期	展览地点	参展作品数量（件）	获奖情况
第十一届亚运会体育美术展览暨第二届全国体育美术展览	1990. 10. 5	北京中国国际贸易中心展览大厅	55	7 件作品获奖。获得第十一届亚运会组委会授予“最佳组织工作奖”“特别贡献奖”
第三届全国体育美术展览	1993. 10. 5	中国美术馆	50	雕塑《强者夺魁》一等奖，作者：徐恒瑜 雕塑《梦要成真》二等奖，作者：谭　云 雕塑《箭在弦上》三等奖，作者：许宝忠
第四届全国体育美术展览	1997. 10. 13	上海博物馆	35	获 1 个一等奖、3 个三等奖，4 件作品被国际奥委会收藏，获国家体委颁发“最佳组织工作奖”
第五届全国体育美术展览	2001. 11. 20	广东省美术馆	21	雕塑《力争上游》一等奖，作者：袁成龙 雕塑《舟影》二等奖，作者：邹　勇 雕塑《乐章》三等奖，作者：严永明
第六届全国体育美术展览	2005. 7. 22	南京博物院	26	

第三节　体育摄影

从1973年开始至2005年，四川省的体育摄影爱好者参加第一届至第九届全国体育摄影展。1992年，四川长城钢厂职工成和平的摄影作品《小邢煜初泳记》获得第十二届国际体育运动摄影比赛国际奥委会奖，这是中国人首获此奖。1999年，《成都日报》记者王瑞林的摄影作品《神兵天降》获得第四届中国摄影金像奖，该奖是中国文联、中国摄影家协会于1989年创办，属中国摄影最高奖。2004年6月，中国体育摄影学会举办首次全国体育摄影家评选，王瑞林获当代“十大杰出体育摄影家”称号。

第四节　体育集邮

1989年5月，四川省体育集邮协会成立，同时在成都市劳动人民文化宫举办全省首届体育集邮展，16个市（地、州）及行业体育集邮协会34部、293框、1758片展品参展。1990年9月，四川省体育集邮协会组织13部体育邮品赴京参加第十一届亚运会体育集邮展览，获4个银奖（银奖获得者李鸿远、李世同、王其书、刘宗琼）、3个铜奖，并获“最佳组织工作奖”和“特别贡献奖”。2000年9月，第二十七届奥运会主办国澳大利亚举办第七届世界奥林匹克邮展，30多个国家的200余部展品参展，成都无缝钢管厂工程师张之江的《第二十二届奥运会》获促进类展品银奖。

第五节　体育展览

1987年、1994年和1999年，在省政府举办的《四川经济文化建设成就展览》中，设有专题“体育展区”。1987年举办的《四川经济文化建设成就展览》，“体育展区”获总分评比第二名。在200平方米的展区里，有76枚奖牌，12座奖杯，1件创造世界纪录的航模飞机和其他百余件实物，还有反映四川群众体育、竞技体育、少数民族体育的200多幅照片，2幅体育壁画，万余字中英文文字介绍，30分钟电视纪录片《天府体育掠影》。展区采用当时较为少见的立体陈列，奖牌错落有致地悬挂在艺术陶瓷墙上，与奖杯同置于全封闭异型玻璃展柜中，照片根据所表现的运动项目特点，组合在通透式几何图形展板上，经声、光、色效果烘托，展区凸现体育运动活力。

1989年，省体委在省展览馆举办《建国40年四川体育成就展览》。1990年，在北京举行第十一届亚运会艺术节期间，四川省体委选送10件实物、83幅照片参加中国民族体育展览；选送11件实物、照片和体育场馆模型参加中国体育成就展览。成都、重庆、绵阳3个城市，分别组团参加中国体育图书展览活动。

第六节 体育表演

体育表演指大型运动会开幕式文艺体育表演。1953 年 2 月 14 日，在成都市人民体育场举行的四川省第一届人民体育大会开幕式上，成都市 81 所小学 4000 名学生表演工农兵模仿操，并以队形组成“少年儿童队队徽”及“时刻准备着”5 个大字；华西大学学生表演和平集体舞；藏区民族代表团 14 名骑射选手表演骑射；西南空军司令部代表团表演“虎伏”运动。

改革开放后，四川省历届综合性运动会开幕式都有大型文艺体育表演，主要集中反映和展示举办地社会经济、地域特色、民族文化、人文传承等内容，投入不断加大，有的甚至达到运动会开办经费的三分之一。

图 5—8 1993 年第七届全运会四川赛区开幕式上，台湾歌手郑智化与四川省革命伤残军人现场共同演唱歌曲《水手》

1993 年 8 月 15 日晚，第七届全运会四川赛区组委会在省体育馆举行开幕式，进行大型文艺节目《体育颂》表演，这台节目以体育为主题，由《健身篇》《陶情篇》《奋进篇》等板块构成，反映体育的本质、功能、情调与精神指向。峨眉电影制片厂导演米家山出任总导演，四川省歌剧舞剧院、成都军区战旗歌舞团、四川省革命伤残军人休养院以及来自台湾和全省各地近 40 个单位的 952 名演员参加演出。

1998 年 8 月，四川省第四届青少年运动会在德阳市举行，开幕式大型文艺体育表演《托起明天的太阳》，巴蜀历史文化遗产“三星堆”造型融入团体操表演。此后，历史文化元素成为历届综合性运动会开幕式大型文艺体育表演的重要元素。1997 年，成都体育学院专门编写团体操教材《大众团体操》，2002 年开办选修课，讲授团体操的创作、编排及训练等内容。

2000 年 9 月 3 日，第六届全国大学生运动会开幕式大型体育文艺表演《新世纪的朝阳》在成都市体育中心举行。表演由《拥抱太阳》《情漫天府》《青春校园》《龙腾中华》4 个部分组成，表演时间 63 分钟。成都体育学院、四川大学、华西医科大学①、成都市礼仪职业中学、成都市幼儿师范学校、成都市锦江中学等 25 所大、中学校的 17411 名师生参加演出。国家级全民健身指导员、成都体育学院副教授杨红出任总编导。

2000 年 10 月 29 日晚，第四届全国农民运动会开幕式大型文体表演《耕耘新世纪》在绵阳市南

① 2000 年 9 月 29 日，经国务院批准，华西医科大学与四川大学合并，定名为四川大学

河体育中心举行。8000 余人参加演出，历时 70 分钟。《耕耘新世纪》围绕土地这个核心，集歌舞、杂技、团体操于一体，以造型、韵律、节奏、色彩、构图的表现手法，将《大地回声》《大地情怀》《大地神韵》《大地畅想》4 个部分紧密衔接在一起，展示“团结、奋进、文明、富裕”的主题。歌唱家宋祖英到场演唱为本届农运会创作的歌曲《丰收大地》。

2002 年 5 月 25 日，第二届全国体育大会在绵阳市吉盛（南河）体育中心举行开幕式，举行大型团体文艺表演《蜀道星辰》。表演历时 70 分钟，万余人参加演出。近 3 万名观众到场观看。演出以“全民健身、中华腾飞”为主题，由《古道沧桑》《碧水翠云》和《电子星光》3 个篇章构成。

1989—2005 年四川省综合性运动会开幕式文艺表演统计一览表

表 5—17

时间	活动名称	表演场次	表演地点	参演人数
1989. 10. 22	四川省第八届少数民族运动会开幕式团体操表演《团结腾飞》	1. 《龙腾》 2. 《欢迎》 3. 《土家族摆手舞》等 10 章	黔江县体育场	黔江县城 7 所学校 2300 名学生
1990. 8. 27	四川省第二届青少年运动会开幕式团体操表演《明天之歌》	引子：晨曲 1. 《曙光》 2. 《青春旋律》 3. 《生命的活力》 4. 《甜城风貌》	内江市梅家山体育场	内江市 22 所大、中专、中、小学 3864 名学生
1992. 10. 10	四川省第七届运动会开幕式团体操表演《相逢在绵阳》	1. 《喜迎佳宾》 2. 《体育之光》 3. 《欢乐今宵》	绵阳市南河体育中心	绵阳市区 60 个单位的学生、职工、军人万余人
1994. 8. 28	四川省第三届青少年运动会开幕式文体表演《乐山乐水》	序：《喜迎嘉宾》 1. 《大佛雄姿》 2. 《峨眉灵秀》 3. 《三江春潮》	乐山市体育中心	5000 余名大、中、小学生
1996. 10. 5	四川省第八届运动会开幕式团体操表演《情满嘉陵》	1. 《彩云飞》 2. 《丝绸寄情》 3. 《拥抱明天》	南充市西山运动场	近 3000 名大、中、小学生及武警官兵
1998. 8. 26	四川省第四届青少年运动会开幕式文体表演《托起明天的太阳》	1. 《生命礼赞》 2. 《三星蜀魂》 3. 《金色童年》 4. 《月季飘香》 5. 《托起明天的太阳》 6. 《腾飞》	德阳市体育场	德阳市区 17 所中、小学 7930 余名学生
2002. 8. 3	四川省第九届运动会开幕式文体表演《拥抱太阳》	序：《跨越》 1. 《晨曦》 2. 《风采》 3. 《弈韵》 4. 《太阳》	成都市体育中心	5000 人
2005. 8. 18	四川省第十二届少数民族运动会开幕式团体操表演《吉祥盛世》		阿坝州体育场	2700 人

第六篇　管　理

各级体育行政部门坚持依法治体，积极推进依法行政，并随着体育体制改革和政府机构改革的推进，认真履行管理职责，建立健全体育机构，发展体育社会团体，显著改善体育场馆条件，逐步形成体育投入多元化格局。

第一章　组织机构

第一节　行政机构

一、四川省体育局（四川省体育运动委员会）

四川省体育运动委员会（以下简称省体委）是四川省人民政府主管体育的职能部门。1986 年末省体委机关行政编制 67 名。设置职能处室 10 个：办公室、人事处、计划财务处、群众体育处、训练一处、训练二处、竞赛处、宣传处、科教处和外事处。后陆续增设学校体育处、监察审计处、体育市场管理处，改群众体育处为社会体育处。

1995 年 12 月，省政府批准省体委设置 13 个职能处室：办公室、社会体育处、训练处、学校体育处、竞赛处、科技教育处、对外联络处、体育市场管理处、政策法规宣传处、人事处、计划财务处、审计处、机关党委（纪检、监察与其合署办公）和离退休人员工作处。

2000 年 6 月，根据省委、省政府《关于实施四川省人民政府机构改革方案有关问题的意见》，四川省体育运动委员会改组更名为四川省体育局，与四川省体育总会一个机构、两块牌子，是省政府主管体育工作的直属机构，编制 42 名（行政编制 37 名、单列管理行政编制 1 名、机关工勤人员事业编制 4 名）。设置 7 个职能处室：办公室、社会体育处、竞技体育处、学校体育处、体育市场与竞赛管理处、人事处、计划财务处，同时设置机关党委。同年 8 月，增设离退休人员工作处。11 月，省纪委、省监察厅派驻省体育局纪检监察专员 1 名（省体育局编制）。2001 年 2 月，接收安置军队转业干部增加行政编制 1 名。2003 年 5 月，机关工勤人员事业编制 4 名收回；7 月，单列管理行政编制 1 名核销。2005 年 2 月，办公室加挂政策法规处牌子；6 月，接收安置军队转业干部增加行政编制 2 名，省纪委、省监察厅派驻省体育局纪检监察专员改为派驻纪检组、监察室，划转行政编制 2 名。至是年末，省体育局行政编制 38 名。

省体育局主要职能：贯彻实施国家体育工作法律、法规和规章；研究拟定四川省体育工作的政策、法规，并监督实施；指导和推动体育体制改革，研究拟订体育工作的发展战略和发展目标，编制、实施体育事业的发展规划和年度计划；协调区域性体育发展；实施全民健身计划，指导并开展群众性体育活动，实施国家体育锻炼标准，开展国民体质监测；指导和管理全省体育竞赛工作；规划全省竞技体育发展和运动项目布局，研究和指导优秀运动队的建设和业余训练工作；指导并归口管理体育外事工作和对港澳台地区的体育交往工作；开展国际和与港澳台地区的体育合作与交流，组织参加和承办国际体育竞赛活动；指导体育科学研究工作；在省有关部门指导下，发展体育教育，培训体育干部和专业人才；研究拟订体育产业政策，归口管理并发展体育市场；负责全省性体育社团的资格审查和业务指导；承办省政府交办的其他事项。

省体育局直属事业单位 18 个：省运动技术学院、省陆上运动学校、省航空运动学校、省水上运动学校、省邛海水上运动学校、省体育运动学校、省体育科学研究所、省体育馆、省体育事业服务部、省体育彩票管理中心、《高尔夫时尚》杂志社、省体育博物馆、省体育竞赛服务中心（省篮球运动管理中心）、省足球运动管理中心、省青少年体育活动中心、省体育局机关服务中心、省健身气功管理中心、省棒球垒球曲棍球管理中心。

省体育局办公地址：1985—2005 年在成都市体育场路 1 号。

二、市（州）体育局（体委）

1987 年，全省有市（成都、重庆、自贡、攀枝花、泸州、德阳、绵阳、广元、遂宁、内江、乐山）、地（万县、涪陵、宜宾、南充、达县、雅安）、州（甘孜、阿坝、凉山）体委 20 个，县级体委 215 个。

1997 年 3 月，重庆市成为直辖市。是年末，四川省有市（成都、自贡、攀枝花、泸州、德阳、绵阳、广元、遂宁、内江、乐山、南充、宜宾）、地（达川、巴中、雅安、眉山）、州（甘孜、阿坝、凉山）体委 19 个，县级体委 180 个。

2001—2002 年，机构改革，市（州）体委陆续更名为体育局（成都、自贡、攀枝花、泸州、德阳、绵阳、广元、遂宁、内江、乐山、南充、宜宾、达州、雅安、资阳、甘孜州、阿坝州、凉山州），文化体育局（广安、眉山）和文化体育新闻出版局（巴中），市（州）体育（文体）局 21 个，县级体育（文体）局 180 个。到 2005 年末，全省有市（州）体育（文体）局、文化体育新闻出版局 21 个，行政编制 334 名，县级体育（文体）局 181 个。

第二节 事业单位

一、四川省运动技术学院

1952 年 10 月四川省体育工作队建立，1981 年 10 月经省政府批准成立，归省体委领导，按省属大专院校一级待遇，财政全额拨款事业单位，地级。1986 年，国家教委、国家体委正式批准纳入成人高等教育序列。2002 年 6 月，四川省运动技术学院级别调整为副厅级。主要职能：培养和训练高水平竞技体育比赛运动员，代表四川参加国家级的竞技体育比赛和向国家队输送优秀运动员，参加重大国际比赛。

1985 年，编制 590 名，机构设置为 3 专业、5 处：竞技运动专业（田径、体操、球类、水上、重竞技）、体育专业、体育管理专业；训练处（训练竞赛科、场地器材科、医务室）、政治处（组织科、宣传教育科、保卫科）、教务处（教务科、文化课教研室）、科研处（秘书室、运动训练研究室、运动医学研究室、情报资料室）、总务处（行政科、财务室、膳食科、基建科）。1987 年，编制 1346 名（含运动员）。1988 年，明确运动员编制为 1150 名。1993 年增加行政编制 1 名。2005 年，增加行政编制 2 名。2005 年，学院机构设置调整为：田径系、体操系、游泳系、重竞技系、小球系、足球运动管理中心、排球运动管理中心、篮球运动管理中心、武术运动管理中心、教育中心、康复中心，办公室、党委办公室、训练处、人事处、总务处、场馆设备管理处、综合办。

学院地址：1985—2005 年在成都市一环路南三段 16 号。

二、四川省陆上运动学校

1960 年，四川省射击摩托俱乐部和四川省无线电俱乐部成立，1983 年，更名为四川省陆上运动学校，是财政全额拨款的县处级事业单位。主要职能：承担射击、射箭队的训练管理；为四川省培养高水平的竞技人才，为国家队输送优秀运动员；参加完成国内外比赛任务。

1985 年，核定编制 72 名。机构设置为：办公室、总务科、训练科、保卫科、场地器材科，管理射击、射箭、无线电测向 3 个项目的省级优秀运动队。1993 年 5 月，省无线电测向队撤销。1996 年，编制调整为 174 名（含运动员 102 名）。2000 年增设教务科。2001 年、2002 年各增加编制 1 名。至 2005 年年末，人员编制 176 名，内设机构无变化。

学校地址：1985—2005 年在成都市凤凰山街 9 号。

三、四川省水上运动学校

1985 年 8 月四川省水上运动学校成立，是财政全额拨款县处级事业单位。主要职能：承担赛艇、皮划艇、自行车运动队的训练管理；为四川省培养高水平的竞技人才，为国家队输送优秀运动员；参加完成国内外比赛任务。

1985 年，编制 90 名，机构设置为：办公室、训练竞赛科、场地器材科、总务科，管理赛艇、皮划艇、自行车 3 个项目的省级优秀运动队。1986 年，增设教务科、政工科、医务室，改训练竞赛科为训练科。1988 年 12 月，运动员编制 120 名。1996 年，编制调整为 190 名（其中运动员 100 名）。2005 年，机构设置调整为办公室、后勤科、经营开发中心，管理赛艇、皮划艇、自行车 3 个项目队，人员编制无变化。

学校地址：1985—2005 年在成都市新津县岷江大道二段 235 号。

四、四川省航空运动学校

1956 年成都航空俱乐部成立，1979 年成立四川省航空运动学校，为财政全额拨款县处级事业单位。主要职能：承担跳伞、滑翔、航空模型、航海模型队的训练管理和比赛任务。

1985 年，核定事业编制 77 名。机构设置为：办公室、政工科、训练科、总务科、机务科，管理跳伞、滑翔、航空模型、航海模型 4 个项目的省级优秀运动队。1987 年编制 113 名，1989 年 12 月增加棒球队、垒球队。1993 年增设人事科、财务科、保卫科。1996 年 1 月增编为 209 名。1999 年 4 月，在四川省航空运动学校增挂省棒球垒球曲棍球运动管理中心牌子，实行一套机构、两块牌子。2004 年 3 月，四川省棒球垒球曲棍球运动管理中心单独成立，编制从四川省航空运动学校编制中划转 124 名，划转后航校编制 85 名（其中运动员 42 名）。2005 年，机构设置为：办公室、人事科、财务科、保卫科，管理跳伞队、滑翔队、航空模型队、航海模型队。

学校地址：1985—2005 年在成都市太平寺西路 17 号。

五、四川省棒球垒球曲棍球管理中心

1999 年 4 月，四川省航空运动学校增挂四川省棒球垒球曲棍球管理中心的牌子，实行一套机构、两块牌子。2004 年 3 月，省棒球垒球曲棍球管理中心从省航空运动学校中划出，单独成立，为财政全额拨款县处级事业单位。主要职能：承担棒球、垒球、曲棍球运动队的训练管理；为四川省培养棒球、垒球、曲棍球高水平竞技人才，为国家队输送优秀运动员；参加完成国内外比赛任务；研究全省有关棒球、垒球、曲棍球运动的各种重大活动的决策。

2004 年 3 月，核定事业编制 124 名（其中运动员 90 名），编制从省航空运动学校编制中划转，机构设置为：办公室、人事科、训练科，管理棒球队、垒球队、曲棍球队 3 个项目省级优秀运动队。

中心地址：1999—2005 年在成都市太平寺西路 17 号。

六、四川省邛海水上运动学校

1964 年，四川省西昌航海俱乐部建立，1986 年正式定名为四川省邛海水上运动学校，科级事业单位，由凉山州体委代管。1988 年 9 月，省体委调整省优秀运动队的管理和训练体制，将凉山州体委代管的四川省邛海水上运动学校收归省体委直接领导，为省体委的直属事业单位，财政全额拨款事业单位，科级。主要职能：承担滑水、帆板运动队的训练管理；为四川省培养滑水、帆板高水平竞技人才；为国家队输送优秀运动员；参加完成国内外比赛任务。

1984 年行政编制 13 名，1985 年核定运动员编制 24 名。机构设置为：办公室、财务股，管理帆板队、帆船队、滑水队 3 个项目的省级优秀运动队。

学校地址：1985—2005 年在西昌市航海路 1 号。

七、四川省体育运动学校

1987 年 1 月四川省体育运动学校成立，是财政全额拨款县处级事业单位。为普通中等专业学校设置，招收初中毕业学生，学制 4 年，办学规模 480 人。1988 年办校规模调整为 640 人。主要职能：为优秀运动队选拔、培养、输送竞技体育后备人才；为社会培养中等体育专业人才。

1988 年 9 月编制为 80 名，学校机构设置为：办公室、教务科、学生科、总务科。1995 年增设训练科。

学校地址：1987—2005 年在成都市太平寺西路 17 号。

八、四川省体育科学研究所

1979 年 10 月四川省体育科学研究所成立，是财政全额拨款县处级事业单位。主要职能：对运动员进行机能评定；对运动员进行运动训练负荷监控和运动疲劳消除；参与运动员选材育才；进行运动技术诊断与分析；从事运动员心理诊断；进行国民体质监测；从事普通人群科学健身方法研究；编辑公开出版期刊《四川体育科学》（季刊）。

1979 年，编制 30 名，机构设置为办公室、运动训练研究室、运动医学研究室、青少年选材研究室、情报资料室、声像室。1982 年，增设《四川体育科学》编辑部。1988 年 8 月，编制调整为 40 名。2005 年年末，机构设置调整为办公室、社会体育研究室、竞技体育研究室、《四川体育科学》编辑部。

省体育科研所地址：1985—2005 年在成都市一环路三段金陵路。

九、四川省体育馆

1983 年 4 月，根据四川省体育馆工程建设的需要，成立四川省体育馆筹备处；1988 年 8 月，四川省体育馆成立，经费 3 年内达到自收自支事业单位，县处级。主要职能：为全民健身运动、体育赛事、政府大型活动等提供相关的公益性服务；确保体育馆国有资产保值增值；从事体育劳务、信息咨询、技术培训、体育赛事推广等体育产业的教学培训、研究、开发等工作等。

1985 年，筹建期间的省体育馆核定事业编制 49 名，1988 年新增编制 57 名，2001 年增加编制 1 名。1988 年，机构设置为：办公室、业务科、设备科、行政科、体育技术辅导站。后增设武术馆；1992 年增设财务科、保卫科、综合服务部；1993 年综合服务部撤销，2003 年武术馆撤销；2004 年增设物业管理科。

省体育馆地址：1985—2005 年在成都市人民南路四段 8 号。

十、四川省体育博物馆

1984 年 4 月四川省体育博物馆成立，是财政全额拨款县处级事业单位，与省体委内设机构体育文史办公室实行一套班子、两块牌子，2005 年年末，四川省体育博物馆正式挂牌。主要职能：负责全省体育文史资料的收集、整理、利用；负责全省体育文物的征集、整理、研究、陈列、保管；指导全省体育史志修编工作，修编《四川省志・体育志》，编辑发行《四川体育年鉴》；组织开展体育文化宣传教育活动，组织开展体育文化交流等体育文化活动；组织开展体育收藏、体育集邮、体育美术、体育摄影、体育艺术社团活动。

1984 年，编制为 40 名，1996 年，调整为 92 名，2002 年，调整为 86 名。内设办公室、文史部、文物部、宣教部、开发部、财务部。

省体育博物馆地址：1985—2005 年在成都市体育场路 1 号，2005 年末迁至成都市少城路 27 号少城大厦 4 楼。

十一、《高尔夫时尚》杂志社

1985 年，《体育爱好者》杂志社成立，1995 年 11 月，更名为《健美风采》杂志社；2001 年 4 月，《健美风采》杂志社更名为《高尔夫时尚》杂志社，是财政差额拨款县处级事业单位。主要职能：每月编辑出版发行全国性（专业）刊物《高尔夫时尚》杂志；每季度编辑出版内刊《运动风采》杂志。

1985 年编制 10 名，机构设置为：总编室、编辑部、通联科。1991 年编制调整为 12 名（财政差额补贴 10 名，自筹经费 2 名）。

杂志社地址：1985—2004 年在成都市体育场路 1 号，2005 年迁至成都市少城路 27 号少城大厦。

十二、四川省体育彩票管理中心

1995 年 3 月四川省体育彩票管理中心成立，实行独立核算、自收自支、企业化管理、财政不予补贴的县处级事业单位。主要职能：负责全省体育彩票的发行和管理工作；负责制订四川省体育彩票管理工作的有关规定和全省体育彩票中、远期发展规划；组织、协调、管理全省体育彩票销售工作；负责与国内体育彩票行业间的联络，开展体育彩票交流与合作；根据体育彩票事业的发展和需要，开展灵活的市场营销宣传和有序的经营活动。

1995 年编制 8 名，机构设置为：办公室、财务部、销售部、技术部，后增设宣传部。

彩票管理中心地址：1995—1999 年在成都市体育场路 1 号；1999—2005 年 11 月在成都市新南路 93 号；2005 年 12 月迁至成都市洗面桥街 33 号。

十三、四川省健身气功管理中心

2002 年 8 月四川省健身气功管理中心成立，是财政全额拨款县处级事业单位。主要职能：研究、制定健身气功发展规划和管理制度，积极开展宣传工作；负责健身气功辅导人员的培训；组织健身气功的科学研究；负责省健身气功协会的日常工作。

2002 年，编制 6 名，编制从省体育博物馆编制中划转，机构设置为：办公室、业务科、科研宣传科。

省健身气功管理中心地址：2002—2005 年在成都市人民南路四段 8 号。

十四、四川省体育事业服务部

1983 年 1 月，四川省体育服务公司成立，1985 年 10 月更名为四川省体育事业服务部，省体委直属事业单位，县处级。主要职能：接待国外登山、体育旅游、双边活动团队和体育服装器材供应、举办商业性邀请赛。

1985 年 11 月，核定事业编制 80 名（其中事业费开支 44 人，招待所 36 人实行自负盈亏），机构设置为办公室、外事科、汽车队、服装供应站。2004 年，调整为办公室、财务室、登山协会、汽车摩托车协会、广告公司。

省体育事业服务部地址：1985—2005 年在成都市人民南路四段 2 号。

十五、四川省体育竞赛服务中心（四川省篮球运动管理中心）

1997 年 2 月四川省体育竞赛服务中心成立，局属事业单位，经费自筹，核定收支，县处级。1998 年 2 月，四川省篮球运动管理中心成立，借用四川省体育竞赛服务中心机构编制。主要职能：承办各级各类篮球体育比赛；广泛开展群众性篮球体育竞赛活动；在政策允许范围内组织和开展有偿体育竞赛服务。

1997 年，编制 6 名，机构设置为：办公室、竞赛部、开发部。1998 年，机构设置为：办公室、竞训部、俱乐部管理办公室。主要职责为管理篮球项目的省级优秀运动队。

省体育竞赛服务中心地址：1997 年在成都市体育场路 1 号；1998—2005 年在成都市一环路南三段 16 号。

十六、四川省足球运动管理中心

1997 年 5 月四川省足球运动管理中心成立，人员经费实行核定收支、经费自筹、财政不予补贴的预算管理办法的县处级事业单位。主要职能：根据国家的体育方针、政策统一组织、指导全省足球运动项目发展，推动足球运动的普及提高。

1997 年，核定事业编制 8 名，机构设置为：办公室、竞赛部、技术部、业余训练部、运动队管理部、市场开发部。

省足球运动管理中心地址：1997—2005 年在成都市一环路南三段 16 号。

十七、四川省青少年体育活动中心

2001 年 10 月四川省青少年体育活动中心成立，为局属事业单位，县处级，人员经费实行核定收支、经费自筹的财政预算管理办法。核定事业编制为 12 名。主要任务是：利用体育场馆设施，向社会尤其是青少年学生提供体育健身、体育培训、航空科普等方面的服务。

青少年体育活动中心地址：成都市武侯区太平寺路 8 号。

十八、四川省体育局机关服务中心

2003 年 5 月四川省体育局机关服务中心成立，人员经费实行核定收支、定额补助的财政预算管理办法，县处级。核定事业编制 6 名。主要职能：负责承办省体育局机关的文印、办公自动化、会务、接待、医务等后勤工作。

局机关服务中心地址：2003—2005 年在成都市体育场路 1 号。

第三节　社会团体

20 世纪 50 年代成立的四川省体育单项协会，“文革”期间都被撤销，直至 1979 年才陆续恢复。50 年代成立的四川省行业体育协会，“文革”期间也被撤销，直至 20 世纪 80 年代才陆续恢复。

2000 年，根据省政府机构改革等方案的要求，省体育局与省体育总会一个机构、两块牌子；省体育总会作为政府体育主管部门的助手，主要负责协调指导体育社团开展工作。

1989—2005 年，省级各类体育社会团体组织发展较快，新成立 26 个，4 个协会更名，1 个协会注销。新成立的 26 个协会中，单项运动协会 19 个，省级行业体育协会 2 个，其他体育协会 5 个。

至 2005 年年末，省级体育社会团体有 76 个。

2005 年年末四川省体育单项协会一览表

表 6—1

序号	协会名称	成立时间	备注
1	省体育总会	1952 年	
2	省田径协会	20 世纪 50 年代	
3	省游泳协会	20 世纪 50 年代	
4	省篮球协会	20 世纪 50 年代	
5	省排球协会	20 世纪 50 年代	
6	省足球协会	20 世纪 50 年代	
7	省乒乓球协会	20 世纪 50 年代	
8	省体操协会	20 世纪 50 年代	
9	省武术协会	20 世纪 50 年代	
10	省射击协会	1979 年	
11	省举重协会	1979 年	
12	省棋类协会	1979 年	
13	省登山协会	1979 年	
14	省桥牌协会	1981 年	

续表6—1

序号	协会名称	成立时间	备注
15	省体育科学学会	1982 年	
16	省老年人体育协会	1983 年	
17	省信鸽协会	1983 年	
18	省钓鱼协会	1984 年	
19	省射箭协会	1985 年	
20	省网球协会	1985 年	
21	省无线电定向运动协会	1985 年	由省无线电运动协会 2003 年更名
22	省健美健美操协会	1985 年	由省健美协会 2003 年更名
23	省体育记者协会	1985 年	
24	省体育文史工作委员会	1985 年	
25	省龙舟协会	1985 年	
26	省羽毛球协会	1986 年	
27	省航空运动协会	1986 年	
28	省航海航空模型协会	1986 年	
29	省摔跤协会	1986 年	
30	省赛艇、皮划艇运动协会	1986 年	
31	省汽车摩托车运动协会	1987 年	由省摩托协会 1995 年更名
32	省体育发展战略研究会	1987 年	
33	省台球协会	1989 年	
34	省体育集邮协会	1989 年	1998 年注销
35	省棒球垒球曲棍球协会	1989 年	
36	省地掷球协会	1989 年	
37	省风筝协会	1990 年	
38	省拳击协会	1990 年	
39	省老年人围棋协会	1992 年	
40	省自行车运动协会	1994 年	
41	省帆板滑水激流回旋运动协会	1994 年	
42	省门球协会	1994 年	
43	省高尔夫球协会	1994 年	
44	省保龄球协会	1995 年	
45	省马术协会	1995 年	
46	省轮滑协会	1995 年	
47	省击剑运动协会	1995 年	
48	四川奥新空手道俱乐部	1995 年	

续表6—1

序号	协会名称	成立时间	备注
49	省体育场馆协会	1996年	
50	省跆拳道协会	1997年	
51	省青少年体育俱乐部联合会	2003年	由四川省青少年体育发展促进会2003年更名
52	省体育舞蹈（国标舞）协会	2003年	
53	省柔道协会	2005年	

2005年年末四川省行业体育协会一览表

表6—2

序号	协会名称	成立时间（年）	备注
1	省交通体育协会	1955	由公路运输体协1987年更名
2	火车头体育协会	1956	
3	省银鹰体育协会	1956	
4	省前卫体育协会	1956	
5	省石油体育协会	1956	
6	省邮电体育协会	1956	
7	省林业体育协会	1956	
8	省煤矿体育协会	1956	
9	省级机关体育协会	1958	
10	省电信体育协会	1986	
11	省水电体育协会	1986	
12	省农民体育协会	1987	
13	省地质体育协会	1987	
14	省化工体育协会	1987	
15	省冶金体育协会	1987	
16	省残疾人体育协会	1988	
17	省邮政体育协会	1988	
18	省电子体育协会	1988	
19	省轻工体育协会	1988	
20	省经卫体育协会	1989	
21	省少数民族体育协会	1991	
22	省学生体育协会	1994	
23	四川省职工体育发展基金会	1998	由省职工体育基金会2005年更名

第二章 体育法制

第一节 体育立法

20 世纪 90 年代中期，省人大常委会、省政府根据国家有关体育的法律、法规，结合四川实际，加强体育立法工作，相继制定有关地方体育法规和政府规章，推动全省的“依法治体”工作。

1996 年 1 月 31 日，省政府第 50 次常务会议通过《四川省体育经营活动管理办法》，2 月 5 日以四川省人民政府令（第 76 号）发布，自 3 月 1 日起施行。《四川省体育经营活动管理办法》由五章、30 条组成：第一章总则、第二章申办与经营、第三章监督管理、第四章法律责任、第五章附则。1997 年 12 月，省政府对《四川省体育经营活动管理办法》进行修正。该政府规章为四川省第一部体育经营法规，使四川省体育经营活动管理工作有法可依。

1996 年 8 月，成都市人民政府发布《成都市游泳场馆管理办法》。

1997 年 8 月 19 日，省第八届人民代表大会常务委员会第二十八次会议通过《四川省体育条例》，以四川省第八届人民代表大会常务委员会公告（第 87 号）发布，自 10 月 1 日起施行。《四川省体育条例》由 8 章、62 条组成：第一章总则、第二章社会体育、第三章学校体育、第四章竞技体育、第五章体育经营活动、第六章保障条件、第七章奖励与处罚、第八章附则。2001 年 3 月，省第九届人大常委会第二十二次会议对省政府《关于贯彻实施〈中华人民共和国体育法〉和〈四川省体育条例〉情况汇报》进行审议。为贯彻落实省人大常委会的《审议意见》，进一步加强体育法制建设，推动全省体育法治进程，2004 年 6 月 3 日，四川省第十届人民代表大会常务委员会第九次会议作出《关于修改〈四川省体育条例〉的决定》。修改后的《四川省体育条例》由 8 章、57 条组成。主要对原《四川省体育条例》第五章体育经营活动的第三十一条和第三十二条、第七章奖励与处罚的第五十条、第五十一条和第五十四条第二款、第八章附则的第六十条进行删除。自公布之日起施行。

2001 年 4 月 16 日，省政府第 57 次常务会议通过《四川省登山管理办法》，28 日以省政府令第 149 号发布，自发布之日起施行。《四川省登山管理办法》由 5 章、19 条组成：第一章总则、第二章申报和审批、第三章登山活动、第四章罚则、第五章附则。

第二节 法制教育宣传

1986 年，省体委开始实施普及法律常识五年规划。

2001 年，成立四川省体育局普法依法治理工作领导小组，负责组织、指导和监督、检查全省体育系统普法和依法治理工作，制定《四川省体育系统法制宣传教育第四个五年计划》，明确每个计划期间普法工作指导思想、奋斗目标、主要任务、主要措施。5 月，省人大教科文卫委员会和省体育局在雅安市召开全省体育法制工作会议，确定每年 6 月 10 日所在周为“体育法制宣传活动周”，要求各级体育部门在宣传活动周以开展群众体育活动为载体，多形式、多手段广泛宣传体育法律法规知识。全省各地体育部门通过组织体育法律知识培训，参加四川省亿万公民法律知识竞赛和全国体育法规知识竞赛、开展“12·4”法律宣传日等大型活动宣传普及体育法律法规。7 月，省体育局举办省体育局行政执法人员培训班，经考试合格，10 人申领“四川省行政执法监督检查证”，17 人申领“四川省行政执法证”。

2002 年 9 月，省体育局机关举办行政执法人员法律知识培训班，47 名公务员参加培训，经考试成绩合格。2004 年 5 月，省体育局机关公务员参加省政府部门公务员行政许可法培训班的学习考试、考试成绩合格。全省体育系统有 4199 人参加全国体育法规知识竞赛，省体育局系统 650 名干部获四川省“四五”普法考试合格证书。11 月，省体育局举办行政执法人员法律知识培训班，17 名公务员经考试合格，换领新的“四川省行政执法证”。2005 年，省体育局被中宣部、司法部评选为全国法制宣传教育先进单位，被国家体育总局评为全国体育系统“四五”普法先进单位。

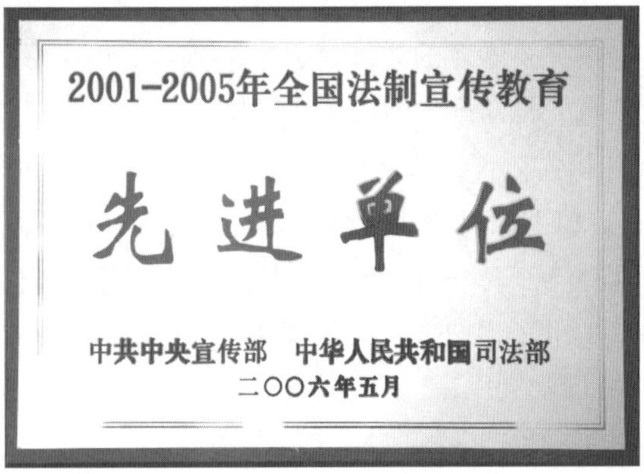

图 6—1　2005 年四川省体育局获得全国法制宣传教育先进单位表彰

2005 年，制定《四川省体育系统法制宣传教育第五个五年计划》。

第三节　行政执法与监督检查

1997 年 8 月，《四川省体育条例》发布实施后，省体育局与省人大教科文卫委员会、省政府法制办公室共同组成体育行政执法检查组，每年抽检 1—2 个市（州），全面检查贯彻实施体育法律法规的情况。至 2005 年先后抽检成都、雅安、内江、自贡、绵阳、南充、资阳、广元、德阳、乐山、眉山、攀枝花、凉山、遂宁等市（州）。

2001 年，省体育局为贯彻《四川省人民政府全面推进依法行政五年规划》，制定《四川省体育局依法行政实施方案》。从是年起，省体育局每年都制定《四川省体育局行政执法责任制实施方案》，将年度执法机构、执法内容、执法责任，分解到各相关业务处置，明确执法职责，落实执法责任。是年，全国人大《体育法》执法检查组到四川检查，对四川省贯彻实施《体育法》的情况给予较好评价。

2002 年，省体育局被评为四川省行政执法责任制先进单位。

2004 年，省体育局开展清理行政执法依据、梳理行政执法项目、规范行政执法行为、推行行政执法责任制工作。

2005 年，全省各地按照国家体育总局的要求，开展《公共文化体育设施条例》专项行政执法检查。在执法检查中，对 2002 年甘孜州泸定县体育活动中心被占用；内江市资中县体育场、灯光球场、游泳池被违法侵占；对2003 年简阳市灯光球场、门球场等公共体育设施被违法损毁；对2004 年广安市广安区城北体育场被占用等地方公共体育场地设施被占用事件依法提出处理意见，收到较好效果。8 月，省体育局为贯彻《中华人民共和国行政许可法》，制定印发《关于受理行政许可申请有关事宜的通知》；9 月制定印发《四川省体育局行政许可项目办事指南》。

第三章 场馆、经费

第一节 场 馆

一、场馆状况

1985 年年末全省体育场馆有 8907 个。1987 年，为推动全省争创“全国体育先进县”评选活动（评选标准规定需建有“两场一池一房”，即田径场、带看台的灯光球场、游泳池及综合训练房），省体委出台《关于县级体育场馆建设资金补助办法》，调动各地场馆建设的积极性，并重点扶持 24 个县（市、区）先后配套完成“两场一池一房”。

1993 年，为协办第七届全运会（四川赛区），依靠政府投资和社会集资捐助，省体委系统和成都市新建改建扩建比赛场馆 14 个，其中 1989 年 5 月竣工的四川省体育馆、1991 年 12 月竣工的成都体育中心成为成都市区的标志性建筑。

1994 年起，各级体育部门利用体育彩票公益金，相继参与和组织实施“全民健身工程”“农民体育健身工程”“雪炭工程”（重点扶持老边少、贫困地区场馆建设项目），至 2005 年年末，体育彩票公益金累积投入 32434 万元。

2000 年，四川省以承办第六届全国大学生运动会为契机，在成都地区部分高校中新建改建体育馆 13 个、运动场 7 个，总投资 1.81 亿元。省体育局利用省运动会、省青少年运动会、省少数民族运动会每四年一届轮流在各市（州）举办的赛会手段，推动自贡、内江、乐山、南充、德阳、绵阳、成都、达州、阿坝、凉山等市（州）的体育场馆建设，至 2005 年年末，全省 75% 的市（州）具备举办省级综合性运动会的场馆条件。20 世纪 90 年代中期，民间资本和外商投资开始参与体育场馆建设领域，多为具有时代特色、比较高档的健身娱乐性体育设施。其中规模较大、比较有代表性的有位于成都市双流县的四川国际高尔夫球场、位于成都市龙泉驿区的足球专用比赛场等。2005 年年初建成的四川省青少年体育活动中心是四川省“十五”期间十大精神文明建设标志性工程之一，是国内最先进的多功能综合训练基地之一，为青少年参加体育健身活动提供了阵地。

至 2005 年年末，全省拥有各类体育场馆 44899 个，占地面积 7906.54 万平方米，建筑面积 532.61 万平方米，场地面积 4537.66 万平方米，累计投资 922749 万元。以 2005 年全省 8750 万人口计，平均每万人拥有体育场地 5.13 个，人均体育场地面积 0.52 平方米，人均投入体育场地建设资金 105.46 元。而全国 2003 年年末体育场地现状是；平均每万人拥有体育场地 6.58 个，人均体育场地面积 1.03 平方米，人均投入体育场地建设资金 148.15 元。四川体育场地建设落后于全国平均水平。

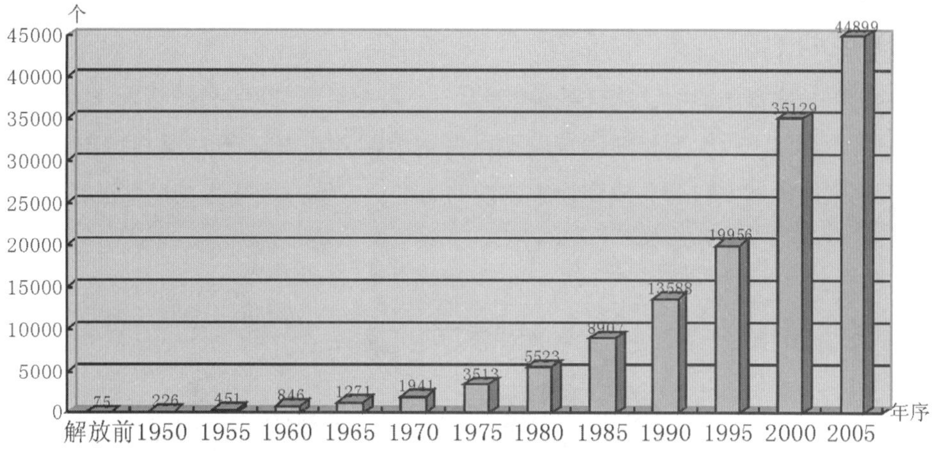

图 6—2 截至 2005 年年末四川省体育场地分时期增长情况

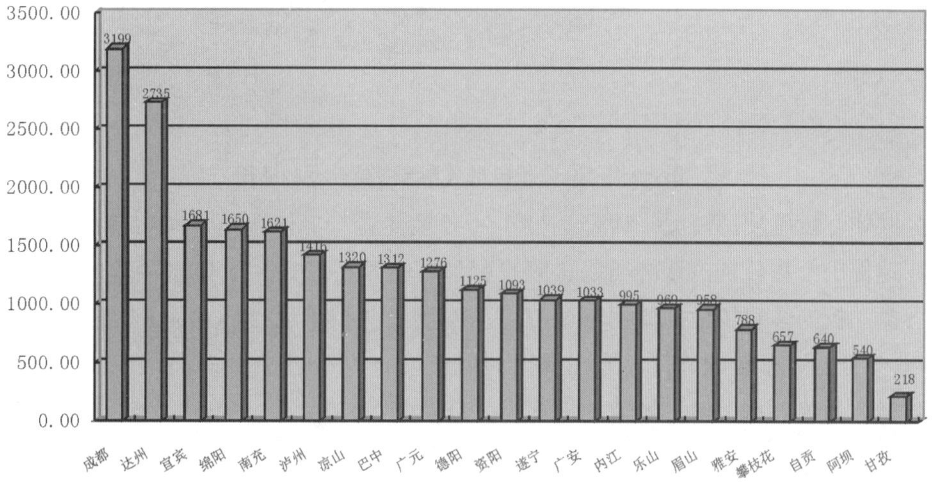

图 6—3 2003 年各市（州）标准体育场地总数图

二、场馆结构

2003 年，按照第五次全国体育场地普查分类，全省拥有国家公布的 64 种标准体育场地中的 54 种。至 2005 年年末，全省共有体育场馆 44899 个，其中标准体育场地 26314 个，占全省体育场地总数的 58.61%。非标准体育场地 18585 个，占全省体育场地总数的 41.39%。

在全省标准体育场地中，体育场、体育馆、游泳馆、跳水馆等大型体育场馆 272 个；室内游泳池、综合房馆、球类房馆等室内体育场地 1521 个；游泳池、球类场地、冰上运动场等室外体育场地 24521 个，其中篮球场、排球场、小型运动场 22494 个。在全省标准体育场地中，以室外体育场地居多，占标准体育场地总数的 93.19%，且以篮球场、排球场和小型运动场 3 种场地为主，占标准体育场地总数的 85.48%，投资金额比较大、满足较高档次体育需求的标准体育场地较少。

全省非标准体育场地 18585 个，场地面积 1146.13 万平方米，其中室外体育设施 66089 个，室内体育设施 8936 个。这些非标准体育场地和体育设施多建于社区、街道、企事业单位、机关、农村，为群众性的全民健身活动提供便利。

三、场馆分布

在全省44899个体育场地中，体育系统1294个，教育系统37800个，其他系统5805个。绝大多数体育场馆分布在县以上，大型标准体育场地更多集中在省和市（州）所在城市。从20世纪90年代中期开始，国家加大对农村公共体育设施建设的力度，乡镇一级体育场馆状况逐步有所改观。

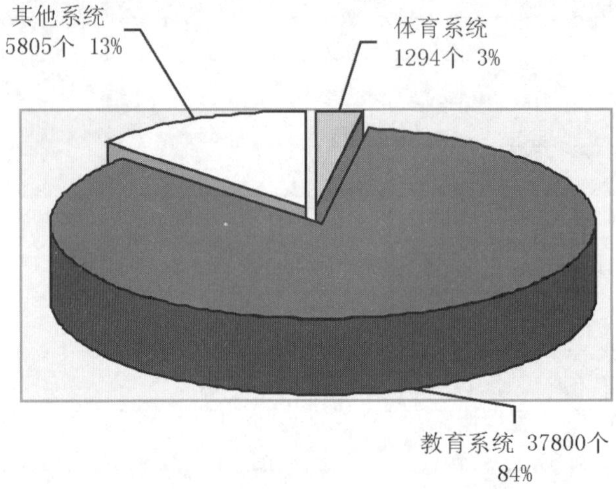

图6—4 2003年四川省体育场馆分布状况图

全省公共体育设施使用情况，1993—2001年各地体育场、体育馆、室内游泳池和有固定看台灯光球场等场地使用个数分别占该类场地总数的65%以上，各场馆用于体育活动的使用率达到70%以上。各级各类学校的体育场地的使用率较高，基本满足在校学生上体育课和开展课外体育活动的需要。从2000年开始，学校的体育场地在课余时间逐步向社会开放，以满足广大群众体育健身的需要。但少数地方和单位挤占体育场地的情况仍时有发生。

四、场馆建设资金

1986—2005年，累计投入体育场地建设资金922749万元。其中：财政拨款271905万元，占投资总额的29.46%；单位自筹501763万元，占投资总额的54.38%；社会捐赠42552万元，占投资总额的4.62%；体育彩票公益金32434万元，占投资总额的3.52%；其他经费74095万元，占投资总额的8.02%。

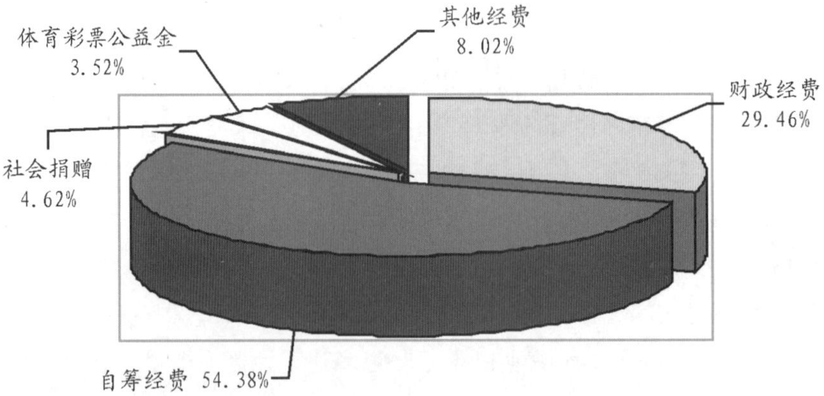

图6—5 1986—2005年四川省体育场馆建设资金组成比例图

五、部分体育场馆介绍

四川省体育馆 始建于1984年10月，1989年5月竣工，位于人民南路四段8号，由原成都市南郊跳伞塔体育场拆除重建而成。占地面积43200平方米，建筑面积24900平方米，比赛场地43米×26米，净空高度22米，观众席座位9200余个，总投资4857万元。能承担手球、篮球、排球、羽毛球、乒乓球等球类及体操、技巧、健美健美操、艺术体操、拳击、击剑、摔跤、举重、武术等项目的体育竞赛和大型商业演出。场馆由西南建筑设计院设计，是西南地区唯一的现代化万人场馆，是成都市标志性建筑之一。

四川省体育馆成功承办过四国女排邀请赛、全国武术锦标赛、全国体操锦标赛、第七届全国运动会开幕式、第七届全国运动会男子排球决赛、第七届全国运动会羽毛球决赛、LG杯亚洲篮球超级联赛、1996—1997年希尔顿篮球甲A联赛、1996—1997年全国男子排球甲A联赛、2002年世界女排大奖赛等大型赛事。

成都市体育中心 位于成都市人民中路，占地面积94667平方米，1987年9月开工修建，1991年12月末竣工。主体建筑造型新颖、气势宏伟，是一座集体育比赛、体育训练、文艺演出、健身娱乐、商贸活动、社会活动、商务及餐饮住宿为一体的大型综合性体育场所。成都市体育中心于2003年12月通过国际质量管理体系认证，获取中国体育场馆第一张ISO 9001:2000国际认证证书。成都市体育中心先后举办国际、国内大型比赛300余场次，观众累计上千万人次；平均每年举办大型文艺活动及社会公益活动近30次，活动人数达200万人次；平均每年举办各类竞赛30余场，参加活动人数达30万人次。

四川省运动技术学院田径系犀浦田径训练基地 位于成都市郫县犀浦镇，占地面积122667平方米，于1987年年初兴建，1990年11月20日投入使用，是省体委为发展田径运动项目修建的田径专用训练场地，是全国唯一的田径训练专用基地。基地建有室外标准400米8跑道塑胶田径场1个，女子短跑身体训练房1个，投掷房1个，身体训练房1个，以及运动员宿舍、食堂、活动室等配套设施。2003年，投资建成标准400米8跑道塑胶田径场1个。基地先后为国家培养出李涛、熊其英、高寒、刘晓梅、李雪梅、顾俊杰、刘静等一批田坛优秀运动员，成长以张容伟、李建、胡明安、郭素华、李涛等为代表的一批中青年优秀教练员。

四川省青少年体育活动中心 位于成都市太平寺路9号。始建于2002年4月，2005年年初竣工验收。中心占地面积137900平方米，由综合训练馆、网球场、沙滩排球场、田径场、举重馆、拳击馆、运动员公寓、医疗康复中心、教学楼、行政办公楼和超市等设施组成，是国内最先进的多功能综合训练基地之一，被列为四川省“十五”期间“十大精神文明建设标志性工程”之一。

中心主体的综合训练馆总面积29066平方米，是国内最大的综合训练馆。馆内设篮球、排球、室内足球、羽毛球、乒乓球、武术、摔跤、柔道以及力量健身等专用训练馆，可供10余支运动队同时训练。

运动员公寓可为500名运动员和教练员提供食宿。医疗康复中心内设淋浴、桑拿房以及400平方米的温水游泳池，配备有符合竞技体育队伍要求的各种康复、治疗仪器，供运动员训练后洗浴、放松、恢复和伤病治疗。

四川省专用足球场 位于成都市龙泉驿区同安镇阳光体育城。2003年3月5日，经省政府同意由四川大行宏业集团投资建成，开创四川大型场馆民营投资的先河。四川省专用足球场是专门为亚洲杯举行而修建的，也是全国第三座专用足球场。占地面积184334平方米，专用足球场长轴正南北向布置，南北长121米，东西宽82米，草坪区为72米×112米，环绕草皮区外围设塑胶通道，能容纳观众30800个，看台南北向为单层，东西向为两层，有豪华包房40个，贵宾席位300座，新闻记者席220个，并设有多个电视转播现场解说席。2004年7月承担“亚洲杯”成都赛区C组的5场比赛、B组的1场比赛和1场四分之一决赛，共7场比赛。2005年，承办数场“中超”联赛。

米易国家级激流回旋竞训基地 位于攀枝花市米易县城北梨子滩2公里处，2004年3月开工，2005年1月竣工。场地面积30000平方米，总投资5000多万元，是国际一流的激流回旋标准场地。建成后成为国家队、兄弟省市队进行激流回旋训练的重要基地。举办过2005年省青少年激流回旋锦标赛。

四川国际高尔夫球场 位于成都市双流县牧马山开发区，是全省第一个标准高尔夫球场。于1996年开始修建，1998年第一期工程完工，占地面积2466679平方米，投资2.5亿人民币。建成18洞国际标准球场、大型练习场、俱乐部会所、休闲中心及宾馆。建成后相继成功举办VOLVO巡回赛（方正公开赛）、宝马7系列中国高尔夫邀请赛、银都花园杯中国职业高尔夫精英赛、1999—2002年BAT中国职业高尔夫联盟杯赛等国际、国内大型比赛。

图6—6 位于成都市双流县牧马山开发区的四川国际高尔夫球场

成都现代体育公园 位于成都市高新区神仙树南路10号，1998年兴建并竣工，占地面积186668平方米。以网球为主要特色，有24片网球场，其中馆内球场2片，室外球场10片，风雨球场12片。场地照明全部是进口高品质网球场专用灯，光线柔和舒适，完全按照国际赛事场地标准建造。1999年成功举办全国网球甲级俱乐部联赛，2000年举办国际男子网球挑战赛，有来自世界40多个国家和地区的运动员参赛。2004年承办“王子杯”中国业余网球公开大奖赛成都分站赛。

绵阳市南河体育中心 始建于1991年1月，1992年7月竣工。占地面积95991平方米，建筑面积40558平方米，投资金额5784万元。中心由体育场、2个综合训练馆、温水游泳池、室外游泳池5个单体及室外附属体育设施组成。可进行田径、足球、排球、乒乓球、武术、摔跤、羽毛球、网球、游泳、门球等体育比赛。体育场建有400米塑胶8跑道田径场，中间为标准草坪足球场，看台座位近3万个。中心举办过四川省第七届运动会，全国第四届农民运动会，第二届全国体育大会，四川省第十一届少数民族运动会，全国足球甲、乙级联赛，全国青年足球联赛，四川省中学生田径运动会等重大赛事。

绵阳市九洲体育馆 位于绵阳市高新区绵兴西路，2004年5月动工兴建，2005年10月竣工。建筑面积24173平方米，投资1.5亿元，主馆分为地下1层和地面3层，建筑高度33.7米，拥有中央场馆2400平方米、训练馆785平方米各1个，观众座席6000座。场馆外形呈树叶状，屋面为银灰色氟碳板，钢桁架结构。九洲体育馆可承办国际国内赛事、演艺、会展、全民健身等活动，是西南地区一流的现代化智能化多功能综合体育馆，曾举办第十三届世界拳击锦标赛。

阿坝州体育馆 位于马尔康县马尔康镇，2005年建成，总投资3500万元，占地面积28000平方米，建筑面积10005平方米，可容纳3000余名观众。体育馆内设标准篮球场，是集体育竞赛、大型会议、健身娱乐、商贸等一体的多功能文化体育中心，是阿坝州最大的公益性建筑，承办过省第十二届少数民族运动会。

自贡跳水游泳馆 位于自贡市汇兴路411号，2001年10月开工，2004年3月竣工，建筑面积7119平方米，总投资979万元，是跳水训练、比赛以及全民健身的重要场所。2004年4月举办过亚洲杯跳水赛。自贡市跳水游泳馆培养出跳水皇后高敏、周义霖等优秀运动员。

乐山市体育中心 1989年兴建，1992年7月至1999年7月陆续竣工。建筑面积32187平方米，投资总额4630万元。中心有体育馆、体育场、游泳场、民族体育馆、网球场、迪斯科广场、篮球场（2个室内馆、5个室外馆）等单体。举办过省第三届青少年运动会，是全民健身的主要场所，也是乐山开展特色体育——“假日体育”的重要场地。

内江市梅家山体育场 位于内江市市中区广场路，1998年竣工。场地面积27000平方米，投资466.4万元，设观众席位12000座，场内有标准400米8跑道塑胶田径场，人工草坪足球场1个，标准门球场2个，健身路径1套，可以进行田径、足球、门球等体育项目活动。举办过四川省第二届青少年运动会、全国青年乙级足球联赛（内江赛区）、日本马自达与四川队足球友谊赛、全国少年田径比赛、“奥星·明星·同唱一首歌”、内江大千艺术节等大型运动会和公益活动。

德阳市体育馆 位于德阳市泰山南路一段147号，1992年3月动工，1998年2月竣工，建筑面积约9900平方米，投资约4800万元人民币，馆内比赛场地1200平方米，有固定看台座椅3800座，活动看台座椅1100座。体育馆设施完备，功能齐全，可举办篮球、排球比赛。外观独特，造型新颖，俯视像一只展翅高飞的雄鹰，是德阳标志性建筑之一，由中国西南建筑设计院设计。1998至2000年举办过全国维达杯排球（男子）联赛、中德国际排球对抗赛、中美国际篮球赛等赛事。

南充市体育中心主体育场 位于顺庆区北干道清泉坝，2003年2月动工，当年11月便完工投入使用。占地面积36680平方米，建筑面积53497平方米，场地面积23546平方米，投资1亿元。体育场为400米8条跑道标准塑胶田径场，中心为标准草坪足球场，看台可容观众3万人。由西南建筑设计院设计。场内电子午时计分，电子信息处理系统、大屏幕显示、灯光等设备齐全，多次承担省以上足球比赛和训练，2004年承办中国足球俱乐部超级联赛。

六、四川省体育场地规模、投资基本情况

1987—2005 年四川省分年度体育场地规模、投资基本情况统计一览表

表 6—3

年度	场地数量（个）			场地规模（万平方米）			投资额（万元）		
	场地总数	标准场地	非标准场地	场地总面积	标准场地面积	非标准场地面积	合计	标准场地	非标准场地
1987	779	444	335	65.58	49.70	15.88	4821.00	3399.00	1422
1988	766	497	269	67.21	52.21	15.00	8437.00	7776.00	661
1989	864	543	321	70.52	53.32	17.20	13651.00	12859.00	792
1990	1311	744	567	93.78	65.65	28.13	13285.00	11709.00	1576
1991	596	344	252	53.20	38.26	14.94	13506.66	10030.66	3476
1992	1587	940	647	137.67	100.50	37.17	15282.34	11558.34	3724
1993	1014	637	377	92.41	72.31	20.10	11810.00	10866.00	944
1994	1265	775	490	121.79	87.98	33.81	13845.00	11971.00	1874
1995	1906	1143	763	255.10	210.79	44.31	58151.00	55845.00	2306
1996	2765	1581	1184	252.62	185.40	67.22	53647.00	49818.00	3829
1997	2506	1530	976	218.80	165.71	53.09	31538.00	28468.00	3070
1998	3812	2281	1531	339.05	266.09	72.96	114545.00	109127.00	5418
1999	2693	1681	1012	302.64	250.50	52.14	74847.00	67211.00	7636
2000	3397	2219	1178	373.72	314.17	59.55	84288.00	78971.00	5317
2001	2757	1795	962	314.42	265.24	49.18	77504.00	71207.00	6297
2002	2916	1939	977	359.10	292.58	66.52	82003.00	73220.00	8783
2003	3831	2483	1348	386.85	293.23	93.62	184331.00	169896.00	14435
2004	28	4	24	2.67	1.77	0.90	492.00	412.00	80
2005	238	45	193	18.64	14.87	3.77	8174.00	7703.00	471

说明：1991 年、2004 年、2005 年体育场地规模、投资统计数据仅含体育系统

1986—2005 年四川省体育场地规模、投资基本情况统计一览表

表 6—4

年度	标准场地			非标准场地		
	场地数量（个）	场地规模（万平方米）	投资额（万元）	场地数量（个）	场地规模（万平方米）	投资额（万元）
1986	4689	611.25	48096.00	5179	400.64	10495
1987	5133	660.95	51495.00	5514	416.52	11917
1988	5630	713.16	59271.00	5783	431.52	12578
1989	6173	766.48	72130.00	6104	448.72	13370
1990	6917	832.13	83839.00	6671	476.85	14946
1991	7261	870.39	93869.66	6923	491.79	18422
1992	8201	970.89	105428.00	7570	528.96	22146
1993	8838	1043.20	116294.00	7947	549.06	23090
1994	9613	1131.18	128265.00	8437	582.87	24964
1995	10756	1341.97	184110.00	9200	627.18	27270
1996	12337	1527.37	233928.00	10384	694.40	31099
1997	13867	1693.08	262396.00	11360	747.49	34169
1998	16148	1959.17	371523.00	12891	820.45	39587
1999	17829	2209.67	438734.00	13903	872.59	47223
2000	20048	2523.84	517705.00	15081	932.14	52540
2001	21843	2789.08	588912.00	16043	981.32	58837
2002	23782	3081.66	662132.00	17020	1047.84	67620
2003	26265	3374.89	832028.00	18368	1141.46	82055
2004	26269	3376.66	832440.00	18392	1142.36	82135
2005	26314	3391.53	840143.00	18585	1146.13	82606

第二节 经 费

一、投入

1986—2005 年，随着四川省经济发展水平和经济实力的不断提高，各级政府和社会各界逐步加大对体育事业的投入。全省体育事业经费的投入从 1986 年的 7770.60 万元增加到 2005 年的 68750 万元，增长 7.85 倍，财政拨款部分从 1986 年的 7770.60 万元增加到 2005 年的 49131 万元，增长 5.32 倍。20 世纪 80 年代中期开始，四川省体育事业经费的投入渠道由单一的政府财政拨款，开始呈现出多元化趋势，单位自筹、社会捐赠、企业赞助、体育彩票和其他投入逐年增长，特别是 2000 年以后呈快速增长趋势，2000—2005 年，财政拨款以外的资金累计投入 146784 万元，占同期全省体育事业经费的 47%。

1993—2005 年四川省体育事业经费统计一览表

表 6—5

单位：万元

年度	合计	财政拨款	其他投入
1993	3191	893	2298
1994	14599	—	—
1995	15748	—	—
1996	17396	—	—
1997	20317	—	—
1998	17990	10219	7771
1999	21817	—	—
2000	40004	11839	28165
2001	57303	17892	39411
2002	57611	30080	27531
2003	52995	30720	22275
2004	32589	22806	9783
2005	68750	49131	19619
合计	420310	173580	156853

说明：1997 年起，四川省体育事业统计数据不含重庆市。1993 年为第七届全运会年，当年社会资金赞助较多

随着四川省体育事业经费的不断增加，四川省人均体育事业经费也大幅递增，1985 年仅为 0.4 元，1995 年为 1.39 元，2000 年为 4.8 元，到 2005 年增加到 7.88 元。2005 年与 1985 年相比，人均体育事业经费增加 19 倍以上。同时期全国人均体育事业经费，1995 年为 2.95 元，2000 年为 6.86 元，2005 年为 13.79 元。四川省人均体育事业经费低于全国平均水平。

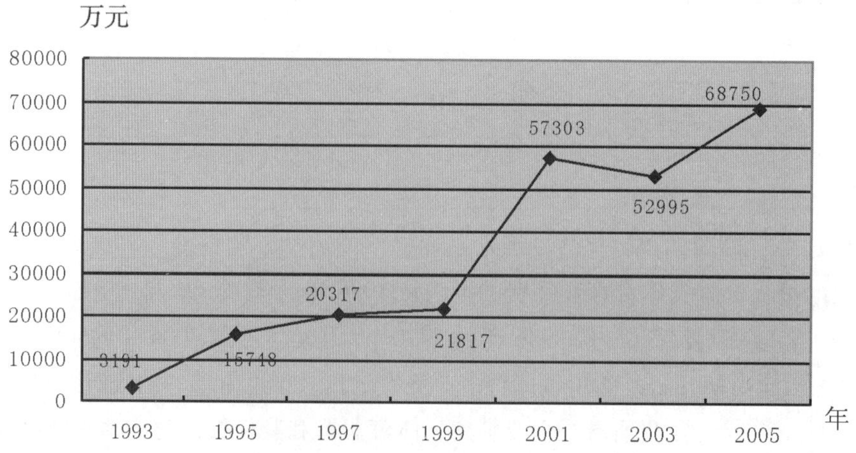

图 6—7 1993—2005 年四川省体育事业经费增加情况图

二、支出

四川省体育事业经费　按经费构成划分为体育事业费、体育基本建设支出、教育基建支出、科技三项收费、教育事业费、科学事业费以及其他部门事业费、行政事业单位离退休经费、社会保障补助支出、政府机关经费、外交外事支出、国际组织支出和其他支出。在体育事业经费的构成中，体育事业费和基本建设支出占体育事业经费支出总额的80%以上。

1994—2005年四川省体育事业费情况一览表

表6—6　　单位：万元

年度	合计	体育竞赛经费	优秀运动队经费	业余训练经费	体育场馆补助经费	教育经费	其他体育事业经费
1994	10357	1692.90	3472.40	2632.40	687.90	265.30	1605.60
1995	10319	2011.70	3259.50	2232.40	767.40	168.80	1879.30
1996	11926	1889.20	4240.00	2130.40	933.20	279.10	2454.50
1997	13409	1311.00	6735.10	1592.20	1253.60	441.10	2076.10
1998	10363	2455.80	438.50	2159.90	2386.30	163.20	2759.30
1999	18831	1927.20	6105.80	2067.80	3188.90	206.20	5335.40
2000	12916	1693.70	770.20	3018.50	3027.20	21.10	4385.40
2001	24524	2374.70	6419.30	3679.70	3568.80	3041.10	5422.10
2002	36183	5636.50	8341.00	3727.50	6713.70	6610.00	11867.70
2003	42402	3767.40	9116.50	4084.30	8569.90	7199.00	9664.90
2004	21303	2794.00	435.00	3354.00	6246.00	424.00	8050.00
2005	48080	4607.00	14182.00	4580.00	6427.00	5634.00	12650.00
合计	260613	32161.10	63515.30	35259.10	43769.90	24452.90	68150.30

四川省体育事业费　由体育竞赛经费、优秀运动队经费、业余训练经费、体育场馆补助经费、中等专业学校经费以及其他事业费等构成。1994—2005年，全省体育事业经费支出260613万元，年均增长15%，其中，体育竞赛经费支出32161.1万元，年均增长9.5%；优秀运动员经费支出63515.3万元，年均增长13.5%；业余训练经费支出35259.1万元，年均增长5%；体育场馆补助经费支出43769.9万元，年均增长22.5%；教育经费支出24452.9万元，年均增长32%；其他体育事业经费支出68150.3万元，年均增长20.3%。在体育事业经费的构成中，场馆补助经费的增长幅度最高，其次是其他体育事业经费，优秀运动队经费的增幅位居第三。

1994—2005 年四川省体育基本建设投资情况一览表

表 6—7

单位：万元

年度	基本建设投资款	年度	基本建设投资款
1994	4242.20	2001	2195.20
1995	5428.50	2002	8885.60
1996	5469.60	2003	5109.60
1997	6908.30	2004	6018.00
1998	3629.70	2005	13764.00
1999	2985.80	合计	71254.20
2000	6617.70		

基本建设支出　1994—2005 年，全省体育基本建设投资 71254.2 万元，年均增长 11.3%。

附　录

一、人物表

（一）四川省体委（四川省体育局）领导名录

四川省体委（四川省体育局）党组书记、副书记名录

表附—1

姓名	性别	职务	任职时间
郭　炎	男	省体委党组书记	1982. 12—1994. 1
陈保明	男	省体委党组副书记	1992. 1—1994. 1
		省体委（体育局）党组书记	1994. 1—2004. 7
朱　玲	女	省体委（体育局）党组副书记	1998. 4—2004. 7
		省体育局党组书记	2004. 7—

说明：2000 年 6 月，四川省机构改革，四川省体育运动委员会改组更名为四川省体育局。2005 年在任者无任职终止年份。下表同

四川省体委（四川省体育局）主任（局长）、副主任（副局长）名录

表附—2

姓名	性别	职务	任职时间
郭　炎	男	省体委代主任	1982. 12—1983. 4
		省体委主任	1983. 4—1994. 1
陈保明	男	省体委副主任	1985. 4—1994. 1
		省体委主任、省体育局局长	1994. 1—2004. 8
朱　玲	女	省体委副主任、省体育局副局长	1988. 5—2004. 8
		省体育局局长	2004. 8—
毛银坤	男	省体委副主任	1983. 5—1996. 3
程　杰	男	省体委副主任	1990. 4—1992. 11
田康锌	男	省体委副主任	1992. 11—2000. 5
肖阳宗	男	省体委副主任、省体育局副局长	1994. 3—2003. 5
李亚光	男	省体委副主任	1994. 6—1997. 12

续表附—2

姓名	性别	职务	任职时间
刘　践	男	省体委副主任、省体育局副局长	1998. 5—
王建初	男	省体委副主任	1998. 5—2000. 5
方沛元	男	省体育局副局长	2005. 1—

四川省体委（四川省体育局）机关党委书记、纪检监察专员名录

表附—3

姓名	性别	职务	任职时间
程　杰	男	省体委机关党委书记	1988. 6—1992. 11
杨云章	男	省体委（省体育局）机关党委书记	1992. 9—2005. 6
张　岗	男	省体育局纪检监察专员	2000. 11—
王建初	男	省体育局机关党委书记	2005. 6—

（二）四川省体育系统获得国家体育运动荣誉奖章、国家体育工作荣誉奖章名录

四川省体育系统获得国家体育运动荣誉奖章名录

表附—4

年度	姓名（运动项目）
1988	李季芳（体育史）　陈龙灿（乒乓球）　高　敏（跳水）　刘继蓉（跳水） 陈　刚（技巧）　陈小伟（技巧）　张世洪（技巧）　马索夫（技巧） 邱伶明（技巧）　张廉川（技巧）　刘寿斌（举重）　王德芬（排球） 梁昌鹏（排球）　侯伯玉（技巧）
1989	陈龙灿（乒乓球）　高　敏（跳水）
1990	高　敏（跳水）　刘寿斌（举重）　张　山（射击）　江泽祥（射击） 赖晓莉（跳伞）　粟昌碧（跳伞）　焦士华（弓弩）
1991	刘寿斌（举重）　蔡智勇（射击）　张　华（射击）　张　山（射击） 吴向东（技巧）　黎艺嘉（技巧）　习力刚（技巧）　崔　敏（蹼泳） 聂双庆（蹼泳）　江泽祥（射击）
1992	余　立（海模）　王　伟（空模）　廖晓丽（赛艇）　刘寿斌（举重） 杨维威（空模）　成建新（乒乓球）高　敏（跳水）　张　山（射击）

续表附—4

年度	姓名（运动项目）
1993	高　寒（田径）　黄太森（田径）　曹　炅（射箭）　杨卫东（射箭）吴逢波（射箭）
1994	刘稀蓉（赛艇）　宋晓民（赛艇）　吴敬平（乒乓球）
1995	赖晓莉（跳伞）　蔡智勇（射击）　张保琦（跳伞）　何治华（排球）　吴敬平（乒乓球）
1996	刘艳艳（武术）　刘　犇（跳水）　周义霖（跳水）　霍长福（跳水） 陈兴东（羽毛球）吴敬平（乒乓球）
1997	赖晓莉（跳伞）　任　刚（武术）　刘　犇（跳水）　张　勇（举重） 陈兴东（羽毛球）　张　山（射击）
1998	陈真茹（射击）　江泽祥（射击）　刘　洪（海模）　冯元山（海模）　帅裕钦（举重）
1999	周义霖（跳水）　贺　伟（跳水）　王文军（武术）　钟　波（羽毛球） 刘美川（跳水）　霍长福（跳水）　吴敬平（乒乓球）
2000	刘　洪（海模）　唐　琳（柔道）　吴敬平（乒乓球）　钟　波（羽毛球） 陈兴东（羽毛球）　程志山（柔道）
2001	吴敬平（乒乓球）　钟　波（羽毛球）　陈兴东（羽毛球）
2002	陈真茹（射击）　江泽祥（射击）　徐　翔（跳水）　刘美川（跳水） 陈朝霞（曲棍球）　张海英（曲棍球）
2003	徐　翔（跳水）　胡　进（排球）　钟　波（羽毛球）　陈　静（排球）
2004	陈　静（排球）　胡　进（排球）　吴敬平（乒乓球）　肖　战（乒乓球） 钟波（羽毛球）　陈兴东（羽毛球）
2005	贾　童（跳水）　谢中博（羽毛球）　张　平（举重）　于飞彪（武术） 张少宏（登山）　吴敬平（乒乓球）　肖　战（乒乓球）　钟　波（羽毛球） 陈兴东（羽毛球）龙望春（举重）　王祥权（武术）　江泽祥（射击）

四川省体育系统获得国家体育工作荣誉奖章名录

表附—5

年度	姓名	年度	姓名
1989	郭　炎	2001	陈保明

（三）四川省体育系统获得全国体育先进集体和先进个人、省劳动模范称号者名录

四川省体育系统获得全国体育先进集体和先进个人名录

表附—6

年度	集体、个人
1989	高　敏
1995	刘晓梅
1998	江泽祥　四川男子排球队
2000	霍长福
2001	姜　兵　易　琳　四川省射箭队
2005	乐山市体育局　四川省帆板队

说明：全国体育系统先进集体和先进工作者由国家人事部、国家体育总局联合表彰

四川省体育系统获得四川省劳动模范名录

表附—7

年度	姓名
1989	李白玉　张　山　焦士华　赖晓莉
1991	崔　敏　黎艺嘉　吴向东　蔡智勇　余　立　王　伟
1993	刘晓梅　高　寒　曹　炅　吴逢波　杨卫东
1997	张　勇
2000	唐　琳
2005	殷　剑

二、大事记

1988 年

2 月　四川省体育总会、四川工人日报社、省职工体育基金会联合组织评选“热心支持体育的企业”活动，全省有 62 家企业当选。

4 月　在“全国电视好新闻”评选中，省体委张川康、曾志斌采制的新闻“武术擂台赛父子对擂”获得全国一等奖。

4—7 月　省农牧厅、省体委、省农民体协联合举办四川省参加全国第一届农民运动会选拔赛。经过选拔组成 361 人的四川省代表团，其中运动员 78 人，到北京参加篮球、足球、乒乓球、田径、武术、自行车、射击、摔跤 8 个项目的比赛。

5 月 23 日　在南充市举行的全国青年足球联赛预赛南充赛区最后一场比赛结束后，发生上千人的骚乱事件。31 日，南充市政府召开处理大会，惩处有关违法人员。

6 月 15 日　省政府批准成立四川省体育基金理事会。

8 月　经省编制委员会同意，四川省体育馆正式成立。

9 月　省体委协同省教委组团参加在南京举行的全国第三届大学生运动会，四川参赛运动员 100 多名，比赛成绩名列全国第十三位。

是月　在韩国汉城举行的第二十四届奥运会上，四川有 15 名运动员和 1 名裁判员参加。高敏、陈龙灿分别获得女子跳水和男子乒乓球双打冠军。

10 月 23 日　省政府召开四川省参加第二十四届奥运会庆功会，对金牌获得者高敏、陈龙灿，铜牌获得者刘寿斌、巫丹各予以记大功 1 次，其余参赛的运动员和裁判员也各记功 1 次。

是月　四川省第六届运动会在自贡举行。运动会设田径、游泳、武术、篮球、排球、足球、乒乓球、羽毛球、中国象棋 9 个比赛项目。有电子、石油、交通等 22 个产业、行业、系统等体育代表团的 1965 名运动员参加。其间，召开四川省第六届群众体育先进集体、先进工作者代表大会，评选出先进集体 225 个，先进个人 98 名。

是月　成都、重庆两市分别组团参加在济南举行的全国首届城市运动会，总分分别为 197 分和 218 分，金牌数分居全国第十六位和第七位。

是月　四川省体育科学学会第三次代表大会在成都召开。

12 月 7 日　四川省首届体育发展战略研讨会在成都举行，来自各行各业的 108 名代表参加。

1989 年

1 月 11 日 经省体委主任办公会议决定，原群体处学校体育部分划归训练二处，群体处更名为社会体育处，训练二处更名为学校体育处；对田径协会、游泳协会实行扩权，成立田径、游泳协会办公室，由协会秘书长主持工作。成立三大球办公室，主办篮球、排球、足球有关事项。两个协会、1 个办公室业务上行使处级职能，行政上挂靠学校体育处；成立体育经营办公室，赋予处级管理职能。

1 月 29 日 高敏、陈龙灿当选 1988 年“全国十佳运动员”。

3 月 6 日 国家体委重点项目布局会在北京召开，会议确定的重点项目中，四川省承担田径、游泳、体操、举重、摔跤、射击、射箭、赛艇、击剑、乒乓球、跳水、篮球和排球 13 个项目。

3 月 12 日 省体委印发《四川省体育贡献奖制度》。

是月 省体委主办的《四川体育报》复刊。

5 月 21—25 日 国际女排四强邀请赛在新落成的四川省体育馆举行，中国、美国、日本、古巴四国女排参加。

5 月 30 日至 6 月 4 日 四川省第一届体育邮票展览在成都举行。有 16 个市（地、州）体委及省级行业体协的 34 部、293 框、1758 片展品展出。

是月 在美国举行的第六届世界杯跳水赛上，川籍选手高敏获得 4 枚金牌，分别是女子 1 米跳板和 3 米跳板冠军，以及女子团体冠军和混合团体冠军。

7 月 10 日至 8 月 23 日 省体委在省展览馆举办“建国 40 周年四川体育成就展览”。

7 月 19 日 在英国举行的第六届世界弓弩射击锦标赛上，川籍选手焦士华获得女子 10 米团体金牌。

9 月 16 日 全国第二届青少年运动会在辽宁省沈阳市结束。四川省 441 名运动员参加 24 个项目的比赛，共获得 8 枚金牌、13 枚银牌、27 枚铜牌，奖牌总数 48 枚名列全国第七位；总积分 547. 5 分，名列全国第八位；有 15 名运动员 6 次打破 6 项全国青少年纪录，11 个项目获“体育道德风尚奖”。

9 月 20 日 省十届人大常委会第十一次会议通过《关于进一步发展我省体育事业的决议》。

9 月 28 日 四川跳水运动员高敏荣获国务院授予的“全国先进工作者”称号，并出席在北京召开的全国劳动模范和先进工作者表彰大会。

是月 四川省运动技术学院通过四川省教委组织的成人高等学校质量考核检测验收，达到大学专科层次规格，符合成人高校办学要求。

是月 由省体委编辑制作的四川省第一部反映农村体育的电视专题片《风景这边独好》，参加省电视台的国庆节目展播。

是月 在意大利举行的世界飞碟射击锦标赛上，四川运动员张山获得女子飞碟双向个人和团体 2 枚金牌，并打破这两个项目的世界纪录。

10 月 13—19 日 第五届世界杯跳伞冠军赛在四川省航空运动学校举行，这是四川省承办的第一个世界性比赛。川籍运动员赖晓莉在比赛中获得女子定点跳伞和集体跳伞 2 枚金牌。

是月 省体委主任郭炎荣获国家体委授予的“体育工作荣誉奖章”。

是月 张蓉芳、高敏、刘适兰被评为中华人民共和国成立以来 40 名最杰出的运动员。

11 月 省第三届体育总会代表大会在成都召开。

1990 年

1 月 18 日 四川跳水运动员高敏当选 1989 年“亚洲十佳运动员”。

3 月 12 日 四川跳水运动员高敏、举重运动员刘寿斌当选 1989 年“全国十佳运动员”。

3 月末 受中国体育科学学会委托，四川省体育科学学会承办第二期全国运动训练科学化培训班。培训班邀请全国有关专家讲学，来自全国各地的学员 600 余人（含省内旁听学员 300 余人）参加培训。

3 月至 8 月 27 日 省体委组织第十一届亚运会“亚运之光”火炬接力在四川省的传递活动。

4 月 8 日 在意大利举行的第五届世界蹼泳锦标赛上，川籍运动员崔敏获得 4×100 米蹼泳金牌，并打破世界纪录。

5 月 10 日 省体委、中国美术协会四川分会共同举办“第十一届亚运会四川体育美术展”，展出作品 300 余件。

8 月 27 日至 9 月 3 日 四川省第二届青少年运动会在内江市举行。

9—10 月 第十一届亚洲运动会在北京举行。有 37 名四川运动员入选中国代表团，参加 20 个项目的比赛，获得金牌 22 枚、银牌 8 枚、铜牌 2 枚。

9 月 省体委社会体育处被省人民政府评为“民族团结进步先进集体”。

是月 四川省参加第十一届亚运会“民族体育展览”，送展实物 10 件，照片 83 幅；“体育成就展览”，送展模型、实物、照片 11 件。成都、重庆、绵阳参加第十一届亚运会“体育图书展览”。

10 月 28—31 日 四川省首届体育软科学研讨会在成都举行。

11 月 20 日 省田径训练基地在成都郫县犀浦镇落成，省田径学校及田径系搬进基地。它是省体委为发展田径运动项目修建的田径专用训练场地，是全国唯一的田径训练专用基地。

是月 重庆市、内江市被国家体委评为“全国田径之乡”。

是月 省体委收到国家体委征求承办第七届全运会意见的函，经研究向国家体委复函：“经请示省政府同意，四川省不再全面承办第七届全运会。”同时表示可承办较多项目的预、决赛。

是月 在德国举行的第九届世界技巧锦标赛上，川籍选手黎艺嘉、吴向东获得混合双人第二套金牌。

是月 在匈牙利举行的第六十三届世界举重锦标赛上，川籍选手刘寿斌获得 56 公斤级金牌。

12 月 在中国体育科学学会第三次代表大会上，四川省体育科学学会以总分第一的成绩入选全国先进学会。

1991 年

1 月　在澳大利亚举行的第六届世界游泳锦标赛上，高敏获得女子跳水 1 米板、3 米板 2 枚金牌。

3 月 7 日　四川跳水运动员高敏当选 1990 年“全国十佳运动员”。

5 月 28 日　省体委、省教委和省卫生厅联合召开四川省学校体育工作会议，表彰 53 个学校体育工作先进集体、170 名先进个人。

是月　全国体育工作会议确定第七届全国运动会由北京承办、四川协办。

是月　在全国“亿万农民健身活动”先进乡（镇）表彰会议上，四川省成都市成华区保和乡、三台县灵兴乡、大竹县石河乡、什邡县灵杰乡、沐川县武圣乡被评为全国“亿万农民健身活动”先进乡（镇）。

是月　在保加利亚举行的第六届世界航海模型锦标赛上，川籍运动员余立获得 C4 级金牌。

8 月　射击教练员江泽祥被评为“四川省十大杰出青年”。

是月　在奥地利举行的世界赛艇锦标赛上，川籍运动员廖晓丽获得 1 枚金牌。

9 月　在南斯拉夫举行的世界航空模型锦标赛上，川籍运动员王伟获得 F1C 团体金牌。

是月　在德国举行的世界举重锦标赛上，川籍运动员刘寿斌打破 56 公斤级挺举世界纪录。

11 月　中国游泳协会在全国命名 10 所学校为“中国游泳协会跳水学校”，四川省自贡市跳水学校、重庆市跳水学校和四川省游泳馆跳水学校名列其中。

1992 年

2 月 22 日　省政府批准协办第七届全运会集资实施方案，并召开“七运为蜀添光彩，我为七运作贡献”捐款活动动员大会。

3 月 5 日　举行“四川各界迎接第七届全国运动会支持北京申办第二十七届奥运会万人签名活动”。

3 月 17 日　省政府主持召开第七届全运会四川赛区筹委会第一次主任会议。

7 月 25 日至 8 月 9 日　在西班牙巴塞罗那举行的第二十五届奥运会上，四川有 13 名运动员参赛。获得 2 枚金牌、2 枚银牌，即：高敏获得女子跳板跳水金牌、张山获得飞碟双向金牌，刘寿斌获得举重男子 56 公斤级银牌、李舸获得男子体操团体银牌。

10 月 10—20 日　四川省第七届运动会在绵阳举行。有 33 个代表团、1971 名运动员参赛。2 人 3 次破 3 项省纪录，205 人（队）次破 59 项省运会纪录。

是月　四川跳水运动员高敏当选中共十四大代表，并当选为主席团成员。

1993 年

3 月 10 日 四川跳水运动员高敏、射击运动员张山当选 1992 年“全国十佳运动员”。

5 月 有关领导为第七届全国运动会四川赛区题词。省委书记谢世杰的题词是：“巴蜀喜迎七运，四川人民支持北京申办奥运会”；省长肖秧的题词是：“四川的机遇，巴蜀的荣誉”；国家体委主任伍绍祖的题词是：“祝第七届全运会四川赛区圆满成功”。

6 月 22 日 第七届全运会四川赛区组委会成立。省委书记、协办全国第七届运动会工作领导小组组长谢世杰出席会议并讲话。

7 月 1 日 第七届全运会四川赛区会旗传递活动仪式在重庆举行，省长肖秧授旗，会旗传递自重庆开始，相继在全省各市（地、州）传递。

7 月 9 日 省委宣传部、四川电视台联合举办“当好东道主，热情迎嘉宾”宣传月特别节目现场直播，省长肖秧发表以“协办七运会，当好东道主”为主题的电视讲话。

7 月 25 日 全国第七届运动会四川赛区指挥中心暨省体委新办公大楼竣工并交付使用。

是月 省体委与人民体育出版社合作编辑出版《腾飞中华》彩色画册。

8 月 7 日 省政府常务会议听取全国第七届运动会四川赛区组委会工作汇报，会议由省长肖秧主持，副省长李蒙代表组委会汇报筹备工作情况。

8 月 12 日 国家体委主任伍绍祖、副主任徐寅生到第七届全国运动会四川赛区指挥中心检查指导工作。

8 月 14 日 第七届全国运动会四川赛区会旗经全省 21 个市（地、州）传递后抵达成都，在人民南路广场举行升旗仪式，省委书记谢世杰升起会旗。

8 月 14—25 日 中国台湾航空模型运动协会派出代表队一行 7 人到四川参加第七届全国运动会比赛。这是中华人民共和国成立以来中国台湾运动队首次参加全运会比赛。

8 月 14 日 省体育总会、省体育文史委员会在成都召开海峡两岸“抗战时期陪都体育座谈会”。

8 月 15 日 晚 8 时整，第七届全国运动会四川赛区开幕式在四川省体育馆举行，刘华清、李铁映、秦基伟、霍英东等领导以及国家体委主任伍绍祖、四川省委书记谢世杰、省长肖秧等出席开幕式。中共中央政治局常委、中央军委副主席刘华清宣布开幕。开幕式后，进行“体育颂”大型文艺表演。

8 月 24 日 第七届全国运动会四川赛区组委会举行闭幕招待会，庆贺四川赛区比赛圆满成功。四川赛区共设 15 个项目的决赛和 3 个项目的预赛，有 5000 多名运动员、教练员参赛，有 100 多家新闻单位近千名记者前来采访，数十万人次汇聚四川参观、旅游，这是四川承办的规模空前的综合性体育比赛。在四川赛区的比赛中四川代表团获总分 315. 5 分，金牌 13 枚。

9 月 4—13 日 第七届全国运动会在北京举行。四川代表团 475 名运动员参加 30 个项目比赛，获得总分 590. 5 分，奖牌 56 枚，其中金牌 18 枚，打破世界纪录 1 项、亚洲纪录 3 项。在各代表团中排位：总分第五、奖牌数第五、金牌数第八。

是月 在捷克举行的世界赛艇锦标赛上，川籍运动员刘稀蓉获得女子 4 人双桨金牌。

10 月 四川射击运动员张山当选“全国十大杰出青年”。

1994 年

1 月 3 日 四川省帆板、滑水运动协会成立。

3 月 四川体育旅游服务公司成立。

5 月 29 日至 6 月 6 日 第二十二届世界跳伞锦标赛在成都太平寺机场举行，有 40 个国家和地区共 230 名运动员参赛。川籍运动员赖晓莉获得女子团体和集体定点跳伞 2 枚金牌。

8 月 28 日至 9 月 3 日 省第三届青少年运动会在乐山开幕。

9 月 22 日 四川跳水运动员高敏、田径运动员陈家全当选“建国 45 周年体坛 45 英杰”。

1995 年

3 月 9 日 省编制委员会批准成立四川省体育彩票管理中心。

4 月 省体委与成都体院联办四川省男女手球队。

是月 为贯彻落实国务院颁布的《全民健身计划纲要》，省政府成立四川省实施全民健身计划指导委员会，副省长徐世群任主任。

8 月 省、市有关部门联合举办“1995 年全民健身宣传周”活动，20 多家新闻单位对活动进行了宣传报道。

是月 在美国举行的第三届世界武术锦标赛上，川籍运动员刘艳艳获得女子刀术金牌。

9 月 在美国举行的第九届世界杯跳水赛上，川籍运动员刘犇获得 2 枚金牌。

10 月 2—8 日 亚洲第六届青年皮划艇锦标赛在成都新津四川省水上运动学校举行。

是月 省体委与四川电视台、《四川日报》社等新闻单位联合开展“巴蜀全民健身热”系列报道活动。

11 月 四川省组团参加第五届全国少数民族运动会，并获得 10 枚金牌、4 枚银牌、2 枚铜牌；团体总分名列第三名。实现在民运会上金牌零的突破，受到省政府表彰。

12 月 省政府批准省体委机构改革“三定”方案。除原设机构外，新设立体育市场管理处、离退休人员工作处。

1996 年

1 月 3 日 由中国武术协会评选的中华武林百杰揭晓。四川的习云泰当选十大武术教授、邓昌立当选十大武术教练、赵子虬当选十大名拳师、王萍当选十大武星；王树田等 7 人入选武林百杰。

2 月 5 日 省政府第 76 号令颁布《四川省体育经营活动管理办法》，于 1996 年 3 月 1 日正式施行。该办法是四川省体育系统第一个政府规章。

4 月 四川省残疾人体育代表团参加全国第四届残疾人运动会，获得 3 枚金牌、5 枚银牌、8 枚铜牌。

5 月 18 日 依照《四川省体育经营活动管理办法》，省体委、省公安厅、省工商局印发《四川省体育经营合格证管理规定》；省体委印发《四川省保龄球经营活动管理规定》。

8 月 30 日 省体委举行“纪念《中华人民共和国体育法》颁布一周年座谈会”。

10 月 5 日 四川省第八届运动会在南充市开幕，全省 28 个行业体育代表团的 2019 名运动员参赛。开幕式上表演大型团体操《情满嘉陵》。本届运动会共有 132 人 87 次打破 40 项省运会纪录，10 个代表团、25 名运动队和 222 人获得“体育道德风尚奖”。

10 月 12 日 四川省组团参加在上海举行的全国第三届农民运动会，民兵军事三项获得团体总分第一名，实现农运会上金牌零的突破。

1997 年

4 月 21—23 日 国际奥委会副主席何振梁一行到四川考察体育工作。

5 月 赛艇运动员刘稀蓉被省政府授予“四川省优秀青年”，并获得省直机关“十佳杰出青年”称号。

7 月 15 日 四川省体育美术作品展览在省美术馆举行，有 270 幅作品参展。

8 月 19 日 省八届人大常务委员会第二十八次会议通过《四川省体育条例》，自 1997 年 10 月 1 日起施行。

10 月 12—24 日 第八届全国运动会在上海举行。四川代表团共有 448 名运动员参赛，获得总分 1281.9 分，排名全国第七位；金牌 11.5 枚、银牌 21.5 枚、铜牌 17 枚，奖牌总数 50 枚，打破 2 项世界纪录、1 项亚洲纪录和 2 项全国纪录，并获得“体育道德风尚奖”。完成省委、省政府下达的“争七保八”的目标任务。

10 月 13 日 四川省参加在上海举行的第四届中国体育美术展览，参展作品获得 1 个一等奖、3 个三等奖，有 4 件作品被国际奥委会收藏，四川省体委获得国家体委颁发的“最佳组织工作奖”。

1998 年

3 月 18 日 女子田径运动员李雪梅、男子排球运动员张翔当选 1997 年“全国十佳运动员”。

5 月 12 日 “托普电脑杯”世界女飞人挑战赛在成都市体育中心举行，来自美国、巴哈马和中国的 7 名世界顶尖级女子 100 米跑运动员参赛。其中包括女子 100 米成绩排名世界第一位的马里恩·琼斯（美国）、排名世界第二位的李雪梅（中国四川）。琼斯获得冠军。

5 月 《四川省志·体育志》出版发行。

8 月 20 日至 9 月 20 日 省第四届青少年运动会在德阳市举行。

10 月 15 日　资阳体育彩票发行出现风波。部分肇事者纵火彩票现场，警方抓获 22 名肇事者。

是月　国家体委主任伍绍祖一行到四川考察。

1999 年

4 月 3 日　四川田径运动员李雪梅当选 1998 年“全国十佳运动员”。

4 月 27 日　四川佛兰排球俱乐部举行四川男排荣获得全国比赛五连冠庆功大会。

8 月 3 日　四川省电脑型中国体育彩票在成都成功发行。

8 月 30 日　四川女子跳水运动员高敏、女子射击运动员张山当选新中国体育 50 星。

9 月 18 日　刘适兰当选新中国棋坛十大杰出人物。

10 月 20—23 日　“成都 99 中国体育用品博览会”在成都国际会议展览中心举行。

2000 年

2 月 18 日　四川全兴足球俱乐部在成都全兴大酒店举行改制签字仪式。

5 月 28 日至 6 月 6 日　四川代表团参加在浙江省宁波市举行的首届全国体育大会。

6 月 9 日　经国家体育总局批准，四川省体育馆、四川省航空运动学校、乐山市体育中心、绵阳中学成为首批“国家体育青少年俱乐部”。

6 月 12 日　根据省委、省政府《关于转发〈四川省人民政府机构改革〉和〈关于实施四川省人民政府机构改革方案有关问题的意见〉的通知》精神，四川省体育运动委员会改组更名为四川省体育局。

6 月 21 日　“四川省体育运动委员会摘牌暨四川省体育局挂牌仪式”在成都市体育场路 1 号省体委办公楼前举行，省体育局党组成员及全体机关工作人员参加。

8 月 23 日　四川省体育总会第四届代表大会在成都召开。

9 月 3 日　第六届全国大学生运动会开幕式在成都举行。开幕式后举行“新世纪的朝阳”大型体育文艺表演。

9 月 5 日至 10 月 1 日　在澳大利亚悉尼举行的第二十七届奥运会上，四川有 16 名运动员参赛，唐琳获得柔道女子 78 公斤级金牌。

9 月 11 日　第六届全国大学生运动会闭幕，四川代表团获得总分第四名。

10 月 29 日至 11 月 4 日　第四届全国农民运动会在绵阳市举行。在开幕式上表演大型文体节目“耕耘新世纪”。四川代表团共获得金牌 14 枚、银牌 13 枚、铜牌 8 枚。

12 月 16 日　省政府在成都金牛宾馆召开修志工作总结表彰大会，省体育局获得省政府授予的“四川省地方志工作先进单位”称号。

2001 年

1 月 16—20 日 国家体育总局对在第二十七届奥运会上为中国体育代表团夺取金牌做出贡献的有关省、市、区体育局进行表彰。四川省体育局获特殊贡献奖；四川省体育局局长陈保明获“国家体育工作荣誉奖章”。

2 月 28 日 省体育局召开反兴奋剂大会，省运动技术学院各系、校、俱乐部负责人与反兴奋剂领导小组签订反兴奋剂保证书。

3 月 26 日 副省长李进代表省政府向省九届人大常委会第二十二次会议作贯彻执行《中华人民共和国体育法》和《四川省体育条例》情况的汇报。

4 月 28 日 《四川省登山管理办法》（省政府令第 149 号）发布施行。

5 月 1—4 日 攀枝花首届国际长江（金沙江）漂流赛在攀枝花市举行，来自美国、加拿大、中国香港、中国澳门、广州等 37 支代表队、221 位选手参加全长 25 公里的比赛。

5 月 29 日 省体育法制建设工作会议在雅安市召开。

6 月 10 日 “全国亿万老年人健身活动”及“2001 年四川省全民健身周活动”正式启动。

6 月 13 日 省乒乓球队首次引进来自韩国的选手柳承敏，他是中国乒乓球超级联赛引进的第一位外援。

6 月 20 日 国家体育总局与四川省政府“关于成都体院划转文本签字仪式”在成都举行。原属国家体育总局管理的成都体育学院，划转后由国家体育总局与四川省人民政府共建，以四川省管理为主。

7 月 6 日 四川蜀蓉棋艺出版社更名为成都时代出版社，主办单位由四川省体育局变更为成都市新闻出版局。

7 月 8—16 日 西部首次大规模特技飞行表演“2001 年中国四川三星堆国际特技飞行表演节”在四川省广汉市举行。

8 月 3—7 日 第四届东北亚体育史学术大会在成都都江堰市召开，国际体育史学会主席普菲斯特女士出席大会。

10 月 7 日 在第十七届世界杯足球赛预赛亚洲区决赛阶段比赛中，中国足球队获得出线权，四川选手马明宇、黎兵代表中国队参赛。

10 月 13 日 “2001 年英派斯杯全国健身路径比赛”在成都举行，来自全国 21 个省（市、自治区）的 20 个代表队 200 多名运动员参赛。

10 月 22 日 中国足球彩票在四川等 12 个省市同步上市发行，四川省举行首发式。

10 月 25 日 《中国体育报》头版头条发表《国家体育总局中国奥委会严厉通报在四川犀浦田径训练基地查获违禁药物事件》的文章。中国田径协会和中国举重协会分别处罚有关责任人。四川省举重队被取消参加第九届全运会资格。

11 月 11—25 日 第九届全国运动会在广东省举行。四川代表团 495 名选手参加 28 个大项比赛，共获得 10 枚金牌、16.5 枚银牌、21.5 枚铜牌，奖牌总数 48 枚，总分 1354.75 分，总分列第七位，奖牌总数列第八位，金牌数列第十二位。

是月　四川女子田径运动员李雪梅当选中共十六大代表，出席中国共产党第十六次全国代表大会。

12 月 25 日　省体育总会召开省级行业系统体协工作会。成都铁路局火车头体协等 12 个单位被评为省级行业体协先进单位，李健等 213 人被评为先进个人。

2002 年

2 月　第十三届世界杯跳水赛在西班牙举行，川籍选手徐翔获得男子跳水 1 米板冠军。

3 月 13 日　以成都茶店子小学棒球队为蓝本改编的儿童体育故事片《棒球少年》在成都举行首映式。

3 月 21 日　国家体育总局社会科学重点研究基地在成都体育学院正式挂牌，这是全国首批 6 个体育社会科学重点研究基地之一。

4 月 6 日　四川省“十五”期间文化建设十大标志性工程之一的四川省青少年体育活动中心在成都市太平寺破土动工。该工程占地 13 万平方米，建筑面积 4 万多平方米，预算投资上亿元。

4 月 12 日　2002 年世界杯即开型足球彩票开始在全省上市销售。

5 月 13—18 日　在上海举行的国际女子网球挑战赛中，四川选手郑洁、晏紫代表中国队参赛，郑洁获得女子单打冠军，郑洁、晏紫获得女子双打冠军。

5 月 25 日至 6 月 3 日　全国第二届体育大会在四川省绵阳市举行。来自全国 30 个省（市、自治区）、14 个行业体协、5 所体育院校和深圳、宁波、绵阳及香港、澳门特别行政区、中国台湾有关方面组队参赛的 45 个代表团共计 3228 名运动员，参加 22 个大项、227 个小项的比赛。四川省有 203 名运动员参加 16 个大项比赛，获得 13 枚金牌、19 枚银牌、14 枚铜牌，16 个参赛项目队获“体育道德风尚奖”。

6 月 9 日　四川省暨成都市纪念毛泽东“发展体育运动，增强人民体质”题词 50 周年全民健身表演赛在成都举行。

7 月 1—8 日　在芬兰拉蒂举行的第四十八届世界射击锦标赛上，川籍选手陈真茹获得女子飞碟双向 75 靶团体冠军，刘天佑获得青年男子气步枪 60 发团体冠军。

7 月 3 日　成都市李勇徒步成功穿越号称“死亡之海”的罗布泊，成为首位夏季单人完成此壮举的人。

7 月 22 日　成都市 5 名业余摩托车手完成驾驶摩托车从成都到珠穆朗玛峰大本营的壮举。

8 月 3—11 日　四川省第九届运动会在成都举行，从本届运动会起，省青少年运动会与省运会合并举行。共计 21 个市（州）代表团 9287 名运动员参赛。比赛分成年组和青少年组，成年组 4631 人、青少年组 4656 人。成年组设 11 个项目，青少年组设 23 个项目。有 3 人 1 队 4 次打破 4 项全国青少年纪录，25 人 5 队 46 次打破 37 项省青少年纪录，有 21 个市（州）代表团获“体育道德风尚奖”。

是月　四川省健身气功管理中心成立。

9 月 9 日　四川与西藏联网销售电脑型体育彩票正式开通。

是日 省体育彩票管理中心在凉山州、甘孜州新设，在阿坝州扩设电脑型体彩销售点50个，实现电脑型体育彩票销售点全省21个市（州）全覆盖。

9月20日 省委、省政府印发《关于贯彻实施〈中共中央、国务院关于进一步加强和改进新时期体育工作的意见〉的意见》。

9月21—22日 省体育工作会议在成都举行。省委副书记刘鹏、副省长李进出席会议并讲话。省委、省人大、省政府、省政协的主要领导接见全体代表。

12月10日 省政府在成都召开“抢抓奥运商机讨论会”，旨在借北京奥运会舞台，扬四川独特品牌，促四川跨越发展。

12月13日 亚足联秘书长维拉潘率领国际足联考察团对2003年世界杯女子足球比赛成都赛区进行考察。

12月16日 中国乒乓球队建队50周年评选50年杰出贡献奖，川籍运动员陈龙灿获杰出贡献奖，杨莹等11人获贡献奖。

2003年

1月 省体育局开始对体育民办非企业社团进行业务审核。

3月—9月 省第五届老年人运动会分别在乐山、自贡、成都市举行。比赛设门球等11个项目，全省21个市（州）11个省级行业系统组团参赛。直接和间接参加比赛的老年人达万人。

5月22日 为纪念人类登顶珠峰50周年，《华西都市报》记者刘建于当日14时37分登上珠穆朗玛峰。他成为中国第一位登上世界最高峰的新闻记者。

6月16日 省政府采纳省体育局提出的争取大熊猫成为北京奥运会吉祥物的建议，致函北京奥组委，申请大熊猫为北京奥运会吉祥物。

9月6—13日 全国第七届少数民族运动会在宁夏银川举行。四川代表团共获得9枚金牌、7枚银牌、3枚铜牌。金牌总数在34个代表团中名列第二，奖牌总数名列第三。

9月16—24日 全国第六届残疾人运动会在江苏南京举行。四川代表团有44名运动员参加田径、游泳、乒乓球、羽毛球、射击、举重6个大项105个小项的比赛，共获得2枚金牌、5枚银牌、8枚铜牌。

10月18—27日 全国第五届城市运动会在湖南举行。四川成都和绵阳两市参加比赛，成都获得13枚金牌、绵阳获得1枚金牌。

2004年

4月16—19日 省健身气功管理中心承办“全国第三期健身气功辅导员培训班”，开展“易筋经”“五禽戏”“六字诀”“八段锦”4种功法培训。四川省21个市（州）86人参加培训，四川省推广普及健身气功运动正式启动。

是月 “全国首届电子竞技运动会成都赛区”比赛在成都举行。四川队获得全国总决赛第五名。

是月 第三届亚洲杯跳水赛在自贡举行。四川选手王晓欢、莫瀚娜、侯媛媛、甘为霖和方敏获得多项冠军。

5月 省体育局完成申报“北京奥运会赛前训练场地和北京残奥会赛前训练场地”的任务，成都、攀枝花、绵阳的9个场地成功入选。

7月18—28日 第十三届亚洲杯（成都赛区）足球赛在成都市龙泉阳光体育城（成都专用球场）举行。成都赛区承办亚洲杯C组的6场小组赛及1场四分之一决赛，来自沙特阿拉伯、伊拉克、土库曼斯坦、乌兹别克斯坦、阿曼及泰国的国家足球队进行比赛。

8月13—29日 在希腊雅典举行的第二十八届奥运会上，四川有20名运动员参赛。陈静为中国女排成员获得女子排球金牌，殷剑获得女子帆板米氏级银牌。

10月18—24日 第五届全国农民运动会在江西宜春举行。四川代表团获得金牌7枚、银牌12枚、铜牌9枚。

10月20日 “四川体育彩票之旅——四川体育彩票发行十周年暨电脑型体育彩票发行五周年”电视专题晚会在省电视台举行。

10月26日 第六届亚洲龙舟锦标赛在四川绵阳开幕。

11月17日 国家体育总局授予四川省体育局“在第二十八届奥运会上为国家做出突出贡献单位”奖。

12月13日 国家体育总局局长刘鹏到四川省体育局听取工作汇报后赴京上任。

2005年

2月19日 2005年世界杯柔道个人赛在德国举行，四川选手龚华获得女子柔道48公斤以下级冠军。

3月 在第十一届国际泳联跳水大奖赛马德里站比赛中，四川选手徐翔获得男子跳水3米板、男子跳水双人3米板和男子跳水1米板3项冠军。

4月1—2日 省委、省政府在成都金牛宾馆召开四川省体育发展大会。中共四川省委书记、省人大常委会主任张学忠，省委副书记、省长张中伟，国家体育总局局长刘鹏、党组书记李志坚到会讲话，21个市（州）的市委书记、市长，分管体育的副书记、副市长，体育（文体）局局长，在川的40家国有大型企业、69所高校的负责人300余人参加会议。

4月18日 省航空运动学校与德瑞企业发展有限公司联合组建“四川省奥林通用航空有限公司”。德瑞企业发展有限公司出资1500万元作为启动资金，飞行基地设在成都市太平寺机场。

5月11日 省委、省政府印发《关于加快建设体育强省的决定》。

是月 省体育局被国务院授予“全国民族团结进步模范集体”称号。

6月1日 省人大根据《行政许可法》《四川省体育条例》，取消体育经营活动许可证制度，并正式对外发布执行。

6月6—26日 省体育局完成由泛珠三角9个省（自治区）和香港、澳门特别行政区共同主办的

“广弘杯”珠三角汽车集结赛四川赛段的组织任务。该赛事是中国历史上最大规模的汽车集结赛事，标志泛珠三角9个省（自治区）和两个特别行政区的体育产业交流与合作正式启动。

6月17日 全省各界纪念《全民健身计划纲要》颁布10周年座谈会在省体育局召开。

是月 根据省委、省政府《关于加快建设体育强省的决定》要求，省体育局启动体育品牌培育工程。“西岭雪山滑雪运动”“攀枝花万里长江第一漂”“四姑娘山登山活动”被确定为四川省三大体育旅游品牌。

7月12日 第七届世界运动会在德国杜伊斯堡举行，四川选手陈莉莉获得女子尾波滑水冠军。

7月13—17日 国家体育总局党组书记李志坚一行到四川考察四川民族体育工作。

7月17日 2005年世界游泳锦标赛在加拿大举行，四川选手贾童获得女子跳水双人10米跳台冠军。

7月22日至8月7日 由省体育局、省美术协会联合举办的“四川省体育美术作品展”在省美术馆举行。收到作品200余件，入选作品103件，评出26件优秀作品送第六届全国体育美术展。

8月19—25日 省民委、省体育局共同举办的四川省第十二届少数民族运动会在阿坝州马尔康县举行。有12个代表团，1137人参赛，比赛设8个竞赛项目、33个表演项目。

9月3—4日 “全国四种健身气功展示活动四川省大会”在成都温江举行。四川省获得“全国四种健身气功展示活动”先进单位称号。

10月8—27日 全国首届航空体育大会分别在北京、江苏南通举行。四川获得航空模型个人线操纵空战（F2D）冠军和女子集体定点跳伞冠军。

10月9日 绵阳九洲体育馆竣工。该体育馆位于绵阳市高新技术开发区内，占地面积13.67万平方米，建筑面积2.42万平方米，投资1.5亿元人民币，室内观众座位6000个。

10月12—23日 第十届全国运动会在江苏南京举行。四川代表团538名运动员参加30个大项中的223个小项的比赛。获得总分1326.25分，在全国46个参赛代表团中位居第七；获得金牌12枚、银牌17枚、铜牌19枚，奖牌总数48枚；金牌总数位居全国第十四；奖牌总数位居第八。总分、金牌、奖牌位居西部第一，并获得“体育道德风尚奖”。

11月11日 “四川省庆祝北京2008奥运吉祥物揭晓文艺演出”在成都举行，四川申报的大熊猫成为北京奥运会吉祥物之一。

11月11—15日 由省残联、省体育局、省残疾人体育协会主办的“四川省第三届特殊奥林匹克运动会”在南充市举行。

11月12—21日 第十三届世界拳击锦标赛在四川绵阳九洲体育馆举行。国家体育总局局长刘鹏，中共四川省委书记张学忠、省长张中伟等出席开幕式。

11月14日 2005年世界举重锦标赛在卡塔尔举行。四川选手张平获得男子举重62公斤级抓举冠军。

12月14日 2005年世界武术锦标赛在越南河内举行，四川选手于飞彪获得男子散打60公斤级冠军。

12月16日 《华西都市报》记者刘建于当日零点16分抵达南纬90度的南极极点，完成人类探险壮举“7+2”，即成功攀登七大洲最高峰及到达南北极两极极点。

是月 省体育局获得国家体育总局授予的2005年“为体育事业做出突出贡献奖”。

三、文献辑存

《四川省体育条例》

四川省第八届人民代表大会常务委员会公告第87号

《四川省体育条例》已由四川省第八届人民代表大会常务委员会第二十八次会议于1997年8月19日通过，现予公布，自1997年10月1日起施行。

四川省人民代表大会常务委员会
1997年8月19日

第一章　总　则

第一条　为了发展我省体育事业，增强人民体质，提高体育运动技术水平，促进社会主义物质文明和精神文明建设，根据《中华人民共和国体育法》和国家有关法律、法规，结合我省实际，制定本条例。

第二条　本条例适用于四川省行政区域内的各项体育事业。

第三条　体育工作坚持以开展全民健身活动为基础，实行普及与提高相结合，促进社会体育、学校体育、竞技体育及其他各类体育事业的协调发展。

第四条　地方各级人民政府应坚持体育为经济建设和社会发展服务的方向，将体育事业纳入国民经济和社会发展计划，推进体育管理体制改革，促进体育社会化、产业化。依靠科学技术进步，促进各类体育事业的健康发展。

第五条　地方各级人民政府体育行政部门主管本行政区域内的体育工作，负责统筹规划体育事业和领导、协调、监督体育工作；各级计划、财政、公安、工商、物价、税务、卫生、建设、民族事务等有关部门在各自职权范围内管理体育工作。

乡、民族乡、镇人民政府和街道办事处负责管理本辖区内的体育工作。

第六条　地方各级人民政府应鼓励、支持同级体育总会、单项体育协会、体育科学学会等体育社会团体按照章程，组织和开展体育活动，推动体育事业的发展。

第二章　社会体育

第七条　地方各级人民政府应组织实施《全民健康计划纲要》，并纳入目标管理，引导、鼓励公民积极参加体育活动，提高身体素质。

第八条 各级体育行政部门应根据国家有关规定对本行政区域内公民的体质进行监测。

第九条 各级体育行政部门应根据《社会体育指导员技术等级制度》的规定，对本行政区域内的社会体育指导员进行培训、考核、资格认证、颁发技术等级证书。

第十条 民族自治地方人民政府，应结合本民族的特点举办民族、民间传统群众体育竞赛活动，开展以本民族传统项目为主的群众体育健身活动，发现、选拔和培养少数民族体育人才。

第十一条 各级人民政府和全社会应当关心、支持老年人、残疾人参加体育活动。各级老年人协会和残疾人组织，应积极组织开展多种形式的适合老年人、残疾人特点的体育健身活动和体育竞赛活动。

第十二条 城市居民委员会和基层体育组织应利用节假日，开展适合不同层次、不同年龄阶段的居民参加的形式多样的社区体育活动。

农村村民委员会和基层体育组织应利用农闲时间开展适合农村特点的、具有地方特色的民间体育活动。

第十三条 国家机关、企事业单位应创造条件开展工间操等多种形式的体育健身活动和举办群众性体育竞赛。

第十四条 各级工会、共青团、妇联组织应根据各自的特点，组织职工、青少年、妇女开展体育健身活动和体育竞赛活动。

第三章　学校体育

第十五条 各级体育行政部门、教育行政部门应有分管学校体育工作的机构或专职人员，在各自的职权范围内管理和指导学校体育工作。

第十六条 各级教育行政部门和学校，应将体育作为学校教育的组成部分。严格执行《学校体育工作条例》《国家体育锻炼标准》等规定，培养德、智、体等方面全面发展的人才。学校应按国家规定组织学生定期进行体格健康检查，并对学生体质状况予以监测。

第十七条 学校必须按国家有关规定开设体育与健康教育课，体育考试成绩应作为学生毕业的依据之一。

第十八条 普通中小学、职业中学每天应安排 1 次课间操，每天应保证 1 小时以上课外体育活动时间。学校应组织住校生早操。

学校应创造条件为病残学生组织适合其特点的体育活动。

第十九条 学校应开展多种适合学生特点的体育活动，每学年至少举行 1 次以田径项目为主的全校性运动会。各地教育、体育行政部门应组织业余体育训练，选拔和集中训练有体育特长的学生，为社会体育培养骨干，为竞技体育储备人才。

高等院校和有条件的普通中小学应建立校体育运动代表队，开展课外体育训练和体育竞赛。

第二十条 县级以上地方各级人民政府应将体育师资培养和培训纳入计划，体育院校、高等师范院校和中等师范学校应有计划地设体育教育专业（班）。

学校应按国家有关规定和教学计划设置体育教师编制，配备合格的体育教师，保障体育教师享受国家规定的、与其工作特点有关的待遇。

第四章 竞技体育

第二十一条 县级以上地方各级人民政府应采取措施提高体育运动技术水平，促进竞技体育事业的发展。

第二十二条 各级体育组织选招运动员和组建运动队实行公开、平等、择优的原则。

应对运动员进行爱国主义、集体主义和社会主义教育，以及遵纪守法和职业道德教育。

第二十三条 鼓励、支持有条件的学校、行业、企事业单位、社会团体组建运动队，开展业余体育训练，培养优秀的体育后备人才。

有条件的项目推行协会制和俱乐部制。各单项体育协会逐步实行运动员注册管理。

第二十四条 在川举办全国综合性运动会及单项体育竞赛，按照国家有关规定管理；省级体育比赛和省级综合性运动会由省体育行政部门和承办运动会的地方政府共同管理；市、地、州、县综合运动会由当地体育行政部门管理。

省、市、州、县单项体育竞赛由竞赛承办地体育行政部门和各地单项体育协会共同管理。

各部门、各行业举办体育竞赛，由各部门、各行业负责管理并组织实施。

主办、承办体育竞赛的单位除应具备法人资格外，还应具备与竞赛项目相适应的场地、器材、安全、经费、裁判人员、保安人员等条件。

第二十五条 竞技体育实行公正竞赛、提高水平、确保安全的原则。

严禁在体育运动中使用禁用的药物和方法。

严禁利用体育竞赛从事赌博活动。

第二十六条 各级体育行政部门、知识产权行政部门对在本行政区域内举办的重大体育竞赛活动的名称、徽记、旗帜及吉祥物等标志按照国家有关规定予以管理和保护。

第二十七条 优秀运动员、退役优秀运动员的入学、升学享受国家规定的有关优待条件。符合进入高等学校学习条件的，由有关的高等学校按国家规定决定是否录取。

第二十八条 地方各级人民政府应妥善安置退役运动员。原选送地的市、州人民政府和地区行政公署劳动行政部门和人事行政部门应按国家有关规定将退役运动员的安置统一纳入计划安排，各地、各部门和接收单位应予以接收。

对本省在奥运会、世界锦标赛、世界杯赛中取得前六名，或在亚洲运动会和全国性重大比赛中取得冠军的退役运动员以及其他符合跨地区安置条件的运动员由省有关部门跨地区安置。具体安置办法由省人民政府制定。

第五章 体育经营活动

第二十九条 本条例所称体育经营活动是指以体育健身、竞赛、表演、训练及中介等活动为内容的经营活动。体育经营活动中的具体项目，由省体育行政部门根据国家和省人民政府规定认定的体育项目予以公布。

体育经营活动应当面向社会公众，有利于人民身心健康，文明、合法经营。

经营者应依法纳税，经营者的合法权益受法律保护。

第三十条 全省体育经营活动实行统一领导、分级管理、谁主管谁负责的原则。省体育行政部门负责全省范围内体育经营活动的指导、监督和管理；各级体育行政部门是本地区体育经营活动的业务主管部门；各级有关行政部门在各自职权范围内对体育经营活动进行管理和监督。

第三十一条 体育经营活动实行许可证制度。体育经营许可证由省体育行政部门统一印制，县级以上人民政府体育行政部门颁发。实行许可证审理制度。

第三十二条 申请开办体育经营活动的单位和公民，应在办理体育经营许可证后，向工商行政管理部门办理工商登记，领取营业执照，按有关规定办理治安、消防、卫生等证件，方可开展体育经营活动。

第三十三条 国家机关及其工作人员应忠于职守、秉公办事，依法保护体育经营者和消费者的合法权益。

严禁国家机关及其工作人员从事或变相从事体育经营活动。

第三十四条 体育经营活动的具体管理办法由省人民政府制定。

第六章 保障条件

第三十五条 县级以上地方各级人民政府应将体育事业经费、体育基本建设资金列入本级财政预算和基本建设投资计划，并随着国民经济的发展逐步增加对体育事业的投入。

第三十六条 鼓励企业、事业单位和社会团体自筹资金开展体育活动、兴建体育场所、添置体育器材、举办体育专业教育。

鼓励国内外组织和个人对体育事业自愿捐赠和赞助。

鼓励、支持体育专业研究人员、体育专业院校教师和社会各界人士开展体育科学研究和体育科技推广工作。

第三十七条 体育资金由各级体育行政部门管理和使用。各级计划、财政和审计等部门应在各自职权范围内加强对体育资金的监督。

任何组织和个人不得挪用、克扣体育资金。

第三十八条 县级以上地方各级人民政府应当将城市公共体育设施建设纳入城市建设规划，分步实施。

乡、民族乡、镇应当随经济发展因地制宜建设适合其特点的体育设施，并将公共体育设施纳入村镇建设规划，由乡镇人民政府组织实施。

第三十九条 学校应按照国家教育行政部门规定的标准配置体育场地、设施和器材。学校体育场地、设施和器材必须用于体育活动，不得侵占、挪作他用。

第四十条 国家机关、企业事业单位、社会团体应当因地制宜规划和建设本单位内部体育设施。

第四十一条 公共体育设施的新建、改建、扩建规划设计方案，应征求体育、公安、卫生行政部门的意见，并在工程竣工验收后将竣工验收资料报当地体育行政部门、城市建设档案馆备案。

第四十二条 省人民政府应为体育活动的开展和体育设施建设制定税收和土地征用等方面的优惠政策。

第四十三条 体育设施的管理单位应当建立健全体育设施的使用、维修、安全、卫生等管理制度，应有专职管理人员。

公民应当爱护体育设施，遵守体育设施管理规定。

第四十四条 公共体育设施应当符合国家规定的安全、卫生技术标准，向社会开放，方便群众开展体育活动。

鼓励学校、企事业单位的体育设施向社会有偿开放。

体育设施的具体开放办法，由省人民政府体育行政部门制定。

第四十五条 任何组织和个人不得侵占、破坏公共体育设施，不得擅自改变公共体育设施的用途。

因特殊需要临时占用公共体育设施的，必须经公共体育设施产权所有者同意，签订临租、占用协议，并经同级体育行政部门批准，期满即撤出归还。在使用期间不得擅自改建和损坏体育设施，造成损坏的，应予修复。

按照城市建设规划确需征用体育场地或改变体育场地用途的，应征得同级体育行政部门同意，并按照“先建后占”原则，以不低于原有的规模和标准，先行择地新建偿还。

第七章 奖励与处罚

第四十六条 地方各级人民政府应对在发展体育事业、发展体育科研中做出突出贡献的组织和个人，对捐赠和赞助体育事业有突出表现的国内外组织和个人，给予表彰和奖励。

第四十七条 省人民政府应对重大国际比赛和全国综合性运动会中获得优异成绩的本省运动员及其教练员（含输送优秀运动员的教练员）给予表彰和奖励。

省以下各级人民政府应对代表本行政区域参加上一级组织举办的运动会并取得优异成绩的本地运动员及其教练员给予表彰和奖励。

第四十八条 对违反本条例，有下列行为之一的单位或者个人，由当地教育行政部门令其限期改正，并视其情节轻重对直接责任人员给予批评教育或者行政处分：

（一）不按规定开设或者随意停止体育课的；

（二）未保证中小学生每天体育活动时间的；

（三）出具体育成绩证明时弄虚作假的；

（四）未取得教育行政部门颁发的办学许可证擅自开办体育专业学校或擅自招收体育专业学生的。

第四十九条 违反本条例，有下列行为之一的，由体育社会团体按照国家体育社会团体的有关章程的规定给予处罚；对国家工作人员中的直接责任人员，由体育行政部门依法给予行政处分：

（一）在竞技体育中从事弄虚作假等违反纪律和体育规则的；

（二）在体育活动中使用禁用的药物和方法的；

（三）违反运动员注册管理规定和运动员交流规定的；

（四）违反国家体育行政部门和省体育行政部门规定的体育职业道德的。

第五十条 未取得体育经营许可证或弄虚作假取得体育经营许可证，开展体育经营活动的，由县级以上体育行政部门责令其停止非法经营，没收其违法所得，并处以1000元以上5000元以下的罚款。

从事体育经营活动者违反工商管理法规的，由工商行政管理部门依法查处。

第五十一条 违反本条例，有下列行为之一的，由体育行政部门责令限期改正，并处以500元以上5000元以下的罚款；情节严重的，吊销体育经营许可证：

（一）聘用未取得体育行政部门颁发的资格证的人员从事体育教练、技术指导、救护等工作的；

（二）擅自改变体育经营许可证所确定的体育经营活动项目、内容、场所等事项的；

（三）伪造、变造、涂改、租借、转让体育经营许可证的；

（四）为无体育经营许可证的经营者举办经营性体育活动提供场所和其他条件的。

第五十二条 经营者违反本条例规定，保障、保险、安全措施失当，损害消费者或者社会公众合法权益的，应当承担民事赔偿责任；构成犯罪的，由司法机关依法追究刑事责任。

第五十三条 侵占、破坏公共体育设施，或者擅自改变公共体育设施用途的，由体育行政部门责令其限期改正；造成损失的，依法承担民事责任；违反治安管理处罚条例的，由公安机关给予处罚；构成犯罪的，由司法机关依法追究刑事责任。

侵占、破坏学校体育场地、设施的，按《中华人民共和国义务教育法》第十六条的规定处理。

第五十四条 有下列行为之一，违反治安管理处罚条例的，由公安机关给予处罚；构成犯罪的，由司法机关依法追究刑事责任：

（一）在竞技体育活动中，有诈骗、贿赂、组织赌博行为的；

（二）在体育活动中寻衅滋事、扰乱公共秩序的；

（三）利用体育活动或体育场馆从事赌博或色情服务的；

（四）拒绝、阻碍执法人员和其他管理人员依法执行公务的。

体育经营者有前款第（三）项行为的，由体育经营活动主管部门并处扣缴或吊销体育经营许可证。

第五十五条 违反国家财政制度、财务制度，挪用、克扣体育资金的，由其上一级机关责令限期归还被挪用、克扣的资金，并对直接负责的主管人员和其他责任人员，依法给予行政处分；构成犯罪的，由司法机关依法追究刑事责任。

第五十六条 体育社会团体违反社会团体管理规定的，由县级以上地方人民政府民政部门依照社会团体登记管理办法查处。

第五十七条 体育行政部门和其他行政部门对本部门的工作人员违反本条例的规定，滥用职权、玩忽职守、徇私舞弊的，应依法给予行政处分；构成犯罪的，由司法机关依法追究刑事责任。

第五十八条 本条例规定的没收违法所得、罚款处罚，按国家有关法律、法规执行。

第五十九条 当事人对行政处罚不服的，可依法申请复议或提起行政诉讼。逾期不申请复议、不起诉，又不履行处罚决定的，由做出处罚决定的行政机关申请人民法院强制执行。当事人对体育社团按本条例第四十九条规定给予的处罚不服的，可按国家体育行政部门有关规定申请复议。

第八章 附 则

第六十条 本条例未作规定的，按照《中华人民共和国体育法》及国家有关规定执行。

第六十一条 本条例应用中的具体问题，由省人民政府负责解释。

第六十二条 本条例自一九九七年十月一日起施行。

四川省人民代表大会常务委员会关于修改《四川省体育条例》的决定

四川省第十届人民代表大会常务委员会公告第17号

《四川省人民代表大会常务委员会关于修改〈四川省体育条例〉的决定》已由四川省第十届人民代表大会常务委员会第九次会议于2004年6月3日通过，现予公布，自公布之日起施行。

四川省人民代表大会常务委员会
2004年6月3日

四川省第十届人民代表大会常务委员会第九次会议决定对《四川省体育条例》做如下修改：

一、删去第三十一条："体育经营活动实行许可证制度。体育经营许可证由省体育行政部门统一印制，县级以上人民政府体育行政部门颁发。实行许可证审理制度。"

二、删去第三十二条："申请开办体育经营活动的单位和公民，应在办理体育经营许可证后，向工商行政管理部门办理工商登记，领取营业执照，按有关规定办理治安、消防、卫生等证件，方可开展体育经营活动。"

三、删去第五十条："未取得体育经营许可证或弄虚作假取得体育经营许可证，开展体育经营活动的，由县级以上体育行政部门责令其停止非法经营，没收其违法所得，并处以1000元以上5000元以下的罚款。

"从事体育经营活动者违反工商管理法规的，由工商行政管理部门依法查处。"

四、删去第五十一条："违反本条例，有下列行为之一的，由体育行政部门责令限期改正，并处以500元以上5000元以下的罚款；情节严重的，吊销体育经营许可证；

（一）聘用未取得体育行政部门颁发的资格证的人员从事体育教练、技术指导、救护等工作的；

（二）擅自改变体育经营许可证所确定的体育经营活动项目、内容、场所等事项的；

（三）伪造、变造、涂改、租借、转让体育经营许可证的；

（四）为无体育经营许可证的经营者举办经营性体育活动提供场所和其他条件的。"

五、删去第五十四条第二款："体育经营者有前款第（三）项行为的，由体育经营活动主管部门并处扣缴或吊销体育经营许可证。"

六、删去第六十条："本条例未作规定的，按照《中华人民共和国体育法》及国家有关规定执行。"此外，对个别文字进行了修改。

《四川省体育条例》根据本决定做相应的修改、条文顺序作相应的调整，重新公布。

《四川省体育经营活动管理办法》

四川省人民政府令第76号

《四川省体育经营活动管理办法》已经1996年1月31日省人民政府第50次常务会议通过，现予发布，自1996年3月1日起施行。

省长：肖秧
1996年2月5日

第一章　总　则

第一条　为加强体育经营活动管理，促进体育经营活动健康发展，根据《中华人民共和国体育法》和国家有关规定，结合四川实际，制定本办法。

第二条　凡在四川省行政区域内从事体育项目的经营活动，均适用本办法，但国家或地方计划安排的体育比赛除外。

体育经营活动包括营业性的体育竞赛、体育表演、体育健身、体育康复、体育技术信息中介服务以及有偿体育技术培训活动等。

体育经营活动中的体育项目，由省体育行政管理部门根据国际体育组织认可或者国务院体育行政管理部门公布的体育项目予以确定并公布。国务院另有规定的，从其规定。

第三条　依法从事体育经营活动，其合法权益受法律保护。

对违反本办法的行为，任何单位或个人有权检举、控告。

第四条　从事体育经营活动，应当有益于人民群众的身心健康。

禁止利用体育经营活动从事变相赌博或提供色情服务等违法活动。

第五条　鼓励企业、社会团体和个人兴办体育经营组织，开展体育经营活动。

第二章　申办与经营

第六条　从事体育经营活动的，必须具备下列条件：

（一）具有符合体育活动要求的经营场所；

（二）具有符合标准的体育器材和设备；

（三）具有合格的体育专业技术人员；

（四）国家和省体育行政管理部门规定的其他条件。

第七条　从事体育经营活动，经营者必须按照本办法第十九条的规定申请办理经营合格证。申请办理合格证时，应向体育行政管理部门报送下列材料：

（一）申请报告书，对具备的各项条件做详尽说明，并附有关证明文件；

（二）有关合同、协议书的副本。

申请从事射击、登山、攀岩、探险、漂流、武术、拳击、热气球、航空运动、水下娱乐和自然水域游泳等体育经营活动，除报送前款规定材料外，还必须提交可行性报告。申请设立体育俱乐部、体育活动中心、体育场（馆）等组织从事体育经营活动的，除报送第一款规定的材料外，还必须提交组织章程。

第八条 体育行政管理部门对办理经营合格证的申请应进行审查。在接到申请之日起30日内，对符合条件的，予以登记并发给体育经营合格证；对不符合条件的，给予答复并说明理由。体育经营合格证应载明经营的项目、内容和场所等事项。

体育经营合格证由省体育行政管理部门统一印制。

第九条 经营者取得体育经营合格证后，应向工商行政管理部门申请办理登记注册，领取营业执照，并向税务机关申请办理税务登记；依法需要办理治安、卫生等其他证照的，还应按有关规定办理。

第十条 从事有偿体育技术培训活动，必须按照本办法第十九条的规定向体育行政管理部门提出申请，经审批同意后，再按规定向教育行政主管部门申请办理社会力量办学许可登记手续，不办理工商登记。

第十一条 机关、企业事业单位、群众团体等面向内部职工开展的非营利性体育服务活动，不得对外售票，并加强管理，接受体育行政管理部门的监督、指导。

第十二条 经营者举办的体育竞赛、体育表演等经营活动需要开展广告业务的，应依法报工商行政管理部门批准。

第十三条 经营者应当建立健全内部经营管理制度，加强对从业人员的管理，提高服务质量，遵守工商行政、治安管理、消防、物价、税收、卫生等方面的法律、法规、规章，接受有关部门的监督。

第十四条 经营者必须亮证经营，不得擅自改变经营项目、内容和场所等登记事项。因故需要更改的，需报原审批部门审批，办理变更手续。

第十五条 经营者需要聘用从事教练、培训和救护等工作的专业技术人员，必须经过专门培训并取得体育行政管理部门发给的资格证书。

第十六条 经营者应当维护经营活动的正常秩序，并对经营场所内有关人员的安全负责。

第十七条 对未取得体育经营合格证的单位和个人组织经营性的体育竞赛、体育表演等活动，任何单位和个人不得为其提供场所和其他条件。

第三章 监督管理

第十八条 县级以上体育行政管理部门是体育经营活动的业务主管部门。

体育行政管理部门的职责是：

（一）制定并组织实施体育经营活动的发展规划；

（二）对体育经营的条件进行审核、登记发证并定期验审；

（三）对体育专业技术人员考核发证；

（四）为经营者提供体育技术咨询和服务；

（五）对体育经营活动进行监督检查，查处违法经营行为。

第十九条 体育经营活动实行分级管理。各级体育行政管理部门的具体分工是：

（一）省体育行政管理部门制定全省体育经营活动建设和发展的总体规划，负责对全省体育经营活动管理工作进行宏观指导、监督检查，并审批和主管以下体育经营活动：

1. 省以上所属企业事业单位、群众团体以及驻川部队、中央机关在川的直属企业事业单位举办的体育经营活动；

2. 省外的省属企业事业单位、群众团体在川举办的体育经营活动；

3. 中外合资、合作和外商独资企业举办的体育经营活动；

4. 国际性、全国性和跨省、市（地、州）的体育竞赛和体育表演。

（二）市（地、州）体育行政管理部门负责本市（地、州）体育经营活动管理工作的宏观指导、监督检查，并审批和主管以下体育经营活动：

1. 本市（地、州）和外地的市（地、州）所属企业事业单位、群众团体在本市（地、州）举办的体育经营活动；

2. 上级体育行政管理部门授权审批、主管的体育经营活动。

（三）县（市、区）体育行政管理部门审批和监督检查以下体育经营活动：

1. 本县（市、区）和外地的县（市、区）及其以下所属企业事业单位、群众团体在本县（市、区）举办的体育经营活动；

2. 公民个人举办的体育经营活动。

第二十条 各级工商、公安、物价、税务、卫生等行政部门按照各自工作职责对体育经营活动进行监督管理。

第二十一条 体育行政管理部门定期对体育经营者的经营合格证进行验审，对不符合经营条件的，责令限期改正，逾期不改正的，注销经营合格证，并通报相关的登记主管机关。

第二十二条 体育行政管理部门及其工作人员应忠于职守、秉公办事，依法保护体育经营者和消费者的合法权益，严禁从事或变相从事体育经营活动。

第二十三条 体育行政管理部门的工作人员对体育经营活动进行监督检查时，需持国家或省人民政府统一印制的行政执法证件，否则当事人有权拒绝检查。

第四章 法律责任

第二十四条 未取得体育经营合格证，非法开展体育经营活动的，由体育行政管理部门责令其停止非法经营，并处1000元以上至5000元以下的罚款。

第二十五条 有下列行为之一的，由体育行政管理部门责令改正，处以500元以上至5000元以下的罚款，情节严重的，吊销体育经营合格证：

（一）聘用未取得体育行政管理部门颁发的合格证的人员从事教练、技术指导、救护等工作的；

（二）为无体育经营合格证的单位和个人组织经营性体育竞赛、表演活动提供场所或其他条件的；

（三）擅自改变体育经营活动的项目、内容、场地等登记事项的；

（四）伪造、变造、涂改、租借、转让体育经营合格证的。

第二十六条 经营者有其他违法行为的，按照国家有关规定处罚。

第二十七条 体育行政管理部门的工作人员玩忽职守、徇私舞弊、索贿受贿的，由所在单位或有关部门给予行政处分；构成犯罪的，依法追究刑事责任。

第二十八条 当事人对行政处罚不服的，可依法申请行政复议或者提起行政诉讼。

第五章 附 则

第二十九条 本办法实施中的具体问题由省人民政府负责解释。

第三十条 本办法自1996年3月1日起施行。

四川省人民政府
关于修改《四川省体育经营活动管理办法》的决定

四川省人民政府令第103号

四川省人民政府关于修改《四川省体育经营活动管理办法》的决定经1997年12月29日省人民政府第84次常务会议通过，现予发布施行。

1997年12月29日

根据《中华人民共和国行政处罚法》等法律、法规的规定，省人民政府对1996年年底以前制定的规章进行了清理，决定对《四川省体育经营活动管理办法》（1996年2月5日四川省人民政府发布）做如下修改：

各条条文中“体育经营合格证”修改为“体育经营许可证”。

《四川省登山管理办法》

四川省人民政府令第149号

《四川省登山管理办法》已经2001年4月16日省人民政府第57次常务会议通过，现予发布施行。

省长：张中伟
2001年4月28日

第一章 总 则

第一条 为加强登山活动的管理，保护登山者安全，根据国家有关规定，结合四川实际，制定本办法。

第二条 在四川省行政区域内，以竞技、探险为目的，借助一定的器械和装备，在海拔3500米以上山峰开展登山运动的，适用本办法。旅游登山活动，即以观赏游览、领略风光为目的，不具有明显危险性的登山活动不适用本办法。

第三条 省体育行政主管部门负责全省登山活动的统一管理。

县级以上人民政府体育行政主管部门负责本行政区域内登山活动的日常管理工作。公安、外事等部门在各自职责范围内做好相关管理工作。

第二章 申报和审批

第四条 国内人员开展登山活动应组成二人以上的团队，登山团队应具备下列条件：

（一）由具有法人资格的单位负责组织；
（二）配备相应的登山教练；
（三）配备登山活动所需的技术、通讯、生活等装备器材；
（四）登山队员经县级以上医疗机构检查，身体合格，无障碍性疾病；
（五）登山队员经省级以上登山协会培训合格；
（六）为登山队员投保人身意外伤亡事故保险。

第五条 组织国内登山活动应向省体育行政主管部门申报，并提交下列材料：
（一）登山计划安排；
（二）负责组织登山团队的法人资格证明；
（三）登山教练资格证书；
（四）登山队员的身体健康检查合格证明；
（五）省级以上登山协会颁发的登山人员培训合格证明；
（六）投保人身意外伤害保险证明。

第六条 省体育行政主管部门自接到国内登山团队申请之日起30日内，对符合条件的，给予批准。不符合条件的，给予答复并说明理由。登山申请批准后，如变更登山时间、路线或山峰等，应当重新报批。

第七条 外国人来四川省登山．可以自行组成登山团队，也可以由外国登山团队和中国团队组成联合登山团队。

外国登山团队应按规定报国家体育行政主管部门审批。国家体育行政主管部门审批后，由四川省登山协会具体组织实施。

第八条 外国登山团队自批准之日起60日内，与省登山协会签订登山协议，并交纳国家规定的登山注册费。

外国登山团队可攀登的山峰，按照国家有关规定执行。

第三章　登山活动

第九条 在登山活动中，登山团队应遵守下列规定：
（一）按照批准的山峰和路线进行攀登；
（二）不得吸收未经申报的人员登山；
（三）禁止在登山活动区域安放纪念标志和其他物品；
（四）尊重当地民族风俗和宗教习惯；
（五）保护野生动物、植物，不得捕杀或毁坏；
（六）使用山峰的名称、高度应以国务院或其授权部门最新公布的名称、高度为准；
（七）未经批准和办理有关手续，不得采集动物、植物、矿物或其他自然标本；
（八）保持环境卫生，对登山过程中产生的垃圾，应采取掩埋、焚毁等方法处理。

第十条 外国登山团队登山过程中或登顶后，要求展现其所在国家（地区）的旗帜，应当经国家体育行政主管部门批准，并同时展现规格相当的中国国旗。

第十一条 外国登山团队在登山期间，应由省登山协会指派中方联络人员陪同。其职责是：
（一）监督登山团队遵守有关法律、法规、规章和有关规定；

（二）协助解决有关问题；

（三）督促实施有关登山协议；

（四）掌握登山进程，核实登顶情况。

第十二条 在登山活动中，如发生意外事故，登山团队应及时向登山协会、组织者报告。登山协会、组织者应积极组织救援工作，当地政府、有关方面应支持、配合。

第十三条 国内登山团队登顶成功后，由省体育行政主管部门确认，发给登顶证书。外国登山团队登顶成功后，由国家体育行政主管部门确认，发给登顶证书。

第十四条 国内登山者达到国家体育行政主管部门规定的运动健将标准的，可向国家体育行政主管部门申报；达到一级以下运动员标准的，可向省体育行政主管部门申报。

第四章 罚 则

第十五条 国内登山团队违反本办法有下列行为之一的，由县级以上人民政府体育行政主管部门给予警告，并可处500元以上2000元以下罚款：

（一）未经体育行政主管部门批准，擅自进行登山活动的；

（二）变更登山时间、路线或山峰等，未重新报批的；

（三）吸收未经申报的人员登山的；

（四）在登山活动区域安放纪念标志或其他物品的。

第十六条 外国人违反本办法规定的，由体育行政主管部门按照《外国人来华登山管理办法》处理。违反本办法其他规定的，由有关部门依法处理。

第十七条 体育行政主管部门的工作人员玩忽职守、徇私舞弊、索贿受贿的，由所在单位给予行政处分；构成犯罪的，依法追究刑事责任。

第十八条 当事人对行政处罚决定不服的，可依法向同级人民政府或上一级行政主管部门申请行政复议，也可直接向人民法院提起行政诉讼。当事人逾期不申请行政复议又不提起行政诉讼、也不履行处罚决定的，做出处罚决定的机关可申请人民法院强制执行。

第五章 附 则

第十九条 本办法自发布之日起施行。

中共四川省委、四川省人民政府关于贯彻实施《中共中央、国务院关于进一步加强和改进新时期体育工作的意见》的意见

川委发〔2002〕27号

各市、州委，各市、州人民政府，省级各部门：

新世纪之初，在全省人民认真实践“三个代表”重要思想，积极建设西部经济、文化强省，奋力推进四川发展新跨越的重要时期，中共中央、国务院发出了《关于进一步加强和改进新时期体育

工作的意见》（中发〔2002〕8号，以下简称《意见》）。为认真贯彻实施《意见》，加快我省体育事业的发展，满足广大人民群众日益增长的体育文化需求，促进我省社会主义现代化建设，现结合我省实际，提出以下意见。

一、认真学习，准确把握《意见》精神实质

体育事业是社会主义物质文明和精神文明建设事业的重要组成部分。体育工作是建设西部文化强省的重要内容，对于建设西部经济强省，推进全省发展新跨越起着十分重要的作用。《意见》明确提出了新时期发展体育事业的指导思想、工作方针和总体要求。全省各级党委、政府要认真学习、深刻领会《意见》精神，充分认识体育在全省经济、社会发展中的重要地位和作用，把思想和认识统一到《意见》上来，并以此为指导，结合本地实际，采取有效措施，全面加强和改进新时期体育工作。

二、努力构建多元化体育服务体系，进一步推进全民健身计划实施

开展全民健身活动，增强人民体质，是体育工作的根本任务，是利国利民、功在当代、利在千秋的事业。各级政府要认真组织实施全民健身计划第二期工程，并纳入目标管理。各级干部要带头参加全民健身活动。要通过各种有效的体育健身活动，全面提高全省劳动者的身体素质。

努力构建群众性的多元化体育服务体系。要随着全省经济发展和人民生活水平的提高，逐步改善群众体育健身条件，为群众提供必要的公共体育设施和体育服务；根据不同区域、不同人群的不同需求，坚持体育服务的多元化，适应各方面人群的体育健身需要，保障广大人民群众享有基本的体育服务；注重区域体育、城乡体育共同发展，加大对民族地区和贫困地区体育事业发展的支持力度。

构建群众性体育服务体系，应着重抓好三个环节：一是健全社会化的群众体育组织网络，为群众体育健身提供组织保证。各地要在不断强化各级全民健身指导委员会和体育行政部门对群众体育的组织领导职能作用的同时，注意发挥各行业各部门的组织协调作用，发挥各类体育社团的桥梁和纽带作用，发挥社区、乡镇、学校和连队的阵地作用。建立健全社区、乡镇及机关、企事业等基层单位的体育组织，使全省形成以基层政府为主导，以体育社团、健身指导站（点）、体育俱乐部为基础，以社会体育指导员为骨干，以体育场地为依托的社会化体育健身组织网络，做到体育组织就在群众身边。加强群众体育骨干队伍建设，继续培训社会体育指导员。充分发挥各级国民体质监测中心（站）的作用，指导广大群众科学健身。二是建设好群众健身场地，方便群众就地就近参加体育活动。三是举办经常性群众体育活动，丰富群众文化生活。群众体育要工作在社会、活跃在基层、受益在群众，努力做到亲民、便民、利民。

构建群众性体育服务体系，要抓住四个重点：一是青少年体育以学校为重点。各级各类学校要确保学生体育课和课余活动时间，不断提高教学质量，深入实施《学生体质健康标准》和《国家体育锻炼标准》，积极建设青少年体育俱乐部，开展丰富多彩的青少年体育竞赛活动，使学生德、智、体、美全面发展。二是农村体育以乡镇为重点。要按照“因地制宜、科学文明”的原则，坚持以乡镇为龙头，村民委员会为基础，农民体协为纽带，广泛开展农民喜闻乐见的体育活动，探索乡镇“特色体育”的发展新路子。三是城市体育以社区为重点。要加强社区体育设施的规划和建设，积极为社区居民提供方便、实用、灵活的体育锻炼条件，坚持业余、自愿、小型、多样和科学、文明的

原则，通过开展各种形式的活动，促进社区体育的制度化、经常化、生活化。四是军队体育以连队为重点。要结合部队实际，积极开展体育活动。构建群众体育服务体系，要坚持政府支持与社会举办相结合。政府重点支持公益性体育设施建设，群众性体育组织和体育活动以社会兴办为主。鼓励、支持企事业单位和个人兴办面向大众的体育服务经营实体，修建全民健身设施。

三、进一步提升我省竞技运动水平，为国家竞技体育发展做出新贡献

新时期，我省竞技体育要以在奥运会、全运会和重大国际比赛上取得优异成绩为目标，充分调动全省各地各方面的积极性，在充分发挥竞争机制的基础上，把全省的体育资源更好地整合起来。重视体育科学研究工作，不断提高体育运动训练的科学化程度和体育决策的科学化水平，增强我省竞技体育综合实力，确保我省竞技体育处于全国先进行列和西部地区领先地位，并在奥运会和国际重大比赛上为国家多做贡献。

为迎接2008年北京奥运会，依照“统筹规划、科学筛选、系统保障、精心培育”原则，有针对性地抓好适龄的后备人才梯队建设，适当扩大各年龄段优秀运动员的人数和规模；确定迎接奥运会的重点项目，增加对重点项目的投入；加大人才引进和交流力度，从国内外引进高水平教练员，高起点提升我省运动技术水平，积极与体育发达的省、市进行交流，优势互补，共同提高；尽力向国家队输送运动员，使更多的川籍运动员参加奥运会，为国争光。

进一步调整运动项目结构，完善项目布局。按照“巩固基础、调整结构、狠抓尖子、突出金牌”的思路，根据我省的体育资源、体质特点、训练条件和教练水平，突出抓好我国在奥运会上的优势项目和我省在全运会上的优势项目，重点发展“短距离、小级别、轻量级、灵巧型”等运动项目和女子传统优势项目，努力提高群众喜爱的球类等集体项目的竞技体育水平。

加快省级优秀运动队的改革。根据我省优秀运动队不同项目的自身特点和发展状况，按照分类指导的原则，积极探索新的发展方式。对奥运基础项目，在人、财、物方面给予重点保证；对群众基础好、观赏价值高、社会影响大的项目，进一步建立健全俱乐部体制和运行机制；对非奥传统优势项目，积极创造条件，引导其走向市场，增强自身活力。

改革业余训练体制，积极培养后备人才。业余训练是群众体育和竞技体育的结合部，是培养体育后备人才的关键环节。要充分发挥以省运会为主的竞赛杠杆作用，研究制定相关激励政策，引导各地强化业余训练。加强对省及省市共建的高水平体育后备人才培养基地的建设。各级体育行政部门要进一步建立和完善市（州）、县（市、区）业余体育学校，重点抓好本地区具有传统优势的运动项目。要依托学校、场馆和社会力量拓宽业余训练渠道。鼓励和支持社会以及个人资助、兴办业余训练。各级政府要在人、财、物等方面对业余训练予以必要的保障，特别是必须保证将一定比例的各级体育彩票公益金投入到业余训练中去。有关部门要采取有效措施，重视和加强业余训练教练员队伍建设，充分发挥其积极作用。鼓励有条件的大、中城市组建优秀运动队，争取参加全国城市运动会。

要尽力解除运动员的后顾之忧。在优秀运动员退役就业安置新的政策出台之前，继续执行省政府现行的退役就业安置政策。有关部门应按国家有关政策，为优秀运动员进入高等院校学习及其毕业后就业提供条件。尽快建立优秀运动员伤残保险制度和伤病医疗特殊补助制度。根据中央出台的相关政策精神，结合我省实际，积极探索和研究制定适应社会主义市场经济体制要求的优秀运动员激励政策和升学、就业安置等具体办法。

四、加快发展体育产业，为体育事业发展注入新的活力

体育产业要坚持“以体为本，全面发展”的方针，积极引导体育消费，大力培育体育市场，不断加强规范管理；积极引导群众的参与意识和健康投资意识，逐步形成“花钱买健康”的新时尚，不断营造有利于体育产业发展的社会氛围。

用好国家政策，继续下大力气抓好体育彩票发行销售和使用管理。要认真调查分析市场状况，不断研究改进营销方法，稳定现有销售额，保持体育彩票发行量位居全国前列。

发展体育竞赛表演、健身娱乐市场。通过举办各种省级比赛、承办多项全国单项比赛和高水平国际体育赛事、申办全国综合性运动会，繁荣体育竞赛表演和健身娱乐市场。

开发利用体育设施。各级各类体育设施都应“以体为本”，面向社会开放，提供高质量的服务，增强吸引力，方便群众锻炼，搞活场馆经营，提高社会效益和经济效益。

加快体育中介组织建设，加大无形资产开发力度。进一步增强对体育无形资产的开发意识，借助体育中介组织，通过多种形式，充分发掘其潜在的经济价值。

实施以综合实力较强的城市为主的体育产业发展战略。在一些中心城市形成资本与技术相对集中、具有规模经济效益、自身增长迅速并能对邻近地区产生强大辐射作用的体育产业发展极，以此带动全省体育产业发展。

五、加强体育基础设施建设，为开展全民健身活动和发展竞技体育提供必要条件

各级政府要重视、支持体育基础设施建设。规划建设部门要认真做好城乡公共体育设施规划。对新建的非营利性体育设施，地方政府可以采用划拨方式提供用地。新建居民小区、经济开发区和学校必须配套建设相应体育设施。

针对我省目前体育设施相对落后的状况，要认真组织实施四川省四级健身基础设施建设。省级体育基础设施以建设全省国民体质监测网络工程和四川省体育活动中心为重点；经济比较发达的市（州）健身基础设施建设目标是具备举办省级综合性运动会的能力，基本要求是具备“一场（体育场）、一馆（体育馆）、一池（游泳池）”及其他标准化的体育健身设施；县（市、区）健身基础设施建设目标是经济较发达地区的县（市、区）力争达到具备“一场（田径场）、一馆（体育馆或综合健身馆）、一池（游泳池）”的标准，其余的县（市、区）（主要是民族地区、贫困地区）达到具备“一个田径场加一个标准化体育设施”的标准；社区、乡镇要重点抓好全民健身路径等户外便民健身设施建设。

各级政府要将健身基础设施建设作为西部文化强省建设的重要内容，抓紧抓实，力争在“十五”期末实现上述目标。

公共体育设施要向社会开放。要正确处理好公益性和经营性的关系，收费标准要充分考虑人民群众的经济承受能力。学校、机关、企事业单位的体育设施也要努力实现社会共享。各类体育场馆都应建设成为健康、科学、文明的阵地。

加强对现有公共体育设施的保护和维修。任何组织和个人不得侵占、破坏公共体育设施，不得擅自改变公共体育设施的用途。按照城市建设规划确需征用体育场地或改变体育场地用途的，应征得同级体育行政部门同意，并按照“先建后占”原则，以不低于原有的规模和标准，先行择地、新建偿还。

六、切实加强对体育工作的组织领导，保障体育事业持续健康发展

各级党委、政府要切实加强对体育工作的领导，确保党的路线、方针、政策在体育战线的贯彻落实，确保体育事业沿着中国先进文化的前进方向持续健康发展。坚持体育为经济建设和社会发展服务的方向，把体育事业作为西部文化强省建设的重要组成部分和推进四川发展新跨越的大事，纳入国民经济和社会发展规划，定期听取体育工作汇报和研究解决体育事业发展的重大问题。

推进体育管理体制改革，促进运行机制转换。要明确政府和社会的事权划分，实行管办分离，把不应由政府行使的职能转移给事业单位、社会团体和中介组织。体育行政部门要把工作重点转移到贯彻国家方针、政策，研究制定体育行业政策和发展规划，依法加强行业管理和提供服务上来。在机构改革中，体育机构只能加强，不能削弱。鼓励支持体育社会团体按照章程组织和开展体育活动。理顺各级体育组织之间的关系，分工合作，形成有利于体育事业发展的组织架构和适应社会主义市场经济体制要求的运作方式。体育事业单位要按照国家的有关规定，认真搞好人事制度和分配制度改革。各级工会、共青团、妇联组织应根据各自的特点，组织职工、青少年、妇女开展体育健身活动和体育竞赛活动。要充分调动和发挥各行业和社会各界办体育的积极性。

各级政府要增加对体育事业的投入。就整体而言，体育属于公益事业，体育的发展很大程度上还要依靠政府的支持。因此，各级政府要从本地区经济社会发展的实际出发，做好体育基本公共服务，逐步改善人民群众参加体育活动的条件。要按照《中华人民共和国体育法》和《四川省体育条例》的规定，将体育事业经费、基本建设资金列入本级财政预算和基本建设投资计划，并按照《意见》的要求，确保政府对体育事业的投入随着财政收入的增长逐步增加，坚决杜绝任意削减和挤占体育经费的现象。要研究制定有关优惠政策，鼓励社会力量对体育赛事、公益性体育机构和公共体育设施建设的捐赠和赞助。

加强体育法制建设，将体育工作纳入法制化轨道。要按照有关法律、法规，结合我省实际，加紧研究制定体育设施建设、保护、开放办法和优秀运动员升学、就业安置办法以及体育产业开发方面的优惠政策。

加强体育队伍的作风建设，切实纠正不正之风，清除腐败行为。某些地方存在的不遵守竞赛规则、扰乱赛场秩序和其他各种腐败行为，是对“公平、公正、公开”竞赛原则的悖离，与公民道德建设背道而驰。体育界和全社会要切实加强对体育队伍的思想道德教育和监督管理，坚决反对使用违禁药物和训练、竞赛中的一切不轨举动，坚决与体育领域各种不正之风和腐败行为做斗争，切实维护体育竞赛的公正性和纯洁性。

进一步加强体育宣传报道工作。要坚持正确的舆论导向，弘扬中华体育精神，普及体育科学知识，倡导健康、科学、文明的生活方式，维护社会稳定，为推动体育事业健康发展营造良好的舆论环境。

2002 年 9 月 20 日

中共四川省委、四川省人民政府《关于加快建设体育强省的决定》

川委发〔2005〕8号

体育是社会发展和人类文明进步的一个标志，体育事业发展水平是国家综合国力和社会文明程度的重要体现。发展体育事业，增强人民体质，提高全民族整体素质，不断满足广大人民群众日益增长的体育文化需求，是坚持立党为公、执政为民，落实科学发展观，全面建设小康社会，构建社会主义和谐社会的必然要求，是社会主义物质文明建设、政治文明建设和精神文明建设的重要内容，是各级党委、政府和广大人民群众的共同任务。实施西部大开发战略，北京举办2008年奥运会，为我省体育发展提供了难得的机遇。为促进四川体育发展，加快建设体育强省，特作如下决定。

一、加快建设体育强省的指导思想、奋斗目标、基本原则和发展思路

（一）指导思想。以邓小平理论和“三个代表”重要思想为指导，全面落实科学发展观，以备战2008年奥运会为契机，以增强人民体质、提高人民整体素质为出发点，以体制机制创新为动力，以发展群众体育、竞技体育、体育产业为重点，大力实施“全民战略”“金牌战略”“品牌战略”，使体育成为大众的体育、开放的体育、科学的体育、振奋的体育、快乐的体育，积极开创体育工作新局面，不断满足广大人民群众日益增长的体育文化需求，为全面建设小康社会、实现四川发展新跨越做出应有的贡献。

（二）奋斗目标。建立充满生机与活力的体育工作体制机制，建设高素质的体育队伍；推进全民健身活动，体育人口达到全省人口的40%以上；提高运动技术水平，竞技体育跨入全国先进行列；做强做大体育产业，体育产业增加值达到全省生产总值的1%；建设与体育强省地位相称的体育场地设施，具备举办全国综合性运动会的条件。力争到2010年，基本建成全国体育强省。

（三）基本原则。坚持体育为人民服务、为社会主义现代化建设服务的方针，坚持普及与提高相结合，促进群众体育与竞技体育协调发展；坚持体育事业的公益性，把社会效益放在首位；坚持政府主导与市场机制相结合，形成兴办体育的多元化格局；坚持依法行政，加强体育工作的法制建设，依靠科技力量，保障体育事业持续、健康发展。

（四）发展思路。围绕建设体育强省目标，实施“全民健身计划”与“奥运争光计划”两大系统工程，抓住“体制机制创新”“优秀人才培养”“体育设施建设”三个关键，解决“战略调整”“产业发展”“运动员进出”“体教科结合”等方面存在的突出问题，完善全民健身服务体系，提高竞技运动水平，加大体育资源向体育资本转变的力度，实现我省体育的跨越式发展。

二、实施“全民战略”，推进群众体育

（五）完善全民健身服务体系。按照亲民、便民、利民的原则，努力在健身组织、健身设施、健身指导、健身活动、体质监测、宣传推广等方面搞好服务，做到管理有序、服务有方、保障有力，使广大人民群众享有基本的体育服务。大力推进群众体育组织尤其是各类体育社会团体的建设。充分发挥各部门的组织协调作用、各类体育社会团体的纽带作用和社区、乡镇、学校、企业的阵地作

用，形成全民健身服务网络。加快健身设施建设，加大体育设施开放力度，包括学校在内的各行业各单位都要开放自有的体育场馆，最大限度满足群众健身需求。加强对社会体育指导员的培训，提高其指导、服务和组织能力。做好体质监测工作，定期公布全省国民体质状况。

（六）广泛开展群众体育活动。积极组织、引导社会力量针对不同人群的健身特点和需求，认真开展青少年体育、农民体育、职工体育、妇女体育、老年人体育活动，做到健身活动月月有主题、个个有特色。关心支持残疾人体育事业，为组织参加残疾人运动会创造条件。整理推广传统体育项目，大力发展少数民族体育。将职工体育纳入企业文化建设。突出抓好假日体育、广场体育等特色体育，努力打造在全国有一定影响的群众体育节庆活动。将每年的6月10日确定为“四川省全民健身日”。

（七）突出群众体育工作重点。以学校体育、农村体育、社区体育为重点，进一步加强群众体育工作。贯彻“从娃娃抓起”的方针，加强学校体育师资力量，完善学校体育设施，开展丰富多彩的校园体育活动，确保每个学生每天有1小时的体育锻炼时间。坚持开展“体育下乡”活动，引导广大农民群众树立“靠健康，奔小康”的观念，将传统健身方式与现代体育活动紧密结合，因地制宜进行体育锻炼。城市社区要做到有健身场所、有健身组织、有健身指导、有健身活动，不断满足人民群众的健身需求。

三、实施“金牌战略”，提高竞技运动水平

（八）明确发展战略。竞技体育要坚定地走精兵之路，实施“奥运带全运、全运促奥运”的“金牌战略”。缩短战线，突出重点，调整结构，提高效益，确保优势项目更强、尖子人才更优，实现战略转移和金牌升位。根据我省体育资源状况、体质特点、训练条件和教练水平，按照“政府保重点、社会办热点、市场攻难点”的思路，合理布局运动项目，科学确定重点项目。研究制定实施金牌战略的具体目标、工作重点、运行步骤和主要措施。大力实施“奥运争光计划”，力争我省运动员在2008年奥运会上夺取2至3枚金牌，在2012年奥运会上的夺金数有新突破。力争我省体育代表团在第十一届全运会上金牌数显著增加。

（九）强化训练保障。集中财力、物力、人力，重点保障具有夺金能力的运动项目。加大对华西坝训练基地、太平寺训练基地、犀浦田径基地、新津水上运动基地、凤凰山射击射箭基地、邛海水上运动基地的财政投入力度，确保其正常运转。提高运动员伙食标准，并根据物价水平适时调整。切实解决运动员正式进队前的集训经费。参照《中华人民共和国劳动法》等相关规定，落实运动员和教练员在法定节假日、休息日坚持训练的有关待遇。为运动员、教练员购买商业性伤残保险。

（十）依靠科技兴体。努力学习国内外先进的体育科学技术和训练方法，及时掌握体育科研发展动态，加大对体育科研的投入，培养一支高素质的体育科研队伍，建设具有国内先进水平的科研实验室。推进训科医一体化，实行科研人员跟队服务制度，对有突出贡献的科研人员实行与教练员同等的奖励措施。积极探索竞技体育的特殊规律，不断攻坚克难，提高竞技体育的科技含量。要重视体育理论研究，健全研究机构，充分发挥体育科研机构和体育院校的作用，吸纳最先进的理论和方法，有组织、有计划地进行系统研究，用新的理论指导新的实践。

（十一）加强后备人才培养。按照推进体育可持续发展的要求，高度重视并大力开展业余训练，健全后备人才选拔输送制度。办好省级单项体育运动学校。各市（州）至少要确定1所学校为奥林匹克体育学校，集中培养体育后备人才。各市（州）要重点抓好传统优势运动项目，建设2至3个

高水平体育后备人才基地。各县（市、区）要依托中小学校办好业余体校。省、市（州）、县（市、区）必须安排一定的财政经费和体育彩票公益金用于业余训练。充分发挥以省运会为主的竞赛杠杆作用，推动业余训练，激励各地向省专业运动队输送后备人才。有条件的大、中城市要组建优秀运动队，参加全国城市运动会和更高层次的运动会。各级政府要鼓励和支持社会力量资助、兴办业余训练。

四、实施“品牌战略”，发展体育产业

（十二）坚持体育资源的市场化配置。发展体育产业要面向市场、面向社会、面向世界，学习和借鉴国内外先进的经营管理理念，加强省际、国际经营合作，依托大市场，做成大产业。按照市场经济的要求，盘活现有体育资源，将体育资产的所有权和经营权分离，建立与效益挂钩的利益分配机制。要重点抓好体育场馆设施的开发利用，提高其社会效益和经济效益。将非奥运项目和市场潜力大的运动项目推向市场，吸引社会资金建设运动项目俱乐部和各类健身俱乐部。积极探索体育竞赛的市场化运作模式，繁荣竞赛表演市场，大力发展赛会经济。

（十三）发展体育彩票业。制定和完善与有关法律法规、国家体育彩票业政策相配套的地方管理办法及措施，研究市场变化规律，深度开发体育彩票市场。加强管理人员及发行人员的业务培训，提高服务质量。加强体育彩票的正面宣传，培养彩民正确的消费心理。改革完善体育彩票发行管理体制，强化监督，杜绝违规操作，确保体育彩票发行的公开、公平、公正，提高其社会公信力，切实维护彩民的合法权益。有效整合区域资源，合理布局销售网点，建设国家体育总局体育彩票管理中心成都区域数据中心。

（十四）着力打造体育品牌。积极扶持体育用品生产经营企业，努力培育一批知名品牌，提高“四川造”体育商品的市场竞争力。推进体育与文化、旅游的融合，大力开拓健身娱乐市场和体育旅游、探险市场，着力打造西岭雪山冰雪运动、四姑娘山登山活动、万里长江第一漂等一批体育旅游品牌。充分认识和把握体育无形资产的巨大价值，充分发挥体育中介组织的纽带作用，促进体育无形资产与市场结合、与企业联姻。认真抓好体育冠名、广告、电视转播权和社会赞助等的商业运作，充分释放体育资产的品牌效应。

五、推进体制机制创新，增强体育发展活力

（十五）推进体育管理体制改革。按照政事分开的原则，实行管办分离，把不应由政府行使的职能转移给事业单位、社会团体和中介组织。乡镇、社区的文化活动中心（文化站）增加体育职能，更名为文化体育活动中心（文化体育站），文化专干确认为文体专干。改革训练体制，实行项目分类管理、分类指导，突出奥运重点项目的发展。逐步推行与国家体育总局接轨的运动项目（项群）管理中心制，完善运动项目一线、二线、三线“一条龙”管理指导体制。要整合我省高等学校、训练单位及科研机构的体育资源，实行优势互补，强强联合。与国家体育总局共同建好成都体育学院，培养高层次体育专门人才。

（十六）加大体育部门改革力度。深化干部人事制度改革，克服体育部门干部队伍结构单一和封闭运行的弊病，积极引进各类人才。实行领导干部竞争上岗，双向选择，建立“能上能下”的用人机制。按照“重激励、严考核、硬约束”的要求，制定科学合理的竞争和激励办法，建立科学的考核制度和责任追究制度。

（十七）畅通“进出”机制。按照事业单位人事制度改革精神，对新进专业队的运动员实行聘用合同制。采取货币补偿和计划安置方式，妥善解决运动员的退役问题。事业单位要尽可能聘用退役运动员。实行教练员聘用制，重点运动项目主教练面向国内外公开招聘。

（十八）健全激励机制。竞技体育是特殊行业，要制定特殊的激励政策。要专门制定奥运会、亚运会和全运会奖励办法，奖励标准应根据我省经济发展水平逐步提高。获得全国以上比赛奖牌的教练员，其职称评定免试外语和计算机。获得奥运会奖牌和世界锦标赛、世界杯赛、亚运会、全运会金牌的教练员，可破格晋升高级职称。参照企业、高等学校解决政工干部职称职级办法，落实优秀运动队领队的待遇。

（十九）完善体教结合模式。体育和教育部门要按照“资源共享、优势互补、责任共担、荣誉共沾”的原则，共同培养体育人才。在业余训练层次，教育部门要在学生的就读、教学、升学等方面给予保证，不收取任何额外费用。体育部门要在培训教练、指导训练、参加比赛等方面提供服务，与教育部门共同办好奥林匹克学校和业余体校。继续执行等级运动员高考加分政策，加分资格由体育行政主管部门认定。高等学校要根据国家的有关政策，将在全国和国际大赛上获奖的优秀运动员作为特殊人才，做好高水平运动员招收工作。高等学校要积极创办高水平运动队，力争在全国大学生运动会上取得优异成绩。

六、强化发展措施，提供政策保障

（二十）加大投入力度。按照《中华人民共和国体育法》规定，县级以上政府应当将体育事业经费、体育基本建设资金列入本级财政预算和基本建设投资计划，并随着国民经济的发展逐步增加对体育事业的投入，确保体育事业经费随着财政收入的增长逐步增加。省财政要对参加全运会所必需的备战、参赛经费和奖金以及备战奥运会必需经费予以保障。要合理分配体育彩票公益金，保证县（市、区）的分配比例不得少于2%。扩大融资渠道，建立体育基金会，吸纳社会资金，增加对体育事业投入。

（二十一）加强体育基础设施建设。要发挥政府的主导作用，在城市建设中按照国家规定配备足够数量的公共体育设施，并将其纳入城市规划；依靠政府投入修建大型综合体育设施。坚持投资主体多元化，鼓励社会力量积极兴建体育设施，对投资者给予政策支持。到2010年，全省体育设施基本达到举办全国综合性运动会的要求，各市（州）应基本具备举办省级综合性运动会的能力，各县（市、区）应有一个体育场、一个游泳池、一个训练馆（贫困地区和民族地区的县至少应有一个田径场），社区和乡镇应建设一批便民健身设施。

（二十二）强化政策支撑。发展体育产业，享受我省推动文化产业发展的财政、税收、社会保障、投资融资、资产处置、产业经营、市场准入等保障政策。对公共体育设施，要在立项、选址、建设等方面给予优惠，由政府优先安排用地，非经营性用地实行行政划拨，有关建设规费实行国家西部大开发相关政策，除应上缴国家的以外，上缴省、市（州）的原则上免缴。对公益性体育活动场所免征企业所得税。对为安置体育事业单位富余人员兴办的企业，凡符合政策规定的实行相关税收优惠政策。

（二十三）鼓励社会及个人捐赠。企事业单位、社会团体和个人对体育赛事、公益性体育设施建设和体育活动的捐赠，通过非营利性的社会团体和国家机关对已建或新建的公益性青少年体育活动场所的捐赠，可依照税法规定税前扣除。

七、加强组织领导，营造良好环境

（二十四）加强对体育工作的领导。各级党委、政府要深入贯彻《中共中央、国务院关于进一步加强和改进新时期体育工作的意见》（中发〔2002〕8号）精神，坚持把体育工作摆上重要议事日程，主要领导亲自抓，分管领导具体抓，每年召开1至2次会议进行专题研究，及时解决体育发展中的重大问题。认真制定体育发展规划，并将发展体育事业纳入本地区国民经济和社会发展规划。完善目标考核体系，把体育工作纳入各级政府目标考核，加强督促检查，严格奖惩，确保工作落实。

（二十五）坚持依法行政和依法办事。要认真落实《中华人民共和国体育法》及相关法规的规定，省、市（州）、县（市、区）举办综合性运动会和单项体育竞赛，由体育行政主管部门制定管理办法。加强对公共体育设施的保护和维修，任何组织和个人不得侵占、破坏公共体育设施，不得擅自改变公共体育设施的用途。按照城市规划确需征用体育场地或改变体育场地用途的，必须严格按照《中华人民共和国公共文化体育设施条例》规定的程序和"先建后占"原则，以不低于原有的规模和标准，先行择地新建偿还。已被侵占的体育场地，必须在一年内落实恢复或新建项目。在城镇小区建设中，必须配套建设相应的体育设施，严格做到体育设施与小区"同时设计、同时施工、同时投入使用"，对达不到要求的不予审批。城市社区建设规划应征求体育部门的意见，竣工验收时应有体育部门参加。建立健全符合省情的体育法规体系，尽快制定《四川省全民健身条例》。

（二十六）抓好队伍建设。加强管理干部、教练员、运动员、科研人员、经营人员、社会体育指导员等队伍建设。优化和调整干部队伍结构，加大体育部门与其他部门管理人员的交流力度，不断提高干部队伍的整体素质。通过各种层次、各种形式、各种途径的培训，提高教练员素质。大力推进体育文化建设，加强思想政治工作，教育引导体育工作者树立正确的世界观、人生观、价值观，特别要在运动员中深入开展爱国主义、集体主义、革命英雄主义教育，反对极端个人主义、享乐主义、拜金主义和各种歪风邪气，增强运动员为国争光的使命感、责任感。加强体育科研队伍建设，培养一支高水平的体育科研队伍。重视体育经营人才队伍建设，培养一批遵纪守法、善于经营的体育经纪人。加强体育队伍的作风建设，切实纠正不正之风，清除腐败行为。坚决反对使用违禁药物和训练、竞赛中的一切不轨行为，切实维护体育竞赛的公正性和纯洁性。

（二十七）扩大对外交流与合作。大胆吸收和引进国际先进经验和发展理念，扩大国际交流与合作。充分利用国家的西部政策，密切同其他省（区、市）的协作与联系。积极申办全国运动会等各种高水平、高规格的体育竞赛和体育活动，力争每年都能在我省举办有影响的国际赛事，促进全省经济社会发展。

（二十八）落实部门责任。建设体育强省是一项系统工程，各地、各部门要共同努力，积极支持体育事业发展。体育行政主管部门要统筹规划，加强指导，推动各项工作的落实。发展改革、财政、国土、建设、人事、劳动保障、教育、税务等部门要充分发挥职能作用，制定和完善相关政策，对体育发展提供有力的支持。宣传部门和新闻媒体要坚持正确的舆论导向，加强对体育工作的宣传，特别是要大力宣传优秀运动员顽强拼搏、为国争光的先进事迹，宣传群众体育的先进典型，宣传体育改革发展中好的经验和做法，为加快建设体育强省营造良好的社会舆论环境。

2005年5月11日

四、统计表

（一）1988—2005年四川省运动员获得世界比赛冠军统计一览表

表附—8

姓名	项目	比赛名称	地点	时间	成绩
高　敏	跳水女子3米跳板	第二十四届奥运会	韩国 汉城	1988.9.25	580.230分
陈龙灿	乒乓球男子双打	第二十四届奥运会	韩国 汉城	1988.9.30	—
高　敏	跳水女子团体	第六届世界杯跳水赛	美国 印第安纳波利斯	1989.5.5	—
	跳水混合团体（女）	第六届世界杯跳水赛	美国 印第安纳波利斯	1989.5.5	—
	跳水女子1米跳板	第六届世界杯跳水赛	美国 印第安纳波利斯	1989.5.6	277.230分
	跳水女子3米跳板	第六届世界杯跳水赛	美国 印第安纳波利斯	1989.5.7	323.460分
焦士华	射击弓弩女子10米团体	第六届世界弓弩射击锦标赛	英国 沃尔弗汉普顿	1989.7.19	1147环
张　山	射击女子飞碟双向团体	世界飞碟射击锦标赛	意大利 蒙特卡迪尼	1989.9.4—10	415中
	射击女子飞碟双向个人	世界飞碟射击锦标赛	意大利 蒙特卡迪尼	1989.9.4—10	214中（191+23）
刘寿斌	举重男子56公斤级抓举	第五十九届世界举重锦标赛	希腊 雅典	1989.9.16	130公斤
赖晓莉	跳伞女子个人定点	第五届世界杯跳伞冠军赛	中国 成都	1989.10.19	0.01米
	跳伞女子个人全能	第五届世界杯跳伞冠军赛	中国 成都	1989.10.19	4分
刘寿斌	举重男子总成绩①	第十届世界杯举重比赛	葡萄牙 里斯本	1989.10.26—28	285公斤
蔡智勇	射击男子10米移动靶团体	第四十五届世界射击锦标赛	苏联 莫斯科	1990.8.9	1694环
崔　敏	蹼泳女子4×100米接力	第五届世界蹼泳锦标赛	意大利 罗马	1990.8.31	2:54.30
黎艺嘉 吴向东	技巧混合双人第二套（女）（男）	第九届世界技巧锦标赛	德国 奥格斯堡	1990.11.3	19.90分
刘寿斌	举重男子56公斤级总成绩	第六十三届世界举重锦标赛	匈牙利 布达佩斯	1990.11.10	285公斤
高　敏	跳水女子1米跳板	第六届世界游泳锦标赛	澳大利亚 帕斯	1991.1.7	478.260分

续表附—8

姓名	项目	比赛名称	地点	时间	成绩
高　敏	跳水女子3米跳板	第六届世界游泳锦标赛	澳大利亚 帕斯	1991.1.11	539.010分
余　立	航海模型C4袖珍模型个人（男）	第六届世界外观航海模型锦标赛	保加利亚　瓦尔纳	1991.5.28	96.67分
王　玮	航空模型F1C模型团体（男）	第二十六届世界自由飞航空模型锦标赛	南斯拉夫 兹雷尼亚宁	1991.7.6	3960分
廖晓丽	赛艇女子轻量级四人单桨无舵手	第十五届世界女子赛艇锦标赛	奥地利 维也纳	1991.8.25	7:37.06
刘寿斌	举重男子56公斤级抓举	第六十四届世界男子举重锦标赛	德国 多瑙埃兴根	1991.9.28	135公斤
张成华	围棋男女双人赛（女）	第二届世界业余围棋男女双人锦标赛	日本　东京	1991.11.24	5胜
张　山	射击飞碟双向个人（女）②	第二十五届奥运会	西班牙 巴塞罗那	1992.7.28	200中+23中
高　敏	跳水女子跳板	第二十五届奥运会	西班牙 巴塞罗那	1992.8.2	572.400分
高　寒	田径女子4×100米接力	第六届世界杯田径赛	古巴 哈瓦那	1992.9.25—27	43.63
刘稀蓉	赛艇女子四人双桨	世界赛艇锦标赛	捷克 拉齐采	1993.9.5	6:21.07
赖晓莉	跳伞女子集体定点	第二十二届世界跳伞锦标赛	中国 成都	1994.6.4	0.03米
	跳伞女子团体	第二十二届世界跳伞锦标赛	中国 成都	1994.6.4	21分
蔡智勇	射击男子50米移动靶标准速团体	第四十六届世界射击锦标赛	意大利 米兰	1994.7.21—8.5	1759环
陈兴东	羽毛球混合团体（男）	第四届苏迪曼杯羽毛球世界混合团体赛	瑞士 洛桑	1995.5.21	—
刘艳艳	武术女子刀术	第三届世界武术锦标赛	美国 巴尔的摩	1995.8.19	9.71分
刘　犇	跳水男子团体	第九届世界杯跳水赛	美国 亚特兰大	1995.9.8	—
	跳水混合团体（男）	第九届世界杯跳水赛	美国 亚特兰大	1995.9.8	—
赖晓莉	跳伞女子集体定点	第二十三届世界跳伞锦标赛	匈牙利 内凯斯乔巴	1996.9.19	0.22米
陈兴东	羽毛球混合团体（男）	第五届苏迪曼杯世界混合团体赛	英国 格拉斯哥	1997.5.24	—
杨培刚	帆板男子温氏级重量级	世界杯帆板赛暨奥运精英赛	中国 湛江	1997.8.28—9.2	76分
黄　英	帆板女子米斯特拉级奥林匹克航线赛	世界杯帆板赛	中国 湛江	1997.8.28—9.2	18分
刘　犇	跳水男子1米跳板	第十届世界杯跳水赛	墨西哥 墨西哥城	1997.9.10-14	391.20分
	跳水混合团体（男）	第十届世界杯跳水赛	墨西哥 墨西哥城	1997.9.10-14	—
周义霖	跳水男子团体	第十届世界杯跳水赛	墨西哥 墨西哥城	1997.9.10-14	—

表附—8

姓名	项目	比赛名称	地点	时间	成绩
张　勇	举重男子83公斤级挺举	第六十八届世界举重锦标赛	泰国 清迈	1997.12.11	207.5公斤
张　山	射击女子飞碟双向	射击世界杯赛	埃及 开罗	1998.3	94中
张　山 陈真茹	射击女子飞碟双向团体	第四十七届世界射击锦标赛	西班牙 巴塞罗那	1998.7.27	213中
刘　洪	航海模型C4袖珍模型（男）	第九届世界仿真航海模型锦标赛	波兰 格但斯克	1998.8.30	100分
周义霖	跳水男子1米跳板	第十一届世界杯跳水赛	新西兰 惠灵顿	1999.1.13	409.50分
周义霖 贺　伟	跳水男子混合团体	第十一届世界杯跳水赛	新西兰 惠灵顿	1999.1.16	—
王文军	武术散打52公斤级（男）	第五届世界武术锦标赛	中国 香港	1999.11.7	—
刘　洪	航海模型C4袖珍模型（男）	第十届世界仿真航海模型锦标赛	比利时 蒙斯	2000.8.6	99.32分
唐　琳	柔道女子78公斤级	第二十七届奥运会	澳大利亚 悉尼	2000.9.21	—
徐　翔	跳水男子1米跳板	第十二届世界杯跳水赛	西班牙 塞维利亚	2002.6.26	471.800分
陈真茹	射击女子飞碟双向团体	第四十八届世界射击锦标赛	芬兰 拉蒂	2002.7.5	202中
陈朝霞 张海英	女子曲棍球	第十届世界冠军杯女子曲棍球赛	中国 澳门	2002.9.1	—
张　山	射击女子飞碟双向团体	世界杯射击赛	西班牙 格林纳达	2003.6	208中
徐　翔	跳水男子1米跳板	第十届世界游泳锦标赛	西班牙 巴塞罗那	2003.7.18	431.940分
陈　静	女子排球	第九届世界杯女子排球赛	日本 大阪	2003.11.5	—
	女子排球	第二十八届奥运会	希腊 雅典	2004.8.13－29	—
陈莉莉	滑水女子尾波	世界杯滑水赛	新加坡	2004.10	74.67分
龚　华	柔道女子－48公斤级	世界杯柔道赛	德国 汉堡	2005.2.28	—
张　平	举重男子62公斤级抓举	第七十八届世界举重锦标赛	卡塔尔 多哈	2005.7.17	170公斤
贾　童	跳水女子双人10米跳台	第十一届世界游泳锦标赛	加拿大 蒙特利尔	2005.7.18	357.600分
陈莉莉	滑水女子尾波	第七届世界运动会	德国 波特洛普	2005.8	76.5分
于飞彪	武术男子散打60公斤级	第八届世界武术锦标赛	中国 河南	2005.12.14	—
谢中博	羽毛球混合双打（男）	世界杯羽毛球赛	中国 益阳	2005.12.18	—

①刘寿斌在1989年参加的第十届世界杯举重赛，比赛不分级别，只计总成绩；②张山在1992年7月参加的第二十五届奥运会射击飞碟双向项目是男女混合参赛，此后该项目男女分设

（二）1988—2005 年四川省运动员获得亚洲比赛冠军统计一览表

表附—9

姓名	项目	比赛名称	地点	时间	成绩
姚雅文	射箭女子团体	第四届亚太区射箭锦标赛	澳大利亚　佩　斯	1988. 3. 19	902 环
倪世伟	男子水球	第三届亚洲游泳锦标赛	中国　广州	1988. 4. 11	—
陈龙灿	乒乓球男子团体	第九届亚洲乒乓球锦标赛	日本　新潟	1988. 5. 18	—
	乒乓球男子双打	第九届亚洲乒乓球锦标赛	日本　新潟	1988. 5. 21	—
	乒乓球男子单打	第九届亚洲乒乓球锦标赛	日本　新潟	1988. 5. 22	—
王　涛	滑水男子全能	第四届亚洲滑水锦标赛	新加坡	1988. 11. 20	2660 分
	滑水男子跳跃滑	第四届亚洲滑水锦标赛	新加坡	1988. 11. 20	85. 4 米
王　涛 涂华芬	滑水团体（男） 滑水团体（女）	第四届亚洲滑水锦标赛	新加坡	1988. 11. 20	8272. 05 分
巫　丹	女子排球	第五届亚洲女子排球锦标赛	中国　香港	1989. 10. 8	—
吕　斌	击剑男子重剑	第一届亚洲击剑锦标赛	中国　北京	1989. 10. 13	—
王文忠	田径男子标枪	第八届亚洲田径锦标赛	印度　新德里	1989. 11. 19	76. 38 米
李　涛	田径男子 4 × 100 米接力	第八届亚洲田径锦标赛	印度　新德里	1989. 11. 19	39. 28
王　萍	武术女子长拳	第二届亚洲武术锦标赛	中国　香港	1989. 12. 16	9. 70 分
	武术女子刀术	第二届亚洲武术锦标赛	中国　香港	1989. 12. 16	9. 70 分
	武术女子棍术	第二届亚洲武术锦标赛	中国　香港	1989. 12. 16	9. 53 分
	武术女子全能	第二届亚洲武术锦标赛	中国　香港	1989. 12. 16	28. 93 分
杨红兵 唐　华 陈明珠	女子曲棍球	第二届亚洲杯女子曲棍球赛	中国　香港	1989. 12. 17	—
涂华芬	滑水女子回旋	第五届亚洲滑水锦标赛	中国　肇庆	1990. 5. 28	32. 50 分
涂华芬	滑水团体（女）	第五届亚洲滑水锦标赛	中国　肇庆	1990. 5. 29	8062. 00 分
张　山	射击女子飞碟双向	亚洲飞谍射击锦标赛	韩国　汉城	1990. 5	197 中
李　舸	体操男子团体	第十一届亚洲运动会	中国　北京	1990. 9. 23	293. 650 分
	体操男子吊环	第十一届亚洲运动会	中国　北京	1990. 9. 26	9. 925 分
刘稀蓉	赛艇女子双人单桨无舵手	第十一届亚洲运动会	中国　北京	1990. 9. 26	8:06. 13
廖晓丽	赛艇女子轻量级双人双桨无舵手	第十一届亚洲运动会	中国　北京	1990. 9. 26	7:45. 76
熊其英	田径女子跳远	第十一届亚洲运动会	中国　北京	1990. 9. 27	6. 69 米

续表附—9

姓名	项目	比赛名称	地点	时间	成绩
谢映梅 黄永红 陆 敏 何 静	垒球	第十一届亚洲运动会	中国 北京	1990. 9. 28	—
张 山	射击女子飞碟双向团体	第十一届亚洲运动会	中国 北京	1990. 9. 29	434 中
	射击女子飞碟双向	第十一届亚洲运动会	中国 北京	1990. 9. 30	197 中
蔡智勇	射击男子 10 米移动靶团体	第十一届亚洲运动会	中国 北京	1990. 9. 30	1707 环
倪世伟	男子水球	第十一届亚洲运动会	中国 北京	1990. 9. 30	—
温莉蓉	女子足球	第十一届亚洲运动会	中国 北京	1990. 9	—
高 敏	跳水女子 1 米跳板	第十一届亚洲运动会	中国 北京	1990. 10. 2	526. 62 分
黄晓燕	田径女子 4 × 100 米接力	第十一届亚洲运动会	中国 北京	1990. 10. 3	44. 36
严 静	击剑女子重剑团体	第十一届亚洲运动会	中国 北京	1990. 10. 3	—
王 萍	武术女子全能	第十一届亚洲运动会	中国 北京	1990. 10. 4	29. 49 分
高 敏	跳水女子团体	第十一届亚洲运动会	中国 北京	1990. 10. 5	3056. 40 分
巫 丹	女子排球	第十一届亚洲运动会	中国 北京	1990. 10. 5	—
周建安	男子排球	第十一届亚洲运动会	中国 北京	1990. 10. 5	—
高 敏	跳水女子 3 米跳板	第十一届亚洲运动会	中国 北京	1990. 10. 6	630. 66 分
谢映梅 陆 敏	垒球	第五届亚洲垒球锦标赛	印尼 雅加达	1991. 8. 9	—
崔 敏	蹼泳女子 50 米屏气潜泳	第二届亚洲蹼泳锦标赛	韩国 汉城	1991. 8. 30	18. 23
	蹼泳女子 4 × 100 米接力	第二届亚洲蹼泳锦标赛	韩国 汉城	1991. 8. 30	3: 10. 38
	蹼泳女子 4 × 200 米接力	第二届亚洲蹼泳锦标赛	韩国 汉城	1991. 8. 31	2: 03. 70
蔡智勇	射击男子 50 米移动靶标准速	第七届亚洲射击锦标赛	中国 北京	1991. 9. 18	591 环
	射击男子 50 米移动靶标准速团体	第七届亚洲射击锦标赛	中国 北京	1991. 9. 18	1763 环
张 山	射击女子飞碟双向	第七届亚洲射击锦标赛	中国 北京	1991. 9. 21	195 中
王雪梅	自行车女子争先赛	第十五届亚洲自行车锦标赛	中国 北京	1991. 9. 21	—
巫 丹	女子排球	第六届亚洲女子排球锦标赛	泰国 曼谷	1991. 9. 21	—
倪世伟	男子水球	第四届亚洲水球锦标赛	日本 福冈	1991. 10. 10	—
赵晓莉	皮划艇女子双人皮艇 500 米	第四届亚洲皮划艇锦标赛	日本 大津	1991. 11. 10	1: 50. 50

续表附—9

姓名	项目	比赛名称	地点	时间	成绩
王　勇	举重男子 67.5 公斤级抓举	第二十三届亚洲举重锦标赛	日本　茨城	1991. 12. 21—23	150 公斤
	举重男子 67.5 公斤级挺举	第二十三届亚洲举重锦标赛	日本　茨城	1991. 12. 21—23	190 公斤
	举重男子 67.5 公斤级总成绩	第二十三届亚洲举重锦标赛	日本　茨城	1991. 12. 21—23	340 公斤
涂华芬	滑水女子全能	第七届亚洲滑水锦标赛	日本　千叶	1992. 8. 22	2157. 96 分
	滑水女子回旋	第七届亚洲滑水锦标赛	日本　千叶	1992. 8. 22	25. 00 分
涂华芬 王　涛	滑水团体总分（女） 滑水团体总分（男）	第七届亚洲滑水锦标赛	日本　千叶	1992. 8. 23	7584. 86 分
肖　伟	乒乓球男子团体	第十一届亚洲乒乓球锦标赛	印度　新德里	1992. 11. 11	—
黎德玲	中国象棋女子团体	第七届亚洲中国象棋锦标赛	马来西亚　槟城	1992. 11. 22	—
张继忠	武术男子散手 56 公斤级	第三届亚洲武术锦标赛	韩国　汉城	1992. 11	—
黎艺嘉 吴向东	技巧混合双人全能（女） 技巧混合双人全能（男）	第一届亚洲技巧锦标赛	中国　香港	1992. 12. 12	29. 59 分
	技巧混合双人第一套（女） 技巧混合双人第一套（男）	第一届亚洲技巧锦标赛	中国　香港	1992. 12. 13	19. 60 分
	技巧混合双人第二套（女） 技巧混合双人第二套（男）	第一届亚洲技巧锦标赛	中国　香港	1992. 12. 13	19. 66 分
巫　丹 计丽萍	女子排球	第七届亚洲女子排球锦标赛	中国　上海	1993. 7. 31	—
李　涛	田径男子 4 × 100 米接力	第十届亚洲田径锦标赛	菲律宾　马尼拉	1993. 11. 30 - 12. 4	39. 47
刘　昊	田径男子铅球	第十届亚洲田径锦标赛	菲律宾　马尼拉	1993. 11. 30 - 12. 4	19. 04 米
刘晓梅	田径女子 4 × 100 米接力	第十届亚洲田径锦标赛	菲律宾　马尼拉	1993. 11. 30 - 12. 4	43. 84
陈兴东	羽毛球混合双打（男）	第十四届亚洲羽毛球锦标赛	中国　上海	1994. 4. 10	—
王　婷 罗夏静 徐应侠	技巧女子 3 人全能	第二届亚洲技巧锦标赛	中国　深圳	1994. 5	29. 60 分

续表附—9

姓名	项目	比赛名称	地点	时间	成绩
王 婷 罗夏静 徐应侠	技巧女子3人第一套	第二届亚洲技巧锦标赛	中国 深圳	1994.5	19.80分
	技巧女子3人第二套	第二届亚洲技巧锦标赛	中国 深圳	1994.5	19.80分
谢映梅	垒球	第十二届亚洲运动会	日本 广岛	1994.10.4	—
赵晓莉	皮划艇女子双人皮艇500米	第十二届亚洲运动会	日本 广岛	1994.10.9	1:45.81
刘稀蓉	赛艇女子四人单桨无舵手	第十二届亚洲运动会	日本 广岛	1994.10.10	7:04.91
刘晓梅	田径女子100米	第十二届亚洲运动会	日本 广岛	1994.10.14	11.27
刘晓梅 黄晓燕 陈 燕	田径女子4×100米接力	第十二届亚洲运动会	日本 广岛	1994.10.16	43.85
张 山	射击女子飞碟双多向团体	亚洲飞碟射击锦标赛	中国 成都	1995.7.8	316中
黎 旭	射击男子飞碟双向团体	亚洲飞碟射击锦标赛	中国 成都	1995.7.11	354中
涂华芬	滑水团体总分(女)	第九届亚洲滑水锦标赛	中国 昆明	1995.8.6	7517.80分
刘世彬	射击女子10米气步枪团体	第八届亚洲射击锦标赛	印尼 雅加达	1995.10.3	1180环
薛 峰	跳伞男子集体团体	第一届亚太区跳伞锦标赛	中国 安阳	1995.10	0.17米
吕 春	跳伞女子集体定点	第一届亚太区跳伞锦标赛	中国 安阳	1995.10	0.14米
孙勋昌	武术男子散手60公斤级	第四届亚洲武术锦标赛	菲律宾 马尼拉	1996.11.15	—
黄 英	帆板女子米斯特拉级	亚太区帆板锦标赛	中国 汕尾	1996.11.20	—
徐绍宾	帆板男子米斯特拉级轻量级	亚太区帆板锦标赛	中国 汕尾	1996.11.20	—
杨存康	举重男子64公斤级挺举	第二十九届亚洲举重锦标赛	中国 扬州	1997.7.5—15	165公斤
	举重男子64公斤级抓举	第二十九届亚洲举重锦标赛	中国 扬州	1997.7.5—15	137.5公斤
	举重男子64公斤级总成绩	第二十九届亚洲举重锦标赛	中国 扬州	1997.7.5—15	302.5公斤
刘长柱	举重男子76公斤级抓举	第二十九届亚洲举重锦标赛	中国 扬州	1997.7.5—15	147.5公斤
	举重男子76公斤级挺举	第二十九届亚洲举重锦标赛	中国 扬州	1997.7.5—15	180公斤

续表附—9

姓名	项目	比赛名称	地点	时间	成绩
刘长柱	举重男子 76 公斤级总成绩	第二十九届亚洲举重锦标赛	中国　扬州	1997. 7. 5—15	327. 5 公斤
张　勇	举重男子 83 公斤级挺举	第二十九届亚洲举重锦标赛	中国　扬州	1997. 7. 5—15	212. 5 公斤
	举重男子 83 公斤级总成绩	第二十九届亚洲举重锦标赛	中国　扬州	1997. 7. 5—15	377. 5 公斤
杨培刚	帆板男子温氏级重量级	亚洲帆板锦标赛	中国　湛江	1997. 8. 28—9. 2	76 分
黄　英	帆板女子米斯特拉级奥林匹克航线赛	亚洲帆板锦标赛	中国　湛江	1997. 8. 28—9. 2	18 分
谢　渝	滑水男子花样滑水	第十一届亚洲滑水锦标赛	中国　长沙	1997. 8. 30	5100 分
张　翔 张利明 周建安 朱　刚	男子排球	第九届亚洲男子排球锦标赛	卡塔尔　多哈	1997. 9. 11	—
吕　春	跳伞女子集体定点	第二届亚太区跳伞锦标赛	中国　杭州	1997. 10	—
刘稀蓉	赛艇女子单人双桨	第七届亚洲赛艇锦标赛	中国　台湾宜兰	1997. 11. 2	7:52. 88
周义霖	跳水男子 3 米跳板	第十三届亚洲运动会	泰国　曼谷	1998. 12. 10	712. 020 分
唐　琳	柔道女子 78 公斤级	第十三届亚洲运动会	泰国　曼谷	1998. 12. 10	—
李雪梅	田径女子 100 米	第十三届亚洲运动会	泰国　曼谷	1998. 12. 14	11. 05
李雪梅 李亚丽	田径女子 4 × 100 米接力	第十三届亚洲运动会	泰国　曼谷	1998. 12. 15	43. 36
周建安 张　翔 张利明 朱　刚	男子排球	第十三届亚洲运动会	泰国　曼谷	1998. 12. 15	—
邓小玲	垒球	第十三届亚洲运动会	泰国　曼谷	1998. 12. 16	—
周建安	男子排球	第十届亚洲男子排球锦标赛	伊朗　德黑兰	1999. 9. 9	—
张　翔 张利明 朱　刚	男子排球	第十届亚洲男子排球锦标赛	伊朗　德黑兰	1999. 9. 9	—
董怀忠	跳伞男子集体定点	第三届亚洲跳伞锦标赛	中国　南京	1999. 9. 11	0. 06 米
陈　静	女子排球	第十届亚洲女子排球锦标赛	中国　香港	1999. 9. 26	—
邓小玲 肖光彩	垒球	第七届亚洲女子垒球锦标赛	中国　上海	1999. 11. 6	—
陈真茹	射击女子飞碟双向	第九届亚洲射击锦标赛	马来西亚　郎卡维	2000. 1. 25	93 中
贺　伟	跳水男子 10 米跳台	第六届亚洲游泳锦标赛	韩国　釜山	2000. 4. 2	698. 43 分

续表附—9

姓名	项目	比赛名称	地点	时间	成绩
方 敏	跳水女子1米跳板	第六届亚洲游泳锦标赛	韩国 釜山	2000.4.2	539.73分
丁 炜	武术男子枪术	第五届亚洲武术锦标赛	越南 河内	2000.11.4	—
朱 虹	跳伞混合集体定点(女)	第四届亚洲跳伞锦标赛	澳大利亚 瓦嘎瓦嘎	2000.12	0.17米
刘 犇	跳水男子1米跳板	第二届亚洲大洋洲杯跳水赛	中国 天津	2001.5.28—29	421.56分
	跳水男子团体	第二届亚洲大洋洲杯跳水赛	中国 天津	2001.5.28—29	4195.68分
侯媛媛 方 敏	跳水女子双人3米跳板	第二届亚洲大洋洲杯跳水赛	中国 天津	2001.5.28—29	309.30分
	跳水女子团体	第二届亚洲大洋洲杯跳水赛	中国 天津	2001.5.28—29	3332.97分
熊 姿 陈 静	女子排球	第十一届亚洲女子排球锦标赛	泰国 呵叻	2001.9.30	—
朱 虹	跳伞女子集体定点	第五届亚洲跳伞锦标赛	中国 舟山	2001.10.22	0.77米
殷 剑	帆板女子米斯奥林匹克航线赛	亚洲帆板锦标赛	中国 深圳	2002.4	111分
张 晔	保龄球男子精英挑战赛	第十七届亚洲保龄球锦标赛	中国 香港	2002.7.4	3519分
黄 晶	体操女子团体	第十四届亚洲运动会	韩国 釜山	2002.10.2	147.750分
黄志刚	赛艇男子轻量级四人单桨无舵手	第十四届亚洲运动会	韩国 釜山	2002.10.3	6:08.80
李 勤	赛艇女子公开级双人双桨	第十四届亚洲运动会	韩国 釜山	2002.10.3	8:16.95
陈朝霞 张海英 陈 静 熊 姿	女子曲棍球	第十四届亚洲运动会	韩国 釜山	2002.10.11	—
曾秀君	田径女子4×100米接力	第十四届亚洲运动会	韩国 釜山	2002.10.13	43.84
王建军	乒乓球男子团体	第十六届亚洲乒乓球锦标赛	泰国 曼谷	2003.2	—
陈忠云	皮划艇男子单人划艇1000米	第十届亚洲皮划艇锦标赛	印 度	2003.10.1—4	—
彭 春 杨雅莉	皮划艇女子双人皮艇200米	第十届亚洲皮划艇锦标赛	印 度	2003.10.1—4	—
	皮划艇女子四人皮艇500米	第十届亚洲皮划艇锦标赛	印 度	2003.10.1—4	—
	皮划艇女子四人皮艇1000米	第十届亚洲皮划艇锦标赛	印 度	2003.10.1—4	—
吕 春	跳伞女子集体定点	第七届亚洲跳伞锦标赛	马来西亚 关丹	2003.10.21	—

续表附—9

姓名	项目	比赛名称	地点	时间	成绩
冯黎明	皮划艇激流回旋男子单人划艇	亚洲皮划艇激流回旋锦标赛	中国　台湾南投	2003. 11. 12－16	142. 22 秒
张　山	射击女子飞碟双向	第十届亚洲射击锦标赛	马来西亚　吉隆坡	2004. 2. 15	97 中
	射击女子飞碟双向团体	第十届亚洲射击锦标赛	马来西亚　吉隆坡	2004. 2. 15	210 中
侯媛媛	跳水女子 3 米跳板	第三届亚洲杯跳水赛	中国　四川自贡	2004. 4. 7—8	587. 73 分
甘为霖	跳水女子双人 10 米跳台	第三届亚洲杯跳水赛	中国　四川自贡	2004. 4. 7—8	306. 66 分
莫瀚娜	跳水女子 10 米跳台	第三届亚洲杯跳水赛	中国　四川自贡	2004. 4. 7—8	564. 12 分
王晓欢	跳水男子双人 10 米台	第三届亚洲杯跳水赛	中国　四川自贡	2004. 4. 7—8	333. 72 分
侯媛媛 方　敏	跳水女子双人 3 米跳板	第三届亚洲杯跳水赛	中国　四川自贡	2004. 4. 7—8	311. 70 分
吕远洋	艺术体操集体全能	第二届亚洲艺术体操锦标赛	中国　扬州	2004. 6. 24	—
	艺术体操 3 圈 2 球	第二届亚洲艺术体操锦标赛	中国　扬州	2004. 6. 24	—
	艺术体操 5 人带操	第二届亚洲艺术体操锦标赛	中国　扬州	2004. 6. 24	—
冯晓晔	跳伞女子集体定点	第八届亚洲跳伞锦标赛	中国　乌鲁木齐	2004. 8	0. 18 米
于飞彪	武术男子散打 56 公斤级	第六届亚洲武术锦标赛	缅甸　仰光	2004. 11	—
顾俊杰	田径男子三级跳远	第十六届亚洲田径锦标赛	韩国　江川	2005. 9. 3	16. 69 米
吕　春	跳伞女子个人定点	第九届亚洲跳伞锦标赛	阿联酋	2005. 11. 29	0. 05 米
	跳伞女子集体定点	第九届亚洲跳伞锦标赛	阿联酋	2005. 11. 29	0. 22 米
刘天佑	射击男子 10 米气步枪	第四届东亚运动会	中国　澳门	2005. 11	700. 3 环
陈忠云	皮划艇男子单人 500 米划艇	第十一届亚洲皮划艇锦标赛暨第四届亚洲青年皮划艇锦标赛	马来西亚 普特拉加亚	2005. 12. 17－20	1:56. 24
王　凤 杨雅莉	皮划艇女子四人 200 米皮艇	第十一届亚洲皮划艇锦标赛	马来西亚 普特拉加亚	2005. 12. 17－20	39. 72
王　凤	皮划艇女子四人 500 米皮艇	第十一届亚洲皮划艇锦标赛	马来西亚 普特拉加亚	2005. 12. 17－20	1:43. 43
	皮划艇女子四人 1000 米皮艇	第十一届亚洲皮划艇锦标赛	马来西亚 普特拉加亚	2005. 12. 17－20	3:34. 71
杨雅莉	皮划艇女子双人 500 米皮艇	第十一届亚洲皮划艇锦标赛	马来西亚 普特拉加亚	2005. 12. 17－20	1:49. 19
	皮划艇女子双人 1000 米皮艇	第十一届亚洲皮划艇锦标赛	马来西亚 普特拉加亚	2005. 12. 17－20	3:48. 09

（三）1988—2005 年四川省运动员获得全国比赛冠军统计表

表附—10

姓名	项目	比赛名称	地点	时间	成绩
	1. 田　径				
李　涛	男子 100 米	全国田径锦标赛	辽宁　鞍山	1988. 6	10. 52
	男子 4 × 100 米接力	全国田径锦标赛	辽宁　鞍山	1988. 6	39. 55
	男子 100 米	全国田径冠军赛	天　津	1988. 9	10. 65
	男子 4 × 100 米接力	全国田径冠军赛	天　津	1988. 9	40. 18
王文忠	男子标枪	全国田径冠军赛	天　津	1988. 9	70. 98 米
熊其英	女子跳远	全国田径冠军赛	天　津	1988. 9	6. 71 米
王文忠	男子标枪	全国田径锦标赛	安徽　合肥	1989. 5	74. 82 米
肖子芳	女子 100 米栏	全国田径锦标赛	山东　青岛	1989. 6	13. 45
李　涛	男子 4 × 100 米接力	全国田径冠军赛	浙江　杭州	1989. 9	40. 11
	男子 100 米	全国田径冠军赛	天　津	1990. 8	10. 48
	男子 4 × 100 米接力	全国田径冠军赛	天　津	1990. 8	39. 84
王文忠	男子标枪	全国田径冠军赛	天　津	1990. 8	77. 16 米
胡晓华	女子 4 × 400 米接力	全国田径冠军赛	天　津	1990. 8	3:38. 66
李　涛	男子 100 米	全国田径锦标赛	北　京	1990. 6	10. 33
	男子 4 × 100 米接力	全国田径锦标赛	北　京	1990. 6	40. 13
	男子 100 米	全国田径锦标赛	北　京	1991. 6	10. 47
郭峥嵘	男子十项全能	全国田径冠军赛	浙江　杭州	1991. 10	7506 分
夏香海	男子 100 米	全国田径冠军赛	浙江　杭州	1991. 10	10. 36
刘　馨	女子七项全能	全国田径冠军赛	浙江　杭州	1991. 10	5882 分
李　涛	男子 100 米	全国田径锦标赛	江苏　南京	1992. 5	10. 35
高　寒	女子 100 米	全国田径锦标赛	江苏　南京	1992. 5	11. 26
刘晓梅	女子 100 米	第七届全国运动会	北　京	1993. 9	11. 02
李　涛	男子 100 米	第七届全国运动会	北　京	1993. 9	10. 24
雷　泉	男子 400 米	全国田径锦标赛	北　京	1994. 6	46. 66

续表附—10

姓名	项目	比赛名称	地点	时间	成绩
黄晓燕	女子 100 米	全国田径锦标赛	北　京	1994.6	11.42
邱巧萍	女子铁饼	全国田径锦标赛	北　京	1994.6	65.66 米
李　涛	男子 100 米	全国田径冠军赛	河北　唐山	1994.8	10.58
李　涛 叶　虎	男子 4 × 100 米接力	全国田径冠军赛	河北　唐山	1994.8	39.54
郎　勇	男子跳远	全国田径冠军赛	河北　唐山	1994.8	8.02 米
郭峥嵘	男子十项全能	全国田径冠军赛	河北　唐山	1994.8	7334 分
李秀梅	女子 400 米栏	全国田径冠军赛	河北　唐山	1994.8	56.89
刘晓梅 黄晓燕	女子 4 × 100 米接力	全国田径冠军赛	河北　唐山	1994.8	43.51
郭峥嵘	男子十项全能	全国田径冠军赛	吉林　长春	1995.9	7091 分
李亚丽	女子 100 米	全国田径冠军赛	吉林　长春	1995.9	11.73
钟　梅	女子跳远	全国田径锦标赛	江苏　南京	1996.5	6.52 米
李雪梅 刘晓梅	女子 4 × 100 米接力	全国田径锦标赛	江苏　南京	1996.5	43.92
郭峥嵘	男了十项全能	全国田径锦标赛	江苏　南京	1996.5	7414 分
陈智聪	男子链球	全国田径冠军赛	河北　石家庄	1996.9	67.46 米
刘　静	女子 100 米栏	全国田径冠军赛	河北　石家庄	1996.9	13.20
李雪梅	女子 100 米	全国田径锦标赛	四川　成都	1997.6.1	11.05
	女子 200 米	全国田径锦标赛	四川　成都	1997.6.3	22.60
曾秀君 李亚丽 刘晓梅 李雪梅	女子 4 × 100 米接力	全国田径锦标赛	四川　成都	1997.6.4	43.13
熊其英	女子跳远	全国田径锦标赛	四川　成都	1997.6.2	6.79 米
李雪梅	女子 100 米	第八届全国运动会	上　海	1997.10.18	10.79
	女子 200 米	第八届全国运动会	上　海	1997.10.22	22.01
曾　艳	女子 100 米栏	第八届全国运动会	上　海	1997.10.18	12.76
李雪梅 刘晓梅 李亚丽 肖　琳	女子 4 × 100 米接力	第八届全国运动会	上　海	1997.10.24	42.23
李亚丽	女子 100 米	全国田径锦标赛	北　京	1998.9.3	11.41
李亚丽 李雪梅 曾秀君 刘　馨	女子 4 × 100 米接力	全国田径锦标赛	北　京	1998.9.6	43.87
刘洪宁	男子跳远	全国田径冠军赛	北　京	1998.6	8.05 米

续表附—10

姓名	项目	比赛名称	地点	时间	成绩
李雪梅	女子 100 米	全国田径冠军赛	北 京	1998. 6	10. 95
刘 静	女子 100 米栏	全国田径冠军赛	北 京	1998. 6	13. 22
曾秀君	女子 100 米	全国田径冠军赛	上 海	1999. 6. 2	11. 58
曹 文	男子十项全能	全国田径锦标赛	广东 惠州	1999. 10. 10	7305 分
李雪梅	女子 100 米	全国田径冠军赛	辽宁 锦州	2000. 6	11. 38
刘晓梅	女子 200 米	全国田径冠军赛	辽宁 锦州	2000. 6	22. 76
李雪梅	女子 100 米	全国田径锦标赛	河南 漯河	2000. 10	11. 39
	女子 200 米	全国田径锦标赛	河南 漯河	2000. 10	23. 38
李雪梅 刘晓梅 李亚丽 曾秀君	女子 4 × 100 米接力	全国田径锦标赛	河南 漯河	2000. 10	43. 71
刘 馨	女子七项全能	全国田径锦标赛	河南 漯河	2000. 10	5835 分
钟 梅	女子跳远	全国田径锦标赛	四川 成都	2001. 6. 29	6. 69 米
李雪梅 刘晓梅 李亚丽 曾秀君	女子 4 × 100 米接力	全国田径锦标赛	四川 成都	2001. 7. 1	43. 50
李雪梅	女子 100 米	第九届全国运动会	广东 广州	2001. 11. 17	11. 11
	女子 200 米	第九届全国运动会	广东 广州	2001. 11. 22	22. 75
李雪梅 刘晓梅 李亚丽 曾秀君	女子 4 × 100 米接力	第九届全国运动会	广东 广州	2001. 11. 23	43. 18
顾俊杰	男子三级跳远	全国田径锦标赛	上 海	2003. 9. 11	16. 83 米
李雪梅	女子 100 米	全国田径锦标赛	河北 石家庄	2004. 6. 20—23	11. 42
	女子 200 米	全国田径锦标赛	河北 石家庄	2004. 6. 20—23	23. 17
李雪梅 曾秀君 冷 眉 舒 艳	女子 4 × 100 米接力	全国田径锦标赛	河北 石家庄	2004. 6. 20—23	44. 11
顾俊杰	男子三级跳远	全国田径冠军赛	安徽 合肥	2004. 9. 25—26	17. 23 米
刘 静	女子 100 米栏	第十届全国运动会	江苏 南京	2005. 10	12. 96
余 滨	男子十项全能	全国田径冠军赛	江苏 南京	2005. 10	7705 分
	2. 游 泳				
金 浦	男子 200 米蛙泳	全国游泳冠军赛	广东 中山	1988. 5. 7	2:21. 59
魏 红	女子 400 米自由泳	全国游泳锦标赛	江苏 苏州	1988. 9. 9	4:28. 15

续表附—10

姓名	项目	比赛名称	地点	时间	成绩
石文强	男子100米蛙泳	全国游泳冠军赛	辽宁　辽阳	1991.4	1:05.33
	男子200米蛙泳	全国游泳冠军赛	辽宁　辽阳	1991.4	2:23.32
	男子200米蛙泳	全国游泳冠军赛	北　京	1992.4.8	2:21.42
洪宁宁	男子200米蛙泳	全国游泳锦标赛	河北　保定	1994.9	2:19.33
付　涛	男子1500米自由泳	全国游泳冠军赛	河北　保定	1995.4.10	15:35.03
黄　欣	男子100米蝶泳	全国游泳冠军赛	河北　保定	1998.5	55.05
田　勤	女子50米自由泳	全国游泳锦标赛	江苏　张家港	2003.9	25.81
赵　菁	女子100米蝶泳	全国游泳锦标赛	江苏　张家港	2003.9	59.82
	3. 跳　水				
高　敏	女子1米跳板	全国跳水冠军赛	上　海	1990.4.20	471.15分
	女子3米跳板	全国跳水冠军赛	上　海	1990.4.22	593.43分
桂　鹰	男子跳台	全国跳水锦标赛	四川　成都	1990.10.20	415.40分
饶　琅	女子1米跳板	全国跳水冠军赛	四川　成都	1994.4	255.96分
	女子1米跳板	全国跳水锦标赛	湖北　武汉	1994.9	264.36分
周义霖	男子1米跳板	全国跳水锦标赛	湖北　武汉	1994.9	383.88分
饶　琅	女子1米跳板	全国跳水锦标赛	河北　保定	1996.9.21	266.40分
桂　鹰	男子3米跳板	全国跳水锦标赛	河北　保定	1996.9.23	658.86分
饶　琅	女子3米跳板	全国跳水锦标赛	河北　保定	1996.9.24	491.97分
四川队	男子团体	全国跳水冠军赛	上　海	1997.3.16	252分
周义霖	男子1米跳板	全国跳水冠军赛	四川　成都	1998.6.19	371.34分
	男子3米跳板	全国跳水冠军赛	四川　成都	1998.6.20	717.18分
陈　莉 侯嫒嫒	女子双人10米跳台	全国跳水冠军赛	四川　成都	1998.6.21	311.46分
周义霖	男子1米跳板	全国跳水锦标赛	天　津	1998.9.13	396.12分
侯嫒嫒	女子跳水个人全能	全国跳水锦标赛	四川　成都	1999.10.29	113分
方　敏 侯嫒嫒	女子双人3米跳板	全国跳水锦标赛	云南　昆明	2000.10	300.00分
方　敏	女子3米跳板	全国跳水锦标赛	云南　昆明	2000.10	555.66分
李成伟	男子10米跳台	全国跳水冠军赛	广东　珠海	2001.5	696.48分
李成伟 贺　伟	男子双人10米跳台	第九届全国运动会	广东　广州	2001.11.19	365.70分
方　敏 侯嫒嫒	女子双人3米跳板	全国跳水锦标赛	天　津	2002.8.29—9.3	317.40分
四川队	女子团体	全国跳水锦标赛	天　津	2002.8.29—9.3	2950.44分

续表附—10

姓名	项目	比赛名称	地点	时间	成绩
徐 翔	男子个人全能	全国跳水冠军赛	江苏 南京	2003. 4. 25	771. 93 分
方 敏 侯媛媛	女子双人 3 米跳板	全国跳水冠军赛	江苏 南京	2003. 4. 25	312. 30 分
	女子双人 3 米跳板	全国跳水锦标赛	重 庆	2003. 9	306. 90 分
甘为霖 秦紫薇	女子双人 10 米跳台	全国跳水锦标赛	重 庆	2003. 9	311. 28 分
徐 翔	男子个人全能	全国跳水锦标赛	重 庆	2003. 9	754. 17 分
方 敏 侯媛媛	女子双人 3 米跳板	全国跳水冠军赛	广东 深圳	2004. 5	316. 20 分
四川队	女子团体	全国跳水冠军赛	广东 深圳	2004. 5	2982. 73 分
方 敏 侯媛媛	女子双人 3 米跳板	全国跳水锦标赛	四川 成都	2004. 10. 14—19	312. 30 分
莫瀚娜 秦紫琳	女子双人 10 米跳台	全国跳水锦标赛	四川 成都	2004. 10. 14—19	336. 10 分
方 敏	女子 3 米跳板	全国跳水锦标赛	四川 成都	2004. 10. 14—19	565. 20 分
四川队	女子团体	全国跳水锦标赛	四川 成都	2004. 10. 14—19	3076. 78 分
方 敏	女子 1 米跳板	全国跳水冠军赛	四川 成都	2005. 4. 20—25	270. 24 分
侯媛媛	女子 3 米跳板	全国跳水冠军赛	四川 成都	2005. 4. 20—25	578. 79 分
方 敏 侯媛媛	女子双人 3 米跳板	全国跳水冠军赛	四川 成都	2005. 4. 20—25	286. 80 分
四川队	女子团体	全国跳水锦标赛	四川 成都	2005. 4. 20—25	3023. 49 分
	女子团体	第十届全国运动会	江苏 南京	2005. 9. 28	2050. 40 分
方 敏 侯媛媛	女子双人 3 米跳板	第十届全国运动会	江苏 南京	2005. 9. 28	326. 700 分
	4. 花样游泳				
罗 玺 谭 敏	双 人	全国花样游泳冠军赛	湖南 长沙	1988. 4. 13	171. 163 分
谭 敏	单 人	全国花样游泳冠军赛	四川 成都	1989. 5. 11	175. 605 分
罗 玺 谭 敏	双 人	全国花样游泳冠军赛	四川 成都	1989. 5. 11	175. 526 分
谭 敏	单 人	全国花样游泳锦标赛	上 海	1989. 9	170. 971 分
罗 玺 谭 敏	双 人	全国花样游泳锦标赛	上 海	1989. 9	163. 529 分
谭 敏	规定动作	全国花样游泳锦标赛	上 海	1991. 9	75. 230 分
谭 敏 江 洁	双 人	全国花样游泳锦标赛	上 海	1991. 9	163. 529 分

续表附—10

姓名	项目	比赛名称	地点	时间	成绩
谭　敏	单　人	全国花样游泳冠军赛	北　京	1992. 4	170. 417 分
	单　人	全国花样游泳锦标赛	上　海	1992. 9	176. 401 分
	规定动作	全国花样游泳锦标赛	上　海	1992. 9	81. 492 分
谭　敏 江　洁	双　人	全国花样游泳锦标赛	上　海	1992. 9	173. 039 分
	双　人	全国花样游泳冠军赛	湖南　长沙	1993. 4	175. 422 分
	双　人	第七届全国运动会	四川　成都	1993. 8. 16	184. 410 分
	双　人	全国花样游泳冠军赛	四川　成都	1994. 4	173. 006 分
四川队	集　体	全国花样游泳冠军赛	广东　广州	2002. 5. 9	92. 000 分
	集　体	全国花样游泳锦标赛	上　海	2002. 10. 30	93. 167 分
李柔娉	单　人	全国花样游泳冠军赛	广东　汕头	2004. 4	90. 147 分
蒋文文 蒋婷婷	双　人	全国花样游泳冠军赛	广东　汕头	2004. 4	95. 501 分
	5. 蹼　泳				
崔　敏 陈　涛 袁丽蓉 罗茂丽	女子 4 × 100 米接力	全国春季蹼泳锦标赛	湖北　武汉	1989. 3. 20	3:06. 70
	女子 4 × 200 米接力	全国春季蹼泳锦标赛	湖北　武汉	1989. 3. 21	6:55. 10
	女子 4 × 200 米接力	全国春季蹼泳锦标赛	四川　成都	1990. 4. 7	6:48. 60
	女子 4 × 100 米接力	全国春季蹼泳锦标赛	四川　成都	1990. 4. 8	3:05. 00
崔　敏	女子 50 米屏气潜泳	全国春季蹼泳锦标赛	上　海	1991. 4. 5	17. 39
	女子 100 米蹼泳	全国蹼泳锦标赛	广东　广州	1992. 9	42. 68
	女子 100 米器泳	全国蹼泳锦标赛	广东　广州	1992. 9	38. 94
	女子短距离三项全能	全国蹼泳锦标赛	广东　广州	1992. 9	81 分

续表附—10

姓名	项目	比赛名称	地点	时间	成绩
	6. 体 操				
李 舸	男子鞍马	全国体操锦标赛	江苏 南京	1989. 5. 20	9. 700 分
	男子全能	全国体操锦标赛	四川 成都	1990. 5. 17	57. 650 分
	男子鞍马	全国体操锦标赛	四川 成都	1990. 5. 17	9. 825 分
	男子单杠	全国体操锦标赛	四川 成都	1990. 5. 17	9. 775 分
	男子吊环	全国体操锦标赛	四川 成都	1990. 5. 17	9. 775 分
胡 春	女子跳马	全国体操锦标赛	四川 成都	1990. 5. 17	9. 462 分
李 舸	男子吊环	全国体操冠军赛	江西 南昌	1991. 5	9. 850 分
	男子双杠	全国体操冠军赛	江西 南昌	1991. 5	9. 800 分
吴 川	男子鞍马	全国体操锦标赛	四川 成都	1994. 6. 14	9. 600 分
杨 勇	男子跳马	全国体操锦标赛	四川 成都	1994. 6. 14	9. 325 分
姜 庆	男子鞍马	全国体操冠军赛	上 海	1998. 6. 18	9. 575 分
杨 涛	男子自由体操	全国体操锦标赛	广东 东莞	1999. 5. 12	9. 762 分
胡 畔	男子吊环	全国体操冠军赛	四川 成都	2000. 10. 30	9. 750 分（并列）
王刺荔	女子自由体操	全国体操冠军赛	四川 成都	2000. 10. 30	9. 513 分（并列）
黄 晶	女子自由体操	全国体操锦标赛	云南 昆明	2002. 6	9. 513 分
林 夏	女子自由体操	全国体操锦标赛	江苏 张家港	2003. 9	9. 462 分
邹 凯	男子自由体操	全国体操冠军赛	浙江 杭州	2004. 10	9. 700 分
	男子自由体操	全国体操冠军赛	江苏 南京	2005. 8	9. 513 分
	7. 艺术体操				
李 瑶 梁 妍 曾 洁 范冀川 桑 燕 曾 梅 骆 懿	3 球 2 带	全国艺术体操锦标赛	广东 深圳	1996. 9	18. 849 分
四川队	总成绩	全国艺术体操锦标赛	四川 成都	1997. 5. 9	37. 200 分
梁 妍 桑 燕 骆 懿 曾 梅 吴 婧 任 爽	集体全能	全国艺术体操锦标赛	宁夏 银川	1998. 9. 12	18. 616 分

续表附—10

姓名	项目	比赛名称	地点	时间	成绩
梁　妍 桑　燕 骆　懿 曾　梅 吴　婧 任　爽	集体单项	全国艺术体操锦标赛	宁夏　银川	1998. 9. 12	18. 616 分
	2 圈 3 带	全国艺术体操锦标赛	宁夏　银川	1998. 9. 12	18. 600 分
	集体单项 5 人棒操	全国艺术体操锦标赛	河北　沧州	1999. 5	18. 733 分
四川队	集体全能	全国艺术体操冠军赛	江苏　扬州	2002. 5. 18	80. 450 分
吕远洋 骆　懿 任　爽 谭　实 吕　吟 吴　婧 舒成彦	3 绳 2 球	全国艺术体操冠军赛	江苏　扬州	2002. 5. 18	18. 900 分
	5 人带操	全国艺术体操冠军赛	江苏　扬州	2002. 5. 18	18. 600 分
四川队	团体总分	全国艺术体操锦标赛	江苏　淮安	2002. 9	12. 000 分
	集体全能	全国艺术体操锦标赛	江苏　淮安	2002. 9	80. 961 分
吕远洋 骆　懿 任　爽 谭　实 吕　吟 吴　婧 舒成彦	3 绳 2 球	全国艺术体操锦标赛	江苏　淮安	2002. 9	21. 365 分
四川队	集体单项 5 人带	全国艺术体操锦标赛	四川　泸州	2005. 5. 26—29	13. 550 分

续表附—10

姓名	项目		比赛名称	地点	时间	成绩
	8. 技 巧					
钟宇萍	女子单人全能		全国技巧冠军赛	浙江 杭州	1988. 5. 26	28. 20 分
	女子单人全能		全国技巧锦标赛	广西 桂林	1988. 9	29. 43 分
黎艺嘉	混合双人全能	（女）	全国技巧锦标赛	广西 桂林	1988. 9	28. 80 分
吴向东		（男）				
钟宇萍	女子单人第一套		全国技巧锦标赛	广西 桂林	1988. 9	17. 70 分
	女子单人第二套		全国技巧锦标赛	广西 桂林	1988. 9	19. 63 分
廖 蕾 杨巧萍 欧阳珊珊	女子三人第一套		全国技巧锦标赛	广西 桂林	1988. 9	18. 99 分
钟宇萍	女子单人全能		全国技巧锦标赛（第一阶段）	安徽 合肥	1989. 5. 20	29. 03 分
	女子单人第二套		全国技巧锦标赛（第一阶段）	安徽 合肥	1989. 5. 21	19. 60 分
黎艺嘉	混合双人第一套	（女）	全国技巧锦标赛（第一阶段）	安徽 合肥	1989. 5. 21	18. 99 分（并列）
吴向东		（男）				
钟宇萍	女子单人全能		全国技巧锦标赛（第二阶段）	山西 阳泉	1989. 9. 9	29. 00 分
黎艺嘉 吴向东	混合双人全能	（女） （男）	全国技巧锦标赛（第二阶段）	山西 阳泉	1989. 9. 9	28. 84 分
	混合双人第一套	（女） （男）	全国技巧锦标赛（第二阶段）	山西 阳泉	1989. 9. 10	19. 16 分
	混合双人第二套	（女） （男）	全国技巧锦标赛（第二阶段）	山西 阳泉	1989. 9. 10	19. 36 分
钟宇萍	女子单人全能		全国技巧锦标赛	四川 成都	1990. 6. 3	29. 36 分
黎艺嘉 吴向东	混合双人全能	（女） （男）	全国技巧锦标赛	四川 成都	1990. 6. 3	29. 03 分
	混合双人第一套	（女） （男）	全国技巧锦标赛	四川 成都	1990. 6. 5	19. 36 分
	混合双人第二套	（女） （男）	全国技巧锦标赛	四川 成都	1990. 6. 5	19. 40 分
钟宇萍	女子单人第二套		全国技巧锦标赛	四川 成都	1990. 6. 5	19. 70 分

续表附—10

姓名	项目	比赛名称	地点	时间	成绩
钟宇萍	女子单人第一套	全国技巧锦标赛	安徽　合肥	1991. 10. 23	19. 36 分
钟宇萍	女子单人第二套	全国技巧锦标赛	安徽　合肥	1991. 10. 23	19. 46 分
黎艺嘉（女） 吴向东（男）	混合双人第二套	全国技巧锦标赛	辽宁　沈阳	1992. 9. 28	19. 46 分
王　婷 罗夏静 徐应侠	女子三人第二套	全国技巧锦标赛	广东　深圳	1996. 4. 21	19. 225 分
王　婷 罗夏静 徐应侠	女子三人全能	全国技巧锦标赛	江苏　南京	1997. 5. 10	28. 80 分
王　婷 罗夏静 徐应侠	女子三人第二套	全国技巧锦标赛	江苏　南京	1997. 5. 11	19. 15 分
		9. 蹦　床			
周　玺 李　忆 潘梦涛	男子网上团体	首届全国蹦床冠军赛	福建　福州	1998. 11. 15	92. 80 分
		10. 举　重			
刘寿斌	男子 56 公斤级抓举	全国举重锦标赛	江西　抚州	1988. 4. 6	130 公斤
刘寿斌	男子 56 公斤级总成绩	全国举重锦标赛	江西　抚州	1988. 4. 6	275 公斤
邱远富	男子 52 公斤级总成绩	全国举重锦标赛	江西　抚州	1988. 4. 6	247. 5 公斤
邱远富	男子 52 公斤级挺举	全国举重冠军赛	河南　郑州	1988. 11	140 公斤
王　勇	男子 67. 5 公斤级挺举	全国举重冠军赛	河南　郑州	1988. 11	175 公斤
龚　华	女子 48 公斤级抓举	全国举重冠军赛	河南　郑州	1988. 11	77. 5 公斤
龚　华	女子 48 公斤级总成绩	全国举重冠军赛	河南　郑州	1988. 11	162. 5 公斤

续表附—10

姓名	项目	比赛名称	地点	时间	成绩
邱远富	男子 52 公斤级抓举	全国男子举重锦标赛	安徽　铜陵	1989. 4	112. 5 公斤
	男子 52 公斤级挺举	全国男子举重锦标赛	安徽　铜陵	1989. 4	135 公斤
	男子 52 公斤级总成绩	全国男子举重锦标赛	安徽　铜陵	1989. 4	247. 5 公斤
刘寿斌	男子 56 公斤级抓举	全国男子举重锦标赛	安徽　铜陵	1989. 4	125 公斤
	男子 56 公斤级总成绩	全国男子举重锦标赛	安徽　铜陵	1989. 4	275 公斤
刘玉刚	男子 56 公斤级挺举	全国男子举重锦标赛	安徽　铜陵	1989. 4	155 公斤
王　勇	男子 67. 5 公斤级挺举	全国男子举重锦标赛	安徽　铜陵	1989. 4	175 公斤
	男子 67. 5 公斤级总成绩	全国男子举重锦标赛	安徽　铜陵	1989. 4	307. 5 公斤
江成武	男子 52 公斤级挺举	全国举重冠军赛	江苏　扬州	1989. 10	135 公斤
刘玉刚	男子 56 公斤级挺举	全国举重冠军赛	江苏　扬州	1989. 10	150 公斤
	男子 56 公斤级总成绩	全国举重冠军赛	江苏　扬州	1989. 10	267. 5 公斤
邓华蓉	女子 52 公斤级抓举	全国举重冠军赛	江苏　扬州	1989. 10	80 公斤
刘寿斌	男子 60 公斤级抓举	全国男子举重锦标赛	浙江　杭州	1990. 4. 13 - 15	137. 5 公斤
	男子 60 公斤级总成绩	全国男子举重锦标赛	浙江　杭州	1990. 4. 13 - 15	297. 5 公斤
王　勇	男子 67. 5 公斤级挺举	全国男子举重冠军赛	山西　太原	1990. 11. 2 - 6	175 公斤
	男子 67. 5 公斤级总成绩	全国男子举重冠军赛	山西　太原	1990. 11. 2 - 6	312. 5 公斤
刘玉刚	男子 60 公斤级总成绩	全国男子举重锦标赛	福建　福州	1991. 4	292. 5 公斤
王　勇	男子 67. 5 公斤级总成绩	全国男子举重锦标赛	福建　福州	1991. 4	322. 5 公斤

续表附—10

姓名	项目	比赛名称	地点	时间	成绩
王　勇	男子 75 公斤级总成绩	全国举重锦标赛	福建　福州	1992. 4	342. 5 公斤
刘玉刚	男子 59 公斤级总成绩	全国举重锦标赛	福建　福州	1993. 3	287. 5 公斤
刘寿斌	男子 59 公斤级总成绩	全国举重锦标赛	辽宁　朝阳	1994. 4	285 公斤
张　勇	男子 83 公斤级抓举	全国举重冠军赛	四川　重庆	1994. 12	160 公斤
	男子 83 公斤级挺举	全国举重冠军赛	四川　重庆	1994. 12	195 公斤
	男子 83 公斤级总成绩	全国举重冠军赛	四川　重庆	1994. 12	355 公斤
	男子 76 公斤级挺举	全国举重锦标赛	广西　南宁	1995. 4	190 公斤
杨存康	男子 64 公斤级总成绩	全国举重锦标赛	上　海	1996. 3. 19	310 公斤
张　勇	男子 83 公斤级挺举	全国举重冠军赛	湖北　宜昌	1996. 11. 3	200 公斤
刘长柱	男子 76 公斤级总成绩	全国举重锦标赛	辽宁　沈阳	1997. 4. 27	337. 5 公斤
杨存康	男子 64 公斤级总成绩	第八届全国运动会	上　海	1997. 10. 2	317. 5 公斤
张　勇	男子 85 公斤级抓举	全国举重锦标赛	重　庆	1998. 4	167. 5 公斤
	男子 85 公斤级挺举	全国举重锦标赛	重　庆	1998. 4	205. 5 公斤
	男子 85 公斤级总成绩	全国举重锦标赛	重　庆	1998. 4	372. 5 公斤
喻廷孝	男子 56 公斤级挺举	全国举重锦标赛	安徽　黄山	1999. 3. 22	157. 5 公斤
杨存康	男子 69 公斤级抓举	全国举重冠军赛	湖北　宜昌	1999. 10	152. 5 公斤
	男子 69 公斤级挺举	全国举重冠军赛	湖北　宜昌	1999. 10	182. 5 公斤
	男子 69 公斤级总成绩	全国举重冠军赛	湖北　宜昌	1999. 10	335 公斤

续表附—10

姓名	项目	比赛名称	地点	时间	成绩
杨雪维	女子 75 公斤级挺举	全国举重冠军赛	山东　青岛	2000. 10	140 公斤
丁　新	男子 +105 公斤级抓举	全国举重锦标赛	江苏　无锡	2001. 4	185 公斤
孙彩艳	女子 58 公斤级抓举	全国举重锦标赛	江西　庐山	2001. 4	105 公斤
	女子 58 公斤级总成绩	全国举重锦标赛	江西　庐山	2001. 4	230 公斤
张　平	男子 62 公斤级抓举	全国举重冠军赛	江苏　扬州	2004. 11	142. 5 公斤
杨雪维	女子 75 公斤级抓举	全国举重冠军赛	重庆　永川	2004. 11	115 公斤
	女子 75 公斤级挺举	全国举重冠军赛	重庆　永川	2004. 11	140 公斤
	女子 75 公斤级总成绩	全国举重冠军赛	重庆　永川	2004. 11	255 公斤
黄　欢	女子 +75 公斤级挺举	全国举重锦标赛	山东　济南	2005. 4	165 公斤
喻廷孝	男子 56 公斤级总成绩	第十届全国运动会	江苏　扬州	2005. 10	282. 5 公斤
	11. 拳　击				
刘　刚	男子 51 公斤级	全国拳击锦标赛	北　京	1990. 7. 8	—
	男子 51 公斤级	全国拳击锦标赛	辽宁　沈阳	1991. 5	—
	男子 51 公斤级	全国拳击冠军赛	四川　成都	1991. 9. 22	—
叶新春	男子 54 公斤级	全国拳击冠军赛	四川　成都	1991. 9. 22	—
汪　军	男子 48 公斤级	全国拳击锦标赛	浙江　杭州	1992. 5	—
卢　健	男子 54 公斤级	全国拳击冠军赛	贵州　贵阳	1992. 10. 28	—
肖忠杰	男子 48 公斤级	第七届全国运动会	北　京	1993. 9. 14	—
刘　刚	男子 54 公斤级	全国拳击锦标赛	河南　洛阳	1994. 6	—
阎江宁	男子 60 公斤级	全国拳击锦标赛	河南　洛阳	1994. 6	—
潘　峰	男子 71 公斤级	全国拳击锦标赛	河南　洛阳	1994. 6	—

续表附—10

姓名	项目	比赛名称	地点	时间	成绩
叶新春	男子57公斤级	全国拳击冠军赛	湖北　武汉	1994.12	—
阎江宁	男子60公斤级	全国拳击冠军赛	湖北　武汉	1994.12	—
叶新春	男子57公斤级	全国拳击锦标赛	广东　番禺	1995.5	—
阎江宁	男子60公斤级	全国拳击锦标赛	广东　番禺	1995.5	—
汪　军	男子51公斤级	全国拳击冠军赛	浙江　宁波	1995.11.30	—
叶新春	男子57公斤级	全国拳击冠军赛	浙江　宁波	1995.11.30	—
	男子57公斤级	全国拳击锦标赛	浙江　杭州	1996.5.30	—
魏友华	男子75公斤级	全国拳击锦标赛	浙江　杭州	1996.5.30	—
汪　军	男子51公斤级	全国拳击冠军赛	四川　成都	1996.11.12	—
叶新春	男子57公斤级	全国拳击冠军赛	四川　成都	1996.11.12	—
	男子57公斤级	第八届全国运动会	上　海	1997.10.20	—
魏友华	男子75公斤级	全国拳击锦标赛	山东　青岛	1998.7	—
廖饰祥	男子63.5公斤级	全国拳击锦标赛	山东　青岛	1998.7	—
魏友华	男子75公斤级	全国拳击冠军赛	山东　青州	1998.9	—
邹市明	男子48公斤级	全国拳击锦标赛	广东　肇庆	2000.7.13	—
邹　刚	男子51公斤级	全国拳击锦标赛	山东　济南	2002.8	—
	男子51公斤级	全国拳击锦标赛	四川　绵阳	2003.8	—
	12. 摔　跤				
龙富金	男子自由式74公斤级	全国自由式摔跤锦标赛	河南　郑州	1988.4.30	—
李　明	男子自由式48公斤级	全国自由式摔跤锦标赛	吉林　长春	1990.5	—
龙富金	男子自由式74公斤级	全国自由式摔跤锦标赛	吉林　长春	1990.5	—
廖伟东	男子古典式48公斤级	全国古典式摔跤锦标赛	山西　太原	1993.3	—
廖凯忠	男子自由式57公斤级	全国自由式摔跤锦标赛	云南　昆明	1993.3	—
龙富金	男子自由式82公斤级	第七届全国运动会	北　京	1993.8.17	—

续表附—10

姓名	项目	比赛名称	地点	时间	成绩
廖伟东	男子古典式 52 公斤级	全国古典式摔跤冠军赛	上 海	1996. 9. 10	—
陈星强	男子自由式 130 公斤级	全国自由式摔跤冠军赛	山东 泰安	1998. 9	—
	男子自由式 130 公斤级	全国自由式摔跤锦标赛	山东 济南	2000. 5. 20	—
	男子自由式 130 公斤级	全国自由式摔跤锦标赛	宁夏 银川	2001. 4	—
	男子自由式 130 公斤级	第九届全国运动会	广东 肇庆	2001. 11. 22	—
	男子自由式 96—120 公斤级	全国自由式摔跤锦标赛	山东 威海	2002. 5	—
	13. 柔 道				
唐 琳	女子 78 公斤以下级	全国女子柔道冠军赛	甘肃 兰州	1998. 8. 31	—
	女子 78 公斤以下级	全国女子柔道冠军赛	广东 肇庆	1999. 11. 19	—
	女子 78 公斤以下级	全国女子柔道锦标赛	山东 青岛	2000. 4. 28	—
	14. 跆拳道				
王 凯	男子 54 公斤级	全国跆拳道锦标赛	北京 丰台	1997. 8	—
李 琦	男子 58 公斤级	全国跆拳道锦标赛	北京 丰台	1997. 8	—
徐福振	男子 83 公斤以上级	全国跆拳道锦标赛	北京 丰台	1997. 8	—
王 凯 李 琦 徐福振	男子团体	全国跆拳道锦标赛	北京 丰台	1997. 8	—
孙启军	男子 83 公斤级	全国跆拳道冠军赛	浙江 杭州	1997. 12	—
张志红	女子 60 公斤级	全国跆拳道冠军赛	浙江 杭州	1997. 12	—
张 林	女子 72 公斤级	全国跆拳道冠军赛	河北 廊坊	2002. 11. 17	—
孙 伟	女子 63 公斤级	全国跆拳道锦标赛	海南 海口	2004. 4	—
	女子 63 公斤级	全国跆拳道冠军赛	四川 德阳	2004. 10	—

续表附—10

姓名	项目	比赛名称	地点	时间	成绩
	15. 自行车				
殷谢飞	男子1公里计时赛	第七届全国运动会	北京　昌平	1993. 9. 7	1:9. 713
	男子场地争先赛	全国自行车锦标赛	辽宁　沈阳	1995. 8	—
余树学	男子1公里计时赛	全国自行车锦标赛	北京　昌平	1997. 6. 25	1:08. 02
殷谢飞	男子场地争先赛	第八届全国运动会	上　海	1997. 10. 20	—
殷谢飞 冯立强 吴　丹	男子奥林匹克竞速团体赛	全国自行车锦标赛	山西　太原	2000. 6. 9	1:02. 43
	16. 小轮车				
阎　一	男子20英寸泥地竞速赛	全国小轮车BMX泥地竞速锦标赛	北　京	2004. 9. 26	—
	17. 击　剑				
吕　斌	男子重剑	全国击剑冠军赛	江苏　南京	1992. 9	—
刘　兴	男子重剑	全国击剑冠军赛	四川　成都	1994. 9	—
盖杰勇	男子重剑	全国击剑锦标赛	上　海	1996. 6. 16	—
	18. 现代五项				
王　津 刘　乐 谢建伟	男子接力	全国现代五项冠军赛	广东　广州	2001. 4. 26	5306分
	19. 射　击				
胡　洁	女子飞碟多向	全国射击锦标赛	江西　南昌	1988. 11	198中
张　山	女子飞碟双向	全国射击冠军赛	河北　石家庄	1989. 4	195中
蔡智勇	男子50米移动靶混合速	全国步枪移动靶射击锦标赛	福建　福州	1990. 1	488环

续表附—10

姓名	项目	比赛名称	地点	时间	成绩
吕廉凯	男子 25 米中心发火手枪	全国射击冠军赛	广东 广州	1990. 4	684 环
贺 敏 王 旭 庄永戈	男子飞碟多向团体	全国射击锦标赛	四川 成都	1991. 10. 11 - 18	399 中
陈真茹 刘 玲 高 燕	女子飞碟双向团体	全国射击锦标赛	四川 成都	1991. 10. 11 - 18	416 中
陈真茹	女子飞碟双向	全国射击锦标赛	四川 成都	1991. 10. 11 - 18	214 中
	女子飞碟双向	全国射击冠军赛	湖南 长沙	1991. 4. 24 - 28	218 中
	女子飞碟双向	全国射击冠军赛	辽宁 沈阳	1992. 5	211 中
刘世彬	女子步枪 60 发卧射	全国射击冠军赛	辽宁 沈阳	1992. 5	691 环
贺 敏 王 旭 庄永戈	男子飞碟多向团体	全国射击锦标赛	广东 广州	1992. 10	393 中
张 山 高 燕 陈真茹	女子飞碟双向团体	全国射击锦标赛	广东 广州	1992. 10	425 中
蔡智勇	男子 50 米移动靶标准速	第七届全国运动会射击预赛暨锦标赛	贵州 贵阳	1993. 5	591 中
陈 红	男子 10 米气步枪	第七届全国运动会	四川 成都	1993. 8	684. 9 环
张 燕	女子 10 米气步枪	第七届全国运动会	四川 成都	1993. 8	493. 6 环
张 山	女子飞碟双向	第七届全国运动会	四川 成都	1993. 8	144 中
蔡智勇	男子 50 米移动靶标准速	全国射击冠军赛	北 京	1994. 4	694 环
	男子 50 米移动靶混合速	全国射击冠军赛	北 京	1994. 4	496 环
张 燕 刘世彬 钟丽娟	女子 10 米气步枪团体	全国射击锦标赛（步枪）	陕西 西安	1995. 9	1163 环
黎 旭 杨源鸣 陈 铮	男子飞碟双向团体	全国射击锦标赛（飞碟）	山东 济南	1995. 9	338 中
黎 旭	男子飞碟双向	全国射击锦标赛（飞碟）	四川 成都	1996. 9	122 中
王思奇 庄永戈 王 旭	男子飞碟双多向团体	全国射击锦标赛（飞碟）	四川 成都	1996. 9	403 中

续表附—10

姓名	项目	比赛名称	地点	时间	成绩
王思奇	男子飞碟双多向	全国射击锦标赛（飞碟）	四川　成都	1996.9	139 中
邓　蔚	女子运动手枪	全国射击锦标赛（手枪）	河南　郑州	1996.9	589 环
刘世彬	女子标准步枪 3×20	全国射击冠军赛	北　京	1997.4	677.2 环
林　慧	女子飞碟双多向	全国射击冠军赛	北　京	1997.4	134 中
范　敬	男子飞碟双多向	第八届全国运动会射击预赛暨锦标赛	辽宁　沈阳	1997.5	129 中
黎　旭 陈　铮 王晓雨	男子飞碟双向团体	全国射击团体锦标赛（飞碟）	四川　成都	1998.9	344 中
陈真茹	女子飞碟双向	全国射击系列赛第一站（飞碟）	上　海	1999.4.13－21	72 中
张　山 陈真茹 高　燕	女子飞碟双向团体	全国射击系列赛第二站暨团体锦标赛	上　海	1999.6	209 中
张　山	女子飞碟双向 75 靶	全国射击系列赛第二站暨团体锦标赛	上　海	1999.6.10－18	74 中
黎　旭	男子飞碟双向 125 靶	全国射击系列赛第二站暨团体锦标赛	上　海	1999.6.10－18	124 中
高　燕	女子飞碟双向	全国射击系列赛第三站暨个人锦标赛	广东　东莞	1999.10	89 中
陈真茹	女子飞碟双向	全国射击系列赛总决赛暨冠军赛	上　海	1999.11	90 中
范　敬 曾靖超 王思奇	男子飞碟双多向团体	全国射击系列赛第二站暨锦标赛	陕西　西安	2001.5	408 中
张　山	女子飞碟双向	全国射击系列赛第二站暨锦标赛	陕西　西安	2001.5	97 中
张　山 高　燕 陈真茹	女子飞碟双向团体	全国射击系列赛第二站暨锦标赛	陕西　西安	2001.5	208 中
陈　玲	女子飞碟双多向	全国射击系列赛第三站暨个人锦标赛	辽宁　沈阳	2002.9	146 中
唐丛雪	男子 25 米手枪速射	全国射击系列赛第二站暨团体锦标赛	安徽　合肥	2003.7	685.8 环

续表附—10

姓名	项目	比赛名称	地点	时间	成绩
黎　旭	男子飞碟双向	全国射击系列赛第二站暨团体锦标赛	河南　郑州	2003. 7	149 中
刘天佑	男子 50 米步枪 3×40	全国射击系列赛第三站暨个人锦标赛	北　京	2003. 10	1268. 5 环
张　山	女子飞碟双向	全国射击系列赛第三站暨个人锦标赛	北　京	2003. 10	95 中
	女子飞碟双向	全国射击系列赛第四站暨全国冠军赛	陕西　西安	2003. 11	95 中
黎　旭	男子飞碟双向	全国射击系列赛第三站暨个人锦标赛	辽宁　沈阳	2004. 9	148 中
张雪飞	男子 10 米气步枪 60 发	全国射击系列赛总决赛暨个人冠军赛	河北　石家庄	2004. 10	702. 2 环
张　山 陈真茹 唐　宇	女子飞碟双向团体	全国射击系列赛第二站暨团体锦标赛	北　京	2005. 5	203 中
张　山	女子飞碟双向①	全国射击系列赛第二站暨团体锦标赛	北　京	2005. 5	96 中
蒲琪峰	男子 50 米手枪②	全国射击系列赛第二站暨团体锦标赛	广西　南宁	2005. 5	663. 4 环
	男子 10 米气手枪③	全国射击系列赛第二站暨团体锦标赛	广西　南宁	2005. 5	689. 8 环
曹逸飞	男子 50 米步枪卧射 60 发	全国射击系列赛第三站暨个人锦标赛	江苏　南京	2005. 7	702. 5 环
刘天佑	男子 10 米气步枪	全国射击系列赛第三站暨个人锦标赛	江苏　南京	2005. 7	701. 6 环
曹逸飞	男子 50 米步枪卧射 60 发	第十届全国运动会	江苏　南京	2005. 10	702. 7 环
刘天佑	男子 50 米步枪 3×40	第十届全国运动会	江苏　南京	2005. 10	1266. 4 环
张　山	女子飞碟双向个人	第十届全国运动会	江苏　南京	2005. 10	96 中

①②③ 按比赛竞赛规程规定，该次团体锦标赛同时录取个人获奖名次

	20. 射　箭				
姚雅文	女子个人淘汰赛	全国（室外）射箭锦标赛	江苏　镇江	1990. 10	331 环

续表附—10

姓名	项目	比赛名称	地点	时间	成绩
吴逢波 曹 炅 杨卫东	男子团体淘汰赛	第七届全国运动会	四川　广汉	1993. 8	970 环（超淘汰赛世界纪录）
焦 倩	女子个人淘汰赛	第七届全国运动会	四川　广汉	1993. 8	535 环
杨 波 吴逢博 杨卫东	男子团体淘汰赛	全国（室外）射箭锦标赛	河南　漯河	1994. 9	239 环
姚雅文 焦 倩 胡 敏	女子团体赛	全国（室内）射箭锦标赛	青海　西宁	1996. 6	1665 环
姚雅文 胡 敏 张 勇	女子奥林匹克团体淘汰赛	全国（室内）射箭锦标赛	河南　漯河	1998. 9	245 环
杨 波 吴逢波 严 飞	男子奥林匹克团体单轮赛	全国射箭锦标赛	上　海	1999. 6. 17－21	239 环
	男子团体淘汰赛	全国奥林匹克项目锦标赛	贵州　贵阳	1999. 10. 12－17	244 环
吴逢波 杨 波 丁 凡 李 迅	男子奥林匹克团体淘汰赛决赛	全国射箭锦标赛	北　京	2000. 6	242 环
吴逢波 杨 波 丁 凡 刘 成	男子团体淘汰赛	全国射箭冠军赛	广西　武鸣	2001. 4	239 环
杨 波	男子个人淘汰赛	全国射箭冠军赛	广西　武鸣	2001. 4	112 环
	男子个人淘汰赛	全国射箭奥林匹克项目锦标赛	广东　清远	2001. 9	109 环
吴逢波 杨 波 李 迅 丁 凡	男子团体淘汰赛	全国射箭冠军赛	广西　武鸣	2002. 4	239 环
吴逢波 刘 成 李 迅 唐 凯	男子团体淘汰赛	全国室外射箭锦标赛	广西　武鸣	2003. 11	242 环
李 迅	男子奥林匹克个人淘汰赛	全国射箭冠军赛	重庆　合川	2004. 4	111 环

续表附—10

姓名	项目	比赛名称	地点	时间	成绩
吴逢波 刘 成 唐 凯 李 迅	男子团体淘汰赛	全国奥林匹克项目锦标赛	河南 郑州	2004.9	226 环
唐 凯	男子个人淘汰赛	全国奥林匹克项目锦标赛	河南 郑州	2004.9	111 环
	21. 赛 艇				
刘稀蓉 (联队)	女子四人单桨无舵手 2000 米	全国赛艇锦标赛	湖北 武汉	1989.10	7:13.20
廖晓丽 (联队)	女子轻量级 2000 米四人单桨无舵手	全国赛艇冠军赛	广东 肇庆	1990.4	7:24.60
刘稀蓉 (联队)	女子四人单桨无舵手 2000 米	全国赛艇冠军赛	广东 肇庆	1990.4	7:09.10
刘稀蓉	女子单人双桨 2000 米	全国赛艇冠军赛	上 海	1991.4	8:24.61
杜 丘	男子单人双桨 1000 米	全国赛艇冠军赛	上 海	1991.4	3:34.66
刘稀蓉	女子单人双桨 2000 米	全国赛艇锦标赛	江苏 南京	1991.10	7:58.61
刘稀蓉 张 黎 谢明永 赵丽萍	女子四人双桨	第七届全国运动会	四川 成都	1993.6.27	6:55.90
刘稀蓉	女子单人双桨 2000 米	全国赛艇冠军赛	江西 南昌	1994.4.11	7:58.42
	女子单人双桨 1000 米	全国赛艇冠军赛	贵州 贵阳	1995.4	4:02.28
	女子单人双桨 2000 米	全国赛艇锦标赛	河南 南阳	1997.6.14	7:48.91
余志娟	女子轻量级 250 米单人双桨	全国赛艇冠军赛	广东 肇庆	1998.4	54.76
周兴旭 李 勤	女子双人双桨 2000 米	全国赛艇锦标赛	上 海	2000.10.18	7:13.52
罗秀华 张红利 李 勤 周兴旭	女子四人双桨 2000 米	第九届全国运动会	广东 广州	2001.11	6:35.69

续表附—10

姓名	项目	比赛名称	地点	时间	成绩
张顺银	男子单人双桨 2000 米	全国春季赛艇锦标赛	上 海	2004. 4	7:17. 35
	22. 皮划艇				
樊均毅 湛礼江	男子双人划艇 10000 米	全国皮划艇冠军赛	浙江 杭州	1992. 9	48:33. 62
刘 磊	男子单人皮艇 500 米	第七届全国运动会	四川 成都	1993. 7. 12	1:44. 92
	男子单人皮艇 200 米	全国皮划艇锦标赛	四川 成都	1995. 9. 14	38. 63
樊均毅	男子单人划艇 1000 米	全国皮划艇锦标赛	河南 睢县	1996. 10	4:32. 94
赵晓莉 彭 春	女子双人皮艇 500 米	第八届全国运动会	上 海	1997. 10. 22	1:47. 76
杨秀华	男子单人皮艇 1000 米	全国皮划艇锦标赛	湖南 岳阳	1998. 9	3:49. 28
徐立波	男子单人划艇	全国皮划艇激流回旋冠军赛	四川 都江堰	2000. 5. 25	401. 1
	男子单人划艇	全国皮划艇激流回旋锦标赛	河南 平顶山	2000. 10. 14	264. 1
	男子单人激流回旋划艇	第九届全国运动会	广东 广州	2001. 11	2:59. 51
杨玉良 李 磊	男子双人激流回旋划艇	第九届全国运动会	广东 广州	2001. 11	258. 98
陈忠云	男子双人 500 米划艇	第九届全国运动会	广东 广州	2001. 11	1:46. 60
	男子双人 1000 米划艇	第九届全国运动会	广东 广州	2001. 11	3:45. 40
张红利 李 勤 周兴旭 罗秀华	女子四人 2000 米双桨	第九届全国运动会	广东 广州	2001. 11	6:35. 69
陈忠云	男子单人 1200 米划艇	全国春季皮划艇冠军赛	上 海	2002. 4	57:52. 54
	男子单人 1200 米划艇	全国秋季皮划艇冠军赛	江西 南昌	2002. 10	63:35. 92
陈忠云 全满厚	男子双人 2000 米划艇	全国皮划艇锦标赛	北 京	2003. 7	7:54. 89
刘 辉	男子皮划艇引体向上	全国春季皮划艇冠军赛	浙江 千岛湖	2004. 3	51 个

续表附—10

姓名	项目	比赛名称	地点	时间	成绩
冯黎明	男子单人划艇	全国皮划艇激流回旋冠军赛	广东 广州	2004. 5	216. 96
陈忠云	男子单人 1000 米划艇	全国夏季皮划艇冠军赛	山东 日照	2004. 7	4:14. 54
陈忠云 全满厚	男子双人 1000 米划艇	全国夏季皮划艇冠军赛	山东 日照	2004. 7	3:58. 30
陈忠云	男子单人 1000 米划艇	全国皮划艇锦标赛	广东 广州	2004. 10	3:58. 89
陈忠云 全满厚	男子双人 2000 米划艇	全国皮划艇锦标赛	广东 广州	2004. 10	7:55. 28
陈忠云	男子单人 2000 米划艇	全国春季皮划艇冠军赛	浙江 淳安	2005. 3	8:45. 43
	男子单人 12000 米划艇	全国春季皮划艇冠军赛	浙江 淳安	2005. 3	57:53. 70
冯黎明	男子单人划艇	全国皮划艇激流回旋冠军赛	广东 紫金	2005. 4	177. 89
徐立波	男子急流回旋单人划艇	第十届全国运动会	江苏 南京	2005. 9. 17	248. 35
杨雅莉	女子单人皮艇 500 米	全国秋季皮划艇冠军赛	广东 肇庆	2005. 12. 27—2006. 1. 2	2:08. 26
	女子单人皮艇 2000 米	全国秋季皮划艇冠军赛	广东 肇庆	2005. 12. 27—2006. 1. 2	9:30. 96
			23. 帆 板		
贵成忠	男子三角绕标平底板 D 级	全国帆板锦标赛	海南 海口	1988. 1	8 分
	男子长距离平底板	全国帆板锦标赛	海南 海口	1988. 1	0 分
徐 忠	男子长距离平底板	全国帆板锦标赛	海南 海口	1989. 1	1 分
贵成忠	男子圆板障碍滑行	全国帆板锦标赛	海南 海口	1990. 1. 13	8 分
黄仕荣	男子圆板三角绕标 A 级	全国帆板锦标赛	海南 海口	1990. 1. 14	8. 7 分
	男子圆板 A 级	全国帆板锦标赛	海南 海口	1991. 10	21 分
贵成忠	男子圆板 D 级	全国帆板锦标赛	海南 海口	1991. 10	16. 7 分

续表附—10

姓名	项目	比赛名称	地点	时间	成绩
黄　英	女子米斯特拉级长距离赛	全国帆板锦标赛	山东　青岛	1994. 6	1 分
	女子米斯特拉级奥林匹克航线赛	全国优秀帆板选手赛	福建　厦门	1994. 9	24 分
徐绍宾	男子米斯特拉级奥林匹克航线赛	全国优秀帆板选手赛	福建　厦门	1994. 9	27 分
	男子米斯特拉级长距离赛	全国优秀帆板选手赛	福建　厦门	1994. 9	1 分
张元贵	男子 D2 级奥林匹克航线赛	全国优秀帆板选手赛	福建　厦门	1994. 9	5 分
黄　英	女子米斯特拉级奥林匹克航线赛	全国帆板锦标赛	海南　海口	1995. 3	7 分
	女子米斯特拉级障碍赛	全国帆板锦标赛	海南　海口	1995. 3	7 分
	女子米斯特拉级奥林匹克航线赛	全国优秀帆板选手赛	山东　蓬莱	1995. 9	8 分
徐绍宾	男子米斯特拉级长距离赛	全国优秀帆板选手赛	山东　蓬莱	1995. 9	1 分
张元贵	男子 D2 级奥林匹克航线赛	全国帆板锦标赛	海南　万宁	1996. 1. 31—2. 6	19 分
黄　英	女子米斯特拉级长距离赛	全国帆板锦标赛	海南　万宁	1996. 1. 31—2. 6	1 分
	女子米斯特拉级奥林匹克航线赛	全国帆板冠军赛	广东　汕尾	1996. 11	7 分
	女子米斯特拉级奥林匹克航线赛	全国帆板锦标赛	广东　湛江	1997. 8. 28—9. 2	18 分
	女子米斯特拉级长距离赛	全国帆板锦标赛	广东　湛江	1997. 8. 28—9. 2	1 分
	女子米斯特拉级全能赛	全国帆板锦标赛	广东　湛江	1997. 8. 28—9. 2	2 分
	女子米斯奥林匹克航线赛	全国帆板锦标赛	福建　漳州	1998. 4	19 分
	女子米斯长距离赛	全国帆板锦标赛	福建　漳州	1998. 4	1 分
	女子米斯全能赛	全国帆板锦标赛	福建　漳州	1998. 4	7. 33 分
殷　剑	女子米斯奥林匹克航线赛	全国帆板冠军赛	四川　西昌	1998. 11	7 分
	女子米斯特拉级奥林匹克航线赛	全国帆板锦标赛	广西　防城	2000. 11	24 分
	女子米斯特拉级长距离赛	全国帆板锦标赛	广西　防城	2000. 11	1 分

续表附—10

姓名	项目	比赛名称	地点	时间	成绩
殷　剑	女子米斯特拉级全能赛	全国帆板锦标赛	广西　防城	2000.11	27 分
	女子米斯特拉级奥林匹克航线赛	全国帆板冠军赛	山东　蓬莱	2001.6	15 分
赖明双	女子米斯特拉级长距离赛	全国帆板冠军赛	山东　蓬莱	2001.6	1 分
殷　剑	女子米斯特拉级奥林匹克航线赛	全国帆板锦标赛	广东　深圳	2002.4	11 分
	女子米斯特拉级长距离赛	全国帆板锦标赛	广东　深圳	2002.4	1 分
倪光珍	女子翻波公开级长距离赛	全国翻波板锦标赛	山东　青岛	2003.10.10—18	1 分
	女子翻波公开级奥林匹克航线赛	全国翻波板锦标赛	山东　青岛	2003.10.10—18	19 分
四川队	女子米斯团体	全国帆板锦标赛	广东　深圳	2003.12	45 分
殷　剑	女子米斯奥林匹克航线赛	全国帆板锦标赛	广东　深圳	2003.12	16 分
黄　英	女子翻波公开级奥林匹克航线赛	全国翻波板锦标赛	山东　青岛	2004.9.2—9	—
	女子翻波公开级长距离赛	全国翻波板锦标赛	山东　青岛	2004.9.2—9	—
殷　剑	女子米斯级场地赛赛	全国帆板锦标赛	广东　深圳	2005.3.16—23	—
四川队	女子米斯团体	全国帆板锦标赛	广东　深圳	2005.3.16—23	—
洪　丹	女子公开级长距离赛	全国翻波板锦标赛	山东　日照	2005.6.10—17	—
	24. 滑　水				
王　涛	男子全能	全国滑水锦标赛	山东　青岛	1988.8	2458.5 分
杨　莉	女子全能	全国滑水锦标赛	广东　肇庆	1989.10	2074 分
王　涛	男子跳跃	全国滑水锦标赛	湖南　岳阳	1991.9	42.9 米
	男子回旋	全国滑水锦标赛	湖南　岳阳	1991.9	9.00 分
涂华芬	女子全能	全国滑水锦标赛	四川　西昌	1992.9	2173.6 分
	女子回旋	全国滑水锦标赛	四川　西昌	1992.9	26.25 分
徐　智	男子跳跃	全国滑水锦标赛	云南　昆明	1994.8	38.3 米
倪元才	男子回旋	全国滑水锦标赛	云南　昆明	1995.8.6	26.25 分

续表附—10

姓名	项目	比赛名称	地点	时间	成绩
吉木久金	男子跳跃	全国滑水锦标赛	广东　增城	1996. 8. 25	35. 4 米
徐　智	男子跳跃	全国滑水锦标赛	湖南　长沙	1997. 8	36. 5 米
谢　渝	男子花样	全国滑水锦标赛	湖南　长沙	1997. 8	5500 分
吉木久金	男子跳跃	全国滑水锦标赛	广东　湛江	1998. 11. 6	36. 4 米
	男子跳跃	全国滑水冠军赛	湖南　长沙	1999. 7	33. 8 米
陈莉莉	女子尾波	全国滑水锦标赛	北　京	2002. 8. 5	75. 67 分
黄磊钰	男子尾波	全国滑水锦标赛	北　京	2002. 8. 5	81. 67 分
	男子尾波	全国滑水锦标赛	广东　湛江	2003. 7	75 分
冯　梅	女子跳跃	全国滑水锦标赛	广东　湛江	2003. 7	33. 5 米
陈莉莉	女子尾波	全国滑水锦标赛	广东　湛江	2003. 7	71. 15 分
冯　梅	女子赤脚	全国滑水锦标赛	广东　湛江	2003. 7	1350 分
	女子跳跃	全国滑水锦标赛	新疆 巴音郭楞	2004. 7	28. 1 米
陈莉莉	女子尾波	全国滑水锦标赛	新疆 巴音郭楞	2004. 7	79. 11 分
	女子尾波	全国滑水锦标赛	北　京	2005. 11.	74. 5 分
	25. 排　球				
四川队	男子排球	全国排球甲级队联赛	四川　德阳	1991. 5. 17	—
	男子排球	全国排球甲级队联赛	福建　漳州	1995. 5. 1	—
	女子排球	全国排球锦标赛	福建　漳州	1996. 5. 1	—
	男子排球	全国排球联赛	主客场	1996－1997	—
熊　姿 迟　蓉	女子沙滩排球	第八届全国运动会	上　海	1997. 10. 1	—
四川队	男子排球	第八届全国运动会	上　海	1997. 10. 16	—
	男子排球	全国排球联赛	主客场	1997—1998	—
	男子排球	全国排球联赛	主客场	1998—1999	—
	26. 乒乓球				
四川队	女子团体	全国乒乓球俱乐部甲 A 赛	四川　成都	2000. 9. 14	—

续表附—10

姓名	项目	比赛名称	地点	时间	成绩
	27. 网　球				
四川队	女子团体	全国网球团体锦标赛	广东　深圳	1998. 6. 1	—
郑　洁 晏　紫	女子双打	第十届全国运动会	江苏　南京	2005. 10. 20	—
郑　洁	女子单打	第十届全国运动会	江苏　南京	2005. 10. 21	—
	28. 手　球				
尹　谊 安　伟	男子手球	第八届全国运动会	上　海	1997. 10	—
杜长义 尹　谊	男子手球	第九届全国运动会	广东　湛江	2001. 11. 21	—
吴亚楠 杨　柳	女子手球	第十届全国运动会	江苏　常州	2005. 10. 5	—
	29. 曲棍球				
四川队	女子曲棍球	全国曲棍球锦标赛	吉林　长春	1988. 8. 20	—
	女子曲棍球	全国曲棍球锦标赛	四川　重庆	1992. 3. 28	—
	女子曲棍球	全国曲棍球锦标赛	甘肃　兰州	1995. 7. 19	—
	女子曲棍球	全国冠军杯曲棍球赛	天津	1996. 7. 31	—
	30. 棒　球				
四川队	棒球	全国棒球冠军赛	四川　成都	2002. 6. 18	—
	棒球	全国棒球锦标赛	天津	2002. 9. 22	—
	31. 垒　球				
四川队	垒球	第十届全国运动会	江苏　南京	2005. 10. 20	—
	32. 健　美				
雷朝华	男子60公斤级	全国健美冠军赛	贵州　贵阳	1989. 11	—
孙　莉	女子57公斤级	全国健美冠军赛	贵州　贵阳	1989. 11	—

续表附—10

姓名	项目	比赛名称	地点	时间	成绩
李　静	女子 52 公斤级	全国健美锦标赛	江西　南昌	1994. 5. 29	—
	女子全场	全国健美锦标赛	福建　厦门	1995. 5	—
	女子 52 公斤级	全国健美锦标赛	福建　厦门	1995. 5	—
熊　翡	女子 48 公斤级	全国健美锦标赛	湖北　武汉	1997. 6	—
李　博	男子 60 公斤级	全国健美锦标赛	河南　洛阳	2005. 6	—
	33. 武　术				
彭　英	女子剑术	全国武术锦标赛	湖南　长沙	1988. 6	9. 50 分
	女子枪术	全国武术锦标赛	湖南　长沙	1988. 6	9. 60 分
	女子八卦掌	全国武术锦标赛	湖南　长沙	1988. 6	9. 33 分
王　萍	女子刀术	全国武术锦标赛	湖南　长沙	1988. 6	9. 60 分
	女子单器械	全国武术锦标赛	湖南　长沙	1988. 6	9. 40 分
	女子拳术	全国武术锦标赛	湖南　长沙	1988. 6	9. 43 分
	女子棍术	全国武术锦标赛	湖南　长沙	1988. 6	9. 53 分
	女子全能	全国武术锦标赛	湖南　长沙	1988. 6	56. 20 分
	女子长拳	全国武术锦标赛个人赛	山东　淄博	1989. 9. 21—23	9. 46 分
	女子刀术	全国武术锦标赛个人赛	山东　淄博	1989. 9. 21—23	9. 40 分
	女子其他拳（二类）	全国武术锦标赛个人赛	山东　淄博	1989. 9. 21—23	9. 30 分
	女子棍术	全国武术锦标赛个人赛	山东　淄博	1989. 9. 21—23	9. 40 分
彭　英	女子其他拳（一类）	全国武术锦标赛个人赛	山东　淄博	1989. 9. 21—23	9. 40 分
	女子枪术	全国武术锦标赛个人赛	山东　淄博	1989. 9. 21—23	9. 43 分
王　萍	女子全能	全国武术锦标赛个人赛	山东　淄博	1989. 9. 21—23	55. 86 分
四川队	女子团体	全国武术锦标赛团体赛	河南　郑州	1990. 6. 4	271. 12 分
黄　南	男子散手 56 公斤级	全国武术锦标赛散手个人赛	山东　枣庄	1992. 10	—
王　萍	女子长拳全能	第七届全运会	四川　成都	1993. 8. 18	29. 38 分
梁小葵	女子杨式太极拳	全国武术太极拳剑锦标赛	江西　吉安	1996. 10	9. 33 分

续表附—10

姓名	项目	比赛名称	地点	时间	成绩
梁小葵	女子42式太极拳	全国武术太极拳剑锦标赛	江西 吉安	1996.10	9.20分
	女子太极剑	全国武术太极拳剑锦标赛	江西 吉安	1996.10	9.21分
吴 强	男子散手52公斤级	全国武术散手锦标赛	北京	1999.6	—
柯荣亮	男子散手70公斤级	全国武术散手锦标赛	北京	1999.6	—
丁 炜	男子枪术	全国武术套路锦标赛	四川 成都	2000.5.25	8.61分
	男子剑术	全国武术套路锦标赛	四川 成都	2000.5	8.63分
	男子对练	全国武术套路锦标赛	四川 成都	2000.5	8.89分
唐康民	男子对练	全国武术套路锦标赛	四川 成都	2000.5	8.89分
祝东海	男子对练	全国武术套路锦标赛	四川 成都	2000.5	8.89分
吴 强	男子散手52公斤级	全国武术散打锦标赛	广东 南海	2000.6.18	—
唐康民	男子剑术	全国武术套路冠军赛	福建 福州	2000.9.10	17.89分
梁小葵	女子太极拳	第九届全国运动会	广东 顺德	2001.8.23	18.51分
于飞彪	男子散手56公斤级	全国武术散打冠军赛	河南 郑州	2003.9.18	—
周 琳	女子南刀	全国女子武术套路锦标赛	浙江 杭州	2004.6	—
于飞彪	男子散手56公斤级	全国武术散打锦标赛	江苏 连云港	2004.9.11	—
周 竞	男子南棍	全国男子武术套路冠军赛	天津	2004.9	—
周 琳	女子长拳	全国女子武术套路冠军赛	广东 珠海	2004.9	—
于飞彪	男子散打58公斤级	第十届全国运动会	江苏 南京	2005.10.22	—
	34. 保龄球				
张 晔	男子个人全能	全国保龄球锦标赛	湖北 武汉	2000.5.20	4901分
	男子单人	第一届全国体育大会	浙江 宁波	2000.5.31	1309分
张 晔 黄 建	男子双人	第一届全国体育大会	浙江 宁波	2000.6	2500分
四川队	男子团体	第一届全国体育大会	浙江 宁波	2000.6	33分

续表附—10

姓名	项目	比赛名称	地点	时间	成绩
张　晔	男子精英赛	全国男子保龄球锦标赛	湖北　武汉	2001. 9	—
张　晔 黄　建 朱　强 陈文兵 钟　强	男子五人队际赛	全国男子保龄球锦标赛	湖北　武汉	2001. 9	6162 分
陈　虎	男子精英赛	全国保龄球锦标赛	云南　昆明	2002. 4	—
卿小英	女子精英赛	全国保龄球锦标赛	云南　昆明	2002. 4	—
张　晔	男子精英赛	第二届全国体育大会	四川　绵阳	2002. 6	—
卿小英	女子个人	全国保龄球锦标赛	甘肃　兰州	2005. 6. 28	—
	35. 航空模型④				
张永久 张　泉	F2C 线操纵竞速模型个人	全国线操纵航空模型锦标赛	浙江　长兴	1988. 10	7:16. 6
董坤江	F1B 橡筋模型飞机个人	全国自由飞航空模型锦标赛	广西　桂林	1991. 10. 12	1380 + 1470 秒
童渝川 李　渥	F2C 线操纵竞速模型个人	全国线操纵航空模型锦标赛	上　海	1992. 10	7:08. 8
李　旗	F2C 线操纵竞速飞机	全国线操纵航空模型锦标赛	上　海	1992. 10	7:08. 8
童渝川	男子 F2C 线操纵竞速飞机	全国线操纵航空模型锦标赛	上　海	1992. 10	7:08. 8
童渝川 李　渥 匡俊军 张　泉 王士民 王　伟	F2C 线操纵竞速模型团体	全国线操纵航空模型锦标赛	上　海	1992. 10	11:02. 1
王　伟	F1C 自由飞模型个人	全国自由飞航空模型比赛	四川　成都	1993. 8. 14	1380 + 270 秒
董坤江	F1B 橡筋模型飞机个人	全国航空模型锦标赛	山西　大同	1994. 9	540 + 420 秒
崔　军 董坤江 佘志江	F1B 橡筋模型团体	全国航空模型锦标赛	山西　大同	1994. 9	1603 秒
匡俊军 张　泉	F2C 线操纵竞速模型个人	全国线操纵航空模型锦标赛	上　海	1994. 10	7:21. 4
王士民	男子 F2D 空战模型个人	全国航空模型锦标赛	新疆　乌鲁木齐	1995. 10. 5	2 分
刘　威	P3A－2 遥控模型	全国航空模型锦标赛	新疆　乌鲁木齐	1995. 10. 5	280. 3 分
雷绍成	F1B 橡筋模型飞机个人	全国航空模型锦标赛	江西　吉安	1996. 11	1290 + 380 秒

续表附—10

姓名	项目	比赛名称	地点	时间	成绩
董坤江 雷绍成 崔 军	F1B 橡筋模型飞机团体	全国航空模型锦标赛	江西 吉安	1996. 11	3870 秒
匡俊军 张 泉 童渝川 李 渥 王士民 王 伟	F2C 线操纵竞速模型团体	全国航空模型锦标赛	江西 吉安	1996. 11	13:35. 0
匡俊军 张 泉 童渝川 李 渥 王 伟 王士民	F2C 线操纵竞速模型团体	全国航空模型锦标赛	江西 吉安	1997. 7	11:55. 3
崔 军	P3A－2 遥控模型个人	全国航空模型锦标赛	山西 大同	1997. 7	767 分
董坤江 雷绍成 崔 军	F1B 橡筋模型团体	全国航空航天模型锦标赛	河南 安阳	1998. 9	3870 秒
董坤江	F1B 橡筋模型飞机个人	全国航空模型锦标赛	山东 济南	2001. 9	1290＋365 秒
董坤江 崔 军 雷绍成	F1B 橡筋模型飞机团体	全国航空航天模型锦标赛	山东 济南	2001. 9	3862 秒
崔 军 董坤江 雷绍成	F1B 橡筋模型飞机团体	全国航空模型锦标赛	四川 绵阳	2002. 6	3819 秒

④本项目未分男女计分，以上获奖者均为男子

	36. 航海模型⑤				
李 淏	FSR－V15 模型个人	全国航海模型锦标赛	浙江 杭州	1988. 10	65 圈
余 立	C4 级外观模型个人	全国航海模型锦标赛	四川 成都	1988. 11. 24	96 分
吴国峰	F3－E 模型个人	全国航海模型锦标赛	上 海	1989. 10	145. 58 分
吴国峰	F3 模型团体	全国航海模型锦标赛	上 海	1989. 10	2. 75 分
余 立	C4 级外观模型个人	全国航海模型锦标赛	四川 成都	1990. 11. 9	97 分

续表附—10

姓名	项目	比赛名称	地点	时间	成绩
郭晓陵	FSR - 3.5 级模型个人	全国航海模型锦标赛	北　京	1991.10	69 圈
余　立	C4 级外观模型个人	全国航海模型锦标赛	湖北　武汉	1991.10	97 分
王成伟	F3 - E 模型个人	全国航海模型锦标赛	黑龙江　牡丹江	1993.6	144.3 分
郭晓陵	FSR - 3.5 模型个人	全国航海模型锦标赛	浙江　温州	1994.10	75 圈
姜　华	FSR - V6.5 模型个人	全国航海模型锦标赛	浙江　温州	1994.10	81 圈
郭晓陵 姜　华 刘东廷	FSR 模型团体	全国航海模型锦标赛	浙江　温州	1994.10	3 分
罗　洪	F1 - V15 模型个人	全国航海模型锦标赛	广西　柳州	1995.9	12.2 秒
姜　华	FSR - V6.5 模型个人	全国航海模型锦标赛	北　京	1996.10	73 圈
郭晓陵 姜　华 刘东廷	FSR 模型团体	全国航海模型锦标赛	四川　成都	1997.9	17.4 分
郭晓陵	FSR - V3.5 模型个人	全国航海模型锦标赛	四川　成都	1997.9	68 圈
王成伟	F3 - E 模型个人	全国航海模型锦标赛	广东　深圳	1998.10	139.4 分
郭晓陵	FSR - O 3.5 模型个人	全国航海模型锦标赛	浙江　宁波	2004.11	24 圈
	FSR - O 3.5 模型个人	全国航海模型锦标赛	贵州　都匀	2005.5	20 圈

⑤本项目未分男女计分，以上获奖者均为男子

	37. 跳　伞				
陈　宏	男子个人特技	全国跳伞锦标赛	河南　安阳	1989.9	20.64 秒
	男子个人全能	全国跳伞锦标赛	河南　安阳	1989.9	5 分
赖晓莉	女子个人定点	全国跳伞锦标赛	河南　安阳	1989.9	0.07 米
熊　敏	女子个人特技	全国跳伞锦标赛	河南　安阳	1989.9	23.19 秒
赖晓莉	女子个人全能	全国跳伞锦标赛	河南　安阳	1989.9	6 分

续表附—10

姓名	项目	比赛名称	地点	时间	成绩
熊　敏 赖晓莉 冯晓晔 朱华丽 徐友梅	女子集体定点	全国跳伞锦标赛	河南　安阳	1989. 9	0. 39 米
陈　宏	男子个人定点	全国跳伞锦标赛	广东　广州	1990. 11. 21	0. 05 米
陈　宏 杨　翼 董怀康 张尔登 薛　峰	男子集体定点	全国跳伞锦标赛	广东　广州	1990. 11. 21	0. 24 米
陈　宏	男子个人全能	全国跳伞锦标赛	广东　广州	1990. 11. 23	4 分
	男子个人全能	全国跳伞锦标赛	河南　郑州	1992. 10	6 分
赖晓莉	女子个人定点	全国跳伞锦标赛	河南　郑州	1992. 10	0. 06 米
赖晓莉 朱华丽 冯晓晔 徐友梅 吕　春	女子集体定点	全国跳伞锦标赛	河南　郑州	1992. 10	0. 19 米
杨　翼	男子个人全能	第七届全国运动会	北　京	1993. 9. 12	7 分
董怀忠	男子个人特技	全国跳伞锦标赛	河南　安阳	1994. 10	19. 28 秒
徐友梅	女子个人定点	全国跳伞锦标赛	河南　安阳	1994. 10	0. 02 米
赖晓莉	女子个人全能	全国跳伞锦标赛	河南　安阳	1994. 10	5 分
赖晓莉 朱华丽 徐友梅 吕　春 朱　虹	女子集体定点	全国跳伞锦标赛	河南　安阳	1994. 10	0. 13 米
董怀忠	男子个人特技	全国跳伞锦标赛	山东　济南	1995. 9	20. 10 秒
吕　春	女子个人全能	全国跳伞锦标赛	山东　济南	1995. 9	7 分
吕　春 赖晓莉 朱华丽 徐友梅 冯晓晔	女子集体定点	全国跳伞锦标赛	山东　济南	1995. 9	0. 24 米
董怀忠	男子个人定点	全国跳伞比赛	河南　安阳	1996. 11	0. 03 米

续表附—10

姓名	项目	比赛名称	地点	时间	成绩
董怀忠	男子个人全能	全国跳伞比赛	河南　安阳	1996. 11	3 分
董怀忠 张尔登 苟小云 董怀康 薛　峰	男子集体定点	全国跳伞比赛	河南　安阳	1996. 11	0. 20 米
薛　峰	男子个人定点	全国跳伞锦标赛	河南　安阳	1997. 10	0. 08 米
	男子个人全能	全国跳伞锦标赛	河南　安阳	1997. 10	6 分
赖晓莉	女子个人定点	全国跳伞锦标赛	河南　安阳	1997. 10	0. 08 米
朱　虹 冯晓晔 朱华丽 赖晓莉 徐友梅	女子集体定点	全国跳伞锦标赛	河南　郑州	1999. 7. 4	0. 47 米
	女子集体定点	全国跳伞锦标赛	河南　安阳	2000. 6. 4	0. 49 米
冯晓晔 吕　春 朱华丽 徐友梅 朱　虹	女子集体定点	全国跳伞锦标赛	河南　安阳	2001. 9	2. 27 米
李国强	男子个人定点	第二届全国体育大会	四川　绵阳	2002. 5	0. 04 米
冯晓晔	女子个人定点	全国跳伞锦标赛暨全国跳伞冠军赛	河南　卫辉	2002. 10. 19	0. 02 米
张浩洋	男子个人定点	全国跳伞锦标赛	江苏　南通	2005. 10	0. 00 米
	38. 滑　翔[6]				
孙拥军	多边距离个人	全国滑翔锦标赛	山西　大同	1989. 5	2000 分
	多边竞速个人	全国滑翔锦标赛	山西　大同	1989. 5	1990 分
	三角竞速个人	全国滑翔锦标赛	山西　大同	1989. 5	2000 分
	全能总分个人	全国滑翔锦标赛	山西　大同	1989. 5	5990 分
	三角竞速个人	全国滑翔锦标赛	山西　大同	1991. 5	700 分

续表附—10

姓名	项目	比赛名称	地点	时间	成绩
孙拥军	往返竞速个人	全国滑翔锦标赛	山西　大同	1992. 5	1976 分
	多边竞速个人	全国滑翔锦标赛	山西　大同	1992. 5	2000 分
	全能总分个人	全国滑翔锦标赛	山西　大同	1993. 5	3645 分
	多边竞速个人	全国滑翔锦标赛	山西　大同	1993. 5	1877 分
	三角竞速个人	全国滑翔锦标赛	山西　大同	1995. 5	957 分
	多边距离个人	全国滑翔锦标赛	山西　大同	1996. 7	1937 分
	多边距离个人	全国滑翔锦标赛	山西　大同	1997. 5	1100 分

⑥本项目未分男女计分，以上获奖者均为男子。

	39. 滑翔伞				
徐　猛 王　波 罗龙强	男子集体定点	第八届全国滑翔伞锦标赛	山西　大同	1996. 5	—
	男子初级伞集体定点	全国航空水上健身运动会滑翔伞比赛	四川　江油	1996. 10	—
王　波	男子初级伞个人定点	全国航空水上健身运动会滑翔伞比赛	四川　江油	1996. 10	—
杜　颖	女子初级伞个人定点	全国航空水上健身运动会滑翔伞比赛	四川　江油	1996. 10	—
徐　猛	男子初级伞个人定点	第九届全国滑翔伞锦标赛	北京　密云	1997. 7	3579 分
罗云苓	初级伞女子个人定点	第九届全国滑翔伞锦标赛	北京　密云	1997. 7	3255 分
罗龙强	男子定点	第十届全国滑翔伞锦标赛	四川　江油	1998. 8	4440 分
罗云苓	女子定点	第十届全国滑翔伞锦标赛	四川　江油	1998. 8	2200 分
四川队	团　体	第十届全国滑翔伞锦标赛	四川　江油	1998. 8	10457 分
	40. 无线电测向				
贺开荣	女子 80 米测向	全国无线电测向竞赛	江苏　金坛	1989. 5	121∶428 台
四川队	男子 2 米波段团体	第九届西湖杯全国无线电测向竞赛	河南　洛阳	1991. 5	124∶1310 台

续表附—10

姓名	项目	比赛名称	地点	时间	成绩
贺开荣	女子识图越野	第四届孔雀杯全国无线电测向竞赛	湖南　郴州	1991. 6. 5	72∶268 个点标
王广军	男子 2 米波段个人	全国无线电测向锦标赛	甘肃　天水	1995. 8	118∶244 台
四川队	男子 2 米波段团体	全国无线电测向锦标赛	甘肃　天水	1995. 8	232∶2510 台
张　勇	男子 80 米波段个人	全国无线电测向锦标赛	海南　海口	2002. 8. 19	46∶185 台
	41. 国际象棋				
刘适兰 赵　兰 娄红宇	女子团体	全国国际象棋团体赛	江苏　苏州	1988. 4. 20	18 分
	42. 围　棋				
宋雪林 王　元 郑　泓 李　亮	男子团体	全国围棋团体赛	湖北　武汉	1989. 4. 23	—
	43. 桥　牌				
严　瑾 李　新	男子公开双人赛	全国桥牌双人赛	四川　重庆	1990. 10. 13	—
冯泽伦 刘庆华	混合双人赛（男） （女）	全国桥牌双人赛	四川　重庆	1990. 10. 13	—
四川队	男子团体	全国桥牌公开团体赛	浙江　萧山	1995. 4. 28	—
甘　霖 冉　琴	女子双人赛	全国桥牌比赛	四川　成都	1996. 8. 26	—
四川队	男子团体	第二届全国体育大会	四川　绵阳	2002. 5	—
	男子团体	全国桥牌锦标赛	湖北　武汉	2005. 4. 15	—
	44. 体育舞蹈				
肖长江 钟　燕	职业舞单项斗牛舞（男） （女）	第一届全国体育大会	浙江　宁波	2000. 6. 6	—
吴俊成 杨秀琼	常青组摩登舞（男） （女）	第二届全国体育大会	四川　绵阳	2002. 5	—

续表附—10

姓名	项目	比赛名称	地点	时间	成绩
	45. 短道速滑				
郭 伟	男子 500 米	全国短道速滑冠军赛	黑龙江　哈尔滨	2002. 4	43. 260
	男子 1000 米	全国短道速滑冠军赛	黑龙江　哈尔滨	2002. 4	1:36. 424
	男子 1500 米	全国短道速滑冠军赛	黑龙江　哈尔滨	2002. 4	2:38. 849
	男子全能	全国短道速滑冠军赛	黑龙江　哈尔滨	2002. 4	102. 0 分

（四）1988—2005年四川省运动员破（创、平）世界纪录统计一览表

表附－11

序号	姓 名	项 目	比赛名称	比赛时间	比赛地点	新纪录	原纪录
1	刘寿斌	举重男子56公斤级抓举	第二十七届苏联友谊杯国际举重邀请赛	1989.3.1	苏联 克麦罗沃	134.5公斤	134公斤
2	张 山	射击女子飞碟双向团体	世界飞碟射击锦标赛	1989.9.8	意大利 蒙特卡迪尼	415中	新纪录
3	张 山	射击女子飞碟双向	世界飞碟射击锦标赛	1989.9.9	意大利 蒙特卡迪尼	191中	新纪录
4	张 山	射击女子飞碟双向	亚洲飞碟射击锦标赛	1990.5.10	韩国 汉城	197中	191中
5	张 山	射击女子飞碟双向团体	第四十五届世界射击锦标赛	1990.8.11	苏联 莫斯科	418中	415中
6	张 山	射击女子飞碟双向团体	第十一届亚洲运动会	1990.10	中国 北京	434中	429中
7	崔 敏	蹼泳女子4×100米接力	第五届世界蹼泳锦标赛	1990.8.31	意大利 罗马	2:54.30	2:54.97
8	刘寿斌	举重男子56公斤级抓举	第六十四届世界举重锦标赛	1991.9.28	德国 多瑙埃兴根	135公斤	134.5公斤
9	张 山	射击飞碟双向（女）①	第二十五届奥运会	1992.7.28	西班牙 巴塞罗那	200中+23中	200中+23中
10	张 勇	挺举男子83公斤级	第二十九届亚洲举重锦标赛	1997.7.12	中国 扬州	214公斤	212.5公斤
11	张 山	射击女子飞碟双向资格赛	射击世界杯赛	1998.3.28	埃及 开罗	70中	67中
12	张 山	射击女子飞碟双向	射击世界杯赛	1998.3.28	埃及 开罗	70中+24中	92中
13	吴逢波 曹 灵 杨卫东	男子团体淘汰赛	第七届全国运动会	1993.8.19—23	四川 广汉	970环	949环
14	张 勇	挺举男子85公斤级	第一届世界大学生锦标赛	1998.4.25	以色列 特拉维夫	218公斤	217.5公斤
15	张 山 陈真茹	射击女子飞碟双向团体	第四十七届世界射击锦标赛	1998.7.17—29	西班牙 巴塞罗那	213中	新纪录
16	张 山	射击女子飞碟双向	第四十七届世界射击锦标赛	1998.7.17—29	西班牙 巴塞罗那	96中	94中

① 张山在1992年7月参加的第二十五届奥运会射击飞碟双向项目是男女混合参赛，此后该项目男女分设

编后记

2005年12月23日，中共四川省委办公厅、四川省人民政府办公厅下发《关于全面开展四川省第二轮修志工作的通知》（川委厅〔2005〕47号），决定全面开展《四川省志（1986—2005）》编修工作。2006年2月10日，中共四川省委办公厅、四川省人民政府办公厅下发《关于印发〈四川省志〉（1986—2000年）编纂方案的通知》（川委厅〔2006年〕4号），安排四川省体育组织编纂《四川省志·体育志》。省体育局党组对承编《四川省志·体育志》（以下简称《体育志》）工作高度重视，纳入议事日程和政务目标管理。2006年2月，《体育志》编委会及总编室成立，局长朱玲任编委会主任，副局长方沛元、温建任编委会副主任先后分管此项工作，局机关各处室、各直属单位主要负责人为编委会委员，总编室设在省体育博物馆。2007年3月，中共四川省委办公厅、省政府办公厅印发《关于调整续修〈四川省志〉断限的通知》（川委办发电〔2007〕21号），《四川省志》的断限期调整为1986—2005年。总编室参照1998年出版的《体育志》篇目，在广泛调研征求意见的基础上，制定《四川省志·体育志（1986—2005）编修工作计划和实施方案》，拟订《体育志》篇目。确定撰稿人：第一篇（张平）；第二、三篇（安维胜）；第四篇（秦勤）；第五篇第一章（赵德辉、胡颖、邓壮），第二章（龚俐），第三章（刘茜），第四章（张川康），第五章（李丹妮）；第六篇第一、二章（胡洁、蒋荣美），第三章（欧阳雪莲）；附录（刘茜、胡洁）。

自2007年7月25日省体育局召开《体育志》资料征集会议始，编修工作全面开展，到2012年11月完成送审稿。《体育志》编修工作主要分为四个阶段。

第一阶段，搜集资料。资料搜集工作始终贯穿于编修工作的全过程。2007年，按照“集中、保重点”的原则，省体育博物馆实行全员参与、分组承包篇目、任务量化到人，并严格规范工作流程，查阅省体育局档案资料1986—2005年3260卷、约3200万字，复印资料逾200万字。竞技体育是《体育志》的主要内容，省体育局集中各训练单位专题召开竞技体育资料征集会，明确“接任务、抓落实、保质量”的要求，收集运动队队史、各类工作总结百余卷。资料搜集工作还通过系统上下配合、行业内外合作多途径，影视声像口述多手段，全面、广泛地开展搜集资料工作。各参编单位对资料的真实性进行内审。

第二阶段，编纂初稿。在编纂中，总编室多次聘请四川省地方志编纂委员会（以下简称省志编委）专家对撰稿人员进行培训，组织撰稿人员学习志书编纂方法，并确定初稿编纂原则：一是反映事物的主线脉络清晰准确，二是严格把关资料内容真实可靠，三是文体符合志书编写规范。通过对资料进行分类、筛选、鉴别，编写资料长编250余万字，完成志书第一稿46余万字，后经过4次反复修改，形成30万字初稿。

第三阶段，总纂送审。总编室于2010年10月开始志稿总纂工作。赵德辉、秦勤负责总纂工作。志书英文翻译由麦涛承担，图片收集整理由李仁凤、李丹妮承担，刘茜、张星梅、蒋荣美、汪红承担史料核实补充工作。

2011年9月14日，省体育局邀请省志编委、省体育局、成都体育学院郭炎、田康锌、任国钰、肖阳宗、张昌炎、何瑞明、邓肖亭、张家齐等老领导和专家学者，以及各参编单位、各市（州）体育局有关人员集中审查《体育志》征求意见稿。

2012年11月，省体育局召开《体育志》（初稿）评审会，编委会成员、有关老领导、专家集体审议，形成《体育志》（送审稿），12月上报省地方志编纂委员会。送审稿共设6篇30章105节，另设概述、附录和编后记，总字数约30万字，入志图片164幅（其中前置彩图116幅、随文插图48幅），制表63张。

第四阶段，终审修改。2013年7月31日，省政府《四川省志》审核委员会召开第十四次审查验收会议，对《体育志》送审稿进行终审验收。审核委员会认为：《四川省志·体育志（1986—2005）》送审稿观点正确，体例完备，资料翔实，内容丰富，重点突出，具有鲜明的时代特色、行业特色、区域特色，志稿质量达到出版要求，通过终审。会后，总编室赵德辉、秦勤、刘茜、李江蓉、李丹妮严格按照终审会意见修改完善。后经省体育局领导审查、同意，上报省志编委，交付出版。

本志在修编过程中，省体育局在人员、经费等各个方面充分保障，各级体育部门和省体育局系统各单位给予积极配合，这是本志得以编纂完成的重要基础。

省志编委领导和有关同志在本志编纂的各个阶段给予宝贵的业务指导，亦是此志得以完成的重要原因。

参加编写的同志本着对历史负责、对体育事业负责的精神，按照《〈四川省志

（1986—2005）〉编纂方案》要求，用心编写，反复修改，持之以恒，精益求精，付出很多，也收获了很多。

如同四川体育事业发展所取得的成绩是全省广大体育工作者团结奋斗的结果一样，《体育志》也是四川体育群体的共同成果。为此，我们向所有关心、支持、帮助《体育志》编纂工作的同志表示衷心地感谢！

囿于条件限制，编者水平有限，本志难免有缺漏之处，尚祈读者批评指正。

《四川省志·体育志（1986—2005）》编纂委员会总编室

2015 年 6 月